POR QUE O LIBERALISMO FUNCIONA

DEIRDRE NANSEN McCLOSKEY

POR QUE O LIBERALISMO FUNCIONA

COMO OS VALORES DO VERDADEIRO LIBERALISMO PODEM CRIAR UM MUNDO MAIS LIVRE, JUSTO E PRÓSPERO PARA TODOS

Tradução
Catharina Pinheiro

1ª edição

EDITORA RECORD
RIO DE JANEIRO • SÃO PAULO
2025

CIP-BRASIL. CATALOGAÇÃO NA PUBLICAÇÃO
SINDICATO NACIONAL DOS EDITORES DE LIVROS, RJ

M116p McCloskey, Deirdre Nansen
Por que o liberalismo funciona : como os valores do verdadeiro liberalismo podem criar um mundo mais livre, justo e próspero para todos / Deirdre Nansen McCloskey ; tradução Catharina Pinheiro. - 1. ed. - Rio de Janeiro : Record, 2025.

Tradução de: Why liberalism works how true liberal values produce a freer, more equal, prosperous world for all
ISBN 978-65-5587-189-0

1. Liberalismo. 2. Capitalismo. I. Pinheiro, Catharina. II. Título.

25-99311.0 CDD: 320.51
CDU: 330.342.172

Gabriela Faray Ferreira Lopes - Bibliotecária - CRB-7/6643

Título original em inglês: *Why liberalism works: how true liberal values produce a freer, more equal, prosperous world for all*

O capítulo 25 foi publicado pela primeira vez pelo Institute of Economic Affairs, Londres, 2016.
O capítulo 35 foi publicado pela primeira vez pela revista *Prospect*, março de 2016.

Texto revisado segundo o Acordo Ortográfico da Língua Portuguesa de 1990.

Direitos exclusivos de publicação em língua portuguesa para o Brasil
adquiridos pela
EDITORA RECORD LTDA.
Rua Argentina, 171 – 20921-380 – Rio de Janeiro, RJ – Tel.: (21) 2585-2000,
que se reserva a propriedade literária desta tradução.

Impresso no Brasil

ISBN 978-65-5587-189-0

Seja um leitor preferencial Record.
Cadastre-se em www.record.com.br
e receba informações sobre nossos
lançamentos e nossas promoções.

Atendimento e venda direta ao leitor:
sac@record.com.br

EDITORA AFILIADA

Sumário

PARTE II:
O liberalismo humano enriquece as pessoas

PARTE III:
A nova preocupação em relação à desigualdade é infundada

PARTE IV:
E as outras ideias iliberais também são equivocadas

Prefácio

Quando você terminar de ler este livro, espero ter lhe vendido a ideia de um novo — e do antigo — liberalismo. Não tomemos a palavra com L como o "liberalismo" norte-americano, a deplorável política antiliberal dos advogados, cada vez mais caracterizada pelo planejamento e pela regulação governamentais, e também pela coerção física. Ela se refere ao "liberalismo" do restante do mundo, o liberalismo dos economistas, "o plano liberal", como o velho Adam Smith escreveu em 1776, "de igualdade [social], liberdade [econômica] e justiça [legal]", com um governo modesto e contido prestando uma ajuda real aos desprovidos.[1] O verdadeiro liberalismo moderno.[2]

Defendo a desejabilidade de um liberalismo concebido no século XVIII (para mostrar como sou original e estou atualizada), uma ideia gradualmente efetivada depois de 1776 com muitas hesitações e enganos. Foi por volta de 2005 que comecei a me dar conta de que uma "retórica" liberal explica grande parte das características do mundo moderno quando traçamos um paralelo com regimes anteriores e iliberais — o sucesso econômico do mundo moderno, suas esplêndidas artes e ciências, sua doçura, tolerância, inclusão, cosmopolitismo e, especialmente, a libertação maciça de cada vez mais pessoas de hierarquias violentas, antigas e modernas. Progressistas, conservadores e populistas argumentam que o liberalismo e sua retórica também explicam inúmeros supostos males, como a redução de tudo a dinheiro e mercados, ou a perda de comunidade e de Deus, ou a calamidade da imigração de não brancos e não cristãos. Mas eles estão enganados.[3]

Das Filipinas à Federação Russa, da Hungria aos Estados Unidos, o liberalismo tem sofrido ataques de populistas agressivos e alarmistas. Isso é uma preocupação. Não obstante, há um século e meio, a relevância do liberalismo para a boa sociedade é negada, num desafio mais longo e constante, por progressistas e conservadores mais ou menos sutis. Chegou a hora de reagir.

Este é um livro otimista, que afasta a névoa de pessimismo que sempre parece reger um mercado pronto. O pessimismo é expresso com inocência, e até orgulho, por estudiosos e escritores de editoriais. Por outro lado, tiranos mal-intencionados se apropriam dele para manipular as pessoas. Aterrorizar as pessoas. Os terroristas estão chegando. Até meus amigos, os bem-intencionados — os socialistas lentos e conservadores moderados —, expressam pessimismo em relação à economia, ao meio ambiente ou à grandeza da nação, com consequências semelhantes. Examinemos a política norte-americana após o 11 de Setembro ou do governo Trump, ou, ainda, a política britânica durante os Motins de Gordon, ou na era da Revolução Francesa. O terrorismo não opera só com armas, bombas e guilhotinas.

O importante é convertê-lo a um "verdadeiro liberalismo humano", que provavelmente já está dentro de você. O liberalismo moderno. Porque você *não* é a favor de sufocar as pessoas com um complexo industrial-prisional, nem de regulamentações que as proíbam de ganhar a vida fazendo penteados com tranças, de danos colaterais de ataques com drones, nem da separação de bebês das mães na fronteira sul dos Estados Unidos. Ou é? Aposto que não. Como já disseram: tudo o que quereis que os homens vos façam, fazei-o vós a eles.

Tento aqui seguir outra antiga regra do liberalismo, uma versão intelectual da Regra de Ouro, articulada em 1983 por Amélie Oksenberg Rorty, para de fato ouvir, ouvir de verdade, questionamentos e objeções.[4] O livro, portanto, inclui entrevistas de jornalistas e outros céticos declarados, que ocasionalmente apresentam objeções bem-intencionadas, mas com frequência iliberais, a uma sociedade livre.

As origens dos ensaios, dirigidos a públicos variados, deixam um resquício de repetição, que eu espero que não incomode demais. Tentei manter o texto fluido, apesar das repetições. E algumas são benéficas, coisas que você precisa muito saber — principalmente que, segundo um consenso científico na história da economia, o tão condenado "capitalismo", na realidade, desde 1800 promoveu o aumento da renda real *per capita* dos mais pobres não em 10 ou 100%, mas em mais de 3.000%. Comida barata. Apartamentos espaçosos. Alfabetização. Antibióticos. Aviões. A pílula anticoncepcional. Educação universitária. O fator do aumento é de *trinta*. Isto é, trinta menos a base original ínfima de 1,0, dividido pela base, ou 29/1, e multiplicado por cem para expressar a porcentagem — ou um aumento de 2,9 mil sobre a base. Quase 3 mil. Repetirei isso, e continuarei encantando-o com o meu talento aritmético, até você sentir a informação correndo nas veias. Esse é o fato mais importante, e mesmo assim frequentemente ignorado, do mundo moderno. A maioria das pessoas, de acordo com questionários, acha que o verdadeiro poder de compra das pessoas pobres para produtos e serviços aumentou talvez 100%, no máximo 200%, o dobro ou o triplo. Elas estão muito equivocadas.[5] O aumento foi muito maior. Se deixarmos de ignorar essa informação, ela transformará toda a nossa política. Por exemplo, o fato do Grande Enriquecimento é um elemento crucial para provar que o verdadeiro liberalismo humano do tipo moderno que defendo é bom e enriquecedor em todos os sentidos.

O Grande Enriquecimento não significa, é claro, que não há nada mais a ser feito para ajudar os pobres, especialmente no que diz respeito à necessidade de eliminação das inúmeras, monstruosas, e ainda assim politicamente populares, políticas que na realidade os prejudicam no mundo inteiro. Significa que é perverso o ataque, proveniente de muitas teorias políticas, a um "capitalismo" que ajudou os pobres mais do que qualquer outra coisa. O Grande Enriquecimento não implica o descarte de pequenas partes dos outros sistemas — uma pitada de socialismo para projetos públicos que valham a pena, uma xícara da caridade cristã para os pobres, uma colher de encorajamento para cooperativas como firmas de advocacia e contabilidade —, mas significa que a substituição do "sistema" como um todo seria desastrosa para os pobres, como ficou claro na União Soviética depois de 1917, na Venezuela depois de 1999, e repetidas vezes entre uma coisa e outra.

Este livro não foi escrito numa só empreitada, ao contrário da minha trilogia econômico-histórica, que serviu de base para várias das afirmações aqui feitas. Para tornar a leitura mais agradável, organizei o conteúdo com um argumento razoavelmente coeso, cujo esqueleto é possível identificar com uma leitura atenta do sumário. Observe que a parte III é uma análise detalhada sobre a principal preocupação iliberal da atualidade, a suposta ascensão da desigualdade, só para mostrar que análises detalhadas são possíveis, e que produzem resultados favoráveis ao liberalismo. A parte IV aborda com menos detalhes outras preocupações iliberais. Parte do drama eletrizante deste livro se encontra na observação de como as ideias liberais muito óbvias aqui promovidas, ideias que divulguei com ensaios em uma série de jornais e revistas nas últimas décadas, permeiam o pensamento lento da minha mente de economista. Elas foram se estabelecendo durante o período louco, sem nenhum planejamento, que se seguiu ao meu quinquagésimo aniversário, quando mudei de gênero, tornei-me uma cristã progressista e passei a me dedicar à explicação da natureza e as causas da riqueza das nações, à luz do século XVIII.

Com exceção da longa parte I, uma introdução que já circulou numa versão mais curta intitulada "Manifesto for a New American Liberalism" [Manifesto por um novo liberalismo americano], a maioria dos ensaios é "ocasional", ou seja, ocasionado por um convite ou outro para expressar minha opinião. A variedade de públicos aos quais me pediram para me dirigir não permite uma uniformidade no tom da prosa, embora eu tenha feito edições eventuais para me aproximar um pouco dessa uniformidade. Incluí dois dos meus artigos acadêmicos mais generosos, que defendem as bases de uma sociedade livre, de *The Bourgeois Virtues: Ethics for an Age of Commerce* [As virtudes burguesas: ética para uma era do comércio], o primeiro volume da trilogia *Bourgeois Era* [Era da burguesia], sobre história, economia e literatura. Escrevi bastante para o *Wall Street Journal*, o *New York Times* e o *Financial Times*, mas a maioria dos artigos jornalísticos aqui incluídos são da revista *Reason*, a principal voz do verdadeiro liberalismo nos Estados Unidos. Você precisa conhecê-la e assiná-la. Conscientize-se.

Em outras palavras, cada capítulo tem um argumento com o seu próprio arco, e frequentemente também um estilo próprio, sobre filosofia política, direitos LGBTQIAPN+, história da economia, política econômica ou Thomas Piketty. Ao início de cada um, apresento uma ou duas frases para contextualizar. As notas de fim e a bibliografia apresentam as fontes das citações e a base de grande parte das ideias e dos fatos expostos. Quando é feita uma afirmação no texto sem referência, o leitor pode presumir que ela se encontra em outro lugar do livro ou que parti do princípio de que é uma afirmação óbvia por si só, ou, ainda, que a fiz sob a luz do conhecimento econômico e histórico atual. Este livro não é um compêndio acadêmico, mas tenta ser digno do padrão necessário para o pressuposto da veracidade, baseando-se em fatos e ideias coerentes. Cabe a você julgar.

Se houver erros, culpo as pessoas que me ofereceram consultoria. Esses irresponsáveis deveriam ter me salvado de tais erros. Agora, falando sério... Agradeço ao professor Jason Briggeman pela brilhante consultoria editorial. Recebi, ainda, aconselhamento dos meus editores de Yale — Seth Ditchik, de aquisição, e Karen Olson, de produção —, bem como dos meus copidesques Kelley Blewster e Brian Ostrander, da Westchester Publishing Services, que segui quase integralmente. Portanto, fico indevidamente com o crédito pelas boas ideias deles. Katherine Mangu-Ward, editora da minha amada revista *Reason*, teve papel semelhante em vários dos ensaios, embora a maioria tenha sido revisada e alterada em relação às publicações. O blog do economista liberal e amigo Donald Boudreaux, *Café Hayek*, forneceu um sem--número de ideias para o verdadeiro pensamento liberal, que roubei sem pudor. Na trilogia *Bourgeois Era*, agradeci com mais minúcia ao número constrangedoramente grande de pessoas sem as quais não teria conseguido chegar aos fatos científicos certos nem ao meu verdadeiro e moderno liberalismo.

Convido-o a reconsiderar suas posições políticas, como fiz, ouvindo de verdade novos fatos e ideias ou reconsiderando as antigas. Manter a mente aberta costuma ser proveitoso. O economista e verdadeiro liberal Bryan Caplan pergunta: "Quem já fez um inimigo ao discordar da crença de alguém sobre qual é o problema do seu carro?" Não obstante, é comum fazermos inimigos no debate político, com relação a questões como o aborto, salário mínimo e protecionismo comercial. Caplan continua:

> Para questões práticas [como o conserto de automóveis], o procedimento padrão é reunir evidências antes de se formar uma opinião sólida, ajustar sua confiança à qualidade e quantidade das evidências e permanecer aberto a críticas. Para questões políticas [como ser da esquerda, da direita ou liberal], ignoramos diariamente essas medidas de segurança.[6]

Quero que você desconfie mais do seu progressismo ou conservadorismo, e até do seu centrismo calmo: uma identidade política, seja qual for, adquirida por volta dos 20 anos, e nunca mais seriamente questionada. Quero que você perceba que todas as opiniões convencionais dependem do direcionamento do monopólio que o governo exerce sobre a coerção para os seus bons vizinhos e depois para você. Com muita frequência (ressuscitando uma palavra útil e muito querida do ensaísta e articulador do século XVIII Samuel Johnson), as opiniões convencionais não passam de hipocrisia, ou seja, afirmações éticas repetidas frequentemente, mas nunca examinadas, e não raro erradas ou ruins. Johnson diria: "Meu querido, limpe sua mente da hipocrisia." Um bom conselho.

Quero que você abrace a retórica liberal moderna, o diálogo pacífico e sedutor, a tolerância ao próximo, e colha os frutos. Quero que comece a questionar a ideia de que O Problema é o "capitalismo" ou o Iluminismo, de que a liberdade pode Ser Levada Longe Demais, de que odiar outras pessoas é divertido, e de que programas governamentais bélicos, socialistas, de expropriação, proteção, subsídios, regulação, manipulação ou proibição não passam de práticas inocentes das nossas mães e pais do governo com o intuito de tornar nossas vidas melhores.

Com a mente aberta e um coração generoso, queridos amigos, acredito que vocês acabarão tendendo para o verdadeiro liberalismo humano. Bem-vindos, portanto, a uma sociedade promovida por adultos livres e gentis, e não pela coerção aplicada a escravizados e crianças.

PARTE I

Você deveria se tornar um verdadeiro liberal humano

1. Os liberais modernos recomendam as duas Regras de Ouro, ou seja, a igualdade de oportunidades de Adam Smith

Defendo aqui uma versão moderna e humana do que costuma ser chamado de "libertarismo". Não estamos falando de uma assustadora criatura reacionária de direita, fruto do dinheiro obscuro. Ele fica no centro, hoje um lugar perigoso. É tolerante, otimista e respeitoso. É verdadeiramente liberal, ou seja, antiestatista, opondo-se ao impulso de manipular os outros. Não é egoísta nem cruel. Tampouco apoia a abordagem "Sou do governo e estou aqui para ajudá-lo, se necessário, à força", mas é a favor da atitude "Respeito sua dignidade e estou disposto a realmente ouvir, ajudando com o que você deseja e à sua maneira". Quando as pessoas entendem esse tipo de libertarismo, costumam gostar dele. Que tal experimentar?

Ele não só depende da ética, como está a seu serviço. A ética tem três níveis: o bem individual, o bem de terceiros e o bem do propósito transcendental de uma vida.[1] O bem individual é a prudência com que você se desenvolve, aprendendo a tocar o violoncelo ou praticando a oração centrante, por exemplo. A abnegação não é necessariamente uma virtude. (Quantas mães abnegadas são necessárias para trocar uma lâmpada? Nenhuma: vou ficar no escuro.)

O bem do propósito transcendental é a fé, a esperança e o amor presentes na busca por uma resposta para a pergunta: "E daí?" A família, a ciência, a arte, o time de futebol — Deus, conceda as respostas que a humanidade busca.

O segundo nível é a atenção ao bem dos outros. O sábio judeu do século I a.C. Hilel, o Ancião, apresentou uma definição baseada na negação, mas reflexiva: "O que é odioso para ti, *não* o faças ao teu próximo." É um liberalismo masculino, viril, um evangelho da justiça, o suposto Axioma da Não Agressão, articulado pelos libertários desde que a palavra "libertário" foi redirecionada nos anos 1950 para um liberalismo (então) de direita. Matt Kibbe o coloca muito bem no título do seu livro campeão de vendas de 2014, *Don't Hurt People and Don't Take Their Stuff: A Libertarian Manifesto* [Não machuque as pessoas e não tome as coisas delas: um manifesto libertário].[2]

Por outro lado, o sábio judeu do século I Jesus de Nazaré definiu-o positivamente: "Tudo o que quereis que os homens vos façam, fazei-o vós a eles." É um liberalismo feminino, um evangelho do amor, que nos confere a responsabilidade ética de fazer mais do que passar ao largo. Seja um bom samaritano. Seja bom.

No tratamento do próximo, um libertarismo humano serve às duas Regras de Ouro. Uma corrige a manipulação intrometida e coerciva. O outro corrige um egoísmo inumano que destrói a alma. Juntas, elas são a ética do liberalismo moderno dirigida aos outros. O que não precisamos é da versão reacionária, a velha paródia da Regra de Ouro: "Quem tem o ouro dita as regras." Tampouco queremos seguir o jogador de futebol norte-americano do Florida às vésperas de um jogo do Florida contra o Florida State: "Eu sigo as Santas Escrituras: 'Faça com os outros antes que eles façam com você.'" Nenhuma das alternativas é não agressiva ou gentil.

Observemos que essas duas definições da Regra de Ouro são radicalmente igualitárias. Nas religiões abraâmicas, devemos tratar *todas* as almas humanas como gostaríamos de ser tratados. Devemos amar a Deus sobre todas as coisas e santificar Seu dia, mas os outros Dez Mandamentos falam de tratar outros humanos como gostaríamos de ser tratados em aspectos como não faltar à verdade ou não cometer adultério. Já no teísmo hindu e na religião civil dos confucianos, devemos tratar o brâmane ou o imperador como seres superiores. Os intocáveis, os camponeses, as mulheres e os filhos mais novos não devem esperar tratamento igual ou recíproco. É claro que, antes do surgimento das sociedades burguesas na Europa do século XVIII, ninguém além de um radical do cristianismo nascente e de um santo muçulmano posterior havia pensado em aplicar a teoria do igualitarismo abraâmico com sua consideração do próximo a uma sociedade mais ampla. Antes de Tom Paine ou Adam Smith, uma duquesa era uma duquesa, um sultão era um sultão, e o rei Herodes ainda era Grande.

Na maior parte do mundo, a palavra "liberalismo" continua equivalendo simplesmente ao "libertarismo", como no uso feito pelo presidente da França eleito em 2017, Emmanuel Macron, da "democracia anti-iliberal" centrista, desregulamentadora, que não tem nada de "neo".[3] Essa é a palavra com L que usarei aqui. Contudo, tanto "libertarismo" quanto "liberal" servem se entendidos no formato moderno das verdadeiras Regras de Ouro. O santificado Tom Palmer, da liberal Atlas Network, acertou quando disse:

> É quase 100% certo que você aja como um libertário. Você não bate em pessoas cujo comportamento não o agrade. Você não toma as coisas delas. Não mente para elas com o intuito de defraudá-las [...] ou conscientemente dá informações erradas para fazê-las caírem com o carro de uma ponte [...]. Você é uma pessoa civilizada. Parabéns. Você assimilou os princípios básicos do libertarismo [e do verdadeiro liberalismo].[4]

O economista norte-americano Daniel Klein chama de "Liberalismo 1.0" a tradição de trezentos anos que ele e eu exaltamos. Como a versão negativa de Hilel, o Babilônico, da Regra de Ouro, o liberalismo de Kibbe e de Palmer não agride ninguém.[5] No espírito do livro de C. S. Lewis sobre os compromissos mínimos da fé, *Cristianismo puro e simples* (1952), Dan também o chama de "Liberalismo puro e simples". Eu vou um pouco além aqui, mais no espírito da versão de Jesus de Nazaré, para a versão Liberalismo 2.0. Talvez 1.5. Eamonn Butler, do Instituto Adam Smith, em Londres, escreveu dois livros concisos e esplêndidos, *Classical Liberalism: A Primer* [Liberalismo clássico: uma cartilha], de 2015, e *An Introduction to Capitalism* [Uma introdução ao capitalismo], de 2018. Eu preferiria que Eamonn tivesse deixado o "clássico" de lado e abandonado a palavra indutora de erro "capitalismo". David Boaz, do liberal Cato Institute, em Washington, escreveu um guia lúcido, *O manifesto libertário* (1997), revisto em 2015 e intitulado *The Libertarian Mind* [A mente libertária]. Eu preferiria que David tivesse optado por "A mente liberal moderna".

Na Grã-Bretanha, eles usam a denominação "liberalismo do livro laranja". Numa síntese desesperada, o liberalismo 2.0 humano é um adulto pré-Trump em termos de política comercial e discurso civil; tolerante pós-Obama em termos de política social; responsável pós-Clinton em termos de déficit público primário; democrata pós-Lyndon B. Johnson em termos de direitos civis; não intervencionista pré-McKinley em termos de política internacional; e não intervencionista pré-Lincoln, ou até pré-Jackson, em termos de política econômica. As complicações são necessárias. O economista Arnold Kling observa que, com a política identitária na esquerda e o trumpismo na direita, não é mais suficiente dizer que os liberais dos Estados Unidos são tradicionalmente democratas em termos de direitos sociais e republicanos em termos de direitos econômicos.[6]

O bendito Adam Smith recomendou em 1776 "o plano liberal de igualdade, liberdade e justiça".[7] Em primeiro lugar na tríade de Smith está a igualdade que ele defendia para as condições sociais. Ao contrário da atitude da elite econômica e do orgulho de alguns dos homens adeptos das gravatas de Smith, bem como ao contrário das pressuposições de uma esquerdista que não tenha lido nem uma página inteira da obra dele com atenção, Smith era um igualitário. Um homem é um homem por tudo isso.[8]

O segundo item que Smith promovia em seu plano liberal — a liberdade igual — é o direito econômico que queria que uma pessoa tivesse, igual ao de qualquer um, de abrir uma mercearia ou exercer uma ocupação. Especialmente ocupações. Smith ficava ultrajado com licenças, passaportes e outras restrições à possibilidade de um trabalhador usar seus talentos sem prejudicar ninguém, ou até para ajudar. Ele ficaria chocado, por exemplo, com a regra atualmente imposta por multa no Oregon, que restringe a publicação de comentários sobre assuntos da engenharia, como o tempo dos semáforos, a engenheiros licenciados pelo *governo*, mesmo se tratando de um engenheiro formado.[9]

O terceiro item promovido por ele, a justiça, é visto pelo liberal Smith como outro tipo de igualdade: poder estar no mesmo patamar que qualquer outra pessoa diante dos poderes e das cortes governamentais caso empregados por terceiros contra você. Um dos focos de Smith era o que os filósofos chamam de justiça "comutativa": a justiça presente nos procedimentos para a obtenção de bens e para a proteção desses bens e da personalidade. O oposto é a justiça "distributiva", ou como, após adquiridas, as coisas e a personalidade devem ser "distribuídas", de certa maneira (a própria palavra "distribuídas" é uma metáfora iliberal, pois a distribuição é imaginada como algo alcançado pela coerção, e não por um acordo comutativo e voluntário: não é um acordo, mas uma convocação). A justiça comutativa de Smith é resumida na linguagem moderna por Klein, Boaz e outros liberais como o justo proceder de "não mexer [sem consentimento, o direito de dizer não] nas coisas [ou personalidades] dos outros".[10] Devemos todos ser, para esse fim, igualmente restringidos pela justiça.

O tema do liberalismo é, portanto, a igualdade. Seja proveniente dos direitos naturais iguais de todos, das ruminações meio contraditórias dos utilitaristas, da analogia à troca entre iguais representada pelo contratualismo, da igualdade implícita numa comunidade católica conservadora ou comunitarista de esquerda, das consequências da igualdade para a sobrevivência das sociedades, ou, ainda, para mim a melhor opção, do modesto "igualitarismo analítico" tão característico do pensamento social escocês do século XVIII. O igualitarismo analítico foi classificado e explorado em 2008 pelos economistas e historiadores intelectuais Sandra Peart e David Levy, com inúmeros exemplos.[11] Uma falha no famoso livro liberal de 1960 de Friedrich Hayek, *Os fundamentos da liberdade*, é a dependência de razões consequentes para a liberdade, como a produtividade econômica ou a sobrevivência da comunidade. Seguindo a mesma linha, o economista Jeffrey Myron, de Harvard e do liberal Cato Institute de Washington, articula, mais habilmente, um libertarismo "consequencialista", sugerindo ser quase sempre possível mostrar que a liberdade alcança maior utilidade em termos de produção do que a escravidão. A guerra contra as drogas, por exemplo, teve efeitos negativos para a renda norte-americana, isso sem mencionar a da Colômbia ou a do México. O problema é que esse raciocínio utilitário também pode justificar as piores tiranias, como regularmente observado nos argumentos dos tiranos. Parece melhor justificar a vida humana livre por meio da dignidade, natural, igual e analiticamente modesta que todos devemos na vida adulta aprender a ter e a conceder aos outros, não importam as consequências.[12] Foi essa igualdade que Huckleberry Finn descobriu gradualmente em relação a Jim, por quem estava disposto a arder no fogo do inferno.

Assim sendo, estou reavendo a palavra "liberal", usada de forma estranha nos Estados Unidos, e em nenhum outro lugar mais, para indicar "estatistas de esquerda". (Na América Latina, foram os conservadores e seus primos, e não os socialistas e seus primos, que roubaram a palavra "liberal" para lhe dar o sentido de "estatista de direita".) Recentemente, os "liberais" norte-americanos ficaram com medo dessa palavra e passaram a se autodenominar "progressistas". Que fiquem com a palavra "progressista" (presumindo que não se incomodem por serem associados aos excessos do progressismo norte-americano, como as estatizações compulsórias).

E nós, verdadeiros liberais modernos, ficaremos com a velha palavra com L.

2. O liberalismo não surgiu com facilidade

No século XVIII, a ideia liberal nascente era a de que todos, sem distinção de idade, gênero, etnia ou posição hierárquica, deveriam ter direitos iguais. Para a maioria das pessoas, ainda era uma ideia chocante. No que diz respeito ao gênero, por exemplo, era inconcebível até para os fundadores dos Estados Unidos. Nos séculos anteriores, caracterizados pela economia agrícola e a hierarquia que lhe era característica, encabeçada pelos bandidos inertes no comando, uma igualdade liberal era considerada absurda e perigosa. Ser justo correspondia a tratar um duque como um duque e um lavrador como um lavrador, com o diferente respeito devido a cada um perante a justiça — mas, certamente, não *igualdade*. Você se curvava para um duque. E não matava um lavrador — a não ser que fosse provocado.

Em 1381, o padre lollardista John Ball foi preso por indagar: "Quando Adão cavava e Eva fiava, / Quem era o cavalheiro?" Em 1685, Richard Rumbold, um nivelador inglês condenado à forca no reinado de Jaime II, declarou, sem dúvidas para a diversão da multidão reunida para zombar dele: "Estou convencido de que os homens não foram marcados por Deus de forma a serem uns superiores a outros, pois que nenhum vem ao mundo com uma sela nas costas, nem com botas e esporas para cavalgá-lo."[1] Em 1685, tal noção igualitária era considerada loucura, exceto por uns poucos esquisitões como os quacres, que trocavam apertos de mãos em vez de se curvar, fazer mesuras ou tirar o chapéu, e que permitiam que as mulheres, que absurdo, dessem testemunhos de fé sobre seu encontro com o Espírito Santo. No noroeste europeu, cerca de um século após Rumbold, a ideia de que nenhum homem nascia marcado por Deus para ser superior estava em processo de se tornar senso comum, pelo menos entre radicais avançados e alguns Old Whigs. Smith e seus aliados vanguardistas do longo século XVIII, de John Locke, passando por Voltaire, a Thomas Paine e Mary Wollstonecraft, promoviam um novo igualitarismo voluntarista. Eram, numa palavra, liberais.

E eram persuasores, não impositores. Preferiam os argumentos às armas. Bem, talvez tenham sido empregadas *algumas* armas — nas Batalhas do Boyne, Saratoga e Valmy — em defesa da liberdade igual para cidadãos livres adultos do sexo masculino e abastados, especialmente os que advogavam ideias religiosas e políticas aceitas. Afinal de contas, é do longo século XVIII que estamos falando, e o liberalismo era jovem. Contudo, em sua maioria, quando os novos liberais ouviam a palavra "armas", sacavam a retórica. Até na política externa. O fundador dos Estados Unidos a quem não se dedicou nenhum musical de hip-hop, James Wilson, escreveu em 1791 que "talvez, seja incomum, mas sem dúvidas é justo dizer que todas as nações devem amar umas às outras".[2] Uma realpolitik efetivada com bombas e armas na política externa não é liberal.

Tal liberalismo, como espero convencê-lo, é a melhor versão de um ser humano inclusivo, democrata, pluralista e moderado, bem como tem sido o melhor ideal teórico, por exemplo, de um norte-americano desde 1776. O estabelecimento desse ideal liberal só se deu muito gradualmente onde foi alcançado, e nunca perfeitamente. Ele sempre sofreu contestação, com frequência, violenta. O socialista ou teocrata revolucionário quer derrubar o liberalismo e estabelecer um paraíso na Terra instantaneamente por meio da intimidação, da prisão, do assassinato dos opositores, colocando no poder os escolhidos do Partido ou da Guarda Revolucionária. Os simples valentões, como Putin, Orbán ou Mugabe, encaram igualmente os liberais como seus principais inimigos. Os fascistas nativistas de inclinação mais teórica também objetam iliberalmente ao acesso de imigrantes às oportunidades econômicas, vossos pobres, vossos fatigados,/Refugos miseráveis dos seus litorais abarrotados.* E as árvores do Sul dos Estados Unidos, para contribuir com a subordinação, dão um fruto estranho.**

O poeta afro-americano Langston Hughes, por sua vez, cantou em 1935: "Ó, que a América seja a América outra vez —/A terra que nunca foi —/Mas deve ser — a terra onde *todo* homem é livre."[3] Livre para ir e vir, inventar, convencer, oferecer um dólar, sem senhores no comando. O resultado da efetivação parcial e imperfeita da democracia liberal tem sido uma lenta, mas, no fim das contas, espetacular abordagem mundial do desenvolvimento, em que cada vez menos pessoas são oprimidas ou obrigadas a qualquer coisa sem consentimento ou contrato voluntariamente firmados.

Em sua evolução intermitente, tal liberalismo — do latim *liber*, entendido pelos antigos proprietários de escravizados como a "posse do *status* social e legal de homem livre (em oposição a escravizado)", e depois *libertas*, como "o *status* civil de um homem livre, liberdade" — passou a significar a teoria de uma sociedade formada *inteira*, idealmente, de indivíduos livres.[4] Sem nenhuma pessoa escravizada. Igualdade de *status*. Sem intimidação. Adepta dos argumentos. Da persuasão. Da retórica. Voluntária. Minimamente violenta. Humana. Tolerante. Sem racismo. Sem imperialismo. Sem impostos desnecessários. Sem domínio das mulheres pelos homens. Sem teste do sofá. Sem castigos físicos às crianças. Sem desrespeito aos bens nem à personalidade do próximo. O governo, disse o sociólogo alemão Max Weber em 1919, pode justamente reclamar "o monopólio do uso legítimo da restrição/força/violência/coerção política" ("*das Monopol legitimen physischen Zwanges*").[5] O liberalismo recomenda que esse monopólio seja usado com cautela. Recomenda o

* Referência ao poema "The New Colossus" [O novo Colosso], gravado aos pés da Estátua da Liberdade, escrito em 1883 pela poetisa norte-americana Emma Lazarus. [*N. da T.*]

** Referência à canção "Strange Fruit" [Fruto estranho], composta por Abel Meeropol e imortalizada pela cantora Billie Holiday em 1939. [*N. da T.*]

máximo de liberdade para avançar seu próprio projeto, contanto que ele não use de coerção, seja sua, ou do governo, para interferir no de outras pessoas. É uma visão nobre, apropriada para homens e mulheres.

Infelizmente, no final do século XIX, na França, na Alemanha, e até na esfera originalmente liberal anglo-holandesa, um *clerisy* de artistas, jornalistas e professores começou a atacar esse esplêndido liberalismo, doce e produtivo, e seus agentes burgueses. (A palavra *clerisy*, que usarei com frequência, tem origem alemã, e é como Samuel Taylor Coleridge e eu nos referimos à *intelligentsia*, aos jornalistas, sacerdotes, professores, romancistas e toda a tribo de escritores.) Gustave Flaubert escreveu para George Sand em 1867: "*Axiome: la haine du bourgeois est le commencement de la vertu*", que quer dizer: "Axioma: é no desprezo pelo burguês que começa a virtude."[6] Por volta da mesma época, na América Latina, os "positivistas" à la Comte defendiam um projeto social racionalista combinado a uma versão conservadora do liberalismo.[7] O Grande Enriquecimento que tivemos desde 1800 não veio rápido o bastante, reclamaram os antiliberais. Era um projeto de nossos vulgares e mercantis pais. Não era governado por nossos padrões racionais preconcebidos. É financiado pelo dinheiro obscuro. Usemos o monopólio governamental da coerção legítima para favorecer os pobres ou honrar a nação. Que descubramos um santo para cobrir o outro de habilidades, ou tanques e aviões. E depois vice-versa.

Quando, em 1942, o economista austro-americano Joseph Schumpeter (1883–1950) escreveu *Capitalismo, socialismo e democracia*, a maior parte do *clerisy* esperava que o socialismo prevalecesse integralmente. Até Schumpeter, entusiasta liberal a favor de uma civilização que respeitasse os negócios, esperava a mesma coisa. E a maior parte do *clerisy* já de muito via com bons olhos a perspectiva. Em 1919, o jornalista norte-americano Lincoln Steffens, ao retornar da nascente União Soviética, declarou: "Eu vi o futuro, e ele funciona."[8] No máximo por volta de 1910, como eu disse, os Novos Liberais da Grã-Bretanha e os Progressistas dos Estados Unidos, em nome do que nos garantiam serem os melhores motivos, haviam redefinido a palavra com L como seu oposto, um lento socialismo. Tomo "socialismo" no sentido mais amplo, ou o uso dos poderes coercitivos do governo para alcançar os fins sociais em detrimento dos individuais, indo (ultrapassando as garantias minimalistas do liberalismo) de uma redistribuição levemente forçada ao planejamento central completamente forçado. (As várias insurreições soviéticas e espartaquistas do pós-Primeira Guerra na Baviera, em outras partes da Alemanha, no norte da Itália, na Rússia, na Hungria, na Bulgária e em outros lugares correspondem ao tipo *rápido* de socialismo, ou seja, ao comunismo, fascismo e nacional-socialismo.)

Não quero dizer que o governo não tem um papel. O que estou dizendo é que, no último século, fomos levados pelo pensamento de que geralmente é uma boa ideia tornar esse papel cada vez maior. Como chamar uma economia em que os gastos do governo passaram de um dígito para números vultosos de dois dígitos, e um regime em que os políticos competem para aumentar cada vez mais esse gasto? Sugiro que ele passe a ser chamada de socialismo de dois dígitos (veja bem, não 100%), e que seja reduzido em escopo. O lento e parcial socialismo de Franklin Delano Roosevelt em 1933 e de Clement Attlee em 1945 supostamente deveria beneficiar o trabalhador por uma lenta imposição da lei, apoiada pelo monopólio do governo da coerção, expropriando gradualmente os monarquistas econômicos. Os empresários eram considerados não divulgadores dos proprietários dos insumos e compradores dos seus produtos, mas expropriadores de toneladas de ouro nos bastidores. O ouro podia ser perpetuamente apropriado pelo bem dos trabalhadores com a melhora contínua de suas condições. A jornada de oito horas. Férias pagas. Assistência médica. Nossos amigos partidários do socialismo lento defendem a ideia de que a soma dos salários e as boas condições de trabalho são determinadas não pela produtividade econômica, mas pelo resultado da disputa para definir quem fica com o ouro.

O New Deal nos Estados Unidos e o Socialismo da Cláusula IV no Reino Unido não recomendavam a violência sanguinária instada pelo socialismo da esquerda e da direita radicais. No entanto, os belos fins eram basicamente os mesmos, o que pode ser dito também de alguns dos meios, como o confisco do capital sem compensação ou um equivalente disso na forma de impostos. Dois anos depois da Revolução Bolchevique, o estudioso do direito britânico A. V. Dicey escreveu com desaprovação que a "revolução não merece mais respeito porque é levada a cabo sem violência, mas sob a aparência atraente, mas ilusória, de tributos impostos para alcançar as necessidades financeiras do Estado".[9]

Na esquerda, nossos amigos (ouçam bem, Jack, Arjo e Nancy) ganhariam muito refletindo sobre as tendências autoritárias da social-democracia europeia de meados de 1900, do progressismo norte-americano de meados de 1910, do alto liberalismo norte-americano de meados de 1960 e da social-democracia norte-americana de Bernie ou do socialismo britânico linha-dura de Jeremy de meados de 2019. Já nossos amigos da direita também deveriam refletir sobre as tendências autoritárias do seu conservadorismo ou republicanismo, representadas de modo mais extremo na captura do Partido Republicano por Trump.

Só peço a vocês que reflitam.

3. Os liberais modernos não são conservadores nem estatistas

Os liberais modernos não se encaixam no espectro unidimensional direita–esquerda convencional da coerção governamental. Esse espectro vai da violenta política conservadora de direita das guerras imperiais à política "liberal" norte-americana de esquerda, igualmente violenta, da luta de classes. Ao longo dele, a única questão é em que direção a coerção maciça será aplicada, e nem a direita, nem a esquerda param para questionar a sua abrangência. Os ventos sopram para a esquerda, teria dito o primeiro-ministro socialista da Suécia, Olof Palme. Zarpemos. Em qualquer ponto do espectro, o governo exerce a imposição com o apoio da polícia. Atualmente, essas políticas em geral penetram muito mais nas vidas das pessoas. Ser governado sob esse regime é ser regido, mandado, taxado, compulsoriamente convocado, redistribuído, questionado, intimidado, coagido, espancado, observado, supervisionado, inspecionado, julgado, manipulado, proibido, licenciado, regulado, expropriado, doutrinado, pressionado, alvo de gás lacrimogêneo e armas de choque, alvejado, preso e executado. Sim, ocasionalmente beneficiado também. No entanto, a que custo, e para quem, em termos de imposição e corrupção?

O verdadeiro liberal, ao contrário, encontra-se numa segunda dimensão, o topo apolítico de um triângulo, por assim dizer. Ou seja, nós, liberais 1.0 ou 2.0, não somos nem conservadores, nem socialistas. O economista liberal e filósofo político Hayek argumenta, no artigo "Why I Am Not a Conservative" [Por que não sou conservador], que tanto conservadores quanto socialistas acreditam — assim como a maioria dos advogados, soldados e burocratas — que "a ordem [é]... resultado da atenção contínua da autoridade".[1] Resumindo, advogam o estatismo. O extravagante crescimento da lei como legislação, em comparação à sua antiga visão como a observação dos bons ou maus costumes da nossa comunidade, é a expressão dessa crença.[2] Os dois extremos do espectro convencional da coerção governamental maciça, bem como o centro, prossegue Hayek, "não têm fé nas forças espontâneas do ajuste".

Muitos escritores e políticos convencionalmente classificados como de direita ou de esquerda são, na verdade, liberais verdadeiros empoleirados no topo. Ao se falar de "direita" nos Estados Unidos, podemos citar David Brooks, George Will, Andrew Sullivan ou Jonah Goldberg — alguns dos quais, por sinal, aqui e ali já elogiaram meu trabalho, entre os quais Goldberg (2018); todos são cavalheiros brilhantes e de bom gosto. Já ao se falar de "esquerda" norte-americana, hoje em dia é difícil encontrar liberais verdadeiros, principalmente no *clerisy*, mas podemos citar, pelo menos, o comediante e comentarista Bill Maher, e talvez o Democratic Freedom Caucus, além de alguns outros políticos, como o senador Cory Booker. O que eles têm em comum é uma preocupação em relação a um governo intrometido ou coercivo.

O economista liberal moderno Donald Boudreaux escreve que

> Muitos acreditam que nós, seres humanos não regidos por um poder soberano, somos ou bolhas inertes, incapazes de conquistar qualquer coisa, ou bárbaros néscios e rudes destinados unicamente a roubar, estuprar, pilhar e matar uns aos outros até e a menos que um poder soberano nos restrinja e guie nossas energias por caminhos mais produtivos.[3]

É por isso que estatistas da esquerda e da direita acreditam precisar da coerção maciça para forçar bárbaros e estúpidos à organização.

Há muito tempo, o quadro era plausível o suficiente nas mentes dos seus pintores, por exemplo, para justificar a escravidão como uma forma de ajudar os negros a fazerem algo de útil, ou de manter os indonésios sob o jugo holandês por mais um ou dois séculos. Quando os irlandeses eram iletrados e os italianos, supersticiosos, um estado dominante parecia fazer sentido. Eu de fato não compartilho desse pensamento, mas pelo menos dá para perceber por que os antigos senhores preferiam a imagem de incompetentes preguiçosos ou bárbaros rudes. No entanto, tais teorias carecem muito mais de plausibilidade numa era em que irlandeses e norte-americanos de ascendência irlandesa estão entre os mais bem-sucedidos quanto ao nível de educação do mundo, e os italianos, apesar de uma estranha tendência nas eleições recentes, estão longe da barbárie e da superstição. Em outras palavras, o liberalismo moderno se encaixa melhor no mundo contemporâneo de um elevado capital humano do que o antigo modelo de direita de camponeses ignorantes adequadamente liderados pelos aristocratas, ou o antigo modelo de esquerda do proletariado estúpido adequadamente liderado pelo Partido. Se já houve um tempo para dar liberdade e oportunidade às pessoas, esse tempo é agora, quando elas estão claramente prontas para a autonomia liberal. Pode-se dizer que ontem foi o momento para a aristocracia ou para o Estado. Hoje, o momento é do liberalismo.

Os conservadores/reacionários acreditam que os costumes sociais, mesmo que antigos, são terrivelmente frágeis diante das mudanças irritantes observadas na atualidade, tais como o afastamento da crença religiosa e o advento do casamento homoafetivo. E, no outro extremo do espectro, os progressistas/socialistas acreditam que nada acontecerá com os maus costumes, a não ser que se crie uma lei para alterá-los. Eles acreditam piamente saber o que as futuras leis trarão. Quero dizer, a lei é clara no sentido de que, digamos, a renda dos mais pobres pode ser aumentada com a aprovação de um salário-mínimo. Quinze dólares. Vinte. Ah, por que não cem?

"O [verdadeiro] liberal", por outro lado, como escreveu Hayek, "aceita as mudanças sem apreensão, mesmo que não saiba como as adaptações necessárias se darão."[4] Ninguém em 1960 previa a internet. Ninguém em 1900 previa que automóveis poderiam passar uns pelos outros à distância de alguns metros com segurança por uma via de mão dupla a uma velocidade combinada de mais de 190 km/h. Quase ninguém em 1800 previa o Grande Enriquecimento (que chegou, como descobriram os historiadores da economia e eu já observei, a cerca de 3.000% por pessoa). Quase ninguém em 1700 previa o liberalismo. No entanto, assim como na evolução entre os animais, na arte, na linguagem ou na ciência, as adaptações necessárias foram feitas, com poucas mãos visíveis, se é que alguma, da extração e do governo.

Foram as pessoas que as fizeram, e não os governos. O economista ganhador do Prêmio Nobel Vernon Smith expressou a questão assim:

> Os antigos "distribuidores da lei" não faziam a lei que "distribuíam"; eles estudavam tradições sociais e regras informais e davam voz a elas como se fossem a lei de Deus ou a lei natural. O advogado Sir Edward Coke defendia as normas sociais do século XVII como uma lei dotada de mais autoridade do que o rei [...]. Reivindicações da mineração foram definidas, estabelecidas e defendidas pelas armas dos membros da mineração, cujas regras mais tarde se tornaram parte da lei de mineração pública.[5]

Donald Boudreaux comentou sobre essa passagem de Smith:

> Nenhum mito é tão responsável por tantos males [...] [quanto o] que proclama que a ordem social deve ser ditada [...]. E nenhum exemplo em particular desse mito é pior do que aquele que insiste que a lei — as regras que governam as interações humanas — é e só pode ser produto do Estado.[6]

Um conservador admira tal evolução espontânea até duas décadas anteriores ao presente, mas fica furioso e temeroso diante de qualquer evolução recente ou, Deus nos livre, futura. A adoção de crianças por casais homoafetivos, por exemplo. Credo. Um social-democrata, por outro lado, não admira muitas das evoluções ocorridas até o presente e acredita poder criar um futuro melhor forçando-nos a abrir mão das nossas coisas e da nossa liberdade — do seu bem-estar, meu bem. A política industrial, digamos. Já o verdadeiro liberal, por sua vez, admira algumas das evoluções antigas — o direito consuetudinário inglês, por exemplo, com exceção da sua doutrina escravizadora da *femme couverte* — e vislumbra com uma confiança otimista um futuro de evoluções espontâneas promovidas por adultos livres, ainda que constitucional e eticamente restringidos, sejam quais forem essas evoluções.

Na raiz de um verdadeiro liberal — e de uma minoria de liberais entre republicanos e democratas, *tories* e trabalhistas — está, portanto, a crença de que, dentro do possível, ninguém deve forçar ninguém a nada, impondo vontades com armas ou punhos. É uma convicção ética. O liberal moderno, como observei, abomina hierarquias de homens sobre mulheres, mestres sobre escravizados, políticos sobre cidadãos. O grande filósofo liberal norte-americano David Schmidtz argumenta que o "direito de dizer não" de cada um é indispensável, "a espinha dorsal da cooperação entre indivíduos que são donos de si mesmos".[7] Disse Bartleby, o escriturário no conto de Melville de 1853: "Eu preferiria não."[8] Como homem livre, e não escravizado, ele podia dizer não, fosse ou não para seu próprio bem. Ele era adulto, e como adulto merecia respeito por suas preferências, ainda que não tivesse um trabalho remunerado.

O liberal inglês do século XIX Herbert Spencer observou, em 1891, quando tais ideias liberais sofriam ataque da esquerda (como desde muito já eram atacadas pela direita), que a única alternativa ao contrato ou acordo espontâneo é a coerção do *status* superior e a imposição:

> Assim que o regime do contrato é descartado, o regime do *status* é adotado por uma questão de necessidade. Assim que

> a cooperação voluntária é abandonada, a cooperação compulsória deve ser substituída. O trabalho precisa ter algum tipo de organização; e se não for a proveniente do acordo sob a livre concorrência, deve ser a imposta pela autoridade.[9]

O jornalista, lexicógrafo e liberal 1.0 norte-americano H. L. Mencken escreveu, em 1922: "O governo ideal de todos os homens sensatos, de Aristóteles a Herbert Spencer, é o que deixa o indivíduo em paz — um que quase não seja governo."[10] "As principais funções do sistema legal", escreve o teórico liberal do direito Richard Epstein, "podem ser resumidas em quatro palavras: agressão não, diálogo sim."[11] Como coloca Boaz logo no início de *O manifesto libertário:* "De certa forma, sempre houve apenas duas filosofias políticas: liberdade e poder."[12]

Boudreaux escreve que, hoje, "acredita-se que o poder soberano benéfico deve ser 'o Povo', geralmente na forma de maiorias democráticas".[13] O filósofo Jason Brennan e o economista Bryan Caplan — além de muitos outros, remontando a Burke, Hobbes e Platão — observam que *il popolo* costuma tomar péssimas decisões em relação ao governo.[14] Se é assim, seria melhor termos mantido as decisões modestas quanto ao escopo e limitadas por uma constituição, e pelo *stare decisis*, mas principalmente pela ideologia e pela ética liberais. Deveríamos ter, portanto, uma política o menos coerciva possível — liberdade, não poder.

O economista liberal Klein chama atenção para a distinção feita por Adam Smith entre os sentimentos ativo e passivo.[15] Uma emoção é passiva, uma paixão é ativa. A emoção vem no nosso primeiro momento irrefletido, e às vezes basta eticamente. Vemos uma criança prestes a cair em um poço. Qualquer um, até um gorila, tem o impulso de intervir.[16] No entanto, essas emoções passivas — o que os economistas ortodoxos chamam, à sua estranha maneira, de "maximizar a utilidade" — não são suficientes para nos tornar completamente humanos. Afinal de contas, a grama maximiza sua utilidade sem pensar, passivamente, buscando luz e alimento. Os pombos fazem a mesma coisa. A ação *humana*, por outro lado, para usar o termo da Escola Austríaca, não é apenas reativa a restrições e funções utilitárias, mas ativa e criativa, o exercício de liberdade e inventividade, e ainda (alguns de nós pensam) o livre-arbítrio que nos foi dado por Deus de dizer sim ou não.

Smith observou em 1759 que a contemplação do extermínio maciço dos chineses causaria menos dor emocional do que a reação imediata, irrefletida, maximizadora da utilidade resultante da perda do dedo mindinho. Contudo, à menor reflexão, numa ocasião como essa a emoção passiva é "tão sórdida e tão egoísta" que não pode satisfazer nossa opinião ética de nós mesmos. Dessa maneira igualitária e liberal, Smith chama atenção para a "nossa verdadeira pequenez [...] e a representação natural equivocada do amor-próprio".[17] A verdadeira e sóbria reflexão sobre os fatos e o raciocínio é dura para nós, assim tão pequenos, mas ela é necessária para uma vida humana que pretenda ir além da reação, do impulso e da maximização da utilidade. O caminho nobre e generoso de decidir se nos importarmos mais com a massa chinesa do que com o nosso dedo mindinho requer uma paixão ativa — nesse caso, uma paixão pela justiça. Na prática, produzirá a ação humana — como a humildade constante do cientista diante dos fatos, por exemplo.

Mas a conclusão liberal de Klein vai contra o espectro coercivo da esquerda à direita: "A governamentalização das questões sociais nos coloca na posição passiva. É o que entende o [verdadeiro] liberalismo." Precisamos — é o que Smith, Klein e eu acreditamos — sair do espectro para o lugar nobre, generoso, sensato e sem coerção de um ápice liberal adequado para adultos livres. Precisamos ser cientistas tanto da ética humana quanto da filosofia natural. Precisamos rejeitar apaixonadamente a manipulação irrefletida do governo, um governo que nos convida a ser cobaias emocionais motivadas tão somente pelo interesse próprio passivo, pseudocientistas porcinos disputando por carreiras em vez de buscar a verdade, com fazendeiros governamentais para nos alimentar, no máximo, com lavagem.

Os filósofos liberais Tomasi e Brennan definem-se como "liberais neoclássicos" e contribuem para um dinâmico website criado pelo filósofo Matt Zwolinski, o Bleeding Heart Libertarians.[18] *Bleeding heart* [corações que sangram] é um termo usado como uma referência ao desdém conservador pelo choro dos esquerdistas, bem como à fé cristã no Salvador crucificado e nas Suas chagas. Nós, liberais modernos, afirmamos que devemos todos ter corações — e não corações de pedra, mas corações que sangram devido à piedade pelas vidas mortais.

Ou seja, os liberais 2.0, *humanos* e modernos, acreditam que as pessoas devem ajudar e proteger umas às outras sempre que puderem. Ao contrário da convicção da esquerda de que os liberais clássicos propõem empurrar os pobres para a margem da estrada em defesa de algum esquema social darwinista, queremos que os pobres prosperem. Realmente prosperem. (E nós, liberais clássicos e modernos, reunimos numerosas evidências de que as políticas da esquerda e da direita *não* permitem que isso aconteça.) Nós, liberais, nos importamos. "Tudo o que quereis que os homens vos façam, fazei-o vós a eles", dizemos. Ajudemos a todos. Alimentemos os pobres no porão da igreja. Que os jovens da periferia de Chicago tenham empregos realmente lucrativos fora do tráfico de drogas — ao contrário do que permitem as políticas lentas dos socialistas e as políticas moderadas dos conservadores. Que os pobres e perseguidos sejam admitidos nos Estados Unidos, na Grã-Bretanha e na Alemanha. Vamos dar um basta no massacre ruandês, se preciso, pela coerção, ao contrário do que fez o presidente Clinton em 1994. Protejamos os homens adultos muçulmanos de Srebrenica, conforme o juramento dos soldados honrados, e, se preciso, pela coerção, ao contrário do que fez a Brigada Holandesa em 1995.

Ou seja, nós, liberais humanos, não somos contra os pobres, como os esquerdistas estão sempre nos acusando de ser sem pesquisar muito. (Eles dizem: "Por que devemos *dar ouvidos* às maldades do Instituto Koch ou da Sociedade Mont Pèlerin?" Assim sendo, nem Nancy MacLean nem Phil Mirowski sabem que o instituto e a sociedade se opõem fortemente à concessão de regalias ao setor corporativo, ao imperialismo norte-americano, ao sistema prisional e à legislação antidrogas.) Nós, liberais humanos, não somos perigosos nem insensíveis. Tampouco estritamente pacifistas, dispostos a nos render diante de uma invasão feita pelo Canadá ou de um ataque cibernético da Rússia.

Contudo, acreditamos que, mesmo que em nome da garantia de uma ajuda eficaz para os pobres e uma segurança eficaz para a nação, o governo não deve adotar a coerção sem pensar duas vezes, nem em casa nem no exterior. Não devemos recorrer ao uso da coerção como primeira opção, nem em nome dos propósitos da esquerda nem dos da direita, arriscando a infantilização permanente dos pobres ou um policiamento leviano do mundo. Devemos recorrer principalmente a acordos voluntários entre adultos — tais como melhorias comercialmente testadas, tratados pacíficos de livre-comércio, acordos de autoproteção, debates civilizados, obras de caridade comoventes, o dom da graça —, com a dignidade do voto da maioria limitada unicamente pela dignidade das liberdades civis da minoria. Acima de tudo, devemos respeitar uns aos outros, respeitando a liberdade de cada um de dizer não.

4. Os liberais são democratas e os mercados são democráticos

O liberalismo verdadeiro e moderno, em especial, é democraticamente inclusivo, e pratica, ao menos nas searas social e econômica, o igualitarismo das religiões abraâmicas. Na metade do século XIX, John Stuart Mill e Alexis de Tocqueville foram os primeiros liberais de um movimento jovem a sentirem a necessidade de supor a existência de uma democracia política completa e a se preocuparem com ela. Muito mais tarde, a teórica pioneira da administração dos anos 1920, Mary Parker Follett, que cunhou a expressão "ganha-ganha", definiu a democracia não apenas como o voto da maioria — e, após a votação, um pouco de coerção dos perdedores —, mas como um programa verdadeiramente liberal de descoberta de soluções ganha-ganha.[1]

Para decisões coletivas, repito, uma democracia liberal com frequência resulta em escolhas infelizes. É a vida. A reação de Jason Brennan foi apresentar a sugestão bizarra de um governo exclusivamente exercido pelos bem informados, com diplomas universitários; e a de Hayek, a sugestão igualmente bizarra de uma restrição de idade à votação. No entanto, provavelmente nem essas políticas antidemocráticas resultariam em escolhas melhores — além de tirarem a dignidade humana igualitária para todos, que é a crença fundamental do liberalismo que os dois defendem. As propostas deles sacrificam seu liberalismo verdadeiro em nome de uma fantasia utilitária de que pessoas inteligentes ou velhas sabem o que fazer. O liberal Stephen Davies argumenta de modo muito persuasivo que, embora as pessoas inteligentes acreditem saber tudo, na verdade a sabedoria das massas ou das mãos invisíveis geralmente funciona melhor.[2] Os inteligentes, velhos e bem informados, afinal de contas, levaram os Estados Unidos a invadir o Iraque e o Vietnã, a prender nipo-americanos, a esterilizar os pobres e a justificar a escravidão. O problema principal é que o governo escraviza um pouco ou muito — ou seja, comanda as pessoas pela coerção. Afinal, esse é admitidamente o seu trabalho. Colocar pessoas inteligentes no comando desse trabalho nem sempre será uma boa ideia. É melhor ter pessoas que respeitem a sua autonomia, como empreendimentos comerciais que nos seduzem para chegar a um acordo ganha-ganha pela compra de sapatos, navios ou lacres. Façamos menos governo e mais negócios.

O regime da iniciativa privada do ganha-ganha tem utilidade pública. Ele recomendará, devidamente, o fechamento de uma empresa que não esteja se sustentando em favor da abertura de uma que acrescente mais do que gere custos para a comunidade. Conforme aceito pela alta teoria socialista desde os anos 1930, um planejador central onisciente faria exatamente a mesma coisa ao fechar um empreendimento não lucrativo. Ludwig von Mises foi o primeiro a dizer isso em 1920, e entrou em um debate acalorado por muitos anos com os teóricos do planejamento central do socialismo. No final, os dois lados meio que chegaram a um acordo em teoria. O socialismo ideal, concluíram, imita o comércio ideal. Oskar Lange, um economista socialista e comunista, alto funcionário, ao falar sobre o papel de Mises no acordo, declarou que "uma estátua do professor Mises deveria ocupar um lugar de honra no salão principal do Ministério da Socialização ou do Comitê de Planejamento Central do Estado socialista".[3] O planejador, portanto, teria como objetivo as mesmas melhorias econômicas para a comunidade — ao custo adicional, sob o socialismo, de intimidar as pessoas comandadas do Comitê de Planejamento Central em vez de deixá-las reagirem aos preços determinados por interações humanas voluntárias, à maneira da arte ou da linguagem.[4] (A discussão teórica presumia que a distribuição pós-produção podia ser ajustada como bem quiséssemos com transferências únicas de valores excedentes ou lucros, fossem provenientes do governo ou de companhias privadas. Parece loucura, mas era a teoria dos dois lados. Eles estavam tentando separar questões da produção de questões da distribuição.)

Em outras palavras, numa economia liberal, os preços estabelecidos pela oferta e pela demanda alcançariam a mesma realocação desejável que um planejador econômico onisciente numa utopia socialista recomendaria, embora sem o punho socialista do Gulag e do governo. Mingau de aveia com mirtilos no café da manhã do Perfectionists' Café, no Terminal 2 do Aeroporto de Heathrow, custa 5,50 libras. O preço sugere ao viajante que, se ele comprar e comer o prato, tirará 5,50 libras de outros produtos e serviços da economia. Ele escolherá pagar se seu prazer em comer o prato exceder o preço. Assim, é como se tivesse um tipo de lucro, aquilo que os economistas denominam "excedente do consumidor". (Não são apenas os produtores que têm lucro, ao contrário do que afirmavam os velhos marxistas, pois não tinham o benefício da economia dos anos 1870.) Podemos admitir que a alocação pelos preços não alcança o nirvana, mas a afirmação altamente plausível do liberal é que os preços negociados nos mercados induzem com mais eficácia o excedente do consumidor para todos nós do que o sistema em que somos comandados pela coerção de planejadores centrais — planejadores que jamais saberiam quanto o passageiro em Heathrow estaria disposto a pagar naquela manhã gelada.

A implicação prática de tais ruminações é que a alegação dos populistas, e de muitos esquerdistas bem-intencionados, de que, digamos, os fazendeiros húngaros ou os mineiros da Virgínia Ocidental estão sendo prejudicados por algo chamado "neoliberalismo" está equivocada. Os fazendeiros e mineiros estão, sim, sendo prejudicados, mas por uma melhoria econômica que todos nós desejamos ver avançar. O problema não é o neoliberalismo, mas o progresso, seja dirigido pelo sistema de preços ou pelo comissário do Povo (e eu acabei de explicar por que a direção seria a mesma). A queixa é em relação à mudança — e, por acaso, uma mudança desejável. Se a agricultura húngara não é mais uma boa ideia, ou se esse é o caso da mineração na Virgínia Ocidental, tal atividade deve parar, não importa qual política apoiemos — a "capitalista" ou a socialista —, presumindo que desejemos melhorias, para o bem dos mais pobres entre nós. Podemos querer ajudar os fazendeiros ou mineiros com generosidade. Tudo bem, embora essas mudanças sejam tão penetrantes numa sociedade em progresso que seja inviável tratar com generosidade todas as pessoas lesadas pelo progresso. São muitas, porque ninguém é uma ilha independente, mas cada um de nós é um pedaço de um continente, uma parte do todo. No entanto, manter as pessoas em trabalhos pouco rentáveis é igualmente prejudicial. Lucros são uma forma de dignidade geral.

Um sistema liberal de preços faz o melhor que podemos alcançar neste vale de lágrimas de conquistar nossos objetivos. É o meio mais simples da cooperação social, espontaneamente presente em toda comunidade humana, das cavernas ao presente. Como a linguagem, não precisa ser forçado nem planejado. E, como no caso da linguagem, não existe uma alternativa simples. As propostas surgidas do século XVII em diante de produzirmos linguagens artificiais, eliminando a babel inconveniente das línguas naturais, encerram o mesmo utopismo que o planejamento central. Não surpreende que Francis Bacon tenha proposto um planejamento central tanto para a linguagem quanto para a ciência. Preços livres da coação, como as linguagens, têm a função latente de persuadir, tentar, sugerir, sem submeter as pessoas à sistematização, intimidação, ameaças ou violência por parte de planejadores e da polícia. Como disse o bendito Adam Smith: "A oferta de um xelim, que para nós tem um significado tão simples, na realidade é a oferta de um argumento para persuadir alguém a fazer algo que é do seu interesse."[5] Ganham tanto o comprador quanto o vendedor. É o ganha-ganha, o melhor da democracia.

John Tomasi, para distinguir os seus (e meus) pontos de vista do estranho uso norte-americano do termo "liberal", chama a aliança do liberalismo verdadeiro, clássico ou moderno, com a democracia moderna de "liberalismo do homem comum"[6] Não é o falso "liberalismo" recomendado por um *clerisy* de esquerda ou de direita, com diplomas universitários, que quer vê-lo forçado a se encaixar em padrões específicos por eles imaginados para a produção, os preços e as rendas. Não é, portanto, o iliberalismo de esquerda ou de direita da servilidade confortável ou obediente a um governo ou igreja administrada pelos nossos senhores. Nossos senhores não nos deixarão dizer não. *Salte! Bom cãozinho.*

O liberalismo moderno do homem comum de Tomasi lembra Walt Whitman ao cantar, muito tempo atrás sobre o democrata e liberal: "Eu sou de todas as cores e castas/De todas as classes e religiões/Fazendeiro, mecânico, artista, cavalheiro, marujo, quacre/Prisioneiro, gigolô, arruaceiro, advogado, médico, sacerdote / Eu resisto a tudo melhor do que a minha própria diversidade, [...] / Eu sou grande, eu contenho multidões".[7] Descobriu-se por meio de experiências meticulosas nos séculos XIX e, sobretudo, XX, que as pessoas comuns de fato contêm multidões — sem grande ajuda de um governo dedicado principalmente a servir aos interesses dos ricos, a restringir a imigração, a aplicar a segregação racial ou a dar empregos a uma nova aristocracia de usurpadores e pós-graduandos. Isso quer dizer que, por força da experiência, descobrimos que os holandeses, britânicos e norte-americanos comuns, e depois também suíços, irlandeses e mexicanos, quando o governo lhes confere liberdade, realmente contêm multidões de capacidades para o autogoverno e para o progresso econômico e espiritual, capacidades essas nunca antes aproveitadas. Eles podiam administrar barracas de roupas na Maxwell Street. Podiam supervisionar as crianças brincando na rua da janela de casa. Podiam conseguir empregos melhores nas ferrovias. Podiam galgar os degraus do chão de fábrica até a posição de presidente da empresa na Whirlpool.[8] Podiam inventar o limpador de para-brisa.[9] Podiam operar um food truck.[10] Podiam emigrar da Itália para produzir a primeira reação nuclear autossustentada antes dos alemães.

Como a liberdade improvisada nas artes e nas ciências, ou na música e no jornalismo, essa liberdade moderna sem supervisão na economia produz maravilhas. As velhas hierarquias começaram a sumir, embora aqui e ali tenham sido substituídas por novas hierarquias governamentais de especialistas e quadros partidários. De modo geral, o povo comum, quando pôde gozar de liberdade, se aventurou e mostrou quão pouco comum é. Nos anos 1790, Haydn, depois de décadas de libré, subordinado na casa aristocrática dos Esterházy, fez duas longas viagens a Londres, vendeu música para a crescente burguesia e fez fortuna com o fornecimento de suas melhorias comercialmente testadas, suas inovações. Ele gostava, e seu público pagante, também. O filho de uma cozinheira e de um carpinteiro de rodas de coche cativava multidões.

A capacidade das pessoas comuns é frequentemente subestimada por conservadores e progressistas, por *tories* da direita e trabalhistas da esquerda. Nossos amigos da direita e da esquerda querem usar o poder do governo para julgar ou manipular as pessoas com empurrõezinhos. Quando são economistas de uma tendência iliberal, os juízes e os *nudgers** acreditam que a economia simples da oferta e da demanda e que a psicologia simples do senso comum estão cheias de imperfeições inadmissíveis, que impedem o bem social — o qual os economistas acreditam identificar com muito mais precisão do que os reles consumidores e empresários.[11] Em outras palavras, tanto conservadores quanto progressistas veem o povo comum como bárbaros ou estúpidos, como crianças rebeldes ou ignorantes, que requerem um governo rígido.

Nós, liberais modernos, não.

* Conceito advindo do livro *Nudge: o empurrão para a escolha certa*, dos economistas comportamentais Richard Thaler e Cass Suntein, segundo o qual um "nudge", ou empurrãozinho, pode influenciar o julgamento, o comportamento e as escolhas das pessoas sem proibir opções. [*N. da T.*]

5. Os liberais detestam a coerção

O liberalismo é ser livre da coerção física por outros humanos, e, em particular, ser livre da coerção por senhores, governos, criminosos ou imperiosos governantes criminosos. O grande liberal Robert Higgs escreve que o liberal "não deve jamais aceitar a superioridade moral dos que insistem em interferir à força na liberdade: o ônus da prova deve ser sempre daqueles que buscam usar da coerção contra pessoas inocentes".[1]

Mas, sim, admito: *certa* imposição pela coerção governamental faz-se necessária. Nem todas as leis são ruins. Tampouco todos os impostos. Entendido. No entanto, talvez possamos passar então para a questão de exatamente *quantas* leis, *quantos* impostos, *quanta* coerção. Um governo inchado e interventor moderno, que usa de um terço à metade do produto interno bruto (PIB) para seus propósitos, depende demais da coerção — cobrando impostos dos cidadãos, bombardeando estrangeiros, prendendo usuários de maconha, protegendo profissões favorecidas e acionistas da Whirlpool, confiscando propriedades por meio do domínio eminente para projetos privados, invadindo casas e empresas de madrugada para impor as piores leis tributárias. Um governo pequeno e não moderno também depende dela.

O monopólio tentador da coerção leva qualquer governo a essa tendência; afinal, ela é o caminho mais direto para resultados. A coerção não requer diálogos cansativos, como no julgamento de casos de cidadãos da América Central que solicitam o asilo garantido na lei norte-americana sob a Convenção de Genebra de 1951 e no seu Protocolo de 1967. O economista Yoram Barzel chama até mesmo um governo regido pelo império da lei de "mandante violento".[2] É mais fácil *forçar* as pessoas a pararem de poluir do que, digamos, *cobrar* delas, estabelecendo direitos de propriedade ao ar puro e deixando o direito do contrato e o direito de danos fazerem o resto num tribunal, ou *persuadi-las* por meio do debate na imprensa livre, estimulando a responsabilidade individual e corporativa em relação ao meio ambiente. É muito mais fácil empregar a polícia para multar e prender as pessoas do que argumentar com elas. A palavra comumente usada para política na época do bendito Adam Smith era "polícia".[3] Isso mesmo. Política, polícia. É o impulso do advogado, do legislador, do tirano, e de alguns economistas.

Por outro lado, como o economista liberal observa, o mercado de produtos, como os mercados (com frequência sem preço determinado) das artes, das ciências e das ideias, depende da persuasão, da sedução. Quase um quarto da renda do trabalho vem da argumentação profissional, e toda a renda norte-americana da iniciativa privada, é claro, vem da argumentação das ofertas expressas em dinheiro, um tipo de argumento ainda mais persuasivo.[4] Em uma sociedade sem escravizados, o chefe precisa trabalhar principalmente por meio dos argumentos, raramente usando qualquer disciplina de mercado, e jamais pela coerção física sancionada. "John, você pode assumir a furadeira nº 10 hoje? O Harry não veio, está doente." "Claro, chefe." Ou, no caso das ofertas monetárias: "Aqui, três dólares." "Obrigado, senhora. Aqui está o seu *macchiato* descafeinado grande com caramelo." Ou: "Vou fazer uma pintura salpicando cores numa tela grande e ver se você gosta." "Uau! Um Jackson Pollock fase avançada! Pago 32.645.000 dólares por ele com prazer."[5] Ou: "A liberdade é a teoria do liberalismo." "Ah, entendi." Argumentação. Sem manipulação. Trata-se de benefício mútuo, uma soma positiva, ganha-ganha.

Um liberal, em outras palavras, realmente não gosta do monopólio às vezes necessário da coerção, ainda que exercido em nome da maioria democrática. Embora admita que um pouco de coerção é preciso para alguns propósitos limitados do governo, o liberal é um amigo apaixonado da ordem não governamental e voluntária da arte, do mercado, da ciência ou do jornalismo — ofício, invenção e persuasão. Ele não gosta da política necessariamente violenta e praticante do policiamento da ordem feudal, nem da ordem burocrática, nem da ordem militar-industrial. Como colocado pelo economista húngaro naturalizado britânico P. T. Bauer — uma voz solitária nos anos 1950 e 1960 contra, por exemplo, o auxílio na política externa a regimes incompetentes ou assassinos —, devemos evitar "políticas ou medidas que apresentam a tendência de aumentar o poder do homem sobre o homem; ou seja, de aumentar o controle de grupos e indivíduos sobre seus irmãos".[6] O que ele recomenda é uma liberdade definida como a ausência de violência e interferência humana.

A ordem iliberal de um governo inchado e interventor pulula de ordens da hierarquia, além do que nossos senhores pregam, sob a justificativa de milhares de leis aprovadas em cada sessão legislativa e de emendas feitas anualmente em números absurdos pela burocracia. Uma grande estudiosa dessas questões, a economista e liberal Veronique de Rugy, escreve que os "norte-americanos ficariam horrorizados se soubessem quanto poder têm milhares de burocratas não eleitos empregados por agências federais".[7] O liberal humano pertence, em vez disso, como declarou Hayek, ao "partido da vida, que favorece o crescimento livre e a evolução espontânea", ao contrário dos vários partidos da direita e da esquerda desejosos de "impor [pela coerção] ao mundo um padrão racional preconcebido".[8]

Nós, liberais, sejam os convencionais 1.0 ou os mais inclinados ao liberalismo humano 2.0, queremos uma sociedade que dependa principalmente da palavra "retórica", tão frequentemente injustiçada. O retórico romano Quintiliano citou Catão, o Velho, ao definir sua perfeição como "o bom homem dotado do talento da fala".[9] O liberalismo é, profundamente, uma questão dessa retórica, a descoberta (como disse Aristóteles) dos meios disponíveis (não violentos) da persuasão em cada caso, a descoberta de como "ter lábia" (em inglês, *sweet talk*).[10] O termo latino *suadeo*, "eu convenço", tem a mesma raiz indo-europeia da palavra inglesa *sweet* (doce). A ética, a bondade, as Regras de Ouro são doces.

O estudo da arte da retórica, depois de ter sido por dois milênios a base da educação no Ocidente, com formas paralelas em grande parte do Oriente e do Sul, passou a ser desprezado pelos autointitulados realistas, durões e lógicos intelectuais europeus do século XVII, como Bacon, Descartes, Hobbes e Spinoza. Enfeitiçados por Euclides, eles estavam certos de que podiam discernir A Verdade sem recorrer ao mero habilidoso discurso humano.[11] Desde então, a retórica ganhou uma má reputação — como se houvesse outro caminho para a verdade que não envolva bons seres humanos falando com habilidade. De fato, o discurso habilidoso na matemática avançada no século XIX produziu a proliferação das geometrias, contrariando radicalmente o velho Euclides e a unidade fácil da Verdade. Gödel foi mais longe. Fomos reconduzidos ao diálogo liberal da humanidade, como sempre acontece no fim das contas. Não há um ponto arquimediano.

A retórica, na verdade, é uma prática da Antiguidade adequada, desde os advogados sicilianos do século V a.C., a uma sociedade livre. Temos apenas duas formas de iniciar uma mudança no comportamento dos outros: ameaças violentas ou lábia amistosa. Geralmente, a lábia é melhor. Nem sempre — certamente, não recomendada para lidar com Al Capone ou Stalin —, mas, na maioria das vezes, é melhor para adultos livres criados para seguir Hilel e Jesus, com uma boa educação e um bom propósito transcendental. A lábia retórica, por exemplo, é o que estou empregando com você agora. Compreenda, *com* você, e não *contra* você. Trata-se de um presente, não de uma imposição. (Que bom que você gostou.)

O primeiro trabalho remunerado de Adam Smith foi como professor de retórica de meninos escoceses de 14 anos, e ele manteve a crença de que "todos praticam a oratória com os outros a vida inteira".[12] Uma sociedade liberal pratica a oratória — restringida, como observou Smith, pelo espectador imparcial, pela consciência, pelo sentimento ativo, pela paixão ética e, em última instância, por Deus. A alternativa é a coerção física aplicada aos outros em benefício dos senhores. Os patriotas da Revolução Americana estavam muito dispostos a cobrir de piche e penas os monarquistas.[13] E os líderes patriotas que chamamos de fundadores dos Estados Unidos presumiam que homens como eles, ocupantes do topo da hierarquia social de uma sociedade agrícola, continuariam governando, seguiriam sendo os cavalheiros educados gerindo os reles plebeus, como senhores fazem com seus servos.[14] Os governantes do século XVIII açoitavam regularmente pessoas escravizadas, esposas, filhos, aprendizes, servos, soldados e marinheiros. Então, as evoluções liberais que se seguiram a 1776 foram gradualmente fazendo frente a eles, até chegarmos ao movimento #MeToo.[15]

6. O liberalismo teve bons resultados, de 1776 até o presente

Esse liberalismo humano — tão contestado por autoritários da esquerda e da direita, ambos os quais inspirados pelo antiliberal original Hegel — há dois séculos funciona, de modo geral, surpreendentemente bem.[1]

Em primeiro lugar, tem libertado cada vez mais pessoas, um produto que nós, os modernos, vemos como um grande bem por si só. Quanto mais somos verdadeiros liberais humanos, mais o valorizamos. Sucessivamente, desde 1776, pessoas escravizadas, eleitores das classes mais baixas, não conformistas, mulheres, católicos, judeus, sindicalistas irlandeses, povos de antigas colônias, afro-americanos, imigrantes, socialistas, pacifistas, mulheres mais uma vez, homossexuais, pessoas com deficiência e, acima de tudo, os pobres de quem a maioria de nós descende, passaram cada vez mais a poder perseguir projetos consistentes com o abandono da coerção física como meio de intervenção nos projetos dos outros. Como já disseram, no século XVIII reis tinham direitos, e as mulheres não tinham nenhum direito. Agora, é o contrário.

Uma antiga justiça baseada na hierarquia pela desigualdade foi gradualmente substituída pela teoria do século XVIII da justiça baseada na igualdade. Tal substituição alcançou a maturidade filosófica nos anos 1970, com dois livros de filósofos de Harvard. John Rawls declarou, em *Uma teoria da justiça* (1971), que justiça era igualdade de renda, como uma pizza coercivamente dividida pelo governo em fatias iguais entre amigos ou estranhos. Robert Nozick contra-argumentou em *Anarquia, Estado e utopia* (1974) que justiça era igual a liberdade, como permitir que amigos, sem a supervisão coerciva do governo, dividissem a pizza como quisessem, e então trocassem uma ou duas fatias por um pouco mais de cerveja — assim permitindo que um estranho que passasse por ali também comesse. Os dois eram liberais, descendentes de modelos do século XVIII contra a hierarquia. No entanto, Rawls descendia da tradição francesa e estatista de Rousseau e Helvétius, que levou, no pior caso, à Estação Finlândia e à Rússia de Lenin. Nozick descendia da tradição escocesa e voluntarista de Hume e Smith, que levou, no melhor caso, à fazenda do Meio-Oeste e à Nebraska de Willa Cather.

E, como consequência inesperada, mas muito bem-vinda, o liberalismo do século XIX — ao inspirar, pela primeira vez, uma grande massa de pessoas comuns a se arriscar a tentar — produziu uma explosão maciça de melhorias econômicas para essas mesmas pessoas comuns. Os modernos, e especialmente os liberais, têm o Grande Enriquecimento em alta conta, contrariando o favorecimento de reis e deuses. As pessoas comuns continham multidões de talentos para todos nós, colheitadeiras mecânicas das novidades modernas.

Quão maciça? Quão grande? Que multidões? O liberalismo resultou, como eu disse (e continuarei repetindo até você aceitá-lo como o grande acontecimento do mundo moderno), num aumento de *3.000%* em bens e serviços para os mais pobres entre nós. Preste atenção. O liberalismo, como os historiadores da economia podem confirmar (não há um debate científico acerca da sua magnitude, mas das suas causas), produziu uma melhoria de 3 *mil* por cento. O plano liberal deu voz e permissão para que os Benjamin Franklins, Isambard Kingdom Brunels, Nikola Teslas, Albert Einsteins, Coco Chanels e Willa Cathers, que sem ele seriam mudos e inglórios, inovassem. E deu permissão para que também o trabalhador comum, capaz, por meio da liberdade, tentasse conquistar um novo emprego, ou, graças à mesma liberdade, deu ao vendedor comum, capaz, a chance de abrir sua própria loja. A libertação nos deu os motores a vapor, a ferrovia, as universidades, o aço, o sistema de esgotos, as vidraças, os mercados a termo, a alfabetização universal, a água encanada, a ciência, o concreto armado, o voto secreto, as bicicletas, os automóveis, a liberdade de expressão, as caixas de papelão, aviões, as máquinas de lavar, o ar-condicionado, os antibióticos, os anticoncepcionais, a conteinerização, o livre-comércio, os computadores e a nuvem. E nos deu também as multidões menos famosas, mas cruciais, de cortesias oferecidas pelo trabalhador alerta e pelo lojista livre que se dedicam a seus próprios pequenos projetos visando ao lucro e ao prazer. Certas vezes, inesperadamente, esses pequenos projetos cresceram, como a loja Whole Foods, de John Mackey, em Austin, Texas, que se multiplicou em 479 lojas nos Estados Unidos e no Reino Unido, ou o Walmart, de Jim Walton em Bentonville, Arkansas, que hoje conta 11.718 lojas no mundo inteiro. Ele nos deu ainda um aumento incrível na nossa capacidade de buscar o transcendental nas artes, nas ciências, em Deus ou no beisebol.[2]

Foi, de fato, um Grande Enriquecimento, tanto material quanto cultural, muito além da Revolução Industrial clássica de 1760-1860, que meramente dobrou a renda *per capita*. Revoluções duplicadoras como a industrial haviam sido raras na história, mas não inéditas — como observado, por exemplo, na industrialização do norte italiano no século XV.[3] Os bens e serviços disponíveis até para os mais pobres tiveram um aumento dramático, isso num mundo em que meras duplicações, aumentos de apenas 100%, haviam sido incomuns e temporários, como na glória comercial da Grécia do século V ou no vigor comercial da Dinastia Song. Em cada caso desses mais antigos, as revoluções industriais haviam acabado por retornar a uma renda real *per capita*, em termos atuais, de cerca de dois ou três dólares por dia — a condição humana. Nem a domesticação de plantas e animais em nove locais do mundo inteiro, de 8000 a.C. a 2000 a.C. tinha visto um aumento permanente na renda *per capita* — embora as populações maiores agora sustentáveis tenham tido efeitos positivos na fundação da vida urbana e da alfabetização, da Mesopotâmia à Mesoamérica. No entanto, por razões malthusianas, a renda real *per capita* nas economias agrícolas havia sempre retornado a dois ou três dólares por dia.

Isso não aconteceu depois de 1800, 1860 ou 1973, nem agora, e não acontecerá. Que bom.

Imagine viver com dois ou três dólares por dia. Essa ainda é a situação de muitos — embora, desde 1973, o número de pessoas que vivem nessas condições tenha caído vertiginosamente.[4] A Revolução Verde depois dos anos 1960 transformou a Índia em um exportador de grãos. A liberalização que ocorreu após 1978 na China modernizou suas cidades. E, como acabei de dizer, depois de 1800 ou 1973, ou em qualquer ano recente que você escolha, não houve sinal de reversão. Em cada uma das cerca de quarenta recessões ocorridas desde 1800 nos Estados Unidos, a renda real *per capita* da nação imediatamente, em geral dentro de 2 ou 3 anos, superou o que fora *no pico anterior.*[5] Sem exceções. Que maravilha.

Mesmo incluindo os dois dólares por dia que ainda correspondem à renda de pessoas esmagadas por governos iliberais que exercem os monopólios da coerção, ou por criminosos que exercem oligopólios da coerção, a renda real *per capita mundial* nos últimos dois séculos aumentou dez vezes — e trinta vezes em países como Hong Kong, Coreia do Sul, Finlândia e Botsuana, que usaram todo o potencial da oportunidade liberal. E as ofertas desse enriquecimento material e cultural prometem se espalhar pelo mundo inteiro.[6] Aleluia.

Além disso, foi um enriquecimento que promoveu maciçamente a igualdade. É um mito, ainda que um mito persistente, dizer que o Grande Enriquecimento envolveu a busca por fortunas em detrimento da igualdade. As sociedades verdadeiramente desiguais foram aquelas em que reinavam as terras e a espada — ou, em tempos recentes, em que gangues violentas tomaram o poder governamental, como nos casos da Federação Russa sob o governo de Putin e da Malásia sob o governo Najib Razak. Um sistema de mercado é realmente igualitário e permite que novos entrantes arruínem o excesso dos lucros produzidos pela inovação, para o benefício dos mais pobres, que ganham água encanada e energia elétrica. Cada mudança tecnológica moderna, dos telefones aos computadores, suscitou temores em relação a uma "exclusão digital".

Entretanto, em virtude dos novos entrantes movidos pelo cheiro do lucro, ela nunca persistiu. No terceiro ato, os pobres passam a ter acesso a smartphones — a preços baixos. Sempre.

Desde 1800, os mais pobres sempre foram os mais beneficiados pelas melhorias comercialmente testadas, cuja ideologia foi o liberalismo — ou melhor (em vez da palavra "capitalismo", que induz a erro), do "inovismo". Os ricos ganharam algumas pulseiras de diamantes a mais. Sem problemas. Enquanto isso, os pobres, pela primeira vez, têm tempo para fazer uma refeição. Atualmente, em lugares como Japão e Estados Unidos, os mais pobres ganham mais, em valores corrigidos pela inflação, do que, digamos, os 10% mais ricos dois séculos atrás. Boudreaux apresenta o argumento plausível de que a mulher pobre nos Estados Unidos, em média, é mais rica até do que John D. Rockefeller foi.[7] Ela hoje tem antibióticos, ar-condicionado e quinhentos canais de bobagens na TV, coisas às quais o pobre John D. não tinha acesso. Jane Austen (1775-1817) teve, em termos materiais, uma vida mais modesta e com menos acesso a serviços de saúde do que a que tem hoje o residente comum de East Los Angeles. Nossa Jane morreu aos 41 anos de alguma doença — doença de Addison (a doença do presidente Kennedy), linfoma de Hodgkin, tuberculose, não sabemos ao certo — que provavelmente seria curável ou ao menos controlável na atualidade. A igualdade de comodidades reais também tem aumentado consistentemente para os mais pobres no que se refere a alimentação, moradia, vestuário, educação, saúde, entretenimento e da maioria dos outros produtos e serviços desde 1800. E continua aumentando. Em países que estão vivendo o Grande Enriquecimento em sua plenitude — como a Alemanha, o Japão e Singapura —, a renda real média em termos monetários atuais (e, com ela, a mediana e os confortos dos mais pobres) aumentou de três dólares por dia em 1800 para mais de cem dólares por dia.[8]

Como Schumpeter colocou em 1942, a "rainha Elizabeth tinha meias de seda. A conquista capitalista [ou 'inovista'] não consiste tipicamente em fornecer mais meias de seda para rainhas, mas colocá-las ao alcance das operárias em troca de quantidades consistentemente crescentes de trabalho [...]. O processo capitalista — não por coincidência, mas pelo seu próprio mecanismo — aumenta progressivamente o padrão da vida das massas".[9] Atualmente, o padrão de vida das massas norte-americanas é quatro vezes superior ao dos anos 1940, quando a renda real por pessoa nos Estados Unidos era equivalente à renda real brasileira atual. Hoje, o norte-americano comum tem máquinas de lavar, antidepressivos, viagens aéreas baratas, um quarto para cada filho, educação avançada para muitos. Não era assim no começo dos anos 1940. No início dos anos 1840, esses itens eram inconcebíveis.

Recentemente, na China e na Índia, um novo liberalismo econômico promoveu um enriquecimento espetacular para os pobres. A China e a Índia, em média, continuam sendo muito pobres se comparadas aos padrões europeus, mas aguardemos uma ou duas gerações. Ainda neste mesmo século — e mais cedo, se conservadores e socialistas estiverem dispostos a abandonar seus planos iliberais para a manipulação das pessoas —, todos no planeta gozarão do nível de riqueza norte-americano e finlandês. Os museus e as salas de concerto estarão sempre cheios, as universidades, igualmente: uma vida nova se abrirá para os mais pobres. O liberalismo moderno enriquecerá a todos nós.

7. Mas, depois de 1848, o liberalismo foi enfraquecido

Como eu já disse, não uso o termo "liberalismo" como ele é usado nos Estados Unidos, para indicar a *social*-democracia, ou, mais ousadamente, o socialismo democrático, em que o governo recebe poderes cada vez mais amplos para manipular as pessoas, estas eternamente condenadas a permanecer nos empregos errados, sob um "contrato *social*" imaginado, inconsistente com a liberdade e o desenvolvimento.[1] Entre os social-democratas — vários deles, grandes amigos meus —, o uso da palavra *liberty*, que vem do francês, e especialmente do seu sinônimo anglo-saxônico *freedom*, me parece equivocado.* (Vou me referir, aliás, em inúmeras ocasiões, como já fiz, aos "meus amigos" da esquerda, da direita ou do centro. Não se trata de desprezo nem condescendência. Eu realmente tenho muitos amigos na esquerda, na direita e no centro. Amo-os e respeito suas opiniões, ainda que eles estejam quase sempre enganados. Estou à disposição para ajudá-los a descobrir seu verdadeiro liberalismo. De nada.)

A definição clássica de *liberty/freedom* é a condição de se estar liberado/livre de interferências físicas por parte de outros seres humanos. Significa, como eu já disse, não ser escravizado. Significa não ser controlado sob a ameaça de coerção física. Significa poder abrir um food truck ou se mudar para Birmingham. A aplicação de *liberty/freedom*, como colocou Robert Hayden, o laureado poeta norte-americano dos anos

* Ambos os termos significam "liberdade" em inglês. [*N. da T.*]

1970, foi como "viajamos do Não Posso para o Posso".[2] Como Mill disse em 1859, a questão por trás da ideia de se evitar a escravidão é "a natureza e os limites do poder que a sociedade pode exercer legitimamente sobre o indivíduo", a exemplo dos subsídios governamentais exigidos por um sindicato e extraídos de terceiros para manter ativas minas de carvão não rentáveis, ou do poder socialmente concedido exigido por proprietários de pessoas escravizadas para, por meio do chicote, conduzir Silas de volta ao Não Posso.[3]

Após um século de um liberalismo cada vez mais articulado, contudo, o Liberalismo Novo, ou Social, de T. H. Green nos anos 1880, e, mais tarde, de Leonard Hobhouse, começou lentamente a retornar à social-democracia na Inglaterra liberal, seguido, depois de 1890, por progressistas nos Estados Unidos e antecipado por alguns socialistas continentais depois de 1848. A natureza e os limites do poder exercido pela sociedade sobre o proprietário individual ou sobre o trabalhador de uma mina foram muito ampliados. A ampliação da coerção pelo governo foi justificada pela afirmação de que, na luta entre o capital e o trabalho, os pobres já estavam sendo coagidos, e, por isso, havia a necessidade daquilo que John Kenneth Galbraith muito mais tarde chamou de "poder compensatório". Na Grã-Bretanha, o estudioso do direito Dicey viu, em 1919, que "a corrente atual da opinião legislativa, partindo do início do século XX, tem se inclinado veementemente para o coletivismo".[4] A visão liberal de Smith a Bastiat, de uma sociedade de pessoas livres entrando em acordos mútuos, foi substituída por uma visão socialista de Marx a Mao, de uma sociedade de classes condenada ao conflito. Enquanto os economistas desenvolviam uma teoria de salários baseada na produtividade, os políticos desenvolviam uma teoria baseada no poder.

Por que essa guinada iliberal? Dicey apresenta razões em 1919, mas admite que as raízes são anteriores. Talvez, ela tenha sido causada pela queda da servidão e da escravidão nos seus sentidos literais, um triunfo liberal no Império Britânico, na Rússia, nos Estados Unidos e, por fim, no Brasil, triunfo que, por analogia, fez com que o *clerisy* se voltasse para as ausências menos dramáticas do consentimento individual e de contratos. Cada caso de pobreza foi, então, redefinido como escravidão, a "escravidão do salário". Façamos com a escravidão do salário o que fizemos com a escravidão literal: aprovar uma lei coerciva.

Talvez, os triunfos evidentes das ciências físicas (e, muito mais tarde, das biológicas) também tenham inspirado um programa invejoso, mas presunçoso, para aplicar a ciência à sociedade por meio da manipulação das pessoas. Talvez, o novo verniz de democracia após 1867 na Grã-Bretanha, Prússia e Suíça, e anteriormente na França e nas Américas, tenha dado aos novos liberais a convicção de que a era da vontade geral realmente havia chegado. Elegemos o governo, diziam eles, então, como ele pode ser tirânico? Essa foi a política lógica do plebiscito da França em 1850 que coroou Napoleão III como imperador e que tem se reproduzido recentemente na Rússia e na Turquia. Na Suíça, foi usada com mais amenidade por séculos na *Landsgemeinde*, uma democracia direta semelhante às assembleias municipais da Nova Inglaterra. Ela lembra o que o liberal francês Benjamin Constant chamou, em 1819, de liberdade "antiga", a liberdade concedida (exclusivamente) aos cidadãos do sexo masculino de participar de uma pólis, mesmo que a pólis em seguida anule o consentimento e o contrato individual com alistamentos militares coercitivos, impostos e punições, até para os homens.[5] Ame-a ou deixe-a.

Talvez o sucesso dos nacionalismos e imperialismos mais recentes motive os liberais a continuarem manipulando as pessoas — para o próprio bem delas, é claro. A elite já usava o governo para manipular as massas esquecidas e desprivilegiadas sem a lei; então, por que não adotar a mesma prática? Os primeiros missionários protestantes da Grã-Bretanha pregavam tanto para os não religiosos nas grandes cidades industriais quanto para os pagãos de além-mar. E as classes alta e média alta já estavam mesmo acostumadas havia muito a estender a mão para baixo para ajudar os pobres, fosse no modelo antigo aristocrata da dama benemérita ou na versão burguesa do século XIX, em que se pretendia regenerá-los, com base no novo modelo dos jovens idealistas e do Exército da Salvação.

Talvez o cristianismo protestante, mais tarde desafiado, tenha sido redirecionado a propósitos seculares. O movimento abolicionista fez parte desse redirecionamento. Meus olhos testemunharam a glória da chegada do Senhor.* Mais tarde, no século XIX, uma porcentagem considerável de progressistas norte-americanos, entre os quais Woodrow Wilson, eram filhos de pastores protestantes.[6] Já na Inglaterra, T. H. Green e Leonard Hobhouse eram filhos de pastores anglicanos. Talvez, pelo menos nos Estados Unidos, o pós-milenarismo na teologia tenha dado aos protestantes norte-americanos um programa de estabelecimento do Paraíso na Terra.[7] (Os católicos, judeus e protestantes europeus foram mais realistas.)

Talvez a ascensão dos jornais independentes, depois da invenção do papel barato e da prensa rotativa a vapor, capaz de imprimir em grandes números, facilitando a propaganda lucrativa, tenha amplificado o movimento a favor do estatismo. O liberal clássico Herbert Spencer observou, já em 1853, dois dos principais modelos do jornalismo moderno, em largo uso até hoje: "Pegue um jornal diário e, provavelmente, encontrará um líder expondo a corrupção, a negligência ou a má gestão de algum departamento do Estado. Lance o olhar na próxima coluna, e não é improvável que leia propostas para a extensão da supervisão do Estado."[8] Talvez até a adoção da fotografia nos jornais, como se começou a fazer na cobertura da guerra e se continua fazendo na televisão com a cobertura do drama dos famintos e refugiados, tenha deixado as pessoas inclinadas à caridade mais conscientes de como se vive em outras realidades. As milhares de fotografias de Lewis Hine no início do século XX, como a famosa imagem da menininha operando sua máquina no

* "Meus olhos testemunharam a glória da chegada do Senhor." Verso de "The Battle Hymn of the Republic" [O hino de batalha da República], música patriótica composta em 1861 por Julia Ward Howe, que ganhou grande popularidade durante a Guerra de Secessão. [*N. da T.*]

moinho de algodão Whitnel, na Carolina do Norte, desafiou a suposição do livre contrato.

Ou, talvez, os filhos dos novos liberais, libertos do trabalho para frequentar Oxford e Yale, estivessem se rebelando contra os pais, que haviam ganhado fortunas com um negócio vulgar. No romance de Henry James de 1903, *Os embaixadores*, nunca se revela que tipo de vulgaridade em Connecticut sustentava a boa vida dos expatriados norte-americanos na Europa. Talvez, talvez. Na verdade, as causas da virada iliberal no final do século XIX por supostos liberais são misteriosas. Fato é que ela aconteceu.

O resultado foi que, por volta de 1900, até no mundo anglófono liberal a esquerda adotou a nova "liberdade" de estar liberado (por assim dizer) de qualquer tipo de restrição, como a lei da gravidade, a lei da escassez, ou de consequências indesejadas, e especialmente liberado da lei da auditoria social — a lei, seja liberal ou socialista, que diz que, se uma empresa não gera lucros, deve ser fechada para benefício de todos nós. Tal "liberdade" adicional parecia plausível como o próximo passo, como eu disse, ao fim da escravidão. Os novos "liberais", em sua confiança científica, acreditavam que poderíamos renovar o mundo repelindo as irritantes velhas leis e substituindo-as por uma nova lei de planejamento, proteção e imposição governamental. Se pudéssemos voar como o Super-Homem, seríamos "livres" como pássaros. Por que não? Se pudéssemos aperfeiçoar a raça esterilizando a terceira geração de imbecis ou prendendo mil homossexuais britânicos por ano, ficaríamos "livres" das anomalias. Por que não? Se pudéssemos nos beneficiar da terceira das quatro "liberdades" de Roosevelt, apresentadas no discurso de 1941, seríamos adequadamente ricos tirando dos outros.[9] Por que não? A "liberdade", argumentavam os novos liberais, equivale a ser adequadamente rico, puro ou poderoso, desejos que, diziam, o governo poderia realizar com facilidade e justiça. Por que não?

No alto liberalismo, para colocar de outra forma, a liberdade igual e individual que eu tenho de fazer um acordo voluntário com você foi ampliada para uma nova "liberdade" estatizada que eu tenho de tomar seus bens por meio do monopólio governamental da coerção, a fim de proporcionar a mim ou a um grupo por mim favorecido um conjunto de liberdades "positivas". Devo ser livre da privação, por exemplo, não importa o que eu lhe ofereça. "Todo homem, um rei", disse Huey Long, da Louisiana, em 1934, e seu método era tanto o do mau rei João quanto o do seu inimigo Robin Hood — método característico da ordem feudal e, mais tarde, da ordem do bem-estar socialista ou fascista, sob uma teoria da soma zero, ganha-perde. "É necessário reduzir as grandes fortunas", disse Huey, "assim poderemos dividir a riqueza para ser compartilhada por todas as pessoas."[10] Basta reduzir pela coerção as receitas legítimas de uma pessoa, adquiridas por meio de negócios ou do desenvolvimento pessoal, para dar a outro eleitor de Huey, e tudo ficará bem.

Sob o alto liberalismo — tal como sob a hierarquia feudal, o capitalismo de compadrio, o nacionalismo fascista, o reacionarismo conservador, ou qualquer regime iliberal —, eu devo ter especialmente uma liberdade de regular, por meio do monopólio governamental da coerção, o seu comportamento de maneira benéfica para mim ou para quem eu quiser. Devo ter, por exemplo, a liberdade de impedir a sua entrada no meu negócio, com o apoio da polícia e, se preciso, pelo uso da força. Meus clientes seriam beneficiados por um novo concorrente, mas, felizmente, posso impedir isso. Por exemplo, devo ter a liberdade de impedir Juan Valdez de vir para o meu país negociar pacificamente comigo, por uma lei aplicada pelo Serviço de Imigração e Controle Alfandegário dos Estados Unidos — se preciso, pelo uso da força. A entrada de Juan beneficiaria meus compatriotas, mas não gosto de pessoas como ele, e, com a ajuda do governo, posso impedi-lo. E assim por diante, graças à lei e à regulação. "Nós" devemos ter a liberdade de impor tarifas sobre as importações que o impedem de comprar onde quiser. "Nós" devemos ter a liberdade de impedir médicos estrangeiros de clinicar livremente nos Estados Unidos — ou, aliás, de impedir qualquer um de se estabelecer como médico. "Nós" devemos ter a liberdade de travar uma guerra ofensiva pelo rei e pelo país, ou uma guerra para acabar com todas as guerras, financiada pelo seu patrimônio ou com a apropriação do seu corpo para tal propósito. É um "nós" estatizado.

Esse, portanto, é o "liberalismo" impostor de parte do mundo anglófono. Boaz cita a observação irônica de Schumpeter sobre o roubo da palavra "liberal": "Como um elogio supremo, ainda que não intencional, os inimigos do sistema da iniciativa privada acharam que seria interessante se apropriarem do seu rótulo."[11] A apropriação não era "mera" retórica. Ela ilustra como não há nada de "mero" na nossa comunicação. O historiador Kevin Schultz escreveu uma biografia dupla sobre o estranho par composto por William Buckley, o conservador (1925-2008), e Norman Mailer, o radical (1923-2007): *Buckley and Mailer: The Difficult Friendship That Shaped the Sixties* [Buckley e Mailer: a amizade difícil que deu forma aos anos 1960] (2015). Schultz documenta como os dois se rebelaram contra o alto liberalismo dos anos 1950 e 1960, mas, na política, venceu o establishment do alto liberalismo, com uma boa dose de aprovação do establishment conservador. Ele produziu os projetos maduros e adultos de um povo livre, a exemplo de famílias que funcionam como escolas éticas, a autoprovisão para a terceira idade, o seguro-desemprego sindicalista ou uma desconfiança prudente com relação a envolvimentos com estrangeiros. Mailer e Buckley, cada um à sua própria maneira exuberante, buscaram o discurso civil numa sociedade amante da liberdade. Fracassaram.

O conflito esquerda–direita produziu pelo menos três dogmatismos desprovidos de fatos sobre ambos os lados que ouvimos diariamente, mesmo entre os que, de outra forma, se mostram maduros e benevolentes. A esquerda teme e despreza os ricos, a exemplo dos banqueiros. A direita teme e despreza os pobres, a exemplo dos imigrantes hispânicos. E os de centro acreditam nos contos dos dois lados, em particular naqueles de que o governo é onicompetente e de que a livre escolha privada é muito defeituosa. Ouvimos de esquerdistas amáveis, como o economista Joseph

Stiglitz, observações como: "Se houver *qualquer* excedente, o governo dos Estados Unidos ou da Grã-Bretanha deve intervir com o poder de polícia para cessá-lo." Ouvimos de membros não tão amáveis da direita, como o cientista político Paul Wolfowitz, observações como: "Se houver *qualquer* indivíduo mau no mundo, o governo dos Estados Unidos, com a ajuda da Grã-Bretanha, deveria lançar bombas para detê-lo." Quando perguntaram a Michael Bloomberg, o brilhante empresário e prefeito por três mandatos da cidade de Nova York, sua opinião a respeito da legalização da maconha, ele citou o dogma sem nenhuma comprovação de que a maconha é uma porta de entrada para drogas mais pesadas.[12] Quando alguém desafiou Lindsey Graham, o brilhante senador da Carolina do Sul, quanto à intervenção norte-americana no exterior, ele citou o dogma sem nenhuma comprovação de que, se não os enfrentarmos na Síria, teremos de enfrentá-los em Charleston.[13]

Os socialistas lentos, adeptos do alto "liberalismo" ou do liberalismo progressista do fim do século XIX e início do século XX — como Lloyd George e Woodrow Wilson —, e posteriormente também seus supostos inimigos, os conservadores burkeanos — como, recentemente, Boris Johnson e Lindsey Graham —, aproveitaram-se do que imaginavam ser superioridade ética. Ela envolvia a ampliação da coerção pela violência governamental. Os novos liberais e os progressistas declaram desde cerca de 1900 — entre eles os conservadores desde Thomas Carlyle, que havia muito tempo afirmavam algo semelhante — que:

> Nossos motivos para ampliar o escopo da coerção governamental são puros e paternalistas. Nossa política de coerção física tem como intuito ajudar os patéticos, infantis e insubordinados pobres, mulheres e minorias, incapazes demais de cuidar de si mesmos ou de se comportar. Deixar os negócios dos cidadãos a cargo dos próprios e de seus mercados pacíficos seria muito perigoso, ao contrário das nossas belas propostas de coerção em casa e no exterior. Vocês, supostos liberais

> modernos 2.0, criticam nossas políticas esplêndidas. Nós, progressistas, concluímos que vocês devem odiar os pobres, as mulheres e as minorias, ou, por falar nisso, todos os cidadãos comuns, e que devem amar só os ricos, corrompidos que estão pelo pagamento de Koch* ao seu discurso de ódio. E também nós, conservadores, concluímos que vocês não amam o suficiente nosso rei e nosso país, terra da esperança e da glória, lar dos bravos e terra dos livres. Nós, progressistas e conservadores, nos unimos no nosso brado: "Vergonha, vergonha!!" Por que devemos dar ouvidos a pessoas tão perversas assim?

A essência do verdadeiro liberalismo humano, ao contrário, é um governo enxuto, honesto e eficaz em seu domínio modesto, com incentivos para os pobres. Em suma, devemos dar liberdade ao povo para se dedicar voluntariamente aos seus projetos não violentos, laissez-faire, laissez-passer. Contudo, não devemos ignorar nem desprezar os desprivilegiados, ou manobrá-los com juízes e manipuladores, ou lhes recusar ajuda com um escárnio típico de clube fechado do tipo "Quem pode, pode, seus perdedores". O liberalismo humano não é atomista e egoísta, ao contrário da crença dos altos liberais — e do que falam com imaturidade alguns (supostos) libertários equivocados, como se acreditassem nisso e não tivessem sido criados por mães. O verdadeiro liberalismo humano é, pelo contrário, uma economia, um regime, uma sociedade de dignidade igualitária.

* Referência a David Koch, empresário, ativista político e filantropo norte-americano, e a seu irmão Charles, também empresário, que fizeram grandes contribuições ao Partido Republicano, apontados por alguns como patrocinadores da ala mais conservadora do partido, chamada "Tea Party". Hoje, pelo seu envolvimento controverso na política, muitos questionam as organizações filantrópicas que receberam patrocínio dos irmãos Koch. [*N. da T.*]

8. O "novo liberalismo" era iliberal

Os novos liberais/estatistas/progressistas acreditavam numa teoria muito particular da economia. Eles acreditam, até hoje, que a economia é, acima de tudo, *fácil* de administrar e que, portanto, basta uma ação intencional por parte de pessoas inteligentes sem nenhuma experiência em negócios e tudo estará resolvido. Eles não acreditam que o conhecimento acerca de o que e como devemos fazer é distribuído localmente entre o povo, acessível apenas por mercados não regulados. Aliás, acreditam que o povo obtém moradias melhores e a jornada de oito horas a partir de planos e imposições governamentais — a exemplo do Wagner Act, que facilita a existência de excelentes sindicatos industriais, ou do controle dos preços dos aluguéis, que fornece habitação barata, ou de um governo empreendedor tendo ideias brilhantes.[1] John R. Commons (1862-1945), da Universidade de Wisconsin-Madison, foi o sábio norte-americano desse estatismo, descrito no impressionante poema épico do poeta irlandês Micheal O'Siadhail, publicado em 2018. O quinteto 2 é espetacular e canta precisamente, acredite ou não, a economia e sua história intelectual. Diz O'Siadhail (que, aliás, se pronuncia "oh-sheel") sobre o professor Commons: "Empirista, purgaste a dura/E dourada era com lei trabalhista/E compensação, escolhendo aliar-te/A planos para praticar controles de preços; O protecionismo também viste/Como contenção de um comércio livre demais."[2]

As melhorias, diz a estatista — especialmente se for uma advogada trabalhista ou historiadora do trabalho inspirada por Commons —, tiveram pouca ou nenhuma relação com os acordos da iniciativa privada no comércio, ditados por lucros que beneficiaram tanto produtores quanto consumidores, e, portanto, responsáveis por uma classe trabalhadora cada vez mais enriquecida, que, com um produto marginal gradualmente maior, pôde deixar para trás as casas sem calefação e a jornada de 12 horas sem descanso. "Não seja tolo", a estatista diz à explicação do verdadeiro liberal sobre o enriquecimento.

> Nós, novos liberais e socialistas continentais, entramos no século XIX e concluímos que a "intencionalidade" [para usar uma palavra querida da teologia pública dos novos liberais] é crucial para se criar uma sociedade justa — algo fácil na lei, mas difícil na política. Depois de lutas intencionais em protestos e de votos intencionais no Parlamento, a sociedade justa e rica finalmente foi alcançada. Sem nenhuma participação da mão mítica invisível de vocês.

O que ela quer dizer é que a sociedade justa e rica não resultou do enriquecimento a partir de empreendimentos criativos e da inovação, e das melhorias que puderam nos proporcionar nas feiras de hortifrutigranjeiros e nas lojas de automóveis, mas graças a corações puros e regulamentações coercitivas. Na década de 1950, os jovens defensores do New Deal — entre os quais Arthur Schlesinger Jr. e meu pai, Robert Green McCloskey —, determinados a justificar um governo mais ativo, buscaram precedentes no passado, como na era de Jackson e de Henry Clay e suas esplêndidas e impostas "melhorias internas".[3] Seus alunos continuam fazendo a mesma coisa.[4] Com isso, eles alegam que alcançamos uma nova liberdade.

Longe dos problemas factuais e econômicos, com uma história tão esquerdista dos frutos da intencionalidade na economia, o problema filosófico é que já temos palavras para tais "liberdades" — a saber, conforto adequado, grande prosperidade, poder considerável, capacidades físicas incomuns, calefação central, subsídios fiscais. Usar a palavra "liberdade" para denominar todas essas outras coisas boas, como no vocabulário das "capacidades" do economista Amartya Sen e da filósofa Martha Nussbaum, confunde a questão.[5] Capacidades são coisas boas. Devemos trabalhar com o intuito de que todas as pessoas no planeta as tenham — principalmente, se não exclusivamente, permitindo que uma economia livre enriqueça as pessoas comuns, como tem feito sempre. Quando uma economia nascente desviava a atenção da glória do rei para o desenvolvimento do povo, Adam Smith declarou que "nenhuma sociedade pode com segurança ser próspera e feliz quando a maior parte de seus membros é pobre e miserável".[6] Essa é a parte humana do liberalismo humano, expressa no seu objetivo de uma maior renda real *per capita* e de maior prosperidade para cada um, especialmente os pobres. Contudo, o desenvolvimento dessas coisas boas não é, por si só, "liberdade", a não ser que queiramos encerrar numa única palavra tudo de bom que há no mundo.[7]

Reformulando, Smith e eu afirmamos enfaticamente que o desenvolvimento é *consequência* da liberdade, do plano óbvio e simples da liberdade natural. No entanto, desenvolvimento — ao contrário do que sugerem os títulos dos livros de Sen — não é *a mesma coisa* que liberdade. Uma causa não é a mesma coisa que sua consequência. Ninguém negaria que é bom ser desenvolvido a ponto de alcançar a riqueza adequada. Em 1937, Beatrice Kaufman disse: "Já fui pobre e já fui rica. Ser rica é melhor!"[8] Pois é. Ainda precisamos de uma palavra para definir o que é "ser livre de restrições físicas de terceiros". A restrição em termos políticos se chama "tirania" (do grego *tyrannos*, ou "senhor"), e, seu antônimo, "liberdade". Precisamos nos resguardar da tirania e das suas consequências que causam pobreza. E, além do dinheiro e da pobreza, precisamos nos resguardar das consequências da tirânica ausência de liberdade que impede todos os outros tipos de desenvolvimento humano. A tirania é ruim para o espírito humano. Hoje, tal como em 1776 ou 1789, precisamos nos proteger da tirania do rei, do marido, do dono de escravizados, do chefe, do ancião da aldeia, do burocrata e da polícia. Vigiemos e nos protejamos.

Meus amigos, os social-democratas, parecem acreditar que não existe mais um problema especial de tirania desse tipo em Estocolmo ou em Boston, pois nos livramos de tzares e espancadores de mulheres — e, afinal de contas, *elegemos* o prefeito, que manda em nós (lá vem a liberdade "antiga" outra vez), cobrando-nos impostos por meio do punho da coerção para dar coisas boas a outras pessoas, como os bons apoiadores do prefeito, não importa se tais apoiadores fazem ou não qualquer coisa pelo restante de nós de acordo com suas habilidades. Reina a vontade geral, a solução bizarra de Rousseau para o problema de como manter a liberdade ao mesmo tempo que se dá poder ao governo para regular a propriedade.[9] Pois demos mais sentidos à palavra "liberdade". Eu gostaria de lembrar gentilmente aos meus amigos que a Federação Russa ganhou um novo tzar, e a Turquia, um novo sultão, eleitos pela *volonté générale* para seus tronos. E mesmo em Estocolmo e Boston, por mais maravilhosos que sejam esses lugares, é um erro acreditar na inexistência de espancadores de mulheres, de políticos com tendências tirânicas, ou que a tributação só nos beneficia.

Para colocar ainda de outra maneira, entre os social-democratas, "liberdade" passou a significar simplesmente, no jargão dos economistas, "ter um limite para o orçamento monetário distante da origem", ou seja, ser rico. Como eu já disse, nós de fato queremos tais capacidades. E é claro que, no curto prazo, João pode obter um alto limite para um orçamento tomando dinheiro de José, ou delegando a tarefa a Huey Long ou Amartya Sen. Contudo, consideremos o longo prazo. Ser livre no sentido original e geralmente diferenciado da liberdade quanto a restrições violentas impostas por tiranos, grandes ou pequenos, regularmente tem resultado, após um período de melhorias comercialmente testadas encorajadas pela liberdade, em limites monetários orçamentários *distantes* da origem, com toda a sociedade enriquecida, e não apenas João à custa de José. Essa soma positiva é algo em que os novos liberais ou os velhos conservadores nunca acreditaram. No longo prazo, entoam eles, estamos todos mortos. Enquanto isso, eles dizem, a renda chove como maná, sem custo para o incentivo ou a oportunidade, e deve ser distribuída de acordo com as nossas necessidades, ou, nos velhos tempos, dada ao senhor feudal para o seu castelo.

O resgate da palavra germânica/anglo-saxônica *freedom*, ou da palavra latina/francesa *liberty* dos cuidados dos social-democratas e dos socialistas democráticos avessos ao comércio, ou dos conservadores e reacionários avessos à igualdade, não é uma "mera" questão de definição, a ser descartada como insignificante em discussões sérias. Se quisermos evitar a escravidão, precisamos de uma palavra para a sua ausência — ou era o que todos supúnhamos antes de Rousseau-Green-Sen-Nussbaum gritarem em alto e bom som com ousadia que a vontade geral reconhecida pela pólis *é* liberdade.

Se a palavra "liberdade" adquirir a definição utilitária de Rousseau--Green-Sen-Nussbaum e passar a significar "renda", então qualquer coerção governamental em particular pode, no fim das contas, ser algo bom, contanto que o ganho seja maior do que a dor. E os social-democratas e seus irmãos, os socialistas puros, acreditam que grande parte da suposta dor contemplada deve, na justiça (social), ser ignorada como um desejo irritante e irrelevante dos adultos comuns pela dignidade da autonomia. Nos Estados Unidos, os *nudgers*, como se intitulam, a exemplo de Cass Sunstein, Richard Thaler e Robert Frank, querem usar a economia comportamental para privar as pessoas de autonomia pelo próprio bem delas, manipulá-las com intuito de guiá-las num caminho de maior utilidade — em vez de alertá-las ou educá-las, e então deixá-las fazerem as próprias escolhas. Dane-se a liberdade.

Em 1881, T. H. Green falou de liberdade "na concepção correta" — o vocábulo geralmente aplicado, no século XIX, como observou Tom Palmer, durante a transição da liberdade como a qualidade de ser livre da restrição humana para a liberdade como a qualidade de ser livre de qualquer restrição.[10] Passa a significar aquilo que você, na opinião do *clerisy*, "iria" querer fazer — o que, no estilo de Platão, o seu verdadeiro eu, ou eu superior, desejaria. T. H. Green continua: "não nos referimos meramente a ser livre da restrição da imposição [humana] [...]. Referimo-nos ao poder positivo ou à capacidade de fazer [...] qualquer coisa que valha a pena fazer", sob a luz do *clerisy*.[11] Em 2018, a esquerda britânica, por ocasião do bicentenário de Marx, declarou que os governos locais britânicos deveriam construir mais habitações populares a serem alugadas a valores acessíveis aos beneficiados. O governo não deveria dar atenção ao desejo tolo, capitalista e inigualitário de que os membros da classe trabalhadora britânica tivessem suas próprias casas. Em vez disso, eles precisavam viver como mascotes residenciais, algo que eles "iriam" querer.

É por meio dessas declarações, bem-intencionadas ou não, que a social-democracia se transforma, a passos lentos, de uma sociedade liberal de responsabilidade e desenvolvimento pessoal, com uma rede de segurança que não prende ninguém, em uma aceitação da ampliação da coerção governamental e da engenharia econômica, com um *clerisy* coercitivo criando uma economia de escravizados obedientes. Entenda que não é uma conspiração, mas uma consequência natural da ampliação do direito ao voto e do desejo por segurança em vez de liberdade. De um povo livre, somos transformados em escravizados presos, crianças e mascotes. As placas dos carros do estado de New Hampshire apresentam a frase "*Live Free or Die*" [Viva Livre ou Morra]. Em 1974, um motorista desejoso de viver livre decidiu, por motivações religiosas e políticas, que não gostava da frase e cobriu-a com fita adesiva em suas placas. Ele foi preso e passou 15 dias na cadeia.[12] Foi tratado como um mascote. Cãozinho *mau*!

Resumindo, a nova, a alta ou a progressista "liberal", não importa o seu nome, junto ao marido, o conservador hierárquico irritado com o pobre pretensioso, defende um regime de manipulação das pessoas — a exemplo da proibição do álcool e, depois, das drogas nos Estados Unidos (T. H. Green, como seria de se esperar, foi a favor da proibição de destilados). Aplicado no século XX, seu regime progressista, para não mencionar o regime reacionário do marido combinado ao dela, continha pouco do acordo voluntário e uma boa dose de retórica iliberal, com um desprezo pelo pobre irritante ou digno de pena, uma economia de soma zero, e muito pouco de uma busca pelo ganha-ganha entre os adultos responsáveis donos das próprias escolhas.

O falecido economista liberal Leland Yeager argumentava que:

> A abordagem com princípios da política econômica reconhece que a tarefa do legislador *não* é [usar a coerção governamental exercida por especialistas em planejamento para] maximizar o bem-estar social, de algum modo concebido, e *não* é alcançar padrões específicos de produções, preços e rendas. Em vez disso, está conectada a uma estrutura de instituições e regras dentro da qual as pessoas possam cooperar com eficácia na busca de seus próprios objetivos diversos.[13]

Diversidade. Eu gosto de tricotar, você gosta de ferromodelismo. Permitamos que as pessoas façam as duas coisas.

Empiricamente, o resultado da liberdade costuma ser o ganha-ganha. Basta darmos uma olhada no resultado de longo prazo da libertação dos escravizados a partir de 1800. Por outro lado, empiricamente, o resultado da tirania costuma ser a soma zero ou negativa. Nem sempre. Não é uma questão de puro raciocínio, *der reinen Vernunft*, mas de história documentada.[14] É o que a história do verdadeiro liberalismo tem mostrado, com poucas exceções, assim como a história oposta, do verdadeiro socialismo, a exemplo do paralelo entre a Alemanha Ocidental e a Oriental, ou entre a Coreia do Norte e a do Sul, e, mais recentemente, entre a Venezuela e a Colômbia.

E, para além de restrições orçamentárias e riquezas monetárias — e eu repito, respeitosamente contradizendo meus amigos socialistas e conservadores —, a liberdade, compreendida como a condição de não ser humanamente coagido, de modo geral tem resultado na prosperidade humana, na cultura e no desenvolvimento pessoal. Mais uma vez: não é só pela lógica, seja a oferecida pela esquerda ou pela direita. Talvez, no extremo, a imagem de uma bota pisando eternamente o rosto de um ser humano possa render, digamos, grandes obras de arte. Contudo, nos fatos históricos, foi o liberalismo que produziu a prosperidade não econômica mais ampla. Não é o caso do socialismo nem dos regimes reacionários. Tomemos como exemplo a literatura fascista italiana ou a pintura do realismo socialista russo. Por favor. As sociedades liberais são extremamente criativas e razoavelmente virtuosas. As sociedades socialistas, reacionárias, extremamente reguladas ou no extremo da sola da bota são reprimidas — variando de apenas opacas a muito ruins mesmo.[15]

Depois de 1945, a colônia de Hong Kong, por exemplo, estava livre de uma boa dose de coerção humana por parte de planejadores. Era mais ou menos laissez-faire na economia (embora, como colônia da Coroa Britânica, Hong Kong não tivesse nenhum direito político, tivesse zero liberdade antiga — mas tinha o direito consuetudinário inglês, uma vantagem para a liberdade individual moderna). Apesar de uma migração maciça do continente, Hong Kong progrediu, em duas gerações, do nível de pobreza da Somália para uma renda *per capita* que só perde para a dos Estados Unidos. Por outro lado, reitero, as antigas e repetidas experiências com a transformação, no que diz respeito à economia, de seres humanos em clientes, mascotes ou escravizados do governo, regidos pela polícia ou por planejadores, sem o direito de dizer não, têm resultado com frequência em restrições orçamentárias próximas do zero, como na China de Mao e na Venezuela de Maduro, ou ainda na aldeia corporativa fechada da nostalgia conservadora.[16] E as grandes eras artísticas, como o século V na Grécia, o século XV na Itália, ou os anos 1950 nos Estados Unidos, foram construídas sobre as bases do comércio, produzindo liberdade para empreender, inovar, pensar, falar, e todas as outras liberdades e prosperidades para as pessoas.

9. O resultado do novo iliberalismo foram governos muito inchados e interventores

Em 1913, os gastos totais de todos os níveis de governo norte-americano — municipal, estadual e federal —, de acordo com o historiador da economia Robert Higgs, correspondiam a cerca de 7,5% do PIB.[1] Assim, a corrupção chocante de muitos dos governos da época — por exemplo, de Chicago ou de Boston — não impactava muito a economia como um todo. Porém, em 1996, a parcela dos gastos totais de todos os níveis de governo dos Estados Unidos aumentou para 32%, e os governos passaram a regular cada vez mais por meio do que Higgs chama de "escopo" crescente do governo. O número é ainda maior na maioria dos outros países ricos. Nos Estados Unidos, o escopo do governo havia sido um pouco contido nos anos 1970 e 1980 pela desregulamentação, como aconteceu no caso das companhias aéreas. O mesmo aconteceu na Grã-Bretanha, graças ao breve flerte de Margaret Thatcher com o verdadeiro liberalismo, e na Suécia, depois da crise dos anos 1990. Mais tarde, contudo, a regulação voltou a se ampliar, de modo geral em resposta às pressões democráticas do tipo que parodiamos em Chicago como o lema da cidade: *Ubi meus?* (Cadê o meu?) Todos os níveis do governo se tornaram mais e mais reguladores. Thatcher, na Grã-Bretanha, por exemplo, centralizou a educação primária e a secundária.

A prevalência de governos inchados e interventores vem, em parte, da crença de que o mercado e a competição apresentam, por natureza, imperfeições importantes — para as quais os economistas reuniram evidências surpreendentemente parcas, embora muitos se agarrem apaixonadamente a tal crença.[2] A crença na imperfeição foi concretizada na economia do século XX pelo escopo crescente das "políticas" impostas para combater as supostas imperfeições importantes (sua importância, repito, raramente documentada), como acidentes da engenharia, monopólios naturais etc. No nível federal, a EPA, a FDA, a FTC, FCC e a FPC* são essas ideias institucionalizadas.

A crença nas imperfeições do mercado foi aliada à de que o governo — este, é claro, perfeito quando conta com uma equipe de economistas que afirmam que os mercados são muito imperfeitos — pode combater com facilidade imperfeições (a maioria das quais, apontaria um liberal, causada pelo próprio governo). Há um lema de "reforma fácil" no novo liberalismo. Tragam os economistas, dizem os antiliberais, bem como os advogados e os políticos. Eles são tidos como sábios e incorruptíveis.

O resultado na França, por exemplo, é que a parcela dos gastos nacionais por parte do governo é de 55%. Os monopólios e as regulamentações francesas vieram se proliferando paulatinamente até Macron. Jean Tirole, o nobre e mais recente ganhador do Prêmio Nobel de Economia (2016) do país, observou, ironicamente, que os franceses "talvez sejam mais desconfiados do que qualquer outra nacionalidade em relação ao mercado e à concorrência" — e, por correspondência, os mais encantadoramente confiantes em *l'État*.[3] A composição do pão é rigidamente regulada em Paris desde a Idade Média, e os aluguéis parisienses estão congelados desde a Primeira Guerra Mundial. Em 1999, outro economista francês causou protestos nacionais apenas por ter mencionado o senso comum da chamada escola econômica da escolha pública nos Estados Unidos — introduzida pelo economista e verdadeiro liberal James Buchanan (ganhador do Prêmio Nobel em 1986) — de que políticos e autoridades econômicas e jurídicas podem, de vez em quando, também ter interesses próprios em mente, interesses que podem não estar perfeitamente correlacionados ao

* Órgãos de controle, respectivamente: do meio ambiente; de medicamentos e alimentos; do comércio; das comunicações; e de hidrelétricas e águas navegáveis. [*N. da T.*]

bem público. Só de vez em quando. Como colocam Geoffrey Brennan e James Buchanan:

> Em todos os casos relevantes na prática, os governos — ou, mais precisamente, os indivíduos envolvidos no processo governamental — têm o poder de coagir. Eles exercem um poder genuinamente discricionário, e é tanto empiricamente razoável quanto analiticamente necessário presumir que, até certo ponto, explorarão esse poder tendo em vista seus próprios propósitos, sejam quais forem.[4]

Talvez, seus propósitos alcancem o interesse público. No entanto, a aposta é que não. E, dizem os teóricos da escolha pública, é possível que os políticos e as autoridades econômicas e jurídicas na verdade não façam a menor ideia do que fazer pelo bem público. O *clerisy* francês ficou ultrajado diante da mera menção de uma ideia tão louca, liberal, anglo-saxônica.

O aumento do escopo governamental, apesar da proliferação de esquemas de economistas se oferecendo como engenheiros econômicos especialistas, ocorreu, é claro, com o apoio popular. É uma expressão da tirania da maioria, que assombra a democracia desde os gregos. Gritam, em 2018, os vencedores da última eleição, a maioria eleitores, digamos, na Hungria ou na Turquia: "Deixemos o governo desenvolver programas para ajudar pessoas boas como nós. E, é claro, regulemos rigidamente essas outras pessoas não tão boas" — pessoas não brancas, por exemplo, ou curdos, judeus, imigrantes a caminho da fronteira alemã ou texana, secularistas, habitantes da cidade ou novos entrantes competindo com monopólios privilegiados de médicos, advogados e produtores de algodão. "Tudo isso será uma garantia para a nossa própria segurança e riqueza aqui nos nossos bairros nobres ou na zona rural, felizmente sobrerrepresentada. Estamos furiosos e aterrorizados", graças aos falsos alarmes levantados por políticos populistas do tipo Orbán-Trump a respeito de imigrantes, judeus e muçulmanos. "Garantam nossa segurança com um governo inchado, interventor e armado até os dentes", que trave uma guerra contra as drogas dos negros, ou uma guerra contra os imigrantes hispânicos ou sírios. "Regulem até nós mesmos, pois admitimos que somos infantis e temos medo, buá-buá. Para evitar que os restaurantes nos envenenem, por exemplo, não confiem na imprensa das notícias falsas nem na miserável elite judiciária", nem na consequente, ainda que imperfeita, proteção contra a injustiça e a fraude. "Afastem todos eles, e, para não arriscar, assassinem os jornalistas e deponham os juízes como inimigos da nação. No lugar deles, nomeiem um inspetor com poder de polícia" e favoreçam a elite dominante para que ela possa ir aos restaurantes uma vez por ano com as mãos estendidas para um suborno, assim protegendo de acusações os restaurantes que de fato podem nos envenenar. "Para resumir, é melhor estarmos seguros e pobres do que sermos livres e ricos", dependentes e não autônomos, crianças e não adultos. O povo exige. Muitos não se incomodam em serem escravizados. Nós, liberais, insistimos que se libertem.

A esquerda e a direita são simétricas, pois tanto democratas quanto republicanos, tanto trabalhistas quanto *tories*, querem que o governo seja inchado e interventor, sem considerar a livre escolha, e que acompanhe a opinião da maioria muito, muito de perto, sem consideração pelas minorias. Nós, os verdadeiros liberais modernos, somos contra os dois lados, opondo-nos à tirania da maioria nos dois extremos do espectro. Vivas para Smith, Wollstonecraft, Thoreau, Bastiat, Mill e seus descendentes.

Por outro lado, se você é da esquerda ou da direita, democrata ou republicano, trabalhista vermelho ou *tory* azul, vê o governo como um instrumento para as gloriosas obras públicas que desejam os bons cidadãos, obras como a Represa Hoover, o Sistema Nacional de Parques ou as Prisões de Sua Majestade. Você provavelmente não concordará com a definição de Weber do governo como um monopólio da coerção. E com certeza discordará da definição de 1857 de Tolstói, que disse que o governo é "uma conspiração com o objetivo não de explorar, mas, acima de tudo, de corromper seus cidadãos".[5] E discordará veementemente da definição mais recente, na mesma linha, do economista anarcocapitalista Murray Rothbard (1926-1995), que apresenta o governo como "a maior quadrilha da sociedade".[6] Murray dizia que o governo é um bando de ladrões em cujas garras caímos. Will Rogers agradecia a Deus por não recebermos o governo pelo qual pagamos. Você discordará desse cinismo principalmente se estiver entre a minoria da população mundial que vive sob governos que têm uma honestidade tolerável, talvez um cidadão de Gotemburgo, na Suécia, ou de Saint Paul, em Minnesota. Você objetará, dizendo que é exagerada essa história de que a "coerção", a "corrupção" e a "criminalidade" são bases do governo.

Infelizmente, não é exagero... não como regra geral. Poucos na história humana teriam pensado em contrariar as definições cínicas antes do surgimento, no final do século XIX, de um nacionalismo-socialismo otimista, inspirado em Rousseau e Hegel, afirmando que os governos são muito bons e expressam com alegria a vontade geral — que, afinal de contas, é a sua própria vontade — e que os elementos malignos são as corporações internacionais e outras instituições de trocas voluntárias, ou as minorias que contrariam, irritantemente, uma vontade geral que impõe, para fins justos, leis segregacionistas e a perseguição aos homossexuais. Em 1853, Herbert Spencer perguntou:

> Qual é a comunidade mais saudável: aquela em que os agentes que executam mal suas funções perdem imediatamente o apoio público ou aquela em que tais agentes só podem sofrer consequências por meio de um aparato de reuniões, petições, votações, divisões parlamentares, conselhos de gabinetes e burocracia? Não é absurdamente utópico esperar que os homens se comportem melhor com correções tão lentas e incertas do que com correções imediatas e inevitáveis? Mas é essa a

esperança com que conta, inconscientemente, a maioria dos esquemas políticos.[7]

Já uma socialista, democrata ou não, acredita piamente que O Problema não é esse governo, mas a propriedade privada e lucrativa (ameaçada diariamente pela perda do apoio público). É por isso que sempre fazemos questão de especificar que uma organização é "sem fins lucrativos" quando queremos recomendá-la, sugerindo que o lucro é necessariamente corruptor — e como se nenhuma organização sem fins lucrativos jamais tivesse permitido que um padre irlandês abusasse sexualmente de uma criança ou que um funcionário da Oxfam buscasse favores sexuais entre seus clientes. Se a socialista não for também uma anarquista, como o príncipe Piotr Kropotkin (1842-1928), naturalmente vai se voltar para o governo, a ferramenta mais óbvia contra os males do lucro e da propriedade, para consertar as coisas. Tenhamos uma ditadura do proletariado. Tenhamos "mercados radicais", eliminando o direito de dizer não, transformando todos em escravos da vontade de terceiros, com o objetivo de alcançar um paraíso utilitário.[8] Sem dúvida, o governo ou a vontade de terceiros pode cuidar melhor do que eu da minha vida e das minhas propriedades. Mill observou em 1859, durante o movimento pelo autogoverno pós-1848, que muitas pessoas haviam passado a acreditar que o poder dos governantes "era não mais do que o poder da própria nação, concentrado e numa forma conveniente para o seu exercício".[9] Já temos, diziam elas, um governo perfeito do povo, pelo povo, para o povo: a vontade geral. Mill não acreditava que funcionava assim, não com toda a certeza, pelo menos ainda não. Aliás, tampouco acreditava Lincoln. É melhor ter o direito de dizer não.

Para testar a sua crença de que o governo é a sua própria (boa) vontade generalizada, e para testar, em particular, a sua descrença na centralização da coerção na figura do governo, sugiro experimentar não pagar o seu imposto de renda até o dia 15 de abril nos Estados Unidos — talvez, fazer voluntariamente algumas contribuições espontâneas para a parcela do orçamento governamental que você considera eficaz e ética. Tenda você para a esquerda ou para a direita do espectro convencional, terá muitos elementos corruptores em mente com os quais *não* vale a pena contribuir. O novo caça que não funciona. O novo incentivo às empresas, que funciona.

Então, tente resistir à prisão. Tente fugir da prisão. Tente resistir à segunda prisão. E depois da soltura, se ela um dia vier, você observará a diferença em relação às arenas sem política e sem polícia do comércio e da persuasão. Tente comprar um iPhone em vez de um Samsung. Não acontecerá nada. Tente não concordar com McCloskey. Idem. Você identificará uma grande diferença em relação à sua experiência com a entidade que detém o monopólio da coerção, mesmo em Gotemburgo ou em Saint Paul.

10. Governos honestos e competentes são raros

Os economistas têm a estranha obsessão de dar ao restante de nós conselhos utilitários sobre política, conselhos estes que costumam desconsiderar a liberdade. E não parecem sentir o menor constrangimento, presumindo que têm o direito e o dever de lhe dizer o que fazer, e de usar o monopólio da coerção para obrigá-lo a isso. Eles dizem que é assim que a utilidade é maximizada. É uma grande diferença em relação aos estudiosos de outras Ciências Sociais, como a Sociologia e a Antropologia, e até das Ciências Políticas em sua maior parte. Naturalmente, para que uma política tenha efeito, seja ele pretendido ou não, precisa ser aplicada. Se houver resistência, essa aplicação deve se dar pela coerção física, legitimamente exercida pela polícia ("*força* policial", "*forças* militares"). Cada conselho de um economista que não sugira a eliminação de políticas anteriores requer que as pessoas sejam controladas, ou, no mínimo, enganadas.

Os impostos, por exemplo, mesmo que tenhamos votado a favor deles, não são voluntários — qualquer pessoa racional gostaria de ser isenta se pudesse alcançar essa posição de um modo que não gerasse vergonha nem punição. A armadilha está no fato de que os impostos são votados separadamente dos gastos que eles possibilitam, dando a todos a impressão, como disse certa vez Bastiat, de que podem viver à custa uns dos outros. As outras leis são igualmente compulsórias, mesmo que algumas sejam unanimemente desejáveis, como é o caso das leis pró-vacinação, ou das contrárias às milícias ou à fraude. Se um mau cidadão ou político pudesse roubar e sair impune, assim o faria. Afinal de contas, é mau. É melhor usar a polícia para impedi-lo. Sem escândalos. Esse monopólio, se concordarmos com a sua legitimidade e aceitarmos a sua autoridade, aparentemente não é negativo. Dificilmente, preferiríamos *oligopólios* de coerção física, mafiosos extorquindo lojistas, construtoras e plantadores de limões — uma guerra de todos contra todos.

E, é claro, precisamos da polícia para cuidar dos inúmeros mafiosos, ladrões, assassinos, golpistas, estupradores, chantagistas, políticos amorais e qualquer um que use da força e da fraude — na iniciativa pública ou privada. Como disse John Locke, o fundador inglês do liberalismo influenciado pelos holandeses, em 1689, "A depravação da humanidade [é] tamanha que [alguns] prefeririam despojar outros homens dos frutos de seu trabalho a se esforçarem para obter o próprio sustento".[1] E precisamos de exércitos para impedir invasões, digamos, dos terríveis canadenses ou dos pavorosos franceses, ou para evitar visitas de mísseis da Rússia ou da Coreia do Norte. Precisamos de um FBI ou de um MI5 para frustrar tramas desastradas com o intuito de influenciar as eleições internas ou envenenar os frequentadores dos parques. Quando os guardiões fazem seu trabalho com integridade, o que na maioria das vezes acontece nos países liberais bem administrados, a polícia, os soldados, os promotores, os juízes e os carcereiros fazem um trabalho nobre. Também sem objeções aqui. Eles lidam diariamente com as perversões da humanidade. Agradeçamos a Deus pelo seu trabalho sujo e perigoso para nos proteger dos perversos. Gratidão pelo seu serviço. Servir e proteger. *Semper fi*. Um viva para os guardiões.

Contudo, *quis custodiet ipsos custodes*? Quem guarda os guardiões? Somos nós. Precisamos supervisioná-los de perto com um aparato de reuniões, petições, votações, divisões parlamentares, conselhos de gabinetes e burocracia, mesmo nos países liberais e bem administrados. Afinal de contas, os guardiões estão armados.

Em todo o mundo existem muitos guardiões excepcionalmente maus, assassinando e esquartejando jornalistas, promovendo fraudes em eleições que dão 95% dos votos ao governo atual. Os "países liberais e bem administrados", nos quais o monopólio da coerção é exercido com justiça e competência razoáveis, sob a vigilância adequada dos guardiões, são extremamente raros na experiência humana. Antes de 1800, havia alguns poucos. Atualmente, consideremos os 176 países do mundo classificados em 2016 pela Transparência Internacional de acordo com o Índice de Percepção da Corrupção, desde a Dinamarca e a Nova Zelândia, no topo, até o Zimbábue e a Coreia do Norte, na base. Suponhamos, com generosidade, que os trinta primeiros sejam razoavelmente honestos — dignos, digamos, de novas infusões de dólares dos contribuintes, ou de qualquer nível de confiança em seus políticos e guardiões.[2] Portugal, em 2016, era um caso quase fora da classificação dos trinta, ocupando a 29ª posição. A Itália, por outro lado, embora em muitos aspectos liberal, ou mesmo anarquista, ficou com a 60ª posição, logo abaixo da Romênia, extremamente corrupta, e de Cuba, extremamente iliberal, e logo acima da Arábia Saudita, que é as duas coisas. Apesar de o país ter juízes, promotores e policiais honestos, nenhum italiano sensato (eles parecem ser pouquíssimos) quer dar mais poder ao governo atual.

O primeiro-ministro da liberal Espanha (41ª posição) promoveu a construção de um trem de alta velocidade para cobrir o trajeto de Madri até sua cidadezinha natal.[3] Isso não aconteceria na Dinamarca nem na Nova Zelândia, embora exemplos muito semelhantes de corrupção sejam comuns nos Estados Unidos. Um desses casos se deu no meu estado natal, Illinois, por exemplo, na ocasião em que um terceiro aeroporto para Chicago foi proposto. Já no estado onde cresci, Massachusetts, o aterro de uma rodovia para a construção do túnel Big Dig em Boston foi motivado pela corrupção e enriqueceu ainda mais os amigos ricos dos políticos. (Estamos nos atendo aqui apenas à corrupção movida por interesses próprios, deixando de lado a incompetência econômica sem venalidade óbvia, como a obra da ferrovia de alta velocidade entre São Francisco e Los Angeles, que ficou pela metade.) Os Estados Unidos ficaram na 18ª posição do ranking geral, mas alguns de seus estados e cidades ficariam com posições bem inferiores. Falta aos políticos e guardiões desses lugares integridade ou competência. É o exemplo do governo da cidade de Chicago, que acoberta a tortura e o assassinato de afro-americanos pela polícia.[4]

Vejamos, portanto: que porcentagem da população mundial foi governada em 2016 pelos melhores governos, levando em conta os países como um todo e seguindo o padrão não muito exigente de melhor do que Portugal, como Japão (20º) ou França (23º)? Qual é o peso dos governos honestos e competentes na experiência humana atual? Resposta: 10%. Ou seja, 90% da população mundial sofreu em 2016 com a administração de governos reconhecidos por todos os lados como lamentavelmente corruptos e incompetentes, a maioria iliberais, bem piores do que o de Portugal.

Ainda assim, direita e esquerda, ocupando o espectro de costume e contrariando os liberais modernos, empoleirados acima dele, querem dar mais dinheiro e mais poderes de coerção física a tais governos — incluindo os piores casos dos Estados Unidos e do Reino Unido (10º lugar). Por exemplo, em ambos os países, o governo, com considerável apoio popular, deseja deportar imigrantes trabalhadores e cumpridores da lei em resposta a uma noção econômica cientificamente falida, além de antiética: a de que esses imigrantes tomam os empregos dos nativos; ou, ainda, de acordo com a noção sociológica, igualmente falida segundo a ciência e antiética, de que seus filhos jamais serão norte-americanos ou britânicos de fato. Os italianos — que, considerando a velha perversão e incompetência de seus governantes, deveriam ser no mínimo *liberali*, se não *anarchisti* — reelegem regularmente governos que gastam os impostos ainda mais levianamente, usam o dinheiro público com mais desconsideração ainda e manipulam as pessoas com mais prazer. Daí a eleição na Itália, em 2018, de populistas neofascistas.

Meus amigos estatistas imaginam, na sua ingenuidade do século XX, que o governo tem a capacidade de "regular" os mercados com justiça e eficiência. Propôs-se, recentemente, na Itália, por exemplo, a introdução de rígidas licenças governamentais, a serem impostas pela polícia, para os homens em cujas mãos, literalmente, jaz o bem-estar da nação: os pizzaiolos. A primeira pergunta que um jornalista moderno faz a respeito de qualquer nova indústria ou infortúnio: qual é o regulamento governamental da atividade e da entrada nela? Onde estava a nossa mãe, o governo? Supõe-se que uma economia moderna complexa precisa, pode e deve ter regulamentos complexos, impostos de cima, para nos proteger dos maus elementos.

Em junho de 2018, o verdadeiro liberal humano David Brooks apresentou a seguinte resposta para esses sentimentos:

> Projetos de engenharia social estatista causam um sofrimento terrível, pois, na cabeça dos estatistas, a regra abstrata é mais importante do que o ser humano. [É por isso que os trumpistas gritaram "Apoiamos a lei" enquanto violavam descaradamente as leis norte-americanas de proteção a refugiados, o *habeas corpus* e a dignidade humana.] O indivíduo deve ser esmagado em nome da abstração. É exatamente isso que a política anti-imigração de Trump está fazendo. Famílias são separadas, com crianças deixadas chorando por trás das cercas construídas por autoridades do governo que seguem cegamente uma regulamentação.[5]

Falou e disse, David.

Regulador, regule-se. Um juiz italiano aposentado, que havia corajosamente enfrentado a máfia na operação Mãos Limpas no início dos anos 1990, enfatizou em abril de 2018, diante de 4 mil pessoas curiosas em relação ao liberalismo em Porto Alegre, Brasil, que até o extremamente incompetente governo italiano precisava, antes de tudo, cumprir a tarefa urgente de... regular o monopólio *privado*.[6] Dos pizzaiolos, por exemplo. Ainda assim, mais de 90% da população mundial vive sob governos como o da Itália, que exercem com venalidade e incompetência o monopólio dos *senhores*, o monopólio governamental da coerção legítima.

O governo, como descobriram os economistas, é a fonte de todos os monopólios gravemente opressores, como os dos impostos, da eletricidade, da mídia, ou, no passado, dos telefones.[7] Se os novos concorrentes forem eliminados, os clientes ficam sem opções. Pago pelos detentores dos monopólios, o governo cuida da concorrência em potencial. Hum. Ao distribuírem e apoiarem esses monopólios, os governos nomeados como "reguladores" não regulam suas próprias corrupções. *Custodes, custodite ipsos*: guardiões, guardai a vós mesmos. Parece, no mínimo, estranho o juiz italiano supor que reguladores do governo — logo na Itália — têm a capacidade de nos proteger dos monopólios privados que eles mesmos criaram. Como James Madison escreveu em *O federalista*, "Ao moldar um governo a ser administrado por homens sobre homens, eis a grande dificuldade: em primeiro lugar, deve-se dar ao governo capacidade para controlar os governados; em segundo, obrigá-lo a se controlar".[8]

Na mesma sessão em Porto Alegre, um professor italiano liberal moderno que leciona Filosofia Política no Brasil observou que uma sociedade com um governo mínimo e um setor privado correspondentemente amplo não teria corrupção pública, pois não haveria reguladores com poder de polícia para corromper. (Falo, aqui, apenas da corrupção, não questionando se os mercados são bons ou não em outros aspectos.) Um espaço pequeno para o monopólio da coerção, apontou o professor, implica um espaço pequeno para o desvio da coerção para os lucros privados, o que é a definição de corrupção pública. Já uma sociedade com um setor privado mínimo e um governo inchado seria quase dominada pela corrupção, ou seja, pelo desvio do poder de compra pela força física (*physischen Zwanges*) para um grupo favorecido — pois é assim, por definição, que todas as coisas são alocadas nesse tipo de regime. É o caso, em teoria, da Coreia do Norte. (Não obstante, lá existe um mercado ilegal, e ele recentemente se expandiu, anulando algumas das realocações feitas pelo seu governo lunático e viciado na coerção.)[9]

A questão é que, em um mercado, ilegal ou não, sem o consentimento dos dois lados o acordo não é fechado. Talvez os mercados não alcancem o nirvana, como já reconheci. (Eu já disse que, por enquanto, deixarei essa questão de lado.) No entanto, pelo menos nas atividades governadas pelos mercados, o monopólio da coerção não pode ser usado no desvio dos recursos de uma pessoa para outra sem consentimento mútuo, pois as atividades do mercado *são* por consentimento mútuo.

Ainda assim, a direita argumenta com aprovação e a esquerda argumenta com desaprovação que acordos mútuos *são* violentos, e que a relação de emprego é como uma relação entre senhor e escravo. Não é. Existe o direito de saída, por piores que sejam as opções. Nem voz, nem lealdade.[10] Uma pessoa pobre pode deixar um trabalho mal remunerado por outro menos mal remunerado, mas ela não pode fazer isso se for um trabalho designado por um governo com monopólio de autoridade, aplicando um Gulag de escravizados. Um indivíduo convocado compulsoriamente pelas Forças Armadas pode desertar, mas depois pode ser fisicamente punido pelo governo. Um meeiro rural, por outro lado, pode se mudar para o Norte sem que o proprietário das terras possa fazê-lo voltar a Chicago como um escravo fugitivo. Ou seja, um mercado é um dispositivo para a escolha sem coerção física. Até diante de um monopolista, um consumidor pode optar por dizer não. Recusar-se a comprar os bens oferecidos pelo monopolista apoiado pelo governo, como era o caso do telefone no passado, pode ser muito inconveniente para o consumidor. No entanto, pelo menos a oferta *pode* ser recusada. Viva sem um telefone. Use o telefone público. Não pegue um táxi monopolizado. Caminhe. Uma oferta que você literalmente *não* pode aceitar sob ameaça de prisão ou morte, como o pagamento dos impostos ou a convocação militar, envolve o monopólio pela força bruta, a coerção no estilo da máfia ou do governo.

Buchanan expressou isso da seguinte forma: "A economia organizada com base em princípios de mercado, na prática, minimiza o número de decisões econômicas a serem tomadas politicamente, ou seja, por meio de alguma agência atuando em nome da unidade coletiva."[11] (Ou, pelo menos, o ideal é que "atue em nome" dela.) Ao fecharmos acordos voluntários, por outro lado, não precisamos recorrer ao governo, à sua polícia, nem à sua força para exercer decisões diretas. Buchanan continua: "Em termos práticos, podemos dizer que uma economia organizada com base em princípios de mercado minimiza o tamanho e a importância da burocracia política." O mercado minimiza a prevalência dos (poucos, esperemos) servidores públicos que tiram vantagem da sua posição em nome de ganhos injustos, sejam pessoais, seja para um grupo, e restringe os praticantes de transações involuntárias, garantidas pela ameaça ou pela coerção, "o braço longo da lei", como dizemos. Os mercados indianos sem dúvida apresentam "imperfeições", mas todos concordam que seu governo (que em 2016 ficou na 79ª posição, abaixo da Itália) é mais imperfeito. De 2006 a 2012, os reguladores do mercado indiano de bebidas alcoólicas embolsaram grandes subornos para deixar a Jim Beam vender no país.[12] E isso apesar de a Índia vir, desde 1991, deixando cada vez mais decisões para o mercado, muito mais do que deixava sob os governos socialistas de 1948 a 1991.[13] Deixar o mercado tomar decisões foi algo positivo para os indianos pobres, que escaparam do longo braço do Raj das Licenças.

Em outras palavras, o monopólio violento, ainda que legítimo, de Weber — aplicado a uma agenda abrangente de políticas destinadas a julgar os bárbaros ou manipular os estúpidos — tem seus perigos. Tem perigos até para os poucos e pequenos países bem administrados, e ainda mais para os numerosos e com frequência populosos países mal administrados.

Em 1830, o historiador Thomas Babington Macaulay criticou o protossocialismo de Robert Southey, que sugeriria que "as calamidades provenientes do acúmulo de riquezas nas mãos de poucos capitalistas devem ser remediadas pelo seu acúmulo nas mãos de um grande capitalista sem motivo concebível para usá-las melhor do que outros capitalistas, o Estado que tudo devora".[14] Em 1917, Lenin imaginou a visão da esquerda em relação à transição para o comunismo: "Esse controle realmente há de se tornar universal, geral e popular, ninguém podendo fugir a ele, não havendo 'para onde ir'. A sociedade inteira vai se tornar um único escritório e uma única fábrica, com igualdade em termos de trabalho e pagamento."[15] O que nem Southey nem Lenin entendiam era um dos primeiros ensinamentos inteiramente originais de Adam Smith — ele muitas vezes foi acusado, com certa razão, de ter tirado suas ideias do minúsculo grupo de liberais franceses. Smith dizia que permitir que as pessoas tenham para onde ir, em vez de sujeitá-las a um estado ou a um senhor de escravos devorador, é o que cria o trabalhador. Se você pode sair, não precisa levantar a voz nos protestos nem dedicar lealdade ao partido. Pegue esse emprego e dê-se por satisfeito.

A própria palavra "liberdade", tanto na retórica da esquerda quanto na da direita, foi revertida ao seu significado medieval e coercitivo no plural "liberdades" — "uma liberdade", tal qual "a liberdade do Centro Histórico de Londres", sendo um privilégio especial ou distinto para esse ou aquele grupo ou pessoa, imposta contra qualquer um com a intenção de reivindicá-la para si sem a generosa permissão do governo de Londres. O historiador da economia John Wallis observa que alguns países liberais no século XIX substituíram a lei pessoal pela lei geral. Eles abandonaram a legislação individual, por exemplo, no caso do cercamento de terras ou da incorporação de empresas, e adotaram leis gerais de cercamento (1801 e principalmente 1836 no Reino Unido) e leis gerais de incorporação (nos Estados Unidos, já em 1795, na Carolina do Norte).[16] A diferença entre as liberdades exclusivas e as liberdades gerais pode ser vista, por exemplo, na proteção desigual imposta pelo governo às fabricantes de pneus de Ohio, no policiamento frouxo do uso de drogas em bairros ricos de brancos, ou na proibição de escolas particulares para que ninguém tenha uma educação melhor.

Isso contradiz a principal crítica liberal às antigas "liberdades" articuladas supostamente por Thomas Paine, dando a cada ser humano todas as chances e direitos que reivindica para si — na verdade, ela é de autoria do "Grande Agnóstico", Robert G. Ingersoll (1833-1899).[17] Quem quer que a tenha articulado, retornamos à Regra de Ouro. A fórmula erroneamente atribuída a Paine funciona para as liberdades "negativas", ou o direito de dizer não, mas não para as chamadas positivas, ou o "direito" de tirar de uns para o benefício de outros. Se todos reivindicarem essas liberdades positivas, todos serão empobrecidos, pois de todos será tirado. Basta dar uma olhada em governos extrativos como o do Zimbábue, ou em qualquer guerra de todos (ou daqueles que estão no comando) contra todos.

O socialismo lento do alto liberalismo, encorajado pelo fascismo lento do nacionalismo, já há muito recomenda, e acabou por alcançar, como observei repetidas vezes, o gasto de uma parcela imensa da renda nacional pelo governo a partir de impostos obtidos pela coerção. Essa parcela costuma ser ainda maior do que a das tiranias mais perversas do passado. O socialismo lento também alcançou, como acabei de notar, padrões medievais de "liberdades" para regular as coisas alheias, impostas por especialistas a cada vez mais pessoas: mais intervenção governamental nessa ou naquela negociação de salário, mais esterilização compulsória de indesejáveis, mais "proteção" econômica oferecida a um ou outro grupo privilegiado, mais licenças impostas pela polícia a mais ocupações, mais inspeção eletrônica dos habitantes, mais obstrução à mobilidade do trabalho, mais manipulação dos pobres insubordinados, mais estatização dos meios de produção, mais exércitos ignorantes se enfrentando noite adentro. Os governos inchados, na prática, têm sido grotescamente inigualitários, o que nos anos 1970 resultou na estagnação do crescimento no Reino Unido e, desde 1945, no policiamento desastrado do mundo pelos Estados Unidos. O lema do socialismo lento é: "Sou do governo e estou aqui para ajudá-lo — mexendo nas coisas de alguém... talvez nas suas." Ou: "Não cobre impostos dele,/Não cobre impostos de mim:/Cobre impostos daquele homem/Daquele homem ali." Os lemas do fascismo lento são praticamente os mesmos. Do estatismo, idem.

Qualquer um que não se deixe enfeitiçar pela proposta de Rousseau, de Lenin e de Mussolini de que uma vontade geral identificada pelo partido vence, ou pelas versões mais leves de Green, Hobhouse e dos dois Roosevelts, admite que o poder de coagir tem seus riscos. O grande liberal (pela definição norte-americana) Lionel Trilling escreveu em 1948 que "devemos estar atentos aos perigos dos nossos desejos mais generosos", pois "ao tornarmos outros homens os objetos do nosso interesse esclarecido, fazemos deles também os objetos da nossa pena, depois, da nossa sabedoria, e, no fim das contas, da nossa coerção".[18] Toda mãe conhece os perigos e, quando ela ama com abnegação, resiste a eles.

11. Foi aos poucos que Deirdre virou uma liberal moderna

Os progressistas e conservadores tiveram a gentileza de deixar o termo "libertário", uma modificação da palavra que começou a se tornar comum nos anos 1960, para os adeptos do liberalismo puro e simples, que, contrários a uma era estatista, continuaram leais a Smith, John Stuart Mill, Tocqueville, Bastiat, Lorde Acton e Macaulay. Os adeptos do liberalismo puro e simples foram pessoas como os economistas Hayek (1899-1892), Milton Friedman (1912-2006) e James Buchanan (1919-2013) durante a totalidade de suas vidas adultas, o filósofo Robert Nozick (1938-2002), na meia-idade, e a historiadora da economia Deirdre Nansen McCloskey em sua maturidade (1942-). O pai de Deirdre (1915-1969), como eu já disse, foi um eminente cientista político, um democrata do New Deal com inclinações para a direita. Ela se lembra claramente dele (por volta de 1960) usando o termo "libertário" com desprezo. Por um bom tempo, isso a impediu de levar o liberalismo humano a sério.

No entanto, ela acabou levando. Essa história é compartilhada por dezenas de milhares de membros esquerdistas do *clerisy* na Europa do século XX e seus herdeiros, que passaram de uma vida no socialismo para uma no liberalismo 1.0 ou 2.0. Alguns poucos até se tornaram conservadores. Pouquíssimos foram para o outro lado. (Moral da história? Deixarei que você tire suas próprias conclusões.) Como diz a velha piada, qualquer um que aos 16 anos não seja socialista não tem coração. Qualquer um que aos 26 continue sendo socialista não tem cérebro. Acabei por preencher esses requisitos.

Como acontece durante um tempo a tantos adolescentes da classe média alta, aos 16 ou 17 anos fiquei encantada com a visão socialista da justiça como parcelas iguais, um socialismo no estilo Joan Baez com hinos trabalhistas. Sonhei que havia visto Joe Hill.* Eu queria ajudar os pobres e desprivilegiados — o que continua sendo meu único objetivo político, o mesmo objetivo de todos os liberais modernos (embora *realmente* queiramos ajudar, em vez de nos contentarmos em fazer declarações públicas sobre como nos consideramos benevolentes). Por isso, me formei em Economia e me tornei uma keynesiana padrão. Eu estava fazendo dos outros objeto da minha pena; depois, da minha recém-adquirida sabedoria; e, por fim, da minha coerção.

Um dos meus dois colegas de quarto entre 1961 e 1964, um engenheiro elétrico brilhante que mais tarde se tornou professor de Fisiologia da Universidade Estadual de Nova York, em Buffalo, costumava ler *Ação humana* (1949), do liberal Ludwig Mises, entre uma equação diferencial de segunda ordem e outra. Lembro-me de David perigosamente inclinado em sua cadeira giratória, os pés em cima da mesa, fumando cigarros Gauloises sem filtro, com discursos de Castro transmitidos diretamente de Cuba por ondas curtas em baixo volume para servir de zunido de fundo, e a velha edição em capa dura marrom da Yale Press de Mises no colo. O outro colega de quarto e eu, ambos democratas de esquerda e cursando Economia em Harvard, debruçados sobre o livro didático keynesiano de Paul Samuelson naqueles dias felizes, desprezávamos a economia heterodoxa, voluntarista e "conservadora" do engenheiro. Derek e eu preferíamos a coerção movida pela pena ao estilo de Keynes, Samuelson e Stiglitz. Contudo, ao ler Mises nos intervalos do estudo, nosso David aprendia mais sobre a economia de uma sociedade livre do que nós dois cursando centenas de horas de aulas sobre Keynes e o socialismo lento.

---

* Ativista anarcossocialista, compositor e músico, nascido na Suécia e radicado nos Estados Unidos, onde integrou a organização Industrial Workers of the World (os *wobblies*). Joe Hill foi executado após um controverso julgamento por assassinato. [*N. da T.*]

Dois anos depois, em 1964, no início de minha pós-graduação ainda em Harvard, eu pretendia me juntar a outros economistas que se denominavam de elite em Washington como engenheira *social* para fazer um "ajuste fino" da economia, como dizíamos. Na época, poucos programas de pós-graduação em Economia — como os da Universidade da Califórnia em Los Angeles (UCLA), da Universidade de Washington, da Universidade da Virgínia, e, principalmente, da Universidade de Chicago — duvidavam da teoria da expertise utilitária e do socialismo lento promovida pela Ivy League, que até hoje domina o pensamento econômico.[1] Contudo, um ou dois anos depois de ter iniciado a pós-graduação em Harvard, comecei a me dar conta daquilo que a base da economia dizia — a *Ação humana* de Mises e seu liberalismo 1.0. A base negava a premissa da engenharia social utilitária, de esquerda e de direita; a ideia de que um engenheiro social (como, mais uma vez, disse o bendito Smith) "pode dispor os diferentes membros de uma sociedade com a mesma facilidade com que uma mão dispõe as diferentes peças em um tabuleiro de xadrez".[2] Na segunda metade dos anos 1960, o exemplo mais proeminente da engenharia social — a invasão dos Estados Unidos ao Vietnã — não parecia estar saindo conforme o planejado. Quando consegui meu primeiro emprego acadêmico em 1968, por ironia no mesmo Departamento de Economia oposto à Ivy League da Universidade de Chicago, uma versão do liberalismo humano contrária à engenharia social coercitiva começava a fazer sentido.

A economia de Chicago na época era notória em Harvard por ser "conservadora". (Nós, da esquerda, não distinguíamos os liberais 1.0 e 2.0 dos conservadores. Essa distinção continua não existindo para a esquerda. Francamente, pessoal, já passou da hora de levar a teoria política *um pouquinho* a sério.) De volta à minha época de veterana na faculdade, no outono de 1963, ainda uma esquerdista vagamente keynesiana, eu ainda não havia considerado me inscrever no amplo e distinto programa de pós-graduação em Economia de Chicago, que na época iniciava o seu reinado de vinte anos como o departamento de Economia mais criativo do mundo. Por que ouvir pessoas tão más? Os meus ensaios universitários sobre economia eram denúncias contra a Escola de Chicago pela falta de misericórdia e pela compreensão equivocada e estúpida da teoria da concorrência monopolística, de autoria do meu professor de Microeconomia em Harvard, Edward Chamberlain.

Todavia, 12 anos depois de ter desprezado o Departamento de Economia da Universidade de Chicago, e já como professora titular da mesma instituição, eu me tornei diretora da pós-graduação. Um livro didático sobre a microeconomia no estilo de Chicago que escrevi em 1982 — depois de ter concluído, em 1980, que o Departamento de Economia de Chicago não me valorizava como eu achava que deveria e de trocá-lo pela Universidade de Iowa (vai, Hawks!) — tem um capítulo mostrando que a competição monopolística é contraditória. Como dizem os holandeses, "*Van het concert des levens krijgt niemand een program*". No concerto da vida, ninguém recebe um programa. Eu bem sei!

No fim da década de 1960 e início da década de 1970, por volta dos 30 anos, eu me tornei uma economista assumida da Escola de Chicago, e assim continuo no que diz respeito ao uso da análise da oferta e da procura. Como base flexível para o amadurecimento liberal de pessoas comuns em economias de mercado como a da Dinamarca, do Japão ou dos Estados Unidos, os argumentos da oferta e da procura nunca foram cientificamente derrubados como aproximações empíricas, apesar do que você possa ter ouvido de Paul Krugman ou Robert Reich.[3] Meu primeiro artigo substancial de História da Economia, intitulado "Did Victorian Britain Fail?" [A Grã-Bretanha vitoriana fracassou?], de 1970, foi uma rejeição inicial "do lado da oferta" ao uso da economia keynesiana do lado da demanda no longo prazo. Acho que Krugman poderia dar uma lida nele. Outro artigo publicado alguns anos depois, em 1973, "New Perspectives on the Old Poor Law" [Novas perspectivas sobre a Antiga Lei dos Pobres], estabelece uma distinção entre os efeitos distorcedores da intervenção na negociação dos salários e os efeitos da concessão de um subsídio financeiro aos pobres, patrocinado pelos impostos, com o objetivo de elevá-los a um padrão de vida digno. Acho que Reich poderia dar uma lida nele. O subsídio financeiro, diferentemente das inúmeras intervenções levianas nas negociações salariais desde o advento do novo liberalismo, é o que os economistas da esquerda e da direita chamam desde a década de 1950 de "imposto de renda negativo" — ou, atualmente, "crédito fiscal por remuneração recebida", como é o caso dos nove dólares mensais propostos pelo governo indiano em 2016 para substituir suas centenas de subsídios corruptos e inviáveis.[4] O imposto de renda negativo, como é o exemplo dos programas Oportunidades, no México, e Bolsa Família, no Brasil, tem sido amplamente adotado na América Latina com resultados muito positivos.[5] É o liberalismo 1.0 "cristianizado" (ou hindu, ou *bleeding heart*, ou humano) por uma opção que favorece os pobres.

12. Os argumentos contrários a se tornar um liberal são fracos

Os argumentos rotineiros contra um verdadeiro liberalismo moderno são, como fui gradualmente me dando conta depois dos anos 1960, muito fracos. Por exemplo, como já observei, é equivocado o argumento de socialistas lentos íntegros e gentis de que a tributação, os gastos e a regulação de governos inchados e interventores são inofensivos, pois, afinal de contas, foram eleitos por "nós" e "retribuem com serviços". O liberal moderno responde, delicadamente, com um questionamento ao alto liberal: em quais das 81.640 páginas dos novos regulamentos promulgados pelo governo federal dos Estados Unidos em 2016 você votou? Ou das 70 mil páginas do Código da Receita Federal? Os seus representantes no Congresso ou na Casa Branca ao menos sabem por alto o que elas dizem? Você ou eles entendem, de fato, as consequências econômicas além dos resultados que advogados e lobistas afirmaram que os impostos e regulamentos foram "projetados" para ter? Projetos são bons para roupas, móveis e automóveis — e esses projetos comerciais enfrentam o teste saudável do custo-benefício pelas pessoas que pagam por eles direta e voluntariamente. Projetos governamentais, por outro lado, não passam pelo crivo das pessoas item por item. De dois em dois anos aproximadamente, elas votam no cardápio completo. Lembremo-nos de Spencer e da culinária de reuniões, petições, votações, divisões parlamentares, conselhos de gabinetes e burocracia. Você realmente quer o cardápio a preço fixo dos parques nacionais, requisitos para licenças governamentais, escolas municipais, obras superfaturadas e políticas externas agressivas atualmente oferecido pelo governo? Ou preferiria pedir à la carte, pagando menos por algo de qualidade superior?

Outra objeção fraca ao laissez-faire, mesmo em teorias verdadeiramente liberais, é a noção de que o governo é composto de monarcas filósofos íntegros e que, portanto, devem gozar de toda a nossa confiança para administrar com bondade, fazendo as opções mais sábias quanto ao que nos oferecer pelos nossos impostos — estes, gentil, delicada e democraticamente extraídos daquilo que produzimos. Quando a diretora da Food and Drug Administration*, Margaret Hamburg, aposentou-se em 2015, ela foi apresentada na National Public Radio como alguém que regulara um quinto da economia dos Estados Unidos.[1] Essa conta é chocante, mas precisa.[2] Comida. Drogas. Terá sido a srta. Hamburg uma Mulher-Maravilha — uma rainha filósofa íntegra e sábia? Parece improvável, embora ela certamente seja uma boa pessoa. Portanto, o tratamento para o câncer em estágio 1 que funciona em Berlim, Alemanha, pode não estar disponível em Houston, Estados Unidos, por ainda aguardar uma certificação da FDA afirmando que o medicamento, procedimento ou aparelho médico teve a "eficácia" submetida a um teste antiético de acordo com experimentos "padrão ouro" duplos-cegos baseados em testes inúteis de significância estatística. Esses testes vão muito além da proposta original da FDA, de testar apenas a segurança, e não uma eficácia incerta que é modificada na prática clínica pelas descobertas de médicos que testam o medicamento ou aparelho rotineiramente.[3] Essa foi a história do Loniten (minoxidil), um medicamento para o tratamento de doenças cardíacas originalmente restrito pela FDA e hoje vendido sem receita para tratar a calvície em homens. "Sem receita" porque os políticos acataram a exigência dos homens de meia-idade de que ele fosse fácil de obter e vendido a preços baixos. A mesma coisa não acontece com remédios para o tratamento de cânceres em mulheres.

A suposição de que o governo está nas mãos de reis e rainhas filósofos parece, por si só, ingênua, que é o que diz Buchanan sobre a economia da escolha pública. A ingenuidade é bem ilustrada pelos perigos da

Constituição norte-americana, desde as Leis de Estrangeiros e de Sedição de 1798 até o trumpismo. Sábia ou não, a governante, seja quem for, recebe um incentivo fraco para ter prudência e tomar o devido cuidado com o dinheiro ou com a vida dos outros. Ela está isolada por eleições infrequentes e pelo poder e prestígio dos maciços governos modernos. Como Higgs escreveu em um comentário no Facebook de 28 de outubro de 2018:

> Imagine pessoas com liberdade para mentir sem sofrerem as consequências, porque, primeiro, ninguém espera franqueza dos membros de seu grupo, e, segundo, ninguém consegue responsabilizá-los... Acho que vocês sabem que estou descrevendo um típico político ou servidor público.

John Locke opinou que "a única passagem estreita que conduz ao Paraíso não é mais conhecida do magistrado do que dos cidadãos, e, portanto, não posso encará-lo com segurança como meu guia, pois provavelmente ele desconhece tanto a passagem quanto eu, e com certeza está menos preocupado com a minha salvação".[4] Não obstante, Margaret Hamburg, da FDA, orgulha-se do "programa" dela para gastar seu dinheiro e coagir você, e também do poder de impor decisões a um quinto da economia norte-americana por meio da violência. Você pode dizer que o poder tende a corromper.

Trilling escreveu, em 1948, que o perigo está no fato de que "nós, liberais e progressistas [ou, na verdade, burkeanos e conservadores], sabemos que os pobres são nossos iguais em todos os sentidos, exceto no de serem iguais a nós".[5] O "nós" são os governantes naturais, pós-graduandos da Universidade de Columbia, de Nova York, da Trinity College, em Dublin, ou do Instituto de Estudos Políticos de Paris. Depois de 2016, essa arrogância da elite foi detectada e punida pelos eleitores de Trump, bem como por populistas do mundo inteiro, da Grã-Bretanha ao Brasil. Os altos liberais e conservadores supõem que os pobres e companhia são incompetentes para administrar as próprias vidas. Assim, cabe a nós do *clerisy* — um regimento do que Boaz denomina "intelectuais da corte" reunido no Distrito de Colúmbia, com outro regimento vigoroso de eurocratas posicionado em Bruxelas — guiar os pobres e meros cidadãos. O *clerisy* passeia orgulhoso pelas cortes magníficas de Washington, Bruxelas, Springfield, Illinois ou pela prefeitura de Chicago.[6] "Faremos muito melhor", dizem uns aos outros, "do que os pobres ou os meros cidadãos podem fazer por si mesmos em suas casas e mercados patéticos".

Como Paine escreveu no ano de nascimento do liberalismo, 1776, "O governo, mesmo na sua melhor forma, não passa de um mal necessário e intolerável".[7] É melhor manter o poder de coagir num nível moderado. Em 1849, no primeiro desenvolvimento do liberalismo 1.0, Henry David Thoreau declarou: "Aceito, de coração, o lema 'O melhor governo é o que menos governa', e gostaria de vê-lo praticado mais rápida e sistematicamente."[8] No mesmo ano, na distante Turim, o economista liberal italiano Francesco Ferrara escreveu que "a tributação é a grande fonte de tudo que um governo pode arquitetar em detrimento do povo. A tributação financia o espião, encoraja a facção, dita o conteúdo dos jornais".[9] Em 1792, até mesmo em uma Grã-Bretanha quase liberal, sem que o povo soubesse, o governo era o proprietário de mais da metade dos jornais.[10] Como Boudreaux escreveu recentemente: "O único meio garantido de manter o dinheiro longe dos políticos é manter a política longe do dinheiro."[11] Governo pequeno. O adesivo do meu carrinho Smart diz: "Separação entre Economia e Governo."

Nós, liberais modernos, somos acusados de não sermos generosos, de ignorar os pobres e querer que os ricos assim permaneçam sem esforço. De jeito nenhum. É só ver o que os liberais 1.0 e 2.0 de fato fazem. E o fato é que a acusação da esquerda depende de uma teoria psicológica implausível, pois supõe que uma classe inteira de pensadores políticos afirma falsamente priorizar os pobres, quando na verdade quer tornar os ricos ainda mais ricos por meio de dividendos. Contudo, por que alguém quereria uma coisa dessas? O que motivaria alguém a desejar ver Liliane

Bettencourt com mais iates? Pagamentos de corporações corruptas? Incentivos financeiros de bilionários adeptos do liberalismo humano? Associações lucrativas com um professor liberal constitucional? O privilégio de entrar para a Sociedade Mont Pèlerin, tudo para empobrecer os pobres e enriquecer os ricos?

Se é assim que a psicologia funciona, como uma versão simplória de um nexo monetário econômico e social, consideremos o pagamento do governo aos professores de escolas e universidades públicas, as bolsas do bondoso socialista lento George Soros, ou a aliança lucrativa com as esquerdistas radicais Naomi Klein, Jane Mayer ou Nancy MacLean. Seguindo tal teoria psicológica, todas essas associações seriam corruptoras.

Mas é claro que não são. Em vez de inventar conspirações sombrias baseadas numa teoria marxoide pueril sobre o que há por trás do que dizem as pessoas, ouçamos, realmente ouçamos, os argumentos de nossos supostos inimigos, e analisemos sua lógica e evidências. Nancy MacLean, historiadora da Universidade de Duke, não está disposta a isso. Ela se recusa a responder às críticas recebidas por seu livro, aclamado pela esquerda, que ataca o economista liberal James Buchanan. Anunciou que não falará mais com ninguém que tenha recebido dinheiro dos Koch, ou, acrescenta, qualquer um de universidades que tenham recebido dinheiro deles. A própria universidade dela recebeu. Talvez seja porque não queira admitir nem para si mesma que o livro é de uma ignorância crassa.

É verdade que há vertentes entre os conservadores e entre os liberais que não demonstram solidariedade pelos desprivilegiados. Elas fazem parte de um padrão mais amplo de egoísmo. O colunista liberal moderno do *Chicago Tribune* Steve Chapman observa que "a crítica comum aos libertários é que eles têm uma obsessão egoística pelos próprios direitos, sem considerar como o exercício de tais direitos prejudicam os outros", como no caso das consequências fatais que a não vacinação contra o sarampo de um grupo de crianças tem para outras crianças com o sistema imunológico comprometido.[12] Esse egocentrismo, repito, tem paralelos na elite econômica, mas também na esquerda, na forma de uma atitude condescendente em relação aos coitadinhos dos pobres. Nenhuma dessas atitudes é sensata ou nobre. A chocante defesa da tirania dirigida aos pobres da população afro-americana por William Buckley na década de 1960 é uma versão do mesmo posicionamento.

Contudo, ignorar os nossos irmãos desafortunados não é, de modo algum, uma característica intrínseca do liberalismo moderno. Pelo contrário. O doutor Adam Smith era um praticante assíduo da caridade secreta, e não fez soar trombetas por causa disso. John D. Rockefeller, um batista praticante, doou parcelas substanciais de suas receitas à caridade desde cedo em Cleveland. Ao morrer, Andrew Carnegie doou todo o seu patrimônio. A falta de uma consideração altruística pelos outros não é pressuposta pelo verdadeiro liberalismo humano, pelo libertarismo cristão, pelo libertarismo neoclássico nem pelo liberalismo moderno 2.0 *bleeding heart*.

Muitos conservadores, comunitaristas, ambientalistas e professores social-católicos acreditam que o liberalismo implica um isolamento completo da sociedade. *Por que o liberalismo fracassou* (2018), de Patrick Deneen, é um exemplo recente. No entanto, o gênero tem uma longa e maçante história — de *O que o dinheiro não compra* (2012), de Michael Sandel, remontando aos originais da esquerda e da direita, a exemplo da eloquência de Marx sobre o nexo monetário ou a de Carlyle sobre a deplorável ciência (deplorável, que fique claro, porque, para a sua irritação, os economistas políticos liberais, como seu amigo John Stuart Mill, *opunham-se* ao doce sistema medieval da escravidão no Império Britânico, que Carlyle apoiava eloquentemente).[13] O liberalismo, anuncia Deneen, implica o "afrouxamento dos vínculos sociais" (vínculos como a escravidão no Império Britânico), "[n]uma lógica implacável de transações impessoais" (tão diferente das transações de israelitas religiosos vendendo madeira aos egípcios, digamos) e na suposição de que os "seres humanos, portanto, são por natureza criaturas antissociais, isoladas e autônomas" (a exemplo da exploração antissocial das relações humanas na ficção inglesa burguesa e liberal desde 1700).[14]

Ayn Rand aqui teve um efeito negativo, com sua doutrina masculinista do egoísmo e de heróis uniformes, do sexo masculino, imprudentes e egocêntricos, em romances iliberais posando de liberais, sempre populares entre calouros universitários. Especialmente os do sexo masculino. O senador *Rand* Paul, na disputa pela nomeação presidencial no Partido Republicano em 2016, recebeu um número desproporcional de votos das mulheres em relação aos homens. No entanto, suas políticas de abandono da guerra contra as drogas, cujo alvo são famílias negras e hispânicas, e de redução do fluxo de sacos com corpos de rapazes apalaches que lutavam em guerras distantes, como a maioria de suas propostas, eram as mais voltadas para a família em relação a qualquer candidato, inclusive (nos efeitos práticos, e não "projetados") as do abertamente socialista Bernie Sanders. Quanto à caridade, com a exceção dos pontos de vista irrefletidos sobre a vacinação compulsória contra o sarampo, o doutor Paul contribui regularmente com a sua profissão de cirurgião oftalmologista com cirurgias que salvam a visão de pessoas em países pobres. Perguntemo-nos o que o senador Sanders e seu aliado, o socialista lento Thomas Piketty, fazem nessa linha. Convido o doutor/senador Paul, pelo bem do nosso liberalismo moderno compartilhado, a abandonar o caviloso "Rand" e mudar seu nome para, digamos, Adam.

13. Podemos e devemos liberalizar

Mesmo a esta altura, é sensato reduzir um pouco o tamanho e o poder do governo, permitindo que as pessoas tenham liberdade para tentar. A redução é viável por partes, seja ou não um ideal paineano, thoreauesco ou ferrarita finalmente alcançado. Não precisamos chegar ao que Jeffrey Myron chama de "Terra Libertária", isto é, no modelo dos Estados Unidos da década de 1890 — ainda que sem Pinkertons matando sindicalistas, e com o direito ao voto para as mulheres. Tampouco precisamos adotar uma versão dos anos 1790, tirando a escravidão e também com voto para as mulheres — sem um exército grande, sem FDA ou FCC, sem estado inchado ou intervenções locais na economia. É verdade que Jeff e eu gostaríamos de chegar a mundos assim. No entanto, o convidamos a se acalmar e a não se conformar com dúvidas em relação à factibilidade de tais utopias numa democracia moderna. Pensemos no que, não obstante, podemos fazer para tornar a economia e a sociedade mais ricas e mais justas.

Para citar outro argumento fraco contra o laissez-faire, nossos amigos de mentes coercitivas estão enganados ao dizer que, quanto mais complexa uma economia, maior atenção regulatória ela requer dos governantes. Esse ponto de vista em relação ao funcionamento da economia é o de um advogado. O professor de Direito Eric Posner, ao defender a maciça delegação de poderes a agências federais como a FTC e a FDA, afirma que uma "regulação detalhada [...] é necessária para manter as engrenagens de uma economia moderna lubrificadas".[1] Muito pelo contrário. Já um correspondente de Boudreaux queixou-se do conselho:

"Deixemos que o mercado lide com isso", afirmando que é simplório e poliânico. Boudreaux respondeu: "Muito pelo contrário. Deixar o mercado lidar com as circunstâncias é permitir tantas mentes criativas quanto estiverem dispostas a dedicar esforços e recursos à missão de resolver quaisquer problemas que venham a surgir, e usar o teste mais eficaz e garantido — a concorrência de mercado — para julgar e monitorar os esforços. O que *é* simplista e poliânico é dizer 'Deixemos que o governo lide com isso.'".[2]

Deixemos que os monarcas filósofos íntegros lidem com isso. Deixemos que Margaret Hamburg governe um quinto da economia dos Estados Unidos.

Nem mesmo um grupo de intelectos humanos do tamanho de um governo é capaz de administrar minuciosamente uma economia complexa. Com seu próprio intelecto, uma pessoa consegue governar satisfatoriamente sua vida, sua pequena unidade familiar, ou até uma grande companhia — embora qualquer adulto saiba que é difícil planejar com detalhes até pequenas sociedades, que estão sempre produzindo surpresas. Não é possível traçar um programa. Contudo, o governo minucioso de trilhões de planos traçados por quase 330 milhões de indivíduos na economia norte-americana, sofrendo alterações diárias, a partir de uma sede administrativa, é impraticável, muito menos se essa sede estiver no exterior, e produz o oposto de engrenagens "lubrificadas" — pois, para citar Smith mais uma vez, "no grande tabuleiro de xadrez que é a sociedade humana, cada peça tem o seu próprio princípio de movimento".[3] Os princípios do movimento são idiossincráticos. As pessoas são motivadas em proporções variáveis por prudência, temperança, coragem, justiça, fé, esperança e amor, mais suas respectivas compulsões. Por meio desses princípios de movimento, você e eu perseguimos nossos diversos projetos infindáveis, tecendo os fios que compõem nossos caminhos. Um plano liberal como esse se encaixa bem numa sociedade em que as pessoas gozam de liberdade e igualdade — até mesmo em relação aos pós-graduandos do *clerisy* de Columbia, da Trinity College e do Instituto de Estudos Políticos de Paris.

O que fazer, portanto, para conter o poder da coerção? As propostas são tão numerosas quanto são hoje as políticas iliberais, e como eram também durante o feudalismo derrubado pelos liberais do século XVIII. É verdade que só se mata uma ideia com outra. A maioria das teorias dos direitos adquiridos, como apontam os economistas Wayne Leighton e Edward López, implicam a irreversibilidade da aquisição (como deveria ser para os monges medievais, que vestiam cerimonialmente pela primeira vez, os hábitos oficiais).[4] Gordon Tullock, cofundador da teoria da escolha pública, observou em 1975 que os favorecimentos de indivíduos privilegiados — como a restrição à aquisição de táxis, a pastagem de baixo custo em terras públicas, as deduções de hipotecas de casas nos impostos da pessoa física e as centenas de outros favores e concessões impostos pelo monopólio da coerção, a exemplo da proteção pública do capital da escravidão nos Estados Unidos antes da Guerra de Secessão — são capitalizados nos preços dos ativos aos quais são vinculados.[5] O comprador de segunda mão de uma permissão de táxi, de ranchos do Oeste, de casas particulares, ou de escravizados norte-americanos recebe lucros acima do normal. As pessoas escravizadas não eram uma "mão de obra barata", como se costuma dizer. Os proprietários sulistas de escravizados haviam pagado pela produtividade futura esperada deles, que estava embutida no preço, e não haviam obtido nada acima do normal.

No entanto, cada favor, concessão e proteção de direitos adquiridos muda artificialmente a direção do capital e do trabalho e resulta no investimento excessivo em coisas como casas compradas por meio de hipotecas, a corrupção para a obtenção e a manutenção de restrições à aquisição de uma permissão de táxi ou uma guerra para proteger a escravidão. É claro que qualquer proposta de suspensão da dedução dos juros de hipoteca ou de permitir que a Uber e a Lyft concorram livremente com os taxistas provoca tempestades políticas. Ou uma guerra civil. A perda social pela má alocação de investimentos durará enquanto durar a proteção. Só a dedução de juros de hipoteca, hoje, leva anualmente 1% do PIB.[6] Não são necessários muitos casos de investimento excessivo ou insuficiente como esses para provocar a estagnação de toda a economia.

Entretanto, ainda que seja globalmente eficiente em termos utilitários, parece injusto impor a perda de capital a pessoas que, de maneira inocente, compraram permissões de táxi ou casas. Era injusto, diziam os proprietários de pessoas escravizados, impor perda de capital a quem as comprava. (Mas eles tampouco aceitavam a emancipação compensada.) E, sendo justa ou não, de acordo com Tullock, a suspensão da regulação raramente acontece. As tempestades políticas criam uma "armadilha transitória de lucros". Estamos presos. A teoria da história política proposta por Douglass North, John Wallis e Barry Weingast em 2009 tem a mesma estrutura.[7] Como uma sociedade sai de um equilíbrio de direitos adquiridos se estes, e não o argumento honesto e a ideologia liberal, são a única forma como a política opera? Numa tirinha de Dilbert, seu chefe declara: "A história se repete." Dilbert indaga, inocentemente: "Então, como algo novo acontece?"[8] Afinal de contas, até 1800, o liberalismo e o crescimento econômico haviam sido continuamente combatidos, sufocados, enfraquecidos em nome dos interesses de elites sedentas por dividendos. Mas, então, algo novo aconteceu.

Acontece que, aqui e ali, políticas protecionistas mudam, às vezes numa rapidez chocante. As mudanças podem nos dar a esperança de que a história não está congelada, de que não estamos condenados a um futuro, para citar novamente o fim de *1984*, com uma bota pisando eternamente em um rosto humano. Leighton e López apresentam exemplos da desregulamentação de vários setores importantes da economia norte-americana, a começar nos anos 1970, no governo do presidente Carter, e continuando sob o do presidente Reagan. Em 1977, dois anos depois do artigo em que Tullock argumenta a impossibilidade de tal mudança, exceto, talvez, no longo prazo, as "indústrias completamente reguladas compunham 17% de PNB [produto nacional bruto]. No entanto, em 1988, essa parcela havia caído para 6,6%".[9] Leighton e López declaram, secamente, que a "desregulamentação foi uma surpresa para alguns, especialmente para os teóricos da escolha pública". No fim das contas, não é que o monge de vez em quando abandona o hábito e se casa? Foi o que fez Lutero. E sua esposa era uma ex-freira.

Parece faltar algo nas teorias do equilíbrio, com sua oposição materialista ao discurso, às ideias, ao livre-arbítrio, à retórica, à ação humana e à ideologia como forças históricas. Em 1775, o equilíbrio era o mercantilismo. Já em 1875, após a ascensão da ideologia liberal, o mercantilismo e a regulação feudal haviam recuado em níveis variáveis na Grã-Bretanha e nos países recém-colonizados, e até um pouco na França. Em 1975, uma ideologia mercantilista e de regulação feudal retornara acompanhada de direitos adquiridos, mas foi rapidamente derrubada por uma ideologia liberal. Agora, voltou novamente. O que há por trás dessas mudanças, sejam positivas ou negativas?

North, Wallis e Weingast querem ser vistos como materialistas durões, mas, quando buscam explicações para a "transição propriamente dita" para "sociedades de livre acesso", liberais acabam, naturalmente, falando de uma mudança retórica. Duas páginas cruciais de seu livro de 2009 falam de "transformação do pensamento", "um novo entendimento", "a linguagem dos direitos" e "o compromisso com o livre acesso".[10] Numa palavra, ideologia. Buchanan, o teórico da escolha pública, certa vez observou como a ideologia era importante:

> Da guerra, passando pelo comércio, ao amor [...] a concordância em relação às regras que ditarão como viveremos, como conviveremos, interna e internacionalmente, é, sem dúvidas, baseada na investigação e no entendimento científicos. A raiz do problema, no entanto, não está no envolvimento da aplicação tecnológica de descobertas científicas, e parece sinal de tolice tratá-la assim, como um problema de engenharia.[11]

É a ideologia que muda. Ou seja, embora North, Wallis e Weingast pareçam acreditar que têm uma explicação materialista, baseada na investigação e no entendimento científicos, para a ascensão liberal do "livre acesso a organizações políticas e econômicas", na verdade sua explicação quanto ao motivo de a Grã-Bretanha, a França e os Estados Unidos terem, por um período, estado à beira do livre acesso é ideativa.[12] Não é um problema de engenharia. Ideias mudam tanto por causa de boas argumentações quanto por causa de discursos de ódio ou interesses materiais negativos. O que de fato aconteceu foi uma mudança ideológica, ética e retórica na direção do liberalismo por volta de 1800, que se repetiu com o presidente da Civil Aeronautics Board na década de 1970. Ele aplicou a economia técnica nas companhias aéreas reguladas, mas sob os auspícios de uma nova ideologia. Depois, vieram os inúmeros desregulamentadores adeptos do liberalismo moderno de Reagan.

Ou seja, ideologias liberais ocasionalmente vencem ideologias coercitivas. Podemos conseguir fazer isso novamente. Cortemos as 7 mil unidades governamentais corruptas em Illinois. Suspendamos os grandes programas de concessão de regalias ao setor corporativo, federais, estaduais e locais, como propõem muitos bilionários liberais contra seus próprios interesses financeiros. Um exemplo é o abominável Jones Act, que protege a Marinha Mercante dos Estados Unidos. O Import-Export Bank é outro. Higgs descreveu o banco como "outro artifício para desviar a riqueza dos politicamente fracos e alienados para os politicamente fortes e conectados, ao passo que se consagra a transferência com encantamentos de asneiras econômicas".[13]

Façamos a transição para o liberalismo, com o encerramento de programas agrícolas, que permitem que fazendeiros com receitas elevadas, como o meu tio-avô Oliver, de Watseka, Illinois, para usar as palavras dele, colham do governo, e não da terra. Vendamos propriedades públicas como estradas, pontes e áreas de estacionamento, cujo preço, na era dos transpônderes eletrônicos, pode ser determinado com maior precisão pela iniciativa privada. Derrubemos o império dos Estados Unidos. Recebamos os imigrantes. Abandonemos a guerra contra as drogas. Eliminemos a expropriação para os empreiteiros, o confisco de bens e os veículos blindados de transporte de pessoal para os departamentos de polícia. Apliquemos o princípio social-católico da "subsidiariedade", passando responsabilidades governamentais modestas, mas essenciais, como a coleta de lixo e a proteção contra incêndios ao nível mais baixo do governo capaz de exercê-las corretamente. Em seguida, terceirizemos a coleta de lixo e a proteção contra incêndios para firmas que visem ao lucro. Então, com transparência e publicidade, supervisionemos essas firmas com a mesma vigilância que aplicamos ao governo.

Financiemos o ensino fundamental e o ensino médio, principalmente a educação infantil e o ensino fundamental, e demos às famílias vales para escolas particulares, como a Suécia vem fazendo desde os anos 1990, e como o distrito de Orleans, na Louisiana, tem feito pelas famílias pobres desde 2008. Para alcançar essa educação universal do ensino fundamental ao médio ou da educação infantil ao ensino fundamental, assim como outros propósitos nobres não financiáveis pela iniciativa privada, como os impostos sobre a emissão de carbono contra o aquecimento global ou armamento de defesa numa guerra pela sobrevivência. Que paguemos impostos e sejamos regulados, mas todos nós, e não só aquele homem dali. Contudo, que eliminemos os inquisitoriais impostos e regulação de renda, substituindo-os por um imposto sobre o consumo pessoal declarado em um formulário de uma página, como já de muito é proposto por economistas como Robert Hall e Arthur Laffer. Melhor ainda, usemos apenas um imposto, igualmente simples, sobre o valor acrescentado para empresários, e assim reduziremos, se não eliminarmos, a atual dose de inquisição. Eliminemos por completo o chamado imposto de renda corporativo, pois ele gera uma tributação dupla e porque os economistas, cientificamente falando, após muitas décadas de estudo sério, não chegaram a nenhum consenso sobre quem acaba pagando esse imposto. (Quando pensamos nisso, o velho adesivo de para-choque dos anos 1970 "Tributem corporações, e não pessoas" não faz muito sentido.) Usemos os modestos impostos cobrados de você e de mim para dar dinheiro aos pobres em casos de emergência e necessidades especiais. Não questionemos se eles gastam esse dinheiro com bebida ou com roupas para os filhos. Deixemos suas famílias em paz. Vamos parar de importunar as pessoas.

É óbvio que um governo "tem um papel" — como respondem indignados os meus amigos progressistas e conservadores a esse tipo de proposta, sua reação incansável e previsível. George Romney, fabricante de automóveis e republicano convencional dos anos 1950, em oposição ao liberal 1.0 e conservador Barry Goldwater, declarou em 1964: "Os mercados não simplesmente *acontecem*", e que deve haver "*algum* papel para o governo".[14] Bem, sim, é claro que o governo tem "*algum* papel" — embora, ao contrário da afirmação de Romney, a maioria dos mercados de fato "simplesmente aconteça", com ou sem ação governamental, pois as pessoas os consideram mutuamente benéficos. Os mercados simplesmente acontecem, para citar dois casos extremos, dentro das prisões e de campos de prisioneiros de guerra, sem nenhuma ação governamental para impor os acordos fechados. Os mercados acontecem entre os aborígenes australianos, que não conhecem contratos, mas que percorrem centenas de quilômetros para comprar bumerangues de grupos mais habilidosos.[15]

No entanto, se você quer saber, só por volta dos 15 anos comecei a me considerar uma "anarquista" no sentido literal — o que, aliás, não significa "niilista terrorista", mas vem de *an-archos*, que vem do grego, e quer dizer "sem governante". O governo tem um papel essencial nas guerras pela sobrevivência — quando, por exemplo, o que precisamos é do propósito concentrado de repelir invasores do Canadá, o qual pode ser alcançado por tempo limitado com uma coerção justificada, ainda que por vezes exagerada. Depois da vitória, podemos esperar nos livrar da coerção proveniente do papel ampliado do governo — aliás, sem necessidade de ter grandes esperanças, como Higgs demonstrou.[16]

E, sim, tenhamos um governo, um governo pequeno para nos proteger da imposição da força e de fraudes por parte de outros norte-americanos. Ainda que, na maioria dos casos, essa proteção seja alcançada por providências de ordem particular — como trancas para as portas, fornecedores de reputação comprovada e concorrência comercial — com mais eficácia e numa escala econômica muito maior, para falar quantitativamente, do que as supostas garantias "máximas" das cortes, da polícia e dos supervisores governamentais. O Tribunal da Chancelaria inglês não é mais "garantido" do que os acordos privados para a transferência de propriedade ou os portões protegidos por guardas. Na Londres do século XVIII, se quisesse atravessar a cidade, uma pessoa rica contratava guardas. O estudioso do direito Tom W. Bell argumenta com minúcia que a maioria dos países tem subgovernos privados em que, em vários aspectos, não vale o que está na lei do governo. Uma lei privada em rápida expansão.[17] Rezemos para que nos protejam, especialmente do próprio governo, do seu hábito de suspender o direito ao *habeas corpus*, de restringir o direito ao voto, de espionar líderes de movimentos pelos direitos civis, de aplicar normas ao banheiro e ao quarto, e de espancar cidadãos audaciosos.

14. Suspendamos a "proteção", por exemplo

Os governos afirmam proteger — quando se comportam bem, e não, digamos, prendem nipo-americanos —, mas deveriam abandonar a proteção *econômica*, como a que o presidente Trump nos deu contra a nefasta trama dos chineses e mexicanos para nos vender a preços baixos gravatas muito compridas para homens e peças muito boas para carros. Em vez disso, separemos economia de governo.

Afinal, isso não é "proteção" de fato. É favorecimento. Assim como na máfia, a "proteção" governamental é regularmente corrompida para favorecer os ricos. É a taxação das empresas que oferecem produtos e serviços baratos aos desprivilegiados. Ela viola a liberdade das pessoas — norte-americanas, estrangeiras ou não mafiosas — de competir sem coerção física na oferta de bons negócios a consumidores norte-americanos. É claro que essa taxação é exatamente o propósito da máfia, que aufere lucros do dinheiro advindo da proteção com uma oferta que você não pode recusar. E também é o propósito do Conselho Municipal de Chicago, encorajado por subornos oportunos... hum... contribuições de campanha a proibir por lei a abertura na cidade de unidades da Ikea ou do Walmart, que abastecem pessoas pobres. A extorsão, o favorecimento e a busca de dividendos por elites, que exercem o monopólio da coerção, atrapalham melhorias, impedindo que pessoas com novas ideias concorram pelas nossas compras voluntárias. Em casos extremos, congelam o crescimento econômico, como ocorreu durante o longo milênio da pobreza antes de 1800 e do liberalismo de livre acesso.

Você gostaria de ter "proteção" governamental contra novas ideias na música, na ciência ou na culinária? Acho que não. Você sempre optaria por produtos norte-americanos ao comprar temperos e inovações médicas? Não. Suponha que você acredite que um embargo contra nações antiamericanas malignas como o Irã ou a Coreia do Norte seja uma boa ideia. Então, por que você quer impor um embargo aplicado aos próprios norte-americanos pelo nosso governo — ou seja, a "proteção" por tarifas? Tarifas não protegem. Tiram e favorecem. São impostos cobrados por imposição governamental de alguns cidadãos para favorecer outros mais poderosos.[1]

E se você acha mesmo que comprar exclusivamente de norte-americanos e favorecer alguns de nós é uma boa ideia, a ser imposta por tarifas e penas na prisão, não seria melhor ainda comprar exclusivamente em Illinois, em Chicago, ou até no seu bairro? Assim, sua região enriquecerá. Ou, aliás, por que não produzir você mesmo tudo o que quiser na sua casa, alcançando, assim, autossuficiência e vários "empregos"? Plante seu próprio trigo. Construa sua própria sanfona. Invente sua própria teoria econômica. Parabéns.

Nossos amigos da direita, da esquerda, ou simplesmente estatistas, qualquer que seja sua orientação, perguntarão, irritados — preocupados, por exemplo, com a interferência russa nas eleições via Facebook: "O Facebook pode se autorregular em nome do interesse público? É claro que não", responderão eles mesmos. Eles presumem que nenhum negócio jamais tenha agido pelo interesse público. O lucro é um sinônimo de pecado. Tragam, portanto, os especialistas e sua polícia de Washington ou Whitehall. A Whirlpool, nos Estados Unidos, falha no negócio da máquina de lavar? Está certo, convençam o governo a erguer barreiras tarifárias contra a concorrência de empresas estrangeiras, como a LG e a Samsung.

A maioria das pessoas de uma era iliberal aprova essa "proteção dos empregos norte-americanos". Não se dão conta de que a proteção descobre um santo para cobrir outro, e, depois, vice-versa. Uma tarifa sobre máquinas de lavar pode proteger milhares de norte-americanos da concorrência prejudicial à custa da eliminação de um incentivo à melhoria e distorcendo o padrão do investimento. Contudo, prejudica diretamente 100 mil outros norte-americanos com preços mais altos e qualidade mais baixa, em magnitudes que reduzem consideravelmente a prosperidade nacional líquida. Foi o que aconteceu a cada tentativa. Basta consultar a Argentina populista, de 1946 até o presente. Ou as experiências de Trump em 2018.

O economista Maximiliano Dvorkin, do Banco da Reserva Federal de St. Louis, calculou que, entre 2000 e 2007, os Estados Unidos perderam para a concorrência com a China cerca de 800 mil empregos (uma fração minúscula dos empregos "perdidos" para o que concordamos serem mudanças tecnológicas desejáveis, como o fim das videolocadoras ou de outros empregos substituídos ou obsoletos. Durante os mesmos sete anos, essas perdas totalizaram vários milhões, e não só 800 mil). De acordo com Dvorkin, porém, o comércio com a China gerou um número aproximado de *outros* empregos, que compensou os que foram perdidos (a mesma coisa se aplica numa escala muito maior do chamado desemprego tecnológico). O resultado dos preços mais baixos que essa realocação e competição no comércio chinês permitem é que "os consumidores norte-americanos economizaram, em média, 260 dólares em gastos adicionais por ano pelo resto da vida".[2] Expresso em uma única parcela descontada no valor atual, o livre-comércio com a China equivale a cada consumidor ter recebido um único cheque de cerca de 5 mil dólares. Nada mau.

Você continua temendo tanto as corporações multinacionais — que estão tentando convencê-lo ardilosamente a comprar um par de tênis de corrida — que está disposto a erguer um grande monopólio socialista, garantido por armas, para impedi-lo de comprar quaisquer tênis que não estejam dentro dos padrões do governo ou sejam por ele regulados? Você acha que essa regulação intensa é menos corrupta do que o dinheiro obscuro das corporações?

Pois considere a possibilidade de estar enganado. Basta conferir a terça parte do mundo que outrora esteve sob o comunismo, a história recente da Venezuela ou a história chocante do Egito moderno, com sua economia administrada pelos militares. Como o liberal italiano e antifascista Benedetto Croce disse em 1928: "O liberalismo ético abomina a regulação autoritária do processo econômico [tanto da esquerda quanto da direita, tanto do socialismo quanto do fascismo], pois a considera aviltante às faculdades criativas do homem."[3] Para proteger o monopólio do Serviço Postal dos Estados Unidos, inspetores vestindo capotes costumavam circular durante o mês de dezembro prendendo criancinhas que entregavam cartões de Natal de graça, deixando-os nas caixas de correio da vizinhança. Atualmente, pela lei de Kentucky, assim como já aconteceu em Illinois e em muitos outros estados, para abrir uma nova transportadora de móveis (dois homens e um caminhão, digamos), você precisa de uma permissão, pasme, das transportadoras já existentes.[4] George Will observou, depois de censurar os "certificados de necessidade", como os exigidos pela lei das transportadoras (e que também se aplicam aos aparelhos de ressonância magnética nos hospitais, às concessionárias de automóveis etc.), que:

> O estado administrativo extenso, intrusivo, intervencionista — também conhecido como governo moderno —, que não reconhece limites para a sua competência ou jurisdição, é, inevitavelmente, defensor dos estabelecidos, e, portanto, um mecanismo de transferência de riqueza para camadas superiores.[5]

É isso aí, George.

E, é claro, também é defensor de coisas muito piores. Os regimes comunistas, fascistas e nacional-socialistas de 1917, 1922 e 1933, todos versões do socialismo inspiradas pelo nacionalismo, mataram mais de 100 milhões de pessoas na sua busca pela racionalidade do planejamento e pela honra nacional. Talvez você não queira ser um socialista, seja lento ou rápido.[6] Leve as evidências em conta.

Como observei, a doce teoria, ainda que de uma ingenuidade imperdoável, é a de que os implantadores do socialismo lento são reis e rainhas filósofos, sábios e íntegros. Trata-se de uma teoria imaginada nos quadros-negros de Cambridge, New Haven e Princeton — e, sem a beleza da matemática, também nas plataformas políticas de toda a nação. No entanto, essa proteção/favoritismo econômico praticado prejudica regularmente mais do que ajuda os desprivilegiados —, e sempre favorece os poucos que são protegidos, que é fácil ver sob os holofotes, e que são favorecidos em detrimento das multidões prejudicadas nos bastidores. Protejamos *este* emprego, mesmo que a cada ano nos Estados Unidos até 14% dos empregos desapareçam, como é natural numa economia dinâmica que enriquece os pobres.[7] No ano 2000, mais de 100 mil pessoas trabalhavam em videolocadoras. Agora, como já vimos, a mesma coisa só pode ser dita de um punhado de almas nostálgicas. No final dos anos 1940, havia centenas de milhares de telefonistas trabalhando só para a AT&T. Nos anos 1950, milhares de ascensoristas perderam o emprego quando os passageiros passaram a apertar botões e ouvir mensagens agradáveis anunciando os andares, com programas de TV irritantes para acompanhar nos elevadores de muitos hotéis. Os digitadores desapareceram dos escritórios — os advogados ou os seus assistentes digitam os documentos em seus próprios computadores. E o maior exemplo no mundo inteiro são as atividades rurais. Em 1810, cerca de 80% dos norte-americanos viviam ou trabalhavam em fazendas; hoje, esse número caiu para 1%, e continua caindo.[8] No entanto, senadores de estados rurais exigem proteção — por exemplo, leis para produzir gasolina a partir do milho e para proteger o preço do açúcar, mantendo-o com o dobro do preço pelo qual poderíamos comprá-lo do Brasil. O grupo minúsculo favorecido fará uma bela contribuição para um congressista, ou pelo menos vai lhe dar um voto. Assim, ficamos com tanques e aviões militares inúteis para impedir uma futura invasão do Canadá, construídos com peças produzidas no distrito de cada congressista e rendendo votos para todos eles.

As taxas alfandegárias, por exemplo, ao mesmo tempo que turbinam lucros e salários no setor siderúrgico dos Estados Unidos, prejudicam os consumidores norte-americanos de aço, ainda que nos bastidores. Isso é claro. Foi o que aconteceu em 2018 com os fabricantes de milhares de produtos de aço, de carros a pregos. Foi para isso que elas foram criadas, e — é o que costuma acontecer com políticas "projetadas" — o resultado na prática é um embargo autoimposto. (Que transfiramos em silêncio os danos para os estrangeiros que querem nos vender óleo e peças de automóvel a preços que aceitamos. No entanto, desde quando uma preocupação cosmopolita com estrangeiros não é eticamente recomendada? E que espécie de nacionalismo infantil pensa que prejudicar canadenses ou mexicanos é bom para os norte-americanos?)

Regularmente, como eu já disse e continuarei dizendo até você entender, os danos causados nos bastidores aos norte-americanos *des*-protegidos são muito maiores em termos econômicos do que os favores concedidos sob os holofotes aos poucos norte-americanos protegidos. Em 2017, o governo dos Estados Unidos acordou com os produtores de açúcar mexicanos uma restrição à importação do açúcar do país. O acordo manteve o elevado preço do açúcar dos Estados Unidos, havia muito protegido.[9] Contudo, os empregos salvos na produção norte-americana do açúcar pelo preço alto imposto pela restrição foram uma fração minúscula dos empregos eliminados na cadeia de produção que faz uso do açúcar. Já faz um bom tempo que produtores de doces fecham as portas em Chicago ou se mudam para o México. Quando se trata de proteger o cultivo da cana-de-açúcar, os quatro senadores dos estados produtores da Flórida e da Louisiana estão tão interessados, junto aos seis do Texas, Havaí, e da (produtora de beterraba-sacarina) Dakota do Norte, que também são enfáticos em sua opinião sobre o assunto. Estranho, não é?

Quando, no início dos anos 1980, o governo dos Estados Unidos impôs cotas aos automóveis japoneses, o custo adicional a cada ano para o consumidor norte-americano de automóveis foi mais alto, por uma razão de 10 para 1, do que a soma dos salários anuais protegidos dessa forma em Detroit.[10] Os beneficiários finais foram os membros do [sindicato] United Auto Workers, já acostumados a receber uma parcela do lucro do monopólio exercido sobre os norte-americanos que compram seus carros nas solitárias e protegidas por tarifas GM, Ford, Chrysler e American. Os outros beneficiários, é claro, foram os acionistas dessas companhias e, menos obviamente, a Toyota Motor Company, no distante Japão, que ficou com ainda mais do lucro do próprio monopólio ao restringir o suprimento para os Estados Unidos e, com isso, levar o preço dos Toyotas nos Estados Unidos a ficar acima do preço global, sem sequer gerar para o Tesouro norte-americano o lucro que (ao contrário da cota) uma tarifa teria gerado. Brilhante.

Seguindo a mesma lógica, o Acordo Multifibras tentou, de 1974 a 2004, impedir países pobres de fornecer artigos têxteis e roupas aos mais ricos. O economista Douglas Irwin observa que, nos Estados Unidos:

> O custo [anual], para o consumidor, da proteção por emprego [dos setores têxtil e de moda] salvo, que mediu a perda total dos consumidores dividida pelo número de empregos salvos na indústria protegida, foi de mais de 100 mil dólares para indústrias em que cada trabalhador ganhou, talvez, 12 mil anualmente.[11]

Ou seja, 8,3 para 1. Uma proteção pior, ainda considerada sagrada pela esquerda, é o ataque mundial aos candidatos jovens ou inexperientes a qualquer emprego, aplicada por meio de proteções/favorecimentos dos mais velhos e capacitados. A proteção do emprego nos regimes socialistas lentos criou, na Grécia, na África do Sul e nas favelas dos Estados Unidos, uma classe temerariamente grande de jovens desempregados.[12] Um quarto dos franceses com menos de 25 anos que não estudam está desempregado, e a maioria do restante tem empregos temporários com contratos mensais, pois os empregos comuns ocupados por pessoas mais velhas na França são protegidos com unhas e dentes.[13] Para começar, os empregadores desse sistema têm medo de contratar, pois não podem demitir um funcionário que roube, ou que ofenda os clientes, ou que não seja produtivo de alguma outra maneira. E até mesmo os trabalhadores honestos e produtivos da França precisam se agarrar, aterrorizados, a empregos de que não gostam, pois é improvável que consigam aquele que desejam se pedirem demissão. O desemprego causado pela proteção é mais elevado ainda na Grécia. Na África do Sul, é chocante.

Nos Estados Unidos, a proteção dos empregos levou os guetos a precisarem de ocupação armada, fortemente apoiada pelos conservadores. As regiões sul e oeste de Chicago deveriam ser centros de atividade industrial, empregando a salários iniciais baixos os jovens desempregados que agora ficam à toa ou se afiliam às gangues para reforçar os monopólios locais da distribuição de drogas. As intervenções na negociação de salários em Chicago, como o salário mínimo imposto pelo governo; na localização da atividade econômica, como o zoneamento; na receita obtida de empresas, como os impostos, licenças e regulamentações; e no consumo, como a própria guerra contra as drogas, transformam esses lugares em desertos econômicos. Sem fábricas, sem mercearias, sem receitas não afetadas pela coerção. Qual é a palavra em comum? A "intervenção" arbitrária de nossos senhores públicos, sábios e incorruptíveis. O que aconteceria se, como Shenzhen, na China, as regiões sul e oeste fossem declaradas "áreas de livre-comércio"? Como Shenzhen (antes, uma aldeia pesqueira, e hoje, uma imensa metrópole), elas prosperariam da noite para o dia.

15. E paremos de afundar no estatismo

Diz um provérbio que, se você se encontrar em um buraco, deve, primeiro, parar de cavar.

Estamos falando de um liberalismo *humano*. Ajudar as pessoas numa crise ou ajudá-las a superar uma grande desvantagem, como a deficiência social, econômica, física, ou mental, auxiliando-as com dinheiro para ser gasto em mercados livres, é um papel justo do governo. Mais justo ainda, porque não há coerção, é quando as pessoas oferecem ajuda efetiva voluntariamente. Dar aos pobres do distrito de Orleans os vales para escolas particulares. Dar dinheiro aos pobres de Chicago para que aluguem uma casa. Alugar cem hotéis para os sem-teto de Chicago durante o frio terrível de fevereiro de 2019. Doar os direitos autorais do seu livro *O capital no século XXI* a uma obra de caridade eficaz.

Contudo, não vamos, eu imploro, *fornecer* educação, habitação, nem livros sobre desigualdade diretamente do governo, pois a propriedade governamental dos meios de produção, um socialismo consumado, geralmente é uma forma ruim de produzir qualquer coisa, exceto, digamos, a defesa nacional (e até a defesa nacional costuma ser exercida de forma ruim e corrupta, a exemplo do Egito, da Bielorrússia e das inúmeras nações que usam armas para escravizar os próprios cidadãos). A provisão governamental transforma os pobres em servos do governo, ou dos seus bons amigos — os sindicatos dos professores das escolas públicas e os burocratas do órgão de habitação social. A provisão particular dá mais opções às pessoas, mais oportunidades de saída, além de equilibrar demanda e suprimento. O economista liberal 1.0 Ben Rogge observou que "o livre mercado protege a integridade do indivíduo ao lhe dar uma série de alternativas descentralizadas em vez de uma oportunidade centralizada".[1] Os suecos, que os norte-americanos consideram socialistas, em 2009 abandonaram o monopólio detido e operado pelo governo sobre as farmácias, que qualquer adulto sueco pode comprovar que era arrogante e ineficiente.

Acima de tudo, que as próprias pessoas criem uma economia próspera, como fizeram tão bem de 1800 até o presente, com o liberalismo inspirando as massas a produzirem melhorias, a empreenderem e a buscarem novos empregos. O espetacular Grande Enriquecimento e seus 3.000% de aumento nos salários reais por pessoa desde 1800 — que, como já observei, foi importante principalmente para os mais pobres — não se deu por causa de tributação, manipulação, julgamento, proteção, regulação, subsídios, proibição, sindicalização, serviço militar obrigatório e escravização por parte de políticos, organizadores, burocratas e brutamontes armados do monopólio da coerção. Na maioria das vezes, aconteceu apesar de tudo isso, graças à libertação gradual dos indivíduos. Os raros bons atos do governo ao longo da história correspondem à aprovação de leis liberais para a libertação das pessoas, como no caso das Leis dos Direitos Civis de 1866 e 1964 — ainda que elas tenham sido aprovadas nos breves interlúdios entre a escravização, a reescravização ou a opressão das pessoas, a exemplo do Caso Dred Scott, Plessy *v.* Ferguson, das Batidas de Palmer, dos cachorros de Bull Connor e da deportação dos Sonhadores. Como diz Boudreaux, ao comentar sobre o argumento de que o Estado pratica ações predominantemente boas: "Um Estado poderoso o suficiente para evitar a discriminação contra, digamos, católicos [no setor privado, voluntariamente] é também poderoso o suficiente para discriminar judeus [no setor público, involuntariamente]."[2]

O Enriquecimento e a libertação associada a ele, portanto, não vieram principalmente do governo, com a exceção do seu modesto papel ao evitar algumas parcelas de fraude e violência, e dos poucos casos de defesa genuína de ofensivas estrangeiras, como a malsucedida Guerra de 1812-1814 e a bem-sucedida Guerra do Pacífico de 1941-1945.

No entanto, curiosamente, desde 1848 os economistas estabeleceram suas reputações acadêmicas propondo uma ou outra "imperfeição no mercado" pró-governamental. Os economistas identificaram mais de cem dessas imperfeições. Monopólio natural. O efeito transbordamento. Consumidores ignorantes. E já afirmaram repetidamente que um governo brilhante de monarcas filósofos, aconselhados pelos mesmos economistas, pode produzir soluções simples para as imperfeições imaginadas no quadro-negro. Leis antitruste. A FDA. A política industrial. A estatização de ferrovias e companhias energéticas.

Acontece que os economistas não apresentaram nenhuma evidência científica de que as imperfeições tenham prejudicado consideravelmente a economia como um todo em sua louca trajetória de aumentar por meios liberais em 3.000% a renda *per capita*.[3] O fato mais importante sobre a história econômica moderna, ocorrido exatamente enquanto os economistas lamentavam a nossa "desgraça com a sorte e aos olhos dos homens / [...] chorando sozinho[s] pelo [...] [nosso] estado marginalizado",* provocada pelas terríveis imperfeições do mercado, foi que os mercados distorcidos e imperfeitos promoveram um Grande Enriquecimento da ordem de milhares porcento dos mais pobres entre nós. Como na expressão idiomática em iídiche: "Essas imperfeições são necessárias!"

Por exemplo, a escolha governamental dos vencedores na economia por uma "política industrial" é "projetada" para consertar as chocantes imperfeições das previsões dos investidores privados, tão óbvias para tantos professores de Economia que não se dão o trabalho de analisar se a imperfeição é realmente grande ou se a política industrial realmente funciona. Charles Schultze, presidente do Conselho de Assessores Econômicos durante o mandato de Jimmy Carter na Casa Branca, argumentou que

* Adaptação feita pela autora dos dois primeiros versos do "Soneto 29", de Shakespeare: "When, in disgrace with fortune and men's eyes,/ I all alone beweep my outcast state". [*N. da E.*]

> A realidade não corresponde a nenhuma das quatro premissas que servem de base para a política industrial. Os Estados Unidos não estão se desindustrializando. O Japão não deve o seu sucesso industrial à política industrial. O governo não pode projetar uma estrutura industrial "vencedora". Por fim, não é possível, no sistema político norte-americano, escolher a dedo empresas e regiões individuais da maneira substancial, visando à eficiência, imaginada pelos defensores da política industrial.[4]

Assim, a política industrial na verdade quase nunca está a favor do bem comum, embora sempre esteja a favor dos bens dos industriais com lobistas em K Street. Por que, então, de acordo com o mais puro senso comum, essa escolha de vencedores beneficiaria a maioria de nós? Por que qualquer autoridade de alto escalão do governo, supondo-se que esteja equipada de modelos econômicos maravilhosos e seja completamente íntegra, capacitadíssima, ainda que recém-formada em Harvard, saberia mais o que produzir, vender e comprar do que um caipira sem conhecimento sobre o mercado, diante dos preços que registram o valor atribuído por pessoas comuns a bens e serviços e do real custo de oportunidade na sua produção, condenado à falência se fizer a escolha errada? Por que seria uma boa ideia conceder subsídios pela produção de energia eólica antes de demonstrar que os gastos adicionais envolvidos no processo compensam, considerando custos de oportunidade como a produção elevada, o custo da construção das turbinas eólicas e o abate maciço de aves migratórias? Como concluiu o economista liberal moderno Don Lavoie a partir de um estudo detalhado em 1985 desse tipo de planejamento governamental e política industrial: "Qualquer tentativa por parte de uma única agência de conduzir a economia equivale a um cego conduzindo os que enxergam."[5]

A arrogância do planejamento industrial não é novidade. Um exemplo foi o mercantilismo europeu, o "sistema comercial" tão desprezado por Adam Smith (curiosamente, assim como o seu pai, Smith terminou a carreira como um de seus funcionários públicos). Antes de a Suécia se tornar liberal, o Canal de Gota foi construído em 1810-1832 por militares em serviço obrigatório.[6] Foi um projeto conduzido sem nenhuma competência, caríssimo em custos reais, que reduziu as receitas líquidas da Suécia e acabou sendo usado principalmente para a navegação informal. Nos Estados Unidos, durante o século XIX e depois, a maioria das "melhorias internas" financiadas pelo governo foi péssima ideia — a exemplo dos canais da Pensilvânia e de Indiana, iniciados nos anos 1830 e construídos, como os da Suécia, pouco antes do advento das ferrovias, que tornaram os canais tanto socialmente inúteis quanto não lucrativos para a iniciativa privada, sendo o mais longo deles o Wabash and Erie, construído a um alto custo em 1832-1853.[7] E, é claro, as melhorias internas, como as ferrovias transcontinentais, que receberam subsídios generosos com a concessão de terras federais, foram corrompidas para favorecer um punhado de ricos.[8] A tarifa imposta por um governo federal sem outra fonte de renda, no início da história dos Estados Unidos, rapidamente se tornou uma bola de futebol política.[9] A administração Obama concedeu um "empréstimo" de 535 milhões de dólares como estímulo para a construção de painéis solares pela Solyndra no país, vendidos a preços menores do que os chineses. O restante foi protegido por Trump.[10] É o que fazem os dois grandes partidos políticos. E é o que não faria um verdadeiro partido liberal.

16. O problema de fato não é a desigualdade "capitalista", mas a pobreza nascida da tirania

O economista Mark Perry observou, em setembro de 2018, que "dados do censo liberados hoje exibem ganhos contínuos para os norte-americanos de classe média e poucas evidências do aumento da desigualdade de renda".[1] No entanto, você não deve se preocupar nem um pouco com a desigualdade quando esta é alcançada por melhorias inteligentes. Taxar lucros é destruir seu papel de sinalizador. É matar a eficiência, e, mais importante, as melhorias. A objeção a esses tributos não está relacionada a incentivos ao esforço, como presumem os socialistas lentos ao torcerem o nariz para os lucros obtidos de melhorias comercialmente testadas. Está ligada à destinação que deveria ser dada ao investimento, um sinal relacionado a preços e lucros nas economias de mercado que se provou muito mais barato do que as ineficiências do planejamento central.[2]

E a desigualdade proveniente de melhorias inteligentes desaparece dentro de poucos anos, por meio da entrada de imitações. Enquanto isso, as melhorias duram para sempre. A imitação da linha de montagem de Henry Ford ou dos smartphones de Steve Jobs logo dissemina os benefícios para todos, a preços baixos, qualidade superior, e com melhorias contínuas e frenéticas. Melhorias comercialmente testadas, portanto, promovem a igualdade. Tal resultado da concorrência não é hipotético. Essa tem sido a história econômica do mundo desde o início, sempre que não houve impedimento — como aconteceu regularmente desde 1800 — por parte de monopólios apoiados pelo (seu) monopólio da coerção exercido pelo governo. É o que tem voltado a acontecer cada vez mais sob o alto liberalismo recente. O economista ganhador do Prêmio Nobel (2018) William Nordhaus calcula que, desde a Segunda Guerra Mundial, os inventores dos Estados Unidos só ficaram com 2% do valor social das melhorias que produziram.[3] Basta dar uma olhada no seu computador. Ou no Walmart. Um total de 2% do ganho social proveniente de seu domínio pioneiro dos códigos de barra e das compras em grande escala — grandes melhorias se comparadas a modelos mais antigos e piores de varejo — deixou muito dinheiro para os filhos de Sam e Bud Walton, mas os 98% restantes ficaram para nós.

Um século atrás, as fortunas locais se formavam na atividade bancária local e nas lojas de departamentos locais. Os bancos dos Estados Unidos (embora não na Grã-Bretanha ou no Canadá) foram protegidos até muito recentemente no século XX por regulamentações estaduais que impediam a abertura de agências. As lojas de departamentos, relativamente livres de regulação, pelo contrário, foram imitadas de imediato, e com isso ganharam grandes melhorias. Ainda assim, desde o início, os lucros das lojas de departamentos locais foram reduzidos pela queda rápida dos custos dos transportes, que permitiram que as pessoas comprassem em outros lugares. Basta dirigir até Grand Rapids ou até as lojas de departamentos da Rota 80. A Sears Roebuck e a Montgomery Ward competiram com os armazéns, que cobravam preços mais altos, e com as lojas de departamentos locais, enviando encomendas pela malha ferroviária a custos mais baixos diretamente para a sua caixa de correio. Você podia comprar uma casa na Sears, que era enviada em um vagão de trem para a sua cidade e montada por especialistas locais. A Amazon está fazendo a mesma coisa um século depois (menos as casas: mas você pode comprar automóveis on-line, entregues por meio de máquinas de venda automática), usando serviços de encomenda postal, como a United Parcel, que desafiam o monopólio do governo. A fatia das vendas nacionais de todas as siderúrgicas norte-americanas detida pela United States Steel alcançou seu nível mais elevado, dois terços, no mesmo dia em que ela foi fundada em 1901. Depois disso, foi caindo gradualmente, com a entrada no setor da Bethlehem e de outras empresas.[4] Dê uma olhada nas trinta empresas do índice Dow Jones Industrial Average. Só cinco delas são de antes da década de 1970. As 25 restantes foram substituídas por "industriais" como Visa, Verizon e Coca-Cola. Em 2018, a General Electric, que faz parte do índice desde 1896, caiu para dar lugar à Walgreen Boots, uma farmácia. As "indústrias" promovem a rotatividade.

As gerações humanas também. De quantos Carnegie ricos você ouviu falar recentemente? Andrew poderia ter deixado a filha, os quatro netos e os bisnetos, ou, ainda, os primos da Escócia, riquíssimos, garantindo a fortuna além da quarta geração. Não foi o que fez, porém. Em vez disso, ele construiu a biblioteca de Wakefield, Massachusetts, onde por volta dos 15 anos mergulhei nos clássicos da esquerda. Se você quiser ver como funciona a dissipação de fortuna entre as famílias, consulte o artigo "Vanderbilt Family" da Wikipédia. Ele nos conta que o velho Cornelius (1794-1877), o norte-americano mais rico na época, tinha 13 filhos (coitada da sra. Sophia Johnson Vanderbilt, mãe de todos eles). Sua tataraneta, Gloria Vanderbilt (nascida em 1924), por sua vez, teve que fazer fortuna à moda antiga, fornecendo bens e serviços pagos pelas pessoas. A mesma coisa acontece hoje a Anderson Cooper, da CNN.

Por outro lado, temos mesmo que nos preocupar com a desigualdade proveniente do fornecimento de proteção pelo governo a grupos favorecidos. É assim que um governo grande geralmente é usado, captando recursos para oferecer proteção em detrimento da maioria dos cidadãos. Nós, liberais humanos, concordamos com os socialistas lentos no que diz respeito aos males da desigualdade causados pela busca de dividendos a partir do uso dos poderes do governo para extrair favores lucrativos para, digamos, grandes companhias de petróleo. Mas nós, liberais modernos, também ficamos chocados quando nossos amigos socialistas lentos defendem... bem... a concessão de ainda mais poderes de extração garantidos pela coerção ao mesmo governo. Coloquem a raposa para cuidar do galinheiro, eles gritam. Sem dúvida, a sra. Raposa é uma servidora pública boa e honesta.

Sindicatos com proteção governamental, como a American Medical Association, e regulamentos do governo nos códigos da construção civil para o favorecimento dos encanadores protegem os privilegiados, que, por sua vez, financiam os políticos que apoiam os sindicatos e os regulamentos a eles associados. Legal, né? Pensemos em quantos Huey, Earl e outros Longs já dominaram a política da Louisiana desde a década de 1920. A Wikipédia também pode dar esclarecimentos sobre isso. O poder político herdado aliado à corrupção é coisa antiga. Os candidatos políticos do final da República romana compravam votos regularmente, e os cidadãos ricos de Roma já detinham mais poder no próprio sistema eleitoral.[5] Não há nada de novo na compra do Congresso por políticos, empresários e bilionários em troca de proteção especial, nem na distorção do sistema eleitoral. Mark Twain disse: "Provavelmente poderíamos provar com fatos e números que não existe outra classe criminosa distintivamente nativa dos Estados Unidos além do Congresso."[6] É melhor mantê-lo em liberdade condicional.

Entendamos que os maiores desafios enfrentados pela humanidade *não* são o terrorismo, a desigualdade, o crime, o crescimento populacional, a mudança climática, a queda da produtividade, as drogas de uso recreativo, o abandono dos valores familiares, ou qualquer pessimismo que nossos amigos da esquerda ou da direita possam criar em seguida, sobre o qual escreverão editoriais em tom de urgência e livros assustadores até que o próximo "desafio" que justifique mais coerção governamental chame a sua atenção. Pelo amor de Deus, eles dizem, nós precisamos *fazer* alguma coisa! Que o governo faça, eles dizem, o único "nós" que enxergam.

Os maiores desafios sempre foram a pobreza, desde as cavernas, e a tirania, desde a agricultura, que têm sua causa e efeito na coerção governamental de não dar liberdade para que as pessoas comuns tenham oportunidades. O uso da palavra "liberal" é um jogo linguístico, mas nem por isso deve ser subestimado.[7] Ele tem consequências, permitindo ou não permitindo que as pessoas tenham oportunidades. Se eliminarmos a pobreza por meio do crescimento econômico liberal, como a

China e a Índia vêm fazendo, e como pioneiros do liberalismo fizeram no século XVII na República das Sete Províncias Unidas dos Países Baixos, obteremos certa igualdade em termos de conforto real, da educação de engenheiros para controlar as enchentes (e, mais recentemente, para nos proteger dos efeitos do aumento do nível do mar, provocado pelo aquecimento global) e da educação de todos nós para vidas prósperas. Se eliminarmos a tirania, substituindo-a pelo liberalismo 2.0, obteremos cada vez mais liberdade para pessoas escravizadas, mulheres e pessoas com necessidades especiais, e mais frutos ainda do Grande Enriquecimento, à medida que mais e mais pessoas forem libertadas para buscar melhorias comercialmente testadas ou oferecer ajudar a companhia de ópera local. Teremos um enriquecimento cultural incrível, o fim do terrorismo, a queda das últimas tiranias, e riqueza para todos nós.

Como sei que será assim? Porque isso aconteceu gradualmente na Europa a partir do século XVII, um processo acelerado depois de 1800. E, apesar do regresso recente a tiranias populistas em alguns países, está acontecendo atualmente em ritmo acelerado em muitas partes do mundo. As partes liberais da China enriquecem o povo (enquanto as partes iliberais, com o apoio de Xi, empobrecem-no). Logo, pode acontecer em todos os lugares. A renda real *per capita* mundial, aproximadamente corrigida pela inflação e pela paridade do poder de compra (PPC), cresceu em cerca de 2% ao ano de 1990 a 2016. Se continuar nesse ritmo (principalmente nos atuais 7% da Índia, ou no que já foram 10% e hoje são 5% da China, ambas as quais permitiram a expansão do liberalismo econômico), a renda por pessoa dobrará a cada 36 anos. E, mundialmente, dobrará mais rápido se levarmos em conta o cálculo da melhora da qualidade de bens e serviços, o que é melhor do que os índices mais usados de preços. Em três gerações, a 2%, até a renda real medida convencionalmente será quadruplicada, tirando os desafortunados do mundo da miséria.

Por outro lado, optemos pelas várias versões da monarquia à moda antiga, ou pelo socialismo lento ou rápido, com suas políticas que bloqueiam melhorias protegendo classes favorecidas: os ricos, o Partido, os primos, o mau rei João ou Robin Hood. Em suas piores formas, um socialismo militar ou uma tirania tribal; ou, nas melhores, uma regulação rígida de novos medicamentos para o tratamento do câncer. O resultado será uma rotina contínua de tirania e pobreza, esmagadora do espírito humano. Os objetivos do liberalismo moderno, alinhados contra a tirania e a pobreza, visam à prosperidade humana à maneira que sempre foi alcançada. Que as pessoas tenham oportunidades. Que as pessoas comuns tenham oportunidades. Paremos de manipular as pessoas.

Sei que será difícil para você digerir muitas das propostas do liberalismo moderno. Nossos amigos progressistas fizeram-no acreditar que, se não tivermos dezenas de milhares de políticas, programas e regulamentações, o céu desabará. Ao passo que nossos amigos conservadores lhe venderam a ideia de que precisamos ocupar e governar pelas armas e a um elevado custo todos os tipos de comunidades pobres, entre as quais os povos inferiores a leste e oeste de Suez, a partir de uma das oitocentas bases militares norte-americanas espalhadas pelo mundo. Talvez você se choque com as propostas contrárias de conceder total liberdade às pessoas, permitindo-lhes prosperar numa economia liberal — loucura da direita, você dirá, para enriquecer os ricos, como imagina ser o objetivo de Charles Koch; ou, ainda, loucura da esquerda, o caminho para o caos, como imagina ser o objetivo de George Soros. Se você é de esquerda, dirá que o liberalismo permitiu o crescimento dos monopólios. (Não é verdade. Isso é obra do iliberalismo, quando puderam exercê-lo os reguladores dos táxis e das companhias energéticas — embora, na verdade, os monopólios tenham sofrido uma redução dramática desde 1800, graças à liberdade de locomoção, ao livre-comércio, às ferrovias, ao telefone e à internet.[8]) Se é da direita, dirá que o liberalismo permitiu o crescimento do terrorismo. (Não é verdade. Mais uma vez, foi o iliberalismo — embora, na verdade, o terrorismo no Ocidente tenha sofrido um grande *declínio* nas últimas décadas.[9]) Se não consegue pensar em nenhum argumento baseado em fatos contra o verdadeiro liberalismo humano, você continuará afirmando, com desdém, que ele é inviável, obsoleto, anacrônico, que pertence ao século XIX, uma espécie extinta. (Não é verdade. O iliberal nacional-socialismo praticado atualmente pela maioria dos governos é que é inviável e obsoleto, uma espécie extinta.)

No entanto, em respeito à seriedade de suas próprias ideias políticas, meus queridos amigos, ouçam e reflitam. Abandonem as frases prontas. Lavoie observou "a impossibilidade de refutar uma teoria sem primeiro tentar enxergar o mundo através de suas lentes".[10] Experimente essas lentes também.

Não estamos condenados pelos Novos Desafios, mas precisamos tomar cuidado para não dar um tiro no próprio pé, como fizemos em 1914, 1917 e 1933. Isso é uma grande possibilidade, pois já aconteceu antes, quando nos deixamos levar pelo tradicionalismo, nacionalismo, socialismo e pelo nacional-socialismo tradicional. Se desviarmos da bala política, contudo, poderemos gozar de cinquenta ou cem anos de enriquecimento, por meio do verdadeiro liberalismo humano, dos que agora são pobres, uma libertação permanente dos miseráveis, e uma explosão cultural sem precedentes nas artes, nas ciências, na manufatura, e no entretenimento.

Bem-vindos ao futuro liberal. Se conseguirmos não o estragar.

17. O liberalismo humano é ético

Este texto foi iniciado em 2016 como um comentário a convite do website da revista Reason, *Reason.com, sobre o ensaio* "The Case for 'Virtue Libertarianism' Over Libertinism", *de William Ruger e Jason Sorens.*

"Libertarismo virtuoso" é um bom termo e uma boa ideia, apresentada pelos economistas políticos William Ruger e Jason Sorens. Eu diria "liberalismo virtuoso", sobre o qual venho me debruçando há décadas — como no primeiro volume da trilogia *Bourgeois Era* (2006, 2010, 2016), *The Bourgeois Virtues* (2006). É a diferença entre o libertarismo 1.0 da Escola de Chicago, altamente contrário a qualquer reflexão ética, e a engenharia social 1.0 de Harvard, equivocadamente relacionada ao utilitarismo. Opõe-se aos dois o liberalismo humano 2.0 que Adam Smith e eu defendemos.

Como quem já foi uma economista pura da Escola de Chicago 1.0, entendo, admiro e continuo usando a chamada economia positiva da oferta e da demanda, combinada ao marginalismo. Como bacharel e PhD por Harvard, também posso apreciar os usos da análise custo-benefício, cadeias de suprimentos e funções de produção. Contudo, um liberal humano não hesita em aceitar as questões éticas necessárias à economia, e com seriedade. Como já visto, alguns filósofos chamaram o resultado de "libertarismo *bleeding-heart*". Gosto de chamá-lo liberalismo "maternal" ou "cristão" (ou judaico, ou hindu, ou islâmico, ou budista) — ou "verdadeiro liberalismo fraterno", ou, ao chegar aqui, um liberal moderno verdadeiramente humano. Ele segue a máxima de Smith de "permitir que todo homem [ou mulher, querido Adam] persiga seus próprios interesses à sua maneira com base no plano liberal".

É *humana*, reconhecendo, como fizeram Smith e Mill, a responsabilidade com relação aos pobres (seu lado fraterno de irmã ou humano), mas adverte que não é fazendo deles servos do governo e dos governantes da classe média que vamos cumprir essa responsabilidade (seu lado fraterno de irmão ou rigoroso — mas não necessariamente *des*umano, como a política de Trump no que diz respeito aos filhos de hispânicos imigrantes). Algum tempo atrás, durante uma conferência em Barbados, com centenas de autointitulados libertários — imagine —, comentei com um homem a quem não fora apresentada, expressando um dever sagrado que todos reconhecemos: "Precisamos, é claro, ajudar os pobres." Ao que ele instantaneamente retorquiu (e foi como um soco no estômago): "Só se eles me ajudarem." Não sei o que ele queria dizer. Limpar os banheiros dele? Ou então, levando-o para o asilo. "E por acaso não há prisões?", indagou Scrooge. O libertarismo do homem de Barbados era fraterno de irmão ou paternal. Lembremos o alerta de Steve Chapman quanto a "uma obsessão egoísta com os próprios direitos" de parte do libertarismo. Garoto, ou você toma jeito, ou cai fora.

Existe, porém, uma versão maternal ou fraterna de irmã — ou, como a chamo, "humana" — em que as crianças são instruídas em casa, na faculdade e no trabalho, a serem humanos íntegros tanto nos negócios quanto na vida pessoal. Nós, liberais da versão fraterna de irmã e humana, estamos cientes de que a melhor ajuda que podemos oferecer aos pobres é tirá-los da pobreza. Sem os oprimir com uma guerra contra as drogas ("Garoto não branco, ou você toma jeito, ou vai em cana") nem os subordinar com programas sociais ou os tornar clientes de políticos ao lhes dar trabalho no governo, ou condicionar a prática de uma profissão a uma licença concedida pelo governo.

Afinal de contas, a atual condição de *não* pobreza da maioria dos norte-americanos, europeus e outros — casos de prosperidade chocantes pelos padrões históricos ou internacionais — sempre veio principalmente não da redistribuição nem dos regulamentos, sindicatos ou outras imposições, mas de uma economia dinâmica de pessoas livres para mandar um trabalho insatisfatório às favas. Depois de 1800, o liberalismo clássico libertou parcialmente a Europa e seus descendentes e imitadores de uma supervisão néscia e empobrecedora. Os norte-americanos negros, por exemplo, a partir da Primeira Guerra Mundial, disseram adeus ao trabalho nos campos de algodão do Sul dominado pela Klu Klux Klan, e a maioria mudou-se para Chicago e Nova York, no Norte. Com milhões de casos como esse no mundo inteiro, de rebelião contra a imposição, os mais pobres entre os pobres trabalharam em prol do Grande Enriquecimento e se beneficiaram dele.

Numa economia rica moderna, ainda é possível ter azar — o furacão Katrina, por exemplo, embora as represas fracas construídas pelo Corpo de Engenheiros do Exército não tenham sido exatamente questão de sorte. Nesses casos, você e eu precisamos contribuir com tributos para ajudar. E façamos isso de bom grado. No entanto, observemos que, no caso do furação Katrina, foram empresas privadas, como Walmart e Home Depot, que mais ajudaram os pobres.[1] As agências governamentais, do Departamento de Polícia de Nova Orleans a Brownie, com seu péssimo trabalho na Agência Federal de Gestão de Emergências (FEMA), foram um fracasso absoluto. O Departamento de Polícia de Nova Orleans tem uma medalha especial para os policiais que, durante a crise, *não* violaram completamente os juramentos que fizeram e abandonaram a cidade.[2]

Numa economia como a nossa, que alcançou, por padrões históricos e internacionais, níveis tão elevados de acesso real a bens e serviços, até para os relativamente pobres, sua miséria relativa é em boa parte proveniente de más políticas do governo. É o caso, repito, da guerra contra as drogas e das prisões em massa que destroem as vidas dos negros e latino-americanos mais pobres (dois grupos que, na verdade, consomem menos drogas do que os cidadãos brancos de origem anglo-saxônica).

É também o caso do controle dos preços dos aluguéis e dos códigos da construção civil, que inviabilizam habitações para os muito pobres. A falta de moradia é causada, em parte, pela intervenção governamental no mercado imobiliário.[3]

E o resto da miséria se origina predominantemente, como se diz, nas "más escolhas". É outra razão, além da justiça natural, para a política não servilizar, pois a servidão provocada por uma assistência muito duradoura leva a mais escolhas ruins, a uma desmoralização literal. Como diz o filósofo britânico conservador Roger Scruton: "O governo de cima para baixo produz indivíduos irresponsáveis, e o confisco da sociedade civil pelo governo conduz a uma recusa generalizada entre os cidadãos de agirem por si mesmos."[4] Foi o que sempre aconteceu, induzindo-nos a ser passivos. É por isso que os governantes romanos ricos ofereciam pão e circo aos pobres de Roma e Constantinopla. Quando, por volta de 1800, essa hierarquia servilizadora começou a ser um pouco relaxada no noroeste europeu, a criatividade explodiu. A política governamental deveria permitir que as pessoas sejam adultas e responsáveis, deixando-as em paz, contanto que não usem de violência ou fraude para prejudicar outras pessoas. Feito isso, porém, deve ajudar também. Não encenar ajuda. Realmente ajudar.

Esse liberalismo humano provavelmente é o que a maioria dos norte-americanos quer, até no dia das eleições. No entanto, é difícil encontrá-lo. O *clerisy* progressista quer interferir na economia e no mercado de trabalho, enquanto o *clerisy* conservador quer interferir na política de outros países e nos quartos das pessoas. Acredito que eles só estejam confusos, enganados por falsos apelos de "ajudar os pobres" (enquanto a maioria dos gastos não militares do governo, sejam com compras ou redistribuições, vai para a classe média e seus projetos) ou "proteger a nação" (enquanto a maioria dos gastos militares vai para bases remotas e outro grupo da classe média e seus projetos). Se progressistas e conservadores refletirem, tenho certeza de que rapidamente vão se arrepender e parar de interferir nas vidas dos adultos livres que não estiverem cometendo atos de violência nem fraude. Sem dúvida. O liberalismo humano combina mercados livres à identidade livre. É o jeito adulto, que evita esmagar as pessoas a partir de cima.

Nós, liberais modernos, queremos permitir que qualquer um abra um salão de cabeleireiro sem licença profissional, ou uma oficina de máquinas de costura sem alvará. Atualmente, nos Estados Unidos, cerca de mil ocupações são licenciadas por um ou outro governo. Ou seja, as ocupações são monopolizadas, impedindo que os desprivilegiados lhe ofereçam bens e serviços mais baratos ou melhores. Evitar bens e serviços de má qualidade geralmente é algo mais facilmente alcançado, como eu já disse, pela prudência madura, pela concorrência no mercado, pelos processos por danos morais e pela exposição numa imprensa livre. Já as regulamentações não passam de uma pré-seleção de encanadores e médicos favorecidos pelo governo. Elas são regularmente justificadas pela "segurança". Na prática, raramente protegem os desprivilegiados — aliás, raramente protegem alguém além dos licenciados atuais. Sempre monopolizam. Sempre aumentam os preços pagos pelos mais pobres. Basta pensarmos na longa duração das patentes, na duração mais longa ainda dos direitos autorais e nas leis da segregação. Como já ressaltei, as regulamentações têm piorado, retomando práticas das guildas medievais. Nos anos 1920, cerca de 5% da população praticavam ocupações que requeriam licenças. Agora, são quase um terço. As leis da segregação impediam barbeiros negros de cortar os cabelos de pessoas brancas.

Em 1790, os direitos autorais tinham um prazo de 28 anos em vida e de catorze anos após a morte do autor. Desde 1998 e do Mickey Mouse Protection Act, nos Estados Unidos, eles passaram a durar setenta anos depois da morte de um único autor e, para obras com mais de um autor, 120 anos contando da data inicial de estabelecimento do direito autoral. O problema particular da propriedade intelectual é que ela não tem custo de oportunidade, e, portanto, em termos de eficiência econômica, deveria ter preço zero. Se você ler *Hamlet*, isso não me torna incapaz de também lê-lo, considerando que ninguém mais vai se sentir desestimulado a escrever a peça com preço zero. Se você usar uma patente sobre um medicamento ou direitos autorais sobre o Mickey Mouse, também posso usá-los igualmente, presumindo que, em 70 ou 120 anos, ninguém mais vá se sentir desestimulado a produzir essas coisas. A propriedade comum, por outro lado, é exclusiva em qualquer escala de tempo — se uma pessoa usá-la, ninguém mais pode usar. Portanto, deve ser precificada conforme seu valor em outros usos. Assim, é fácil entender por que muitos economistas liberais modernos consideram a exigência atual pela proteção da propriedade intelectual um golpe patrocinado pelo governo para enriquecer mais os ricos, inclusive os advogados enriquecidos pelo prolongamento dessa "propriedade". Uma vergonha!

Também no quarto, nós, liberais modernos, queremos poder fazer o que desejarmos, desde que não prejudiquemos ninguém, e casar com quem desejarmos, ou entrar no banheiro do gênero que escolhermos. Durante um século, da década de 1880 à de 1980, no norte da Europa e de seus descendentes, como os Estados Unidos, o governo exercia poderes de polícia em todas as camadas para interferir violentamente em relações sexuais consensuais entre adultos. Assista ao filme *O jogo da imitação*.[5] Na França, na Itália e na América Latina, por outro lado, a homossexualidade nunca foi ilegal. Latinos sensatos.

O liberalismo humano pode ser a base para um novo partido, um que reúna republicanos arruinados e democratas deprimidos. Podemos chamá-lo de Partido da Democracia Liberal, recuperando a palavra com L dos nossos amigos progressistas. Como o rabugento coerente de um século atrás, o jornalista de Baltimore H. L. Mencken disse em 1926: "A democracia precisa, acima de tudo, de um partido que separe o bem que em tese existe nela dos males que na prática a afligem, para, então, tentar usar esse bem para construir um sistema funcional. Ela precisa, antes de tudo, de um partido da liberdade."[6]

Talvez esse partido pudesse ter emancipado os cidadãos no final do século XIX do plano conservador de subordinação da classe trabalhadora, adotado mais tarde pelos novos liberais e fabianos na Grã-Bretanha, e pelos progressistas nos Estados Unidos; e, posteriormente, pelos democratas do New Deal e pelos trabalhistas do Clause Four. Tal plano hoje é personificado no Estado de bem-estar social no mundo inteiro. Como seu inventor — o conservador conde de Bismarck da Prússia e do Império Alemão — disse durante um discurso em 1889: "Considerarei uma grande vantagem quando tivermos 700 mil pequenos pensionistas [na época, quase toda a população pobre do sexo masculino com mais de 60 anos do Império Alemão] recebendo sua renda do Estado, especialmente se pertencerem a classes que não têm muito a perder com uma rebelião." Uma rebelião, por exemplo, contra a monarquia, ou a favor dos social-democratas, ou contra os planos de Bismarck para uma paz na Europa liderada pela Alemanha.[7]

Essa emancipação não será fácil, pois o Estado de bem-estar social adveio, inevitavelmente, do sufrágio universal (introduzido em 1867 na Prússia por Bismarck, no mesmo ano no Reino Unido por Disraeli, outro conservador, em 1848 na França, e décadas antes nos Estados Unidos da América), como na eleição do populista Andrew Jackson em 1828. Ele levou a males que prejudicaram a democracia na prática. O jornalista norte-americano Walter Lippmann, um alto liberal consumado, declarou notoriamente em 1914, corretamente, do meu ponto de vista: "Criar um padrão mínimo abaixo do qual nenhum ser humano possa viver é o dever mais fundamental do Estado democrático."[8] Mas como "criá-lo"? Por meio de um liberalismo humano que, na prática, tem funcionado muito bem para os pobres do mundo inteiro, ou de um socialismo regulador que já fracassou repetidas vezes com eles?

É fácil entender o socialismo, a regulação, a tributação, o licenciamento, a coerção e a manipulação das pessoas, e é igualmente fácil vender todas essas coisas com uma retórica populista menos informada do eleitorado democrático. Esses sistemas de coerção são mais rápidos do que deixar as pessoas fazerem acordos entre si ou convencerem umas às outras. A coerção é a proposta de governo do advogado, e não do economista. Aprovemos uma lei hoje que *exija* isso ou aquilo. E está tudo resolvido, comemoremos. Criemos um *programa* para favorecer agricultores de origem europeia no sudeste de um jovem país chamado Estados Unidos, e removamos, pelo uso da violência, cherokees, choctaws e outros povos, deixando a uma corte suprema hesitante a tarefa de proteger os indígenas norte-americanos, se conseguir. Como disse sarcasticamente Mencken em outra ocasião: "A democracia é a teoria de que as pessoas comuns sabem o que querem, e merecem recebê-lo à força."[9] Ou consultemos o liberal francês Frédéric Bastiat no turbulento ano de 1848: "O governo é a grande ficção pela qual *todos* tentam viver à custa de todos os outros", como na Venezuela, na Argentina, ou na França revolucionária.[10]

Desde a década de 1930, as pessoas se acostumaram à ideia de que todos os males são culpa do governo por... bem... não as oprimir o suficiente. É a moldura retórica padrão para a denúncia jornalística de qualquer infortúnio. "Onde, nessa triste ocasião, estava o nosso amoroso pai, o governo?" A Food and Drug Administration, que mais tarde resultou numa restrição do aperfeiçoamento dos medicamentos, teve origem em *The Jungle* (1906), de Upton Sinclair, e na denúncia relacionada a carne estragada.[11] Observemos o que acontece na epidemia de opioides: mais propostas de mais proibições, reforçadas pelos poderes de coerção da Drug Enforcement Administration. (Bem, é possível que não dessa vez: afinal de contas, os viciados no caso em questão são brancos, muitos dos quais da classe média. Nós.)

Libertarismo *virtuoso*? Liberalismo humano? Sim. Uma sociedade em desenvolvimento, inclusive sua parte econômica, precisa de ética. Foi o que aprendi enquanto escrevia os três volumes de *Bourgeois Era* nos anos 2000. Aos poucos, percebi, contra a minha educação econômica e a minha microeconomia da Escola de Chicago, que incentivos financeiros são bons, mas não são suficientes. O chamado neoinstitucionalismo da economia, por outro lado, é uma reedição das políticas obcecadas por incentivos dos fabianos britânicos ou dos progressistas norte-americanos, políticas que infantilizam adultos. Esse é também o caso da economia "comportamental" e das políticas associadas a ela de "manipulação" governamental.[12] Meu simpático colega Robert Frank, de Cornell, tenta me amolecer dizendo que a política da manipulação é "libertarismo paternalista". Ah, Bob.

A base ética de uma sociedade próspera, como dizem Ruger e Sorens (e eu concordo), não pode ser garantida por um governo intrusivo. Quando governos como o da República Democrática Alemã, a Alemanha Oriental, ou instituições com características de governo como a Igreja Católica da Irlanda tentaram ensinar ética, falharam tanto na prática quanto eticamente. Desde 1789, tanto a coerção progressista em nome de um bom futuro quanto a coerção conservadora em nome de um passado glorioso arruinaram bilhões de vidas. A lealdade à revolução, ao rei e ao país já teve muitos resultados terríveis. Até sociedades que se dizem liberais — como a nossa sociedade norte-americana, a britânica ou a da África do Sul pós-apartheid — tendem a apodrecer quando deixam o julgamento ético a cargo do governo. Isso é a mesma coisa do que deixar a ética de lado, pois a ética consiste em disposições livres, e não em regras impostas pela coerção do governo. O livre-arbítrio na ética é um dos princípios por trás da separação entre religião e Estado.

Contudo, quando as pessoas ouvem a palavra "ética", pensam em "pregação" e reagem como ateus reagiriam. Sua reação provém de uma noção infantil da teoria ética, que a compara ao "positivo/normativo" no ensino da economia, ou ao catecismo de Baltimore, reforçado pelas freiras. (E, aliás, os novos ateus, como Richard Dawkins, também têm uma noção infantil de teologia, não diferindo nisso de seu inimigo Jerry Falwell.) Eu só pediria aos meus colegas economistas que levassem a teoria e a prática éticas a sério, como adultos. (Peço a mesma coisa em relação à teologia; um amigo liberal moderno me contou que, quando conversou com Richard Dawkins, este não tinha a menor ideia de o que era o "direito natural" de São Tomás de Aquino. Por que ler Aquino quando Jerry Falwell está à mão?)

No programa da ética adulta, nem Kant, nem Bentham, nem Locke são guias satisfatórios. O que funciona é a antiga e universal teoria do senso comum da "ética das virtudes". É o tipo defendido por Adam Smith, ao refletir sobre algumas virtudes designadas e fundamentais, com cada virtude e o seu vício correspondente respaldados por biblioteca. (Sim, e ao contrário do que faz o professor Dawkins, você precisa ler os livros. Que irritante.) No caso de Smith, as virtudes eram quatro e meia: prudência, temperança, justiça, e, com menos aprovação, a quarta virtude pagã e clássica, a fortaleza, e por fim a meia virtude secular, o amor cristão.

No caso de São Tomás de Aquino, e no do vasto estudo da psicologia positiva *Character Strengths and Virtues: A Handbook and Classification* (2004), editado por Christopher Peterson e Martin E. P. Seligman, há sete principais virtudes. As Sete Fundamentais do Ocidente começam pelas quatro "cardeais" ou "pagãs": fortaleza, prudência, temperança e justiça. Acrescentem-se aí mais três, as virtudes "teológicas" ou "cristãs" da fé, da esperança e do amor — ou seja, as virtudes de se ter um projeto para o futuro, de se ter uma identidade em relação ao passado, e de imbuir futuro, passado e presente de transcendência, a exemplo do beisebol, dos Estados Unidos, da ciência ou de Deus. A lista ocidental é composta por paralelos, em todas as tradições éticas, de Confúcio, passando pelo *Mahabharata*, aos contos de coiotes dos nativos norte-americanos. Essas virtudes são "fundamentais" no sentido preciso, embora Aquino argumente que todas as outras virtudes são formadas por elas como as moléculas são formadas por elementos químicos. A honestidade, por exemplo, é a justiça e a coragem no discurso, com uma pitada de temperança.

As histórias inauguram um reino ético e uma economia funcional. O (Verdadeiro) Partido da Democracia Liberal (Humana Fraterna de Irmã) precisaria estimular, como roga Fred Smith, do Competitive Enterprise Institute, romances, poemas, rock, filmes, música country que façam mais do que atacar mais uma vez a asquerosa burguesia — a classe que, na verdade, enriqueceu a nós todos. A ideologia é importante. Como disse o grande economista liberal polonês Leszek Balcerowicz em 2017:

> Deveríamos dar mais atenção à influência dos grupos de pressão *ideológica* cujos membros geram benefícios psicológicos [...]. Os ataques contemporâneos à liberdade econômica gozam de muito apoio e legitimidade graças à orientação estatista da economia tradicional, para não mencionar outras Ciências Sociais.[13]

Ou seja, a teoria vigente do liberalismo humano deveria ser, como dizem o economista Bart Wilson e o ganhador do Prêmio Nobel de economia Vernon Smith, a "humanomia", ou a economia do incentivo aliada às histórias humanas, ambas buscadas com sofisticação.[14] A humanomia não abre mão da ciência. Pelo contrário, apresenta a melhor explicação científica de como enriquecemos de 1800 ao presente e de como a mesma coisa logo acontecerá ao mundo inteiro, o que também nos dá uma razão para sermos bons.

PARTE II

O liberalismo humano enriquece as pessoas

18. Liberdade e dignidade explicam o mundo moderno

Pequena sátira de um panfleto com vários outros autores liberais editado pelo estimado Tom G. Palmer, A moralidade do capitalismo *(2012).* O panfleto foi traduzido para dezenas de idiomas. Tom é um missionário apaixonado e eficiente do liberalismo no mundo inteiro. Seu livro* Realizing Freedom: Libertarian Theory, History, and Practice *(2009) é uma bíblia do movimento.*

Uma mudança na maneira como as pessoas honravam os mercados e a inovação conduziu à Revolução Industrial — e, o mais importante, a um subsequente Grande Enriquecimento, e, depois, ao mundo moderno. A velha sabedoria convencional, por outro lado, não tem lugar para atitudes nem para o pensamento liberal. A velha história materialista diz que a Revolução Industrial (em que ela para de pensar) teve causas materiais, veio do investimento ou do roubo, do aumento das taxas de poupança e do imperialismo. Você já deve ter ouvido: "A Europa é rica por causa dos seus impérios"; "Os Estados Unidos foram construídos nas costas dos escravizados"; "A China está enriquecendo por causa do comércio internacional".

No entanto, e se o Grande Enriquecimento ocorrido de 1800 até o presente, em vez disso, tiver sido causado por mudanças no pensamento das pessoas, e especialmente pela maneira como elas pensam umas

* A versão original citada pela autora, *The Morality of Capitalism*, é de 2011. [*N. da T.*]

nas outras? Suponhamos que o crédito pelas máquinas a vapor e pelos computadores seja dos inovadores — e não que tenham vindo do empilhamento de tijolos ou de cadáveres de africanos?

Economistas e historiadores estão começando a reconhecer a grande mudança ocorrida por volta de 1800 na maneira como os ocidentais pensavam no comércio e na inovação, o que agora está acontecendo com chineses e indianos. As pessoas tiveram que começar a aceitar a "destruição criativa", a nova ideia que substitui a velha. É como na música. Uma banda nova pode introduzir uma nova ideia no rock e substituir a antiga se pessoas o bastante a adotarem livremente. Se a música antiga for considerada pior, ela é "destruída" pela criatividade. Do mesmo modo, a luz elétrica "destruiu" as lâmpadas de querosene, e os computadores "destruíram" as máquinas de escrever. Para o nosso bem.

Eis a história correta: até os holandeses (por volta de 1600) ou os ingleses (por volta de 1700) mudarem de pensamento, só se conquistava honra de duas formas: sendo um soldado ou um padre, num castelo ou numa igreja. Quem a ganhava simplesmente comprando e vendendo coisas, ou inovando, era desprezado como um trapaceiro pecador praticamente no mundo inteiro, mas principalmente na Europa. Foi assim que um carcereiro rejeitou as alegações de defesa de um homem rico no século XIII: "Ah, Senhor Arnaud Teisseire, o senhor chafurdou em tanta opulência! [...] Como poderia não ter pecados?"[1]

Como já observei, em 1800, a renda média diária *per capita* no planeta inteiro era, em valores corrigidos, algo entre um e cinco dólares. Podemos dizer que era uma média de três dólares por dia. Às vezes, dois. Imagine viver atualmente no Rio de Janeiro, em Atenas ou Joanesburgo com dois ou três dólares por dia. (Alguns vivem até hoje, mas são pouquíssimos na maioria das cidades — as que na atualidade abrigam metade da população mundial.) Isso equivale a três quartos de um cappuccino no Starbucks. Era e continua sendo aterrador.

Então, algo mudou — primeiro na Holanda e depois, na Inglaterra. As revoluções e reformas ocorridas na Europa de 1517 a 1789 deram voz às pessoas comuns, antes privilégio de padres e aristocratas. Primeiro, os habitantes do noroeste da Europa, e, com o passar do tempo, muitos outros passaram a admirar empreendedores burgueses como Benjamin Franklin, Andrew Carnegie, Nikola Tesla e Bill Gates. A classe média começou a ser vista como algo bom e passou a poder fazer o bem e se sair bem. As pessoas adotaram o "inovismo" — uma palavra melhor do que a capciosa "capitalismo" para descrever o que aconteceu por volta de 1700 até o presente. Abraçaram, desde então, um Acordo Burguês que caracterizou lugares hoje ricos como Grã-Bretanha, a Suécia e Hong Kong. "Permitam que eu inove e ganhe montanhas de dinheiro no curto prazo, e, no longo prazo, vou tornar *você* rico."

E foi isso o que aconteceu. A partir do século XVIII, com o para-raios de Franklin e o motor a vapor de Watt, com a intensificação do processo no século XIX, e ainda mais nos séculos XX e XXI, o Ocidente, que por séculos se arrastara atrás da China e do Islã, tornou-se incrivelmente inovador. Demos à classe média — e aos trabalhadores, os que a galgam ou não — dignidade e liberdade pela primeira vez na história humana, e eis o que obtivemos: o motor a vapor, o tear automático, a linha de produção, a orquestra sinfônica, a ferrovia, a corporação, o abolicionismo, a prensa a vapor, papel barato, a democratização da alfabetização, o jornal moderno, aço barato, vidraças baratas, a universidade moderna, os esgotos, água limpa, o concreto armado, o movimento feminista, a luz elétrica, o elevador, o automóvel, o petróleo, férias em Yellowstone, os plásticos, um terço de um milhão de novos livros em inglês por ano, milho híbrido, penicilina, o avião, ar urbano limpo, os direitos civis, a cirurgia cardiovascular e o computador. O resultado foi que, de uma forma única na história, as pessoas comuns, principalmente as muito pobres, tiveram uma grande melhoria de vida. E foi o Acordo Burguês que pagou por isso. Os 5% mais pobres da população norte-americana hoje estão mais ou menos tão bem em termos de ar-condicionado e automóveis quanto os 5% mais ricos da população sul-asiática — embora os sul-asiáticos também estejam avançando.

Estamos vendo a mesma mudança ocorrer na China e na Índia, 40% da população mundial. A principal história econômica da nossa época não é a Grande Recessão de 2007-2009, por mais desagradável que tenha sido. Ela já acabou. A história mais importante é que os chineses em 1978 e os indianos em 1991 começaram a adotar ideias liberais em suas economias e a abraçar a destruição criativa. E isso está longe de acabar. Agora, nesses países, o acesso a bens e serviços por pessoa está quadruplicando a cada geração. Nos inúmeros lugares que há muito adotaram a liberdade e a dignidade burguesas, cada pessoa em média produz e consome mais de cem dólares por dia. Compare isso aos três dólares corrigidos do poder de compra recente do qual todos nós viemos. E esse número não representa completamente a melhora radical na qualidade de muitas coisas, da luz elétrica, passando pelos antibióticos, às teorias econômicas. Os jovens do Japão, da Noruega e da Itália tiveram uma melhora de cerca de trinta vezes na situação econômica em comparação com seus ascendentes de sete gerações atrás — isso sem correções completas da qualidade. Todos os outros saltos dados até chegarmos ao mundo moderno — mais democracia, a libertação das mulheres, o aumento da expectativa de vida, mais educação, mais crescimento espiritual, mais explosão artística — foram viabilizados pelo Grande Enriquecimento.

O Grande Enriquecimento foi tão substancial, tão inédito, que é impossível vê-lo como resultado de causas rotineiras como o comércio, a exploração, o investimento ou o imperialismo. A ciência econômica ortodoxa explica bem a rotina. Contudo, essas rotinas já haviam ocorrido em grande escala na China, no Império Otomano, em Roma, e no Sul Asiático. A escravidão era comum no Oriente Médio, o comércio era amplo na Índia, ao passo que os investimentos nos canais chineses e nas estradas romanas foram imensos. Todavia, nenhum Grande Enriquecimento aconteceu.

Portanto, deve ter algo de errado nas explicações econômicas materialistas comuns. Explicar o mundo moderno com base no materialismo econômico, seja o materialismo histórico da esquerda ou a economia ortodoxa da direita, é um erro.

As ideias da dignidade e da liberdade humana foram as responsáveis, e tornaram invenções e investimentos lucrativos para os empreendedores e para a nação. Como diz o historiador da economia Joel Mokyr, "a mudança econômica em todos os períodos depende, mais do que a maioria dos economistas pensa, daquilo em que as pessoas acreditam".[2] Foram ideias — "retórica" — que causaram o nosso enriquecimento, e, com isso, as nossas riquezas e liberdades modernas.

19. A China mostra o que o liberalismo econômico pode fazer

Coluna da revista Reason, *2017.*

Vou contar como foi minha primeira viagem à China "vermelha" em 2017, em Xangai, e sugerir um projeto para ajudar nossos queridos amigos estatistas a superar seus erros lamentáveis. Ouçam, senadora Warren e professor Stiglitz.

O caractere chinês para "Xangai" significa "sobre o [perto do] oceano". Contudo, a cidade original fica às margens do rio Huangpu, um pequeno afluente do grande Yangtzé, a 16 km do oceano, e hoje não pode servir diretamente de porto para os grandes navios oceânicos. Não importa. Xangai, subindo cerca de dois terços a costa leste da China, desde os anos 1800 é o lugar mais aberto do país, abertura essa que foi forçada por governantes ocidentais com o estabelecimento de "concessões" em que europeus viviam e faziam negócios fora do alcance da lei chinesa.

Uma noite depois da minha chegada, hospedada no moderno hotel em frente à Universidade de Fudan, alguns alunos me levaram de Uber pelo moderno sistema de rodovias, cheio dos últimos modelos em automóveis, até o Bund. Esse é o nome local, de origem persa, para um passeio às margens do rio em que, um século atrás, os europeus construíram cerca de cinquenta edifícios para bancos, companhias comerciais e de seguros, o coração do capitalismo pré-comunista na China. São belos prédios, no estilo Beaux-Arts ou Art Déco dos anos 1920, hoje iluminados à noite.

A reprodução de uma gravura antiga, que mais tarde comprei em uma loja de cartazes que vendia principalmente artigos antigos relacionados ao Partido Comunista, mostra como o Bund era na década de 1920, o rio à sua frente cheio de juncos e as ruas atrás, de riquixás.

No entanto, o que me surpreendeu assim que saímos do carro estava do outro lado do rio: o distrito de Pudong. Há trinta anos, Pudong era uma zona rural que era cultivada com ineficiência porque ainda era coletiva. Então, o Partido Comunista local decidiu dividi-la em lotes e introduzir água, sistema de esgoto e algumas estradas. Os anos 1980, e principalmente os 1990, foram o início da escolha local em termos de melhorias comercialmente testadas por empresas privadas — inovismo —, que, desde então, provocou um aumento das rendas chinesas da ordem de dezesseis vezes. Na época, um famoso professor de Hong Kong que conheço precisou se esforçar para convencer as autoridades a *não* construírem em Pudong sua própria versão do Bund financiada pelo governo. Ele os convenceu a deixar os construtores desenvolverem os projetos que quisessem em concessões de 99 anos, com financiamento privado e lucro — e, sem dúvida, também com algumas contribuições por fora. As autoridades do Partido Comunista estavam lendo Milton Friedman. Literalmente.

O resultado foi centenas de arranha-céus modernos que envergonham os orgulhosos prédios europeus do Bund. Os arranha-céus hoje se estendem por quilômetros a partir do rio, e em média têm oitenta andares, acompanhados por anúncios publicitários extravagantes e logotipos corporativos, lembrando a Times Square e Piccadilly, só que muito maior. Fiquei impressionada com Pudong, e tive que explicar aos estudantes o que significava a gíria norte-americana "rube" [caipira]: um sujeito da zona rural impressionado com a modernidade de Kansas City. Em Xangai, eu era a caipira. Quando um colega da universidade chegou como calouro em 1981, ele disse que havia dois arranha-céus modernos na cidade, o Sheraton e o Hilton. Agora, são dois mil — blocos gigantes de apartamentos, prédios corporativos e dezenas de hotéis, poucos dos quais com qualquer conexão ou financiamento ocidental. Os prédios não foram financiados por investimentos externos. Foram projetos chineses do princípio ao fim, e projetos lucrativos para a iniciativa privada.

Fora a chamada Concessão Francesa, que lembra um pouco Paris, Pudong e o restante de Xangai não são bonitas, embora os padrões arquitetônicos sejam elevados, mas o todo é impressionante e cheio de significado.

E que significado é esse? O seguinte: veja o que pode ser construído em apenas duas gerações se o governo se limitar a fazer seu trabalho modesto com competência, fora isso deixando as pessoas em paz para lucrarem e enriquecerem a nação. Xangai, e particularmente o Bund, eram o velho centro da modernidade econômica da década de 1920, e, ainda assim, na época, os chineses comuns conduziam europeus em riquixás. Agora, trinta anos depois, Xangai, e particularmente Pudong, tornaram-se o novo centro, e em duas gerações os chineses comuns serão tão prósperos quanto os europeus.

Nossos amigos da esquerda protestarão: "Mas o enriquecimento não é igual. Os construtores ricos são desprezíveis." No entanto, no estilo John Rawls, até os pobres — aliás, especialmente os pobres — tiveram uma grande melhora. Os salários em Xangai são duas vezes maiores do que no interior da China, tendo inspirado a maior migração na história humana — duzentos milhões de pessoas se mudaram voluntariamente, no estilo Robert Nozick, para trabalhar na costa leste e à noite perambularem em patinetes elétricos (por alguma razão, com os faróis apagados). Meu amigo professor de Hong Kong, professor das virtudes do laissez-faire, diz que se deu conta de o quão corajosos eram os migrantes ao buscarem melhorias para suas famílias quando, à meia-noite numa cidade afastada do litoral, viu centelhas de um soldador no alto de um arranha-céu em construção — o homem de Guizhou trabalhando noite adentro por uma vida melhor para si e para a família. Ele não era um escravizado. Ganhava para trabalhar. Não era um projeto governamental, que costuma reduzir a renda chinesa, mas um prédio privado, que sempre promove o seu aumento. Não é a compulsão governamental pelo planejamento, mas as partes liberais da China, que elevaram sua renda *per capita* do um dólar maoísta para trinta dólares por dia.

E é um absurdo que nossos bons amigos da esquerda se queixem, portanto, da desigualdade de renda ou que atribuam o crédito à tirania do Partido Comunista, e não à parte liberal gentilmente permitida pelo governo. O crescimento dos salários reais a taxas de 7 a 12% ao ano ocorrido ao longo de três décadas e proveniente da iniciativa privada, e só retardado pela persistência das estatais e de projetos loucos como a ferrovia de alta velocidade, deveria, em termos éticos, sobrepujar qualquer inveja em relação às bugigangas dos ricos. Afinal de contas, a queixa em relação à desigualdade final, proveniente do movimento igualitário do socialismo europeu posterior a 1848, levou aos desastres do comunismo mundial após 1917, a exemplo do governo de Mao depois de 1949 — e, aliás, às experiências com o nacional-socialismo até o presente. E o próprio Caminho do Meio do estado de bem-estar social aos poucos vai caindo por terra. O que nos enriqueceu foi a liberdade, e não manipulações generosas, belas políticas industriais ou proteções maravilhosas impostas pelo monopólio governamental da coerção, exemplificados na China pelas estatais não lucrativas.

Em 1999, John Mueller, da Universidade Estadual de Ohio, escreveu o livro *Capitalism, Democracy, and Ralph's Pretty Good Grocery.* Não vai ser surpresa se você não identificar a piadinha do título. Ela vem de um obscuro programa de rádio da NPR, criado e apresentado por Garrison Keillor: *Prairie Home Companion.* Na cidade imaginada por Keillor, de Lake Wobegon, Minnesota, a Ralph's Pretty Good Grocery [Mercearia Razoável de Ralph] é, segundo a propaganda, comicamente modesta e escandinava ("Se você não conseguir encontrar na Mercearia do Ralph, provavelmente não precisa"). Mueller avalia que as melhorias comercialmente testadas e as eleições, mesmo imperfeitas em lugares como a Europa e suas filiais — e agora na Índia e (no que diz respeito às partes comercialmente testadas, tirando as eleições) na China —, são coisas muito boas. As melhorias comercialmente testadas, com o apoio de uma ideologia do inovismo liberal, são melhores do que geralmente retratadas — do mesmo modo que a democracia não é tão bonitinha quanto costuma ser pintada. Mueller diz, porém, que é melhor que ambas sigam seu curso natural sem intervenções. Ele calcula que as "falhas" para alcançar a perfeição, digamos, no comportamento do Congresso, ou a igualdade na distribuição de renda norte-americana não são grandes o bastante para afetar tanto o desempenho do regime quanto o da economia. Elas são boas o suficiente para Lake Wobegon. Percorrer Wobegon com a senadora Warren e o professor Stiglitz no banco de trás para comprar, em vez disso, na Exact Perfection Store, operada por advogados e teóricos da economia — especializados em imaginar falhas no regime ou na economia sem parar para determinar o quão importantes são as falhas na verdade científica para a nação —, leva a consequências de que não precisamos.

Warren, Stiglitz e outros estatistas simpáticos diriam, de Xangai, que foi O Governo Que Fez. "Observem", diriam, "o loteamento, o sistema de esgoto, e as estradas construídas." O erro deles está na Falácia da Cadeia de Suprimentos. Por exemplo, na afirmação falaciosa do historiador Sven Beckert de que a escravidão era necessária para o algodão e para o capitalismo. Ou a afirmação falaciosa da economista Mariana Mazzucato de que, se uma cientista recebe uma bolsa da Fundação Nacional de Ciência durante a pós-graduação, todos os seus trabalhos seguintes podem ser atribuídos ao governo.[1] Como um proeminente advogado, professor e político apontou sobre a afirmação de Warren-Stiglitz-Beckert-Mazzucato alguns anos atrás, "Você não construiu isso". É uma forma legal de pensar, e não econômica.

O economista aponta que, se em Pudong os construtores da iniciativa privada não tivessem recebido o sistema de esgoto ou as estradas do governo, eles teriam providenciado sua construção sem ajuda governamental. Às vezes, é melhor assim. Um amigo arquiteto de Chicago, que trabalhou nesse tipo de projeto tanto na China quanto na Índia, me disse que é a iniciativa privada que constrói estradas e sistemas de esgoto na Índia, cujos governos locais são corruptos e incompetentes. Ainda assim, desde 1991, a renda *per capita* real das pessoas pobres na Índia cresceu quase tão rápido quanto a da China, e, recentemente, mais rápido.

E, afinal de contas, Xangai já teve um governo *extremamente* intervencionista, certamente capaz de fazer um planejamento perfeito e uma correção igualmente perfeita das imperfeições do mercado com que sonham os nossos amigos da esquerda. Contudo, o governo maoísta não alcançou nada semelhante aos resultados do desenvolvimento privado em Pudong. Se o planejamento é algo tão bom assim, o comunismo pré-1978 teria sido o paraíso. Todavia, quando o partido adotou o liberalismo econômico e parou de impedir o desenvolvimento matando empresários, a renda real dos pobres começou a dobrar a cada sete ou dez anos. A mesma história se repetiu na Índia depois de 1991, com o fim de 44 sombrios anos de socialismo e igualitarismo gandhista. Esse período de 44 anos resultou em taxas de crescimento que negligenciaram os mais pobres, e com as quais teria levado sete décadas, e não uma, para a renda dobrar.

Nem tudo o que o governo chinês fez depois da permissão concedida às melhorias comercialmente testadas em 1978 foi uma boa ideia. Acontece que um governo sem testes no mercado faz coisas não lucrativas que, em vez de aumentarem, reduzem a renda. Incrível. O governo chinês comete o mesmo erro que a política industrial, com "investimentos" governamentais em projetos de "infraestrutura" que só servem para promover os políticos.

Por exemplo, como mencionei, o sistema chinês de trens de alta velocidade, nos quais já andei, é um glorioso projeto governamental que hoje cobre todo o imenso país, com seus trens a mais de 15 metros do solo, sobre viadutos. Impressionante. Glorioso. Mas foi uma boa ideia? A China, ainda com uma renda *per capita*, apesar do sucesso, de apenas um quinto ou um quarto da dos Estados Unidos, tem mais desses trens que atingem mais de 300 km/h do que o restante do mundo combinado.

Se a obra que ficou pela metade da ferrovia de alta velocidade entre São Francisco e Los Angeles é uma estupidez, como são todos os projetos semelhantes propostos por políticos que não entendem custo e benefício (manchete real: "A Senadora Elizabeth Warren Apoia Ferrovia de Alta Velocidade Conectando Springfield, Worcester e Boston"), você tem razão em achar que o financiamento governamental desses trens e os subsídios gordos concedidos para a sua operação em toda a China, ainda um país pobre, são piores.[2] Como o TGV francês, os trens são ótimos para os ricos, e é para o benefício deles que recebem subsídios consideráveis. Entretanto, essa infraestrutura (aquela palavra mágica) reduz a renda do restante da nação.

O que promoveu o aumento da renda na China não foi uma infraestrutura gloriosa, e muito menos as estatais chinesas administradas de maneira incompetente, hoje ocupadas com a compra de empresas privadas por Xi, mas as amplas experiências com melhorias comercialmente testadas nas mãos da iniciativa privada. O desenvolvimento foi permitido pelo comportamento moderado adotado pelo Partido Comunista desde 1978 (para variar), pelo menos nas questões econômicas privadas. Aliás, qualquer moderação seria melhor do que o padrão deplorável sob o governo de Mao.

Eis, portanto, o meu programa para os nossos amigos estatistas. (Convido algum bilionário verdadeiramente liberal como Charles Koch a pagar pelo programa.) Convidar os mais volúveis deles, um a um, para uma viagem com tudo pago ao Bund, em Xangai. Stiglitz. Robert Reich. Bernie Sanders. Deixar os turistas estatistas darem uma olhada em Pudong à noite. Contar a eles como aquilo aconteceu. Repelir pacientemente seu discurso sobre desigualdade e a Falácia da Cadeia de Suprimentos. Se eles não ficarem encantados com o que o laissez-faire fez pela China, eles são pessoas muito, muito difíceis de encantar. Não vão acreditar nos próprios olhos mentirosos.

Bem, que siga em paz quem continuar duvidando, mas divulguemos sua teimosia. Com fotografias. "Eis o professor Stiglitz olhando para

Pudong e afirmando que é um caso de assimetria informacional." "Eis a senadora Warren no Bund, maravilhada com o que 81.640 páginas de novas regulamentações no Federal Register* realizam anualmente."

No entanto, se a minha previsão estiver correta, os turistas mais subsidiados vão se converter instantaneamente a um liberalismo verdadeiramente humano e moderno.

* Espécie de "diário oficial" dos Estados Unidos, que registra todas as publicações rotineiras e notificações públicas das agências do governo. [*N. da T.*]

20. Melhorias comercialmente testadas salvam os pobres

Um pequeno ensaio de 2013, publicado em Current History, *um periódico britânico de história popular.**

Não é, devo dizer logo no início, o "capitalismo". Essa palavra deve ser aposentada do pensamento histórico e econômico, pois engana as pessoas, levando-as a acreditar que o mundo moderno, onde os pobres têm uma renda entre dez e cem vezes melhor do que a de seus ancestrais, foi iniciado pelo acúmulo de *capital*. Não foi. As ideias de um alto-forno (invenção chinesa), da anestesia (praticada na China durante três mil anos), dos óculos (esta, europeia) e do computador (completamente ocidental) atraíram imediatamente investimentos. As ideias, e não o mero investimento, iniciaram a mudança econômica. É como um relógio mecânico. Os mecanismos são necessários — os direitos de propriedade, a paz civil, e, sim, o investimento — mas a força motriz é a mola, as ideias de melhorias a serem testadas comercialmente. Uma sociedade que plantasse um quarto de seus grãos, como na Idade Média europeia, tinha muitas economias para investimentos, mas não teve o Grande Enriquecimento, pois não tinha ideias fluindo de um povo livre. Foram as ideias, e não as economias. O liberalismo, e não o império.

---

* Reimpresso com permissão da *Current History*, v. 112 (novembro de 2013), © 2019, Current History, Inc.

Marx declarou, adotando a obsessão pelos investimentos dos economistas clássicos que criticava: "Acumulem, acumulem! Esses são Moisés e os profetas!" Não. O Mestre não entendeu, como é o caso da maioria dos economistas e seus leitores, do bendito Adam Smith ao presente. O grande fundador da Sociologia, Max Weber, por exemplo, cometeu o erro. Ele imaginou que a ética protestante encorajava o trabalho duro e muita poupança, exemplificando Benjamin Franklin. Weber não entendeu a piada sobre Father Abraham* e um centavo economizado (na verdade, poucos entenderam). O dom especial de Franklin *não* era trabalhar duro — a mesma coisa que um camponês plantando arroz faz diariamente, afinal de contas. Seu dom era a inovação num ritmo frenético, pela qual foi homenageado e para a qual não precisou de patentes — o fogão, as lentes bifocais, a bateria, a iluminação urbana, as estantes com escaninhos para organização postal, o para-raios, o cateter flexível, a harmônica de vidro, um mapa da corrente do Golfo, e a teoria da eletricidade.

O que nos enriqueceu não foi o acúmulo nem a exploração, mas a inovação frankliniana — as novas ideias para o alto-forno, a anestesia, os óculos, os computadores, as universidades alemãs, o concreto armado francês, os rádios italianos, o radar britânico, as linhas de produção norte-americanas. Uma nova liberdade política para tentar e um novo estímulo social para tirar vantagem dela, o inovismo, foi o que nos enriqueceu. No século e meio que antecedeu 1848, uma grande mudança ocorreu no que Tocqueville chama de "hábitos mentais" — ou, mais exatamente, hábitos *labiais*. As pessoas, especialmente os norte-americanos, havia muito tinham parado de desprezar a inovação do mercado e as virtudes burguesas. Os norte-americanos, observou Tocqueville, mantiveram distância dos lugares tradicionais de honra na Basílica de

* Numa tradução livre, "Pai Abraão", pseudônimo usado por Benjamin Franklin para escrever o ensaio *The Way to Wealth*, composto de uma série de conselhos sobre trabalho e administração do dinheiro. [*N. da T.*]

São Pedro, no Palácio de Versalhes, ou no solo sangrento da Primeira Batalha de Breitenfeld.

Mas um momento. "Virtudes *burguesas*?" Sim. Essa frase não teria assustado um liberal até 1848. *Os noivos* (primeira versão de 1827; a segunda, de 1842), de Alessandro Manzoni, o *Guerra e paz* italiano, dedica o capítulo 12 à explicação das graves consequências da interferência no mercado de grãos, especialmente durante um período de fome. Laissez-faire, laissez-passez. Poderíamos reimprimir o capítulo para uma aula de Economia Básica.

No entanto, *depois* de 1848, o *clerisy* ocidental de artistas e intelectuais retomou o desprezo pelas inovações e ofertas comercialmente testadas que fazia muito caracterizavam a maioria das sociedades. Os confucianos, por exemplo, colocaram o comerciante, pelo menos em tese, abaixo do camponês e acima apenas dos coletores de dejetos. E já sabemos o que Jesus de Nazaré disse sobre camelo, agulhas e ricos. O desprezo pelo comércio persistiu em alguns círculos até o presente. Flaubert escreveu: "Chamo de burgueses todos os de pensamento ignóbil."[1] Em 1935, o grande historiador liberal holandês Johan Huizinga observou que declarações contra o comércio haviam se tornado comuns entre o *clerisy* de artistas, intelectuais e outros indivíduos *bien pensant*. "No século XIX, 'burguês' tornou-se o termo mais pejorativo de todos, particularmente nas bocas de socialistas, artistas, e, mais tarde, até de fascistas."[2]

Os burgueses (que não passa do termo comum francês, e, por um período, também inglês, para descrever os homens urbanos da classe média) eram inovadores dispostos a submeter suas ideias ao teste democrático do mercado e a fornecer grãos e ferro a Paris. O *clerisy*, por outro lado, especialmente desde 1848, gritou: "Não podemos fazer *melhor*?" Não, só se formos livres para imaginar estruturas inconsistentes — digamos, um mercado inovador que conte com a participação de pessoas de talentos diversos, mas com resultados perfeitamente igualitários. O *clerisy* imaginou, no século XIX, o nacionalismo, o socialismo, o imperialismo e o racismo. Essas teorias, no século XX, resultaram no socialismo, no nacionalismo e no imperialismo nacional-socialista-racista práticos, e na conta do açougueiro para todos. No final do século XX, o *clerisy* passou a teorizar sobre um consumismo maligno e uma decadência ambiental. Ah, não. Atenção, queridos, para os novos resultados do século XXI.

Depois disso, do romance *Madame Bovary* ao filme *Wall Street*, entrou na moda mergulhar no ódio pela burguesia. Porém, ironicamente, no exato momento em que esse ódio teve início, as inovações e ofertas comercialmente testadas começaram a ter resultados espetaculares no noroeste da Europa. O inovismo liberal funcionava. E, mais tarde, pessoas comuns de lugares como Japão e Botsuana também experimentaram o Grande Enriquecimento, um aumento nas rendas de milhares porcento sobre a miséria de 1800. Infelizmente, a aceleração das rendas ocidentais no século XIX veio tarde demais para conter as teorias socialistas — exceto nos Estados Unidos, sobre os quais o historiador da economia alemão Werner Sombart notoriamente indagou em 1906: "Por que não há socialismo nos Estados Unidos?" E respondeu: "Todas as utopias socialistas foram reduzidas a nada com rosbife e torta de maçã."[3] Os rosbifes e as tortas de maçãs não tardaram a se tornar generalizados, e hoje, como demonstrou em detalhes o professor sueco de saúde pública Hans Rosling, estão chegando aos mais pobres.

Contudo, a utopia socialista sobrevive. Ainda que cansada de lutar contra as evidências. Os jovens dos Estados Unidos, encantados por Bernie ou Alexandria, dizem "Vamos experimentar o socialismo", como se a história chocante de 1917, 1933 e 1949 não tivesse acontecido. Nem a versão leve do socialismo funcionou muito bem — a redistribuição pelos sindicatos, ou pela regulação, ou pela expropriação dos expropriadores, entre outras campanhas da esquerda. A tática bismarckiana adotada pela direita, de introduzir o Estado de bem-estar social para solapar os socialistas, *não* deu aos pobres uma melhor qualidade de vida. A imposição por decreto do Congresso de uma lei que determinava o pagamento equivalente a dez horas por oito horas de trabalho, digamos, a princípio de fato aumentaria em 25% as rendas da parcela da classe trabalhadora por ela beneficiada. Fantástico. Basta um decreto do Congresso para enriquecermos. Parece uma grande ideia, mesmo que praticada uma única vez, mesmo que seja algo extraordinário. No entanto, um único aumento de 25%, à custa do desemprego de trabalhadores ainda menos produtivos, um empobrecimento que a esquerda ignora ao exigir um aumento do salário mínimo, não é da mesma ordem de magnitude do Grande Enriquecimento ocorrido de 1800 ao presente — de entre 1.000 e 10.000%. A produtividade da economia em 1900 era muito, muito baixa, e, em 1800, mais baixa ainda. A grande massa, e entre eles os mais pobres, só podia alcançar uma qualidade de vida melhor tornando a economia muito, muito mais produtiva. Não existe um Papai Noel de fora, nada de extraordinário, para pagar salários cada vez mais altos. Como nós, os mais velhos, descobrimos nos anos 1950 com Pogo, [a tirinha] de Walt Kelly: "Encontramos o inimigo [ou, nesse caso, o amigo], e ele somos nós."

Aconteceu. A destruição criativa radical produziu uma pilha de ideias, como as ferrovias, que destruíram criativamente as viagens a pé e as diligências; a eletricidade, que destruiu criativamente a iluminação a querosene e a lavagem manual de roupas; e as universidades, que destruíram criativamente a ignorância e o preconceito. Para o Grande Enriquecimento, no terceiro ato, fazia-se necessário o Acordo Burguês no primeiro, uma ideologia inovadora que dissesse: "Deixem que eu, *une bourgeoise*, inove com um teste de lucratividade, e, no terceiro ato do drama social, vou deixá-los *todos* ricos." E foi o que ela fez.

Os pró-burgueses e antissocialistas Estados Unidos exibiram a compensação do século XX. O economista liberal Tyler Cowen recentemente resumiu as evidências científicas sobre a questão:

> Nós nos esquecemos com frequência o quão incrivelmente positivos foram os efeitos do crescimento econômico. O economista Russ Roberts conta que costuma perguntar aos jornalistas qual foi o crescimento econômico desde o ano de

> 1900. Segundo Russ, a resposta típica é que o padrão de vida subiu cerca de 50%. Na verdade, o padrão de vida dos Estados Unidos aumentou por um fator de cinco a sete, segundo uma estimativa sem correção, e provavelmente muito mais [...]. Em 1900, por exemplo, quase metade dos lares norte-americanos [...] tinha mais de um ocupante por quarto, e quase 25% [...] tinham mais de 3,5 pessoas dormindo por quarto. Pouco menos de 25% [...] de todos os lares norte-americanos tinham água corrente [na maioria, só fria], 18% tinham refrigeradores [ou seja, "caixas de gelo", literalmente], e 12% tinham gás ou iluminação elétrica [pelos padrões modernos, de intensidade baixa]. Hoje, todos esses números são de 99% ou mais. Na época, só 5% dos lares tinham telefones [e as chamadas de longa distância eram caríssimas], e nenhum tinha aparelhos de rádio ou TV. Só cerca de 6% da população concluía o ensino médio, e a maioria dos empregos era fisicamente árdua, com uma alta incidência de invalidez ou até mortes. Na metade do século XIX, um trabalhador típico trabalhava entre 2.800 e 3.300 horas ao ano; a estimativa hoje fica aproximadamente entre 1.400 e 2.000 ao ano.[4]

Os casos espetaculares ocorridos na China e na Índia nas últimas décadas, que começaram a alcançar esse tipo de opulência, facilitam muito a atribuição do devido crédito ao argumento histórico e suas causas liberais, da Holanda do século XVII aos Estados Unidos do século XX. Uma mudança na ideologia — com a substituição da regulação e dos ataques à burguesia por uma admiração — permitiu que a China e a Índia explodissem em condições de subsistência para os pobres. E a explosão é mais ampla. A Grande Recessão de 2008 sobre a qual todos se queixam não muda esse fato. A renda *per capita* mundial está crescendo mais rápido, a uma ordem de magnitude inédita antes de 1800, e com poucas exceções nacionais anteriores a 1900 ou 1950. Países antes miseráveis, como Irlanda e Noruega, hoje têm rendas *per capita* entre o povo comum pouco abaixo e pouco acima das rendas dos gloriosos Estados Unidos da América.

Contudo, indaga-se: e o efeito ético? Pois, de que adiantará ao homem ganhar o mundo inteiro e perder a sua alma? De fato. No entanto, o economista, e um dos primeiros praticantes da humanomia, Albert Hirschman nos lembra de que o "doce comércio" não é a pior corrupção da alma humana.[5] É verdade que Benjamin Franklin não era santo. Ele teve pessoas escravizadas, por exemplo, supreendentemente numa época já tardia, e negligenciava a esposa, que traiu, além de ter deserdado o filho. Entretanto, ele não conquistou sua fortuna por meio do roubo antigo nem da coerção moderna, como certamente fizeram alguns aristocratas e camponeses da sua época — e como o estatista hoje deseja que nós todos façamos. Ele fez negócios. As pessoas não gostam dos negociantes, mas preferem os negociantes aos criminosos e ladrões.

Perguntaram a um colega de Hirschman no Instituto de Estudos Avançados de Princeton, o cientista político Michael Walzer: "O livre mercado corrói o caráter moral?" Ao que ele respondeu: "É claro que corrói." Em seguida, porém, observou que *qualquer* sistema social pode, de uma forma ou de outra, corroer uma ou outra virtude. O fato de a era burguesa ter levado tolos a declararem que a ganância é boa "não é um argumento contra o livre mercado", escreve Walzer. "Pensemos nas formas como a política democrática também corrói o caráter moral. A competição pelo poder político coloca as pessoas sob grande pressão — a ponto de gritarem mentiras em assembleias públicas, de fazerem promessas que não podem cumprir."[6] Consideremos Trump e a corrosão profunda do Partido Republicano. Ou pensemos nas formas como o socialismo coloca as pessoas sob uma forte pressão para cometer os pecados da inveja e da ganância patrocinada pelo governo ou da imprudência ambiental. Lembremo-nos de Stalin. Ou pensemos em como as supostas relações afetivas e altruístas de reprodução social na América colonial britânica antes da suposta revolução comercial do início do século XIX pressionava as mulheres a obedecerem a seus maridos em tudo, e pressionava todos a enforcarem quacres e anabatistas rebeldes. Consideremos os perseguidores de Hester Prynne. Ou seja, qualquer sistema social, para não terminar numa guerra de todos contra todos, precisa incutir a ética em seus membros e refrear seus diversos impulsos pecaminosos. O "capitalismo" não é diferente.

Qual é, portanto, você pode indagar, o futuro desse equivocadamente batizado "capitalismo"? Resposta: o enriquecimento mundial, em todos os sentidos — um aumento na renda dos três dólares diários típicos em todo o mundo antes de 1800 para os 130 dólares atuais dos Estados Unidos; mas também um enriquecimento espiritual, permitido pela educação e pelo lazer proporcionado pelos 130 dólares ou mais diários, com metade da jornada semanal de trabalho e um quarto a menos durante uma vida de educação e aposentadoria para compensar. E o espírito não é prejudicado por tentar de segunda a sexta inovar e oferecer coisas que também promoverão a melhoria das vidas de outras pessoas. Agradeçamos a Deus pela ideologia do inovismo, pelo Acordo Burguês, pelo Grande Enriquecimento, e pela quebra da hierarquia — tudo isso permitido pelo liberalismo.

21. Produzir e consumir muito não é por si só antiético

De The Bourgeois Virtues *(2006).*

O *clerisy* de artistas, jornalistas e professores universitários considera os gastos "capitalistas" algo terrível. Em 1985, o historiador Daniel Horowitz argumentou que o *clerisy* norte-americano, desde a década de 1920, foi tomado por um "moralismo moderno" em relação aos gastos. O moralismo tradicional do século XIX observava com preocupação, da parte da classe média, os trabalhadores e imigrantes que bebiam cerveja, obedeciam a padres irlandeses e exibiam sua "perda de virtude" de várias outras formas. Moralistas tradicionais, como o Comissário do Trabalho norte-americano Carroll D. Wright, "não tinham reservas básicas em relação à justiça e eficácia do sistema econômico — seus questionamentos diziam respeito aos valores dos trabalhadores e imigrantes, e não aos do capitalismo". Horowitz observa que, posteriormente, o moralista moderno, pós-1920, ao estilo Veblen, Mencken e Sinclair Lewis, olhava com desprezo do *clerisy* para a própria classe média. A classe média, é claro, move a economia. Assim, "no coração da maioria das versões do moralismo moderno está a crítica, às vezes radical, mas sempre antagônica, à economia".[1] Horowitz tem, com relação aos seus colegas membros do *clerisy* — Veblen, Stuart Chase, os Lind, Galbraith, Riesman, Marcuse, Lasch e Daniel Bellm —, a educação de não dizer que suas preocupações estavam simplesmente equivocadas. No entanto, ele também ressalta que "denunciar as pessoas por sua prodigalidade e falta de cultura é uma forma de reafirmar o próprio compromisso".[2]

O economista liberal italiano Sergio Ricossa (1927-2016) falou em 1986 de uma "mentalidade senhorial" do *clerisy* que considera as relações de mercado essencialmente degradantes e grosseiras. Como o historiador da economia Alberto Mingardi explica:

> A mentalidade senhorial explica o que Ricossa chama de "perfeccionismo", ou um conjunto de doutrinas que "pregam um reino temporal de perfeição, sem o domínio do lado econômico da vida". O que [um] "perfeccionista", seja da esquerda ou da direita, não suporta são empreendedores multiplicando os bens e serviços disponíveis para todos os indivíduos, e pessoas decidindo autonomamente se gostam ou não deles [...]. A mentalidade senhorial considera os consumidores irracionais [...]. Os "imperfeccionistas", por outro lado, aceitam com alegria que as pessoas comuns tenham oportunidades. Eles consideram a "perfeição indesejável, e não só impossível, e o lado econômico como apenas mais um dos da vida, e não parte de uma demonologia".[3]

Comparemos a visão descontraída do liberal moderno John Mueller sobre as imperfeições do "capitalismo" e da democracia.

O *clerisy* senhorial e perfeccionista não gosta nem um pouco dos gastos do *hoi polloi*. Desde Veblen, diz-se que a massa é dominada por um grupo minúsculo de anunciantes. Então, os gastos com Coca-Cola, churrasqueiras a gás e automóveis são o resultado de uma persuasão oculta — ou, para usar uma palavra de que o *clerisy* gosta muito, da "manipulação". Para um economista, a atribuição peculiarmente norte-americana de um poder gigantesco a um espaço de trinta segundos na televisão é chocante. Se a propaganda tivesse o poder a ela atribuído pelo *clerisy* norte-americano, os responsáveis por ela alcançariam fortunas ilimitadas. Acontece que a propaganda consiste em menos de 2% do PIB, em grande parte compostos por anúncios informativos nada controversos — como placas de lojas, websites ou anúncios em revistas especializadas, voltadas para compradores sofisticados. Quando Vance Packard publicou seu ataque à propaganda, *A nova técnica de convencer* (1957), ele achou que perderia amigos na Madison Avenue. No entanto, a maioria ficou encantada. Amigos diziam algo como: "Vance, antes do seu livro, eu estava tendo dificuldades para convencer meus clientes de que a propaganda funcionava. Agora, eles acham que ela é magia."[4]

A hostilidade do *clerisy* norte-americano à propaganda também é chocante para os retóricos. É chocante que um país tão oficialmente adorador da liberdade de expressão possa ter, em seus círculos intelectuais superiores, um desprezo tão grande pela liberdade de expressão *comercial*. Talvez, esse desprezo não passe de um afluente do grande delta de retórica contra a retórica que existe no Ocidente desde Pierre de la Ramée e Francis Bacon, cinco séculos atrás. Contudo, a geração da TV, e agora a da internet, é retoricamente sofisticada no que diz respeito à liberdade de expressão comercial — e, portanto, imunizada. As crianças podem identificar uma tentativa de manipulação aos 8 anos. Aos 18, a manipulação é parte corriqueira de seu senso de humor — basta assistir ao *Saturday Night Live*.

O consumismo, supostamente, é algo sem sentido, inútil, estúpido. Antes de tudo, exagerado. O moralista moderno despreza os consumistas. Por que compram tanta *coisa*? Tolos. A consumidora comum não tem *nenhuma* gravação das músicas do século XVII interpretadas por Musica Antiqua Köln. Faz *séculos* que ela não lê um romance sobre o Acordo Burguês — se é que algum dia leu. Sua casa está cheia de lixo de mau gosto. E por aí vai. É de se lembrar do desdém, por volta de 1920, por parte de escritores modernistas, como D. H. Lawrence e Virginia Woolf, pelos desprezíveis trabalhadores no trajeto de ida e volta do emprego em Londres. Há uma atmosfera de vulgaridade sobre a Estação Waterloo e o Mall of America.

Entretanto, nós nos alimentamos do consumo, como antropólogos há muito observam. Mary Douglas e Baron Isherwood disseram:

> Os produtos que atendem a necessidades físicas — bebidas e alimentos — são tão providos de significado quanto o balé e a poesia. Ponhamos um fim na distinção generalizada e enganosa entre os bens que sustentam a vida e a saúde, e outros que servem à mente e ao coração — os bens espirituais.[5]

A demonstração clássica é o artigo de Douglas sobre a estrutura simbólica da refeição da classe trabalhadora na Inglaterra; de certa forma, toda a antropologia está contida nessa questão.[6] Os produtos percorrem a fronteira entre o sagrado e o profano. O antropólogo Richard Chalfen demonstra isso com filmes caseiros e instantâneos.[7] Ou, como diz o antropólogo Marshall Sahlins no novo prefácio do seu clássico de 1972, *Stone Age Economics*, a "atividade econômica [...] [é] a expressão, num registro material, dos valores e relações de uma forma particular de vida".[8]

A quantidade de *coisas* norte-americanas na atualidade sem dúvida é formidável. Um bom truque fotográfico é fazer uma família em Topeka, Kansas, e outra em Lagos, Nigéria, colocarem o conteúdo inteiro de suas casas na calçada da frente e em seguida posar para a câmera, *en famille* e *en coisas*. O contraste é notável. Não admira que todas as cidades nos Estados Unidos tenham um mercado movimentado de depósitos do tamanho de garagens onde podemos depositar nossos excessos.

Uma das origens das pilhas de coisas nos Estados Unidos é o que podemos chamar de Maldição do Consumidor. Nossas casas, ou depósitos, estão cheios do nosso consumo *equivocado*, artigos que no fim das contas não agradaram tanto quanto achamos que agradariam. Como diz o teólogo David Klemm, seguindo Heidegger: "Compreendemos as coisas no seu *potencial*."[9] Homens, pensem nas suas engenhocas; mulheres, pensem nas suas roupas. Até os relativamente pobres nos Estados Unidos têm closets cheios de roupas.

Os closets cheios, porém, não se devem ao fato de sermos estúpidos ou pecadores. Os armários cheios são o resultado da produção de uma quantidade incrível de coisas. Como não somos oniscientes, de vez em quando cometemos erros como consumidores — por exemplo, comprando o potencial de um removedor eletrostático de poeira de 250 dólares da Sharper Image. (Apesar do poder "manipulativo" do nome da marca,* ela faliu em 2008.) Então, ocasionalmente, acabamos comprando coisas que não valem o preço que pagamos. O erro contrário é não comprar e esperar o preço dos removedores de poeira baixar. As ocasiões para otimismo se acumulam, porque não há motivo para jogar nada fora quando temos espaço — e os norte-americanos têm espaço: se o sótão estiver cheio, na garagem para dois carros, e, em último caso, no depósito nos arredores da cidade.

Os japoneses têm um problema parecido com coisas, pois são muito mais produtivos do que seus ancestrais. No entanto, eles têm uma solução diferente para o consumo excessivo. O escritor Steve Bailey conta sobre quando dava aulas em Osaka e mobiliou a casa coletando o *gomi*, ou "lixo que não cabia nas casas", que os japoneses deixavam na rua para coleta mensal. Eram mobílias completas: "Geladeiras, bocas de fogão, um espelho de corpo inteiro, uma televisão colorida, um videocassete, cadeiras, uma estante de livros, um sofá de canto e uma mesa linda."[10] Os estrangeiros cara de pau, os *gaijin*, competiam com os garis japoneses nas pilhas de *gomi*. A causa desse fenômeno no Japão, explica Bailey, é o tamanho pequeno das casas e o tabu sagrado contra obter ou dar móveis de segunda mão.

Como eu disse, os norte-americanos e os japoneses têm muita coisa para empilhar porque produzem muita coisa. Ao contrário do que dizia a sua avó ("Coma o seu espinafre: pense nas crianças que passam fome na China"), consumir menos nos ricos Estados Unidos da América ou no Japão influenciaria em pouco ou nada os bens disponíveis na China.

---

* Sharper Image, numa tradução livre, seria algo como "Imagem Mais Bem definida". [*N. da T.*]

Os países são ricos ou pobres, têm muito ou muito pouco para consumir, principalmente porque produzem muito ou pouco, e não porque alguém de fora está aumentando ou subtraindo uma dádiva de Deus. Bens não caem do céu como maná. Nós os produzimos. Isso é claro.

Portanto, ter muito não é imoral. É resultado da sorte de se nascer nos Estados Unidos, no Japão, ou na Dinamarca. Essa "sorte" se deve principalmente a uma ideologia liberal moderna de inovismo combinada a tribunais razoavelmente honestos, direitos de propriedade razoavelmente seguros, governos razoavelmente não extrativos, sistemas educacionais razoavelmente eficazes, e um tempo razoavelmente longo para as ideias razoavelmente boas, e principalmente as inovações terem seu efeito.

Precisamos espalhar essa sorte — convencendo as pessoas a abraçar um liberalismo moderno que conduza ao Grande Enriquecimento e a uma vida plena.

22. A economia não funciona por meio do gotejamento ou do *trickle up*

O argumento antikeynesiano também está em **The Bourgeois Virtues,** ***com uma versão em White (ed.), 2010. Mas defendo o argumento desde 1970 — como muitos economistas originalmente formados no keynesianismo, mas que passaram a duvidar da sua relevância para qualquer coisa além do desemprego maciço de curto prazo. Os questionadores são chamados de "economistas do lado da oferta". Eu os chamo de "economistas de bom senso".***

Quem não é economista, porém, em geral, acredita que o consumo elevado pelo menos "move a economia". O crítico dos gastos reconhece conscientemente que "a economia" de algum modo se beneficia. A teóloga Ellen Charry, para dar um de milhares de exemplos, acredita que a propaganda faz a economia crescer.[1] Quem não é economista imagina que Deus projetou o mundo com tanta incompetência que uma falta de parcimônia tendendo à tolice e à avareza é, infelizmente, necessária para manter as engrenagens do comércio funcionando, "criar empregos" ou "fazer o dinheiro circular". Eles imaginam que as pessoas precisam comprar, comprar, comprar, ou o "capitalismo" desmoronará e nós empobreceremos. Acreditam que a propaganda é necessária para essas compras frenéticas, por mais que ela corrompa. Acreditam que, para continuar funcionando, o "capitalismo" precisa ser ganancioso, no sentido da prudência, sem as virtudes do amor, da justiça e da temperança como contrapeso.

É o suposto paradoxo da parcimônia. A parcimônia — uma coisa boa no cristianismo, e certamente no budismo e nas outras religiões — parece, paradoxalmente, capaz de nos empobrecer. Ao praticar o bem, nos sairemos mal. E se nos sairmos bem, provavelmente seremos condenados pelos pecados da ganância e da gula necessários para tal. Escolham, pecadores. Deus ou Mamom. Dorothy Sayers, que foi mais do que uma escritora de mistérios, embora não economista, queixou-se em 1942, como cristã, da "rodinha de hamster estarrecedora [...] em que temos corrido loucamente nos últimos três séculos [note a suposição errônea de que o luxo é algo novo] [...] uma sociedade em que o consumo precisa ser artificialmente estimulado para manter o ritmo da produção".[2]

É baboseira econômica. Muitos economistas na era da Grande Depressão dos anos 1930, e principalmente John Maynard Keynes, retornaram a um pensamento demasiado não economista, e ouvimos ecos dele na reação à Grande Recessão de 2008. A teoria está relacionada ao argumento de que a melhoria foi exaurida, o chamado "estagnacionismo", outra moda dos anos 1930 retomada depois de 2008. É a teoria econômica do balão — de que as pessoas precisam continuar soprando, ou o balão murcha. É uma versão da antiga afirmação de que o gasto com supérfluos pelo menos emprega assalariados. É como diz Alexander Pope em um poema de 1731, com o subtítulo "Of the Use of Riches" [Do uso das riquezas]: "E, no entanto, os pobres estão vestidos/Os famintos, alimentados/Saúde para ele, e para seus pequenos, o pão/O trabalhador resiste: o que seu duro coração [do homem rico] nega,/Sua vaidade caridosa supre."[3] "A providência é justificada nessa dilapidação da riqueza", Pope escreve no sumário do poema, "pois é repartida entre a parcela pobre e trabalhadora da humanidade."

Desde os anos 1940, a maioria de nós, economistas burgueses, voltou à razão.[4] A antiga teoria do balão estourou, e, com ela, o paradoxo de que o pecado é necessário para "manter o ritmo da produção" e o falso paradoxo de que a vaidade no fim das contas pode ser caridosa. Ela sobreviveu nas críticas marxianas do tipo Adorno-Horkheimer, mas já não conta com a crença de economistas do centro, e muito menos dos verdadeiros liberais modernos.

Segundo o economista liberal moderno, nada aconteceria à economia de mercado no longo prazo se equilibrássemos nossos desejos com um estilo de vida parcimonioso, um Volvo antigo, uma casinha com uma horta, uma quantidade moderada de tofu, e um garrafão de vinho da cooperativa. A teoria do balão parece plausível quando nos concentramos numa experiência mental irrelevante — a de que amanhã, de repente, sem aviso, todos nós fôssemos começar a seguir Jesus no que compramos. Essa conversão sem dúvida impactaria as vendas dos Rolls-Royces e dos vestidos de grife de 15 mil dólares cada. Contudo, observa o economista, numa economia cristã, as pessoas encontrariam outras ocupações ou procurariam mais lazer, o que também geraria renda.

Eis aí a experiência mental relevante: o longo prazo. Na nova economia com menos supérfluos, ainda seria desejável ter lâmpadas, estradas pavimentadas e outros frutos do empreendimento. E ainda seria melhor ter muito do que pouco disso. "Em equilíbrio" (uma frase que está para a economia burguesa como "Se Deus quiser" está para as religiões abraâmicas), a economia encorajaria a especialização para satisfazer os desejos humanos do mesmo modo como faz agora. As pessoas comprariam bíblias em grego koiné e viagens espiritualmente enriquecedoras para Yosemite em vez de romances da Harlequin e excursões para a Disney World, mas continuariam valorizando prensas rápidas para a produção de livros e viagens de avião, comprando mais livros e mais viagens pelo custo de oportunidade.

Quem não é economista acha que o foco da economia é "manter o dinheiro circulando". Assim, fica impressionado quando o proprietário da franquia esportiva local afirma que pagar impostos para a construção de um novo estádio "gerará" vendas locais e "criará" novos empregos. Para quem não é economista, o vocabulário da geração e criação de empregos a partir de um comportamento pouco parcimonioso parece difícil, prudente e quantitativo. Não é. É estúpido. Nenhum economista em perfeito juízo usaria esse jargão. Aliás, esse é um ótimo critério para questionar a credibilidade de uma suposta economista na TV que fala de "gerar" ou "criar" empregos.

Até Adam Smith certa vez argumentou que imaginar o prazer da riqueza nos ilude a trabalhar. Admitamos que a esperança de que nossa última compra nos traga a verdadeira felicidade é uma fantasia muito comum dos rapazes na Brookstone e das moças nas lojas de utensílios domésticos. Smith ressalta que "o que agrada esses amantes dos brinquedos não é a utilidade, mas a aptidão das máquinas empregadas para promovê-la. E seus bolsos ficam cheios de pequenas conveniências".[5] De fato, somos frequentemente iludidos a trabalhar visando à obtenção dessas "quinquilharias de utilidade supérflua". No entanto, o erro é pensar, como Smith diz fazer, que a ilusão é desejável: "E que bom que a natureza se nos impõe dessa maneira. É a ilusão que estimula e mantém o movimento contínuo da indústria da humanidade."[6] Smith está articulando uma versão mais interessante do paradoxo da parcimônia. Homero concorda.

Essa falta de parcimônia de fato nos leva a "inventar e aperfeiçoar todas as ciências e artes" relevantes para o artigo de luxo particular que desejamos. O que está correto no argumento é o "comprazimento no elogio" de David Hume e a afirmação do economista de Iowa e Chicago Frank Knight de que a posse não é um "interesse final". Os impulsos sociais, até mesmo os duvidosos, de fato nos levam a inventar, aperfeiçoar e a transformar as "florestas primitivas da natureza em planícies agradáveis e férteis" — uma citação sem atribuição, a nota de editor de Smith de "*les vastes forets se changerent en des campagnes riantes*", de Rousseau, embora o último conclua de forma bem diferente: "que tiveram de ser regadas com o suor dos homens, e onde a escravidão e o sofrimento logo germinariam e cresceriam com as plantações".[7] Smith dedicou a vida a refutar a conclusão de Rousseau.

No entanto, a indústria pela indústria em nada acrescenta. É a teoria do balão outra vez, um "movimento contínuo" confundido com um movimento *desejável*, conduzido *nessa* direção específica. O principal erro do keynesianismo é dizer: "Não fiquem aí parados: *façam* alguma coisa, *qualquer* coisa." Temperar a economia com qualquer tipo de gasto não é conduzi-la de maneira produtiva. Construir pontes como programa de emprego produzirá pontes para lugar nenhum. Erguer uma Grande Muralha da China, inventando e aperfeiçoando a ciência e a arte da produção de grandes muralhas, não é bom por si só quando você poderia estar trabalhando em prol da sua qualidade de vida com o aperfeiçoamento da ciência e da arte de produzir casas, automóveis, universidades e museus.

O erro de Smith é o que, entre os economistas mais velhos, é conhecido como a falácia do "Tang": não, não está relacionado à dinastia chinesa, mas ao terrível suco em pó sabor laranja com esse nome, cuja propaganda afirmava se tratar de um subproduto do programa espacial dos Estados Unidos. A falácia é pensar que teríamos perdido aperfeiçoamentos inestimáveis como o Tang se tivéssemos deixado o dinheiro nas mãos de pessoas comuns em vez de desperdiçá-lo em lançamentos espaciais. Trata-se do erro econômico central, que é acompanhado por inúmeros erros menores, do elogio de Mariana Mazzucato ao "Estado empreendedor". A "criação de empregos" por meio desse ou daquele projeto não lucrativo — a exemplo do estreito de Grande Belt, na Dinamarca, em que foi construída uma ponte onde já havia um túnel perfeitamente adequado conectando a ilha principal ao continente, ou o túnel de quilômetros e quilômetros do "Coração da Holanda" sobre uma ferrovia de alta velocidade — não é a melhor forma de operação de uma economia de mercado, mas o oposto. Afinal de contas, economias notoriamente pobres em geral têm muitos empregos. O desemprego não era o problema das pessoas escravizadas nas minas de prata da Ática ou nas pedreiras de Siracusa. Nossos líderes, como o Partido Comunista da China, com seus projetos iliberais de ferrovias de alta velocidade e estatais não lucrativas, compram seu poder e prestígio com dinheiro. Eles "criam empregos" que não deveriam existir, o que nos deixa mais pobres, e não mais ricos.

O médico e sátiro político holandês, mas que passou a maior parte da vida na Inglaterra, Bernard Mandeville, falou sobre essa suposição equivocada em 1705: "Multidões aglomeravam-se na colmeia produtiva,/ Tais multidões, porém, garantiam a prosperidade./Milhões querendo satisfazer/A luxúria e a vaidade uns dos outros [...]/De modo que havia vícios por toda parte,/Mas a massa em si era um paraíso."[8] O argumento de Mandeville é o de que a perversão, a vaidade, a loucura, a ganância e a gula são as molas do crescimento econômico. A força do pecado acaba, inadvertidamente, por criar uma sociedade rica e vibrante.

A reflexão de Mandeville sobre consequências inesperadas é importante, mas a consequência particular imaginada por ele não faz sentido. Sua noção de economia estava errada, embora desde então tenha servido de consolo para a escola da ética política da economia do gotejamento e do "quem pode, pode". Na época, ele recebeu uma resposta de George Blewhitt, autor de um panfleto contra a edição de 1723 do livro de Mandeville. Mandeville argumentara que a honestidade universal deixaria os serralheiros sem trabalho, e, portanto, prejudicaria a prosperidade. A desonestidade seria melhor para a colmeia. Blewhitt respondeu: "Deve-se esperar, necessariamente, que a mudança [para um estilo de vida honesto] seja *gradual*; então, será mais lógico esperar o surgimento de uma sucessão de novas profissões [...] na proporção em que as profissões responsáveis por prevenir a velhacaria tornar-se-iam inúteis e acabariam por desaparecer."[9] Precisamente.

Adam Smith abominava o acolhimento das falhas morais por Mandeville. "Tal é o sistema do doutor Mandeville", escreveu Smith em 1759, com uma irritação palpável, "que já fez tanto barulho no mundo, e que, entretanto, talvez tenha dado abertura para mais perversão do que teria acontecido sem a sua existência, ao menos ensinou que a perversão, originada de outras causas, pode aparecer com uma impudência e reconhecer a corrupção de seus motivos com uma audácia desavergonhada inédita."[10] Isso por acaso faz alguém se lembrar de Trump? Smith *jamais* disse que a ganância é boa. Os homens que usam as gravatas de Adam

Smith precisam ler um pouco *A riqueza das nações* e, sobretudo, *Teoria dos sentimentos morais* no trem para Westport. Os cristãos e outros opositores do pecado da avareza precisam parar de fazer concessões aos homens de Westport. Não existe um paradoxo da parcimônia, não em um mundo devidamente cristão, nem sequer no mundo caído que lamentavelmente habitamos.

É uma boa notícia para as pessoas íntegras. Não precisamos aceitar a produção avarenta, o consumismo vulgar, a obsessão pelo trabalho desprovida de amor, nem projetos políticos gloriosos *pro forma* em nome de alguma prudência social mais ampla à qual deveriam servir, supostamente nos mantendo empregados. "Mantendo-nos empregados." Você já se viu, enquanto executava suas atividades *particulares, domésticas*, lavando roupa ou cuidando do jardim, pensando que seu principal problema era *encontrar empregos* com que se ocupar? O problema principal não é o oposto: a escassez de horas para fazer pão, consertar o carro, brincar com os seus filhos, cultivar amizades ou adorar ao Senhor, teu Deus? Se você concordar, é porque entende o grande princípio econômico de que, como colocou Adam Smith: "O que é prudência na conduta particular de toda família dificilmente pode ser loucura na de um grande reino."[11] E entenderá por que *não* é prudência econômica "manter-nos todos ocupados" com o gasto em supérfluos e trabalho, trabalho, trabalho.

23. Em suma, foi a ideia liberal que criou o mundo moderno

Em 2016, fui entrevistada para um artigo da The Indigo Era.*

THE INDIGO ERA: O tema principal do seu livro mais recente, *Bourgeois Equality: How Ideas, Not Capital or Institutions, Enriched the World* (2016), é o papel das ideias, particularmente como devemos nos concentrar nas pessoas, e não em inovações tecnológicas. Por que você coloca as pessoas no centro do seu argumento?

MCCLOSKEY: Não é "e não em inovações tecnológicas". Acho que você está confundindo — como não economistas (e às vezes economistas equivocados) costumam fazer — a verdadeira "inovação" com a simples substituição de homens por máquinas já há muito inventadas. Pelo contrário, enfatizo muito a inovação tecnológica, que chamo de "melhoria comercialmente testada", o resultado da nova ideologia produzida pelo liberalismo por volta de 1800, do "inovismo". O contraste é com o acúmulo pelo acúmulo, sem melhoria, tijolos empilhados, ou "boas instituições" sem melhorias, como o direito consuetudinário inglês — instituições que não mudaram muito ao longo do tempo, e muitas vezes foram obstáculos para a inovação.

O que nos induz ao erro em relação ao capital, no caso de construções, ou instituições, ou tribunais de justiça, é que é fácil vê-los. Estamos

* Originalmente publicado como "Freedom and the Great Enrichment", *Global Perspectives*, vol. 1: *The Indigo Era* (setembro de 2016).

inclinados a presumir que, assim sendo, são eles que produzem riquezas. Construa um castelo; abra um tribunal. Problema resolvido. Contudo, precisamos refletir mais, questionar qual ideia para uma construção a inspirou, e qual ideia ética sustenta o tribunal de justiça. As ideias são as molas; o capital e as instituições são os mecanismos.

Mas, sim, as pessoas. São as pessoas, afinal de contas, que criam as melhorias com sua imaginação. Depois de 1800, as imaginações foram estimuladas pelo liberalismo, ou seja, por uma igualdade nova, ainda que imperfeita, perante a lei, e de dignidade na sociedade. Para dar conta de uma grande quantidade de melhorias comercialmente testadas e do consequente Grande Enriquecimento, o noroeste da Europa, nos anos 1600, 1700 e posteriormente, precisou desenvolver uma boa quantidade de pessoas liberadas, inspiradas a inovar de forma inédita. E foi o que fez.

THE INDIGO ERA: Você escreveu sobre como as pessoas nas partes mais pobres do mundo com o tempo serão tão ricas quanto as das partes mais ricas. Como isso acontecerá? Quais forças serão as responsáveis?

MCCLOSKEY: As forças que levarão o mundo inteiro à riqueza são o interesse próprio e o governo moderados. Como disse Adam Smith em 1755: "Há poucos requisitos para se levar um Estado da pior barbárie ao mais alto grau de opulência além da paz, impostos leves, e uma administração tolerável da justiça; todo o restante resultando do curso natural das coisas. Todos os governos que impedem esse curso natural, que forçam as coisas a seguirem outra direção, ou tentam impedir o progresso da sociedade num ponto particular, vão contra a natureza, e, para se manter, são obrigados a ser opressivos e tirânicos."[1] Sem dúvida, não pode haver razão *racial* — como passamos a entender após a queda científica da eugenia — para se presumir que a África Subsaariana, a América Latina ou o Oriente Médio devem para sempre ser mais pobres do que a Europa ou o mundo anglófono.

THE INDIGO ERA: O que você quer dizer ao se referir a "ideias sobre melhorias"? Como isso moldará a futura economia global?

MCCLOSKEY: Em 1681, o centralizador Colbert perguntou a alguns empresários franceses o que o governo poderia fazer por eles. Eles responderam: "*Laissez-nous faire*", deixem-nos fazer. Ou seja, deixem-nos em paz para alcançar o curso natural das coisas de Smith. Era uma nova ideia, que se desenvolveria para se tornar o liberalismo. No final do século XIX, porém, o que os contraditórios novos liberais *menos* queriam era deixar as pessoas em paz. Eles propunham transformar os cidadãos em crianças a serem cuidadas pelos sábios membros do *clerisy* num governo armado do monopólio da coerção. O que estava de fato acontecendo na economia, enquanto isso, quando políticas opressivas e tirânicas não conseguiam impedi-la, era a aplicação da verdadeira nova ideia liberal, especialmente depois de 1800, em cada vez mais países, uma ideologia de inovismo que estimulava as pessoas simples, e, assim, tornava-as fantasticamente criativas. O resultado foi uma torrente de ideias para máquinas e instituições.

O pessimismo em relação ao crescimento recentemente retornou, mas logo todos verão novamente que é falso, acredito que pela sexta vez desde 1800. A quantidade de pessoas testando melhorias comercialmente fora da velha Europa ou do antigo mundo anglófono, a exemplo do Brasil, levará os mais pobres entre nós ao mais alto nível de opulência.

THE INDIGO ERA: Como a ideia do "Grande Enriquecimento", que enriqueceu nossas vidas desde 1800, vai se aplicar aos próximos dois séculos?

MCCLOSKEY: No próximo século, ou, mais provavelmente — se não estragarmos tudo com o nacionalismo e o socialismo —, nos próximos cinquenta anos, veremos a América do Sul, a África e o restante do mundo se juntar ao Acordo Burguês. Nos meus livros, argumento que a nova ideologia do Acordo Burguês era: "Deixe-me lucrar com uma melhoria comercialmente testada — seguindo o liberalismo e o inovismo

—, e eu tornarei *você* rico." O enriquecimento causará e será causado por uma explosão cultural que ofuscará as realizações do drama ateniense do século V, a poesia da dinastia Tang, e a pintura renascentista.

THE INDIGO ERA: Você acha que as mudanças no mundo estão acelerando? Se a resposta for sim, acredita que a humanidade se beneficiará desse ritmo mais rápido de mudança? Por quê?

MCCLOSKEY: Sim, o crescimento definitivamente está acelerando. Consideremos o PIB mundial real corrigido pela inflação *per capita*, uma medida muito boa dos bens e serviços disponíveis. Ele deu um salto nas décadas recentes, e (com alguns solavancos causados pelas recessões) está crescendo no ritmo mais rápido da história do mundo. Ter uma casinha decente, comida suficiente e uma educação razoável para os filhos — o que Hans Rosling classificou como o terceiro de quatro níveis — é um progresso gigantesco em relação à miséria de 1800 ou 1900, e até à de 1960.[2] É claro que admito que o PIB não é tudo, mas torcer o nariz para ele e limitar o crescimento imprudentemente em nome da redistribuição, ou do ambientalismo, ou do anticonsumismo, é condenar os desafortunados do mundo à miséria eterna. A América Latina vem sofrendo com isso desde 1950, e com o reinado do nacionalismo econômico do completamente equivocado economista Raúl Prebisch. Trata-se de uma política que satisfaz os egos de um *clerisy* arrogante de teóricos aconselhando governos, mas é antiética. Os miseráveis precisam urgentemente de um PIB real *per capita* trinta vezes maior — ou o que o Grande Enriquecimento deu aos antigos miseráveis de lugares hoje ricos.

THE INDIGO ERA: A tecnologia parece estar concentrando riqueza, ou ao menos a riqueza proveniente do empreendimento, nas mãos de poucos, e não de muitos. Como o seu Grande Enriquecimento sobreviverá a essa tendência?

MCCLOSKEY: A concentração de riqueza não é uma tendência, ao menos não de uma forma relevante, apesar do que lhe disseram. A "riqueza", segundo a definição dos jornais, consiste em ações e títulos de papel, que são direitos sobre ativos físicos como fábricas, terras ou máquinas. No entanto, a sua distribuição, que, mesmo seguindo as medidas dos jornais, era menos igualitária em 1900 do que agora, e muito menos ainda em 1800, não é a história relevante. Nos últimos 150 anos, o capital *humano* tornou-se uma fonte muito mais importante de receita. As receitas são a soma dos retornos sobre o capital físico *e humano* totais. O capital humano, é claro, é muito mais igualmente distribuído do que a propriedade de fábricas ou navios. Somos donos de nós mesmos, ainda que sejamos pobres em ações e títulos. Concentrar-se na riqueza financeira, portanto, induz a erro.

E a renda é consumida pelo mundo. O consumo, por sua vez, é muito mais igualmente distribuído do que a renda, para não falar de riqueza financeira. Se você tem sessenta pares de meias no seu closet, que bom, mas não é um grande progresso em relação a ter três pares que podem ser lavados com sabões recém-inventados em máquinas de lavar recém-inventadas a serem alugadas numa instituição recém-inventada da livre-iniciativa, a lavanderia. (Rosling falou da Linha de Lavagem, a renda *per capita* moderada de cerca de cinquenta a setenta dólares ao dia graças à qual as mulheres estão livres de lavar roupa na mão.)

E, o mais importante, o que podemos chamar de consumo *básico* do consumo total — as habitações modestas, alimentação e educação para uma vida humana digna — é muito mais igualmente distribuído do que o consumo total, a renda, o capital ou a riqueza financeira, até mesmo em países hoje ricos, do que era em 1960, para não falar de 1800. Isto é, a igualdade *importante* aumentou, e não diminuiu, mesmo recentemente.

Em 1960, precisávamos nos preocupar com os 4 dos 5 bilhões de pessoas no planeta que eram miseráveis. Teria sido tolice na época nos preocuparmos com quantos relógios cravejados de joias que os podres de ricos tinham. Hoje, o número de miseráveis caiu para um bilhão da população atual de mais de sete bilhões.[3] O mundo está muito mais igual do que era, se a igualdade for medida em termos eticamente relevantes — consumo básico em vez dos excessos irritantes do 1% no topo. Os relógios cravejados de joias continuam existindo, mas tirá-los dos ricos não resolveria mais os problemas do 1 bilhão de miseráveis da atualidade do que em 1960. Nem ajuda internacional, nem enforcar os banqueiros em postes, nem impor impostos aos proprietários de relógios cravejados de joias ajudariam. As estatísticas mostram que a redistribuição não funciona permanentemente. O que funciona é o crescimento econômico.

Continuar tagarelando sobre concentração de riqueza financeira quando isso não está acontecendo (e quando acontece de formas indesejáveis é algo mais relacionado a políticas de habitação erradas ou grandes subsídios para a educação superior gratuita do que a heranças), e quando é revertido como resultado de novos entrantes (a exemplo da Uber), e quando não é o tipo de desigualdade que realmente importa — ou seja, a do consumo básico para uma vida digna — é instigar uma inveja e raiva insaciáveis no estilo trumpista ou corbynista. Essa instigação já teve resultados políticos no populismo que hoje vemos no mundo inteiro.

THE INDIGO ERA: Os fatores culturais que você afirma estarem no coração do Grande Enriquecimento pareceriam beneficiar um número limitado de países à custa de outros. Eles têm mais liberdade e uma educação melhor. Como o mundo em desenvolvimento — com menos liberdade, administrações medíocres e uma educação limitada — vai competir?

MCCLOSKEY: O ponto crucial para lidar com a pobreza não são exatamente os "fatores culturais", mas as partes chamadas retórica e ideologia. A maioria dos economistas acredita, erroneamente, que a cultura é predeterminada e fixa no curto prazo, e até no longo. No entanto, a retórica, a ideologia e as políticas podem mudar rapidamente. Se continuar sendo mal administrado (isto é, se a retórica não mudar), o mundo em desenvolvimento não se sairá bem. Se for bem administrado pelos padrões modestos articulados por Smith, crescerá rapidamente e terá a educação de que precisa. Inovismo.

O brado por mais educação, aliás, com frequência é uma desculpa desesperada para não liberalizar a economia direta e rapidamente. Vi isso acontecer na África do Sul. Os negros de lá não progridem porque são excluídos dos empregos pela lei trabalhista que passou a vigorar depois de 1994. É uma versão progressista do *apartheid*. A esquerda, portanto, clama não pelo relaxamento das debilitantes leis trabalhistas que torna a contratação de pessoas pobres não só não lucrativa, mas até perigosa, mas por mais educação que possa fazer valer a pena contratar os pobres pelo elevado salário mínimo. A política, portanto, é cruelmente inversa. Se os pobres tivessem empregos, logo garantiriam a educação dos filhos. Enquanto isso, poderiam garantir o consumo básico vendendo comida na rua ou com um emprego fixo numa fábrica. Foi o que fizeram em Singapura, em Botsuana e na Coreia do Sul. E é o que poderiam fazer também na África do Sul, se os progressistas cedessem. A pior forma de governo é enfraquecer a economia fazendo imposições às pessoas pobres sob ordens de Washington ou Pretória.

A incapacidade de "competir", contudo, não é a palavra correta para descrever o problema. O comércio não é um jogo de futebol. O mundo não é uma soma zero. A prosperidade da França não prejudica a do Chade. A palavra correta é "pobreza". A China e a Índia crescem a mais de 7% *per capita* ao ano. O Brasil e a África do Sul com sorte alcançam 2%. Por quê? Porque a China e a Índia adotaram uma teoria liberal para a política econômica, uma ideologia de inovismo que promove o crescimento — pelo menos, "liberal" para os padrões de seus regimes anteriores de crescimento lento. O Brasil e a África do Sul se agarram a teorias iliberais, como o acúmulo de capital governamental, a exportação como crescimento e a substituição coagida das importações. Esses países atrasados podem mudar, e rápido, se adotarem os verdadeiros liberalismo e inovismo. E como eu sei disso? Porque foi o que fizeram os países bem-sucedidos desde a Holanda no século XVII. Cada um deles.

THE INDIGO ERA: Estamos errados por atribuir importância ao papel das instituições — como a da lei e a do governo — [na] promoção do crescimento e no fornecimento de uma infraestrutura sólida para o crescimento econômico? Se a resposta for sim, por quê?

MCCLOSKEY: Sim, é errado pensar nas instituições como uma chave para a prosperidade. Boas leis e honestidade são coisas ótimas. Contudo, geralmente, são o resultado, e não a causa do crescimento. Em 1880, Chicago tinha uma péssima aplicação das leis e um nível chocante de corrupção. Toda lei estava à venda, bem como todo juiz e político. E, no entanto, Chicago era a cidade que crescia mais rápido no mundo, como Xangai atualmente.

E "lei e governo", na maioria dos casos, são opressores e tirânicos nos inúmeros países desprovidos de um padrão escandinavo de moralidade no governo. O neoinstitucionalismo — a atual ortodoxia do Banco Mundial, como observei — é tão inútil quanto a ortodoxia anterior, que William Easterly chama de "fundamentalismo do capital".[4] A fórmula contemporânea do Banco Mundial de "acrescentar instituições legais e misturar" não funciona melhor do que "acrescentar represas e estradas, e misturar".

Não precisamos, para começar, de um governo perfeito. O governo perfeito é inalcançável — e, de qualquer modo, desnecessário para uma economia livre. Não precisamos de mais guardiões. O que precisamos, amplamente, é de liberdade para permitir que cada um se dedique aos próprios interesses da forma que achar melhor, restringido por um governo pequeno que impeça alguns de cometerem violência e fraude, mas deixando a prevenção essencialmente a cargo dos jornais e dos tribunais de justiça, mas principalmente da concorrência no mercado. É claro que é impossível haver crescimento em meio a uma guerra civil. Contudo, estabelecida a paz, com impostos leves e uma administração tolerável da justiça, *não* precisamos de uma polícia numerosa e hordas de servidores públicos para nos supervisionar. Ou roubar de nós.

THE INDIGO ERA: Quais são os fatores mais importantes a serem levados em conta para que as economias das cidades e dos países sejam fortes, robustas e adaptáveis no próximo século?

MCCLOSKEY: Como disse a teórica das cidades vibrantes, Jane Jacobs, em toda a sua obra, o que *não* precisamos é de arquitetos arrogantes como Le Corbusier ou representantes arbitrários como Robert Moses "planejando" nossas cidades. "A correção apropriada", escreveu ela em 1984, "depende do estímulo da criatividade em quaisquer formas nas quais ela por acaso ocorra em qualquer cidade e período. É impossível saber de antemão."[5] Trata-se de um lema em que deveríamos pautar nossas vidas.

THE INDIGO ERA: Você acha que a economia tradicional ignora erroneamente a importância da cultura e das ideias? Se a resposta for sim, por quê?

MCCLOSKEY: Sim e não. É chocante, mas os economistas relegam a cultura a um papel secundário, pois não querem se dar o trabalho de aprender as disciplinas das Ciências Humanas necessárias para entendê-la. No entanto, eles precisam, urgentemente, aprender as ideias, ideologias e a retórica de uma sociedade livre. Esse elemento de papel secundário, supostamente estático, na realidade pode mudar muito rápido e ter efeitos econômicos maciços — veja o que aconteceu com a ideia do comunismo em outubro de 1917. Ou, mais positivamente, com a do liberalismo em julho de 1776.

Os economistas identificam essas ideias mutáveis com o termo "cultura", que, então, declaram imutável sem analisar as evidências históricas. Numa análise fria, a teoria dos economistas é racista. Na década de 1960, achávamos que a Índia, por exemplo, jamais poderia ser rica, afinal de contas, a maioria dos indianos eram hindus. O economista Oliver Williamson, por exemplo, afirma que normas mudam "na ordem de séculos".[6] Isso seria conveniente para o propósito do trabalho de ignorar as normas de Williamson. Historicamente, porém, não faz nenhum sentido. As normas muitas vezes mudam rápida e dramaticamente — como, por exemplo, quando os romanos se tornaram cristãos, ou quando os alemães do Norte se tornaram protestantes, ou, depois de 1945, quando os alemães dos setores britânico, francês e norte-americano se tornaram democratas muito mais convictos do que muitos britânicos, franceses e norte-americanos.

THE INDIGO ERA: Você enfatizou a importância da liberdade, e que "pessoas livres são criativas". Pode falar mais sobre o que isso significa para futuras gerações de trabalhadores? Quais são as amarras que ainda prendem as economias e as pessoas?

MCCLOSKEY: As pessoas precisam ser libertadas antes de tudo dos supervisores — os burocratas, a polícia, os políticos. Quem supervisiona os próprios supervisores? No entanto, sou uma verdadeira liberal *humana*, e reconheço a obrigação de ajudarmos os pobres. No entanto, a melhor maneira de ajudá-los é permitir que trabalhem com respeito próprio pelo benefício pago de outros, como você e eu fazemos — isto é, aos preços do mercado cuja operação os supervisores têm como papel principal impedir. Os supervisores interferem nas liberdades naturais para favorecer sindicalistas, membros do partido e burocratas urbanos em detrimento dos camponeses, vendedores ambulantes e operários. Consideremos o vendedor de frutas Mohamed Bouazizi, da Tunísia, que ateou fogo ao próprio corpo em desespero por ser persistentemente extorquido pela polícia.

THE INDIGO ERA: Você também enfatizou a importância da igualdade — no sentido de que a igualdade perante a lei e a igualdade em dignidade social "encorajavam as pessoas a buscar melhorias por conta própria". Você enxerga um paralelo no século XXI com a disseminação do horário flexível de trabalho, do trabalho autônomo, e de empreendedores que querem tomar suas próprias decisões?

MCCLOSKEY: O trabalho autônomo muitas vezes é proveniente das restrições aos termos sob os quais as pessoas podem ser empregadas. A Uber é um bom exemplo, pois enfraquece o monopólio absurdo dos táxis nas cidades do mundo inteiro. Na predominantemente honesta Amsterdã, por muitos anos os táxis estiveram nas mãos de pessoas desonestas. Nos Estados Unidos, especialmente, por exemplo, na Flórida, até a concessão nas eleições de 2018 do direito ao voto, qualquer "condenado" saído da prisão, muitas vezes indiciado por uma passagem insignificante no tráfico de drogas, não podia ter trabalho pago. Esse ex-condenado era forçado ao trabalho autônomo. Eu preferiria reduzir as regulamentações cruéis e corruptas que criam o incentivo ao trabalho autônomo, mas, considerando a fiscalização excessiva, esse trabalho autônomo — na economia informal, por exemplo — é a única saída. Como, mais uma vez, no caso de Mohamed Bouazizi. Ou no do Brasil.

THE INDIGO ERA: Você sugeriu que nem os economistas, nem os historiadores conseguiram explicar o Grande Enriquecimento, e propôs a adoção da "humanomia". Pode explicar o que a humanomia pode implicar e como o estudo das palavras e do significado pode contribuir para uma economia global melhor?

MCCLOSKEY: A economia funciona em um nível surpreendente com palavras doces — não ordens, mas tentativas de mudar opiniões, persuasão, argumentação. À medida que a produção de bens e a prestação de serviços ganha, felizmente, cada vez mais uma automatização barata, os humanos passarão a se ocupar mais e mais da argumentação, decidindo o que e como fazer. A argumentação já corresponde a *um quarto* da renda proveniente do trabalho em países ricos, e essa fração está aumentando. "O estudo das palavras e do significado" simplesmente nos torna mais sábios em relação à persuasão. E é melhor sermos, ou acabaremos persuadidos por tiranos populistas.

THE INDIGO ERA: Que conselho você daria sobre como começar a moldar seu futuro a quem está na escola hoje?

MCCLOSKEY: Aprendam a pensar. Limitem a leitura do pensamento convencional do *New York Times*, saiam da internet e comecem a ler livros sérios. Leiam, contudo, tendo em mente que metade daquilo em que as pessoas acreditam — por exemplo, no *New York Times* — está errado. Não são as "notícias falsas", mas precisamente o tipo de frases prontas e preconceitos que o próprio Trump patenteou, ainda que sejam frases prontas e preconceitos progressistas, e não reacionários. Façam uma investigação profunda e crítica do assunto — seja economia, literatura, matemática ou filosofia — para entender o que "profundidade" e "crítica" realmente são. Depois, porém, leiam amplamente, se necessário de forma superficial, os melhores divulgadores, como Matt Ridley, A. N. Wilson ou John Horgan. Leiam os melhores romances — nunca os campeões de vendas atuais, que geralmente não passam de lixo, mas os antigos que sobreviveram, como Willa Cather, Jane Austen ou Lev Tolstói. Leiam sobre história no nível acadêmico mais elevado que conseguirem alcançar. Sempre leiam com uma caneta na mão, concordando ou discordando do autor nas margens e nas folhas de guarda. Isso vai ajudá-los a ficar acordados, o principal problema enfrentado por qualquer leitor. Leiam, leiam, leiam, escrevam, escrevam, escrevam, falem, falem, falem, e, com isso, aprendam a pensar por si mesmos.[7] Não se tornem seguidores de nenhuma ideologia política, por mais tentadoras que elas sejam. A maioria também é lixo.

THE INDIGO ERA: Você se diz otimista. Acha que isso é uma posição intelectual ou atitude mental?

MCCLOSKEY: É essencialmente uma atitude mental — ninguém muda de gênero, como fiz em 1995, se não for otimista! No entanto, o fato de ser uma "mera" atitude não a faz ser confundida com uma posição intelectual. Como escreveu o grande e otimista historiador e ensaísta T. B. Macaulay em 1830: "Com base em que princípio, quando vemos nada além de melhorias ao olharmos para o passado, esperamos nada além de decadência no futuro?"[8] Realmente, qual seria esse princípio além de um pessimismo sempre em voga, e que já foi repetidamente refutado desde 1800?

PARTE III

A nova preocupação em relação à desigualdade é infundada

24. A igualdade de resultado forçada é injusta e desumana

O Financial Times *e depois o* New York Times *pediram colunas concisas sobre desigualdade. Apresento aqui uma nova e mais detalhada perspectiva sobre o assunto. Não sou uma especialista na economia da desigualdade, como pode ser visto por um erro crasso que cometi em certo ponto na apresentação da redistribuição (ele foi consertado). Entretanto, todos hoje precisamos ter opiniões sobre a desigualdade, que as pessoas regularmente confundem com injustiça e pobreza, apesar de a suposta desigualdade do "capitalismo" ser um problema pequeno se considerarmos o poder equalizador do Grande Enriquecimento. Então, sigo em frente. Corajosa Deirdre.*

A liberal Lady Glencora Palliser (com o encantador sobrenome de solteira M'Cluskie), no romance político de Anthony Trollope *Phineas Finn* (1867-1868), declara: "Tornar todos os homens e mulheres iguais. Eis aí o que considero a essência da nossa teoria política", contrária ao regozijo conservador na hierarquia e no privilégio. Contudo, Joshua Monk, um dos radicais do romance nos moldes de Cobden-Bright-Mill, enxerga a questão ética com mais clareza e responde: "Igualdade é uma palavra feia, e assusta" — como, aliás, assustava havia muito a classe política da Grã-Bretanha, traumatizada com as declarações francesas em prol da *égalité* e com o exemplo do igualitarismo norte-americano (bem...

igualitarismo norte-americano para homens, heterossexuais, brancos, de origem anglo-saxônica, meia-idade, alta renda, com exceção de imigrantes, judeus e protestantes históricos). A motivação do verdadeiro liberal, continua Monk, deveria ser não a igualdade, mas "o desejo de que todo homem honesto [...] ajude a erguer os menos privilegiados"[1] ("honesto", na época, também tinha o significado de "honrado"). Esse objetivo ético deveria ser alcançado, argumentaria o verdadeiro liberal humano Monk, não por programas diretos de redistribuição, nem pela regulação ou por sindicatos, mas pelo livre-comércio, direitos para as mulheres, e pela educação financiada por impostos — e, acima de tudo, pelo fruto econômico de uma ideologia liberal do inovismo.

E, eventualmente, foi o que aconteceu. O que chamo de Grande Enriquecimento é a principal descoberta científica da história da economia. As pessoas mais pobres das economias desenvolvidas, e bilhões nos países pobres, foram as mais beneficiadas pelo crescimento econômico liberal. É verdade que os ricos ficaram mais ricos, mas os pobres têm aquecimento a gás, carros, vacinas para varíola, água encanada, viagens baratas, direitos para as mulheres, baixa mortalidade infantil, nutrição adequada, mais estatura, o dobro da expectativa de vida, escolas para os filhos, jornais, direito ao voto, a chance de entrar na universidade, e respeito. Nada nem remotamente semelhante jamais acontecera, nem na glória da Grécia nem na grandiosidade de Roma, e tampouco no Egito antigo ou na China medieval.

Não obstante, você recentemente deve ter ouvido que o nosso maior problema é a desigualdade, e que devemos tornar todos os homens e mulheres iguais. Não, não devemos — isso se quisermos erguer os pobres. Em termos éticos, o verdadeiro liberal deve se preocupar acima de tudo em garantir que os mais pobres entre nós estejam avançando para ter o suficiente para viver com dignidade e participar de uma democracia. E eles estão. Mesmo em países já ricos, como Reino Unido e Estados Unidos, a renda real dos pobres aumentou recentemente, e não estagnou, como ouvimos todos os dias — isso, é claro, se a renda for medida corretamente com inclusão de uma assistência de saúde melhor, melhores condições de trabalho, mais anos de educação, aposentadorias mais longas, e, principalmente, a qualidade crescente dos bens e serviços: automóveis e medicina melhores. É forçoso admitir que ela está aumentando a um ritmo mais lento desde os anos 1950. No entanto, a era do aumento da prosperidade foi uma recuperação dos reveses terríveis da Grande Depressão e da Guerra.

É claro que, eticamente, importa saber como os ricos obtiveram suas fortunas — tenha sido pelo roubo, pela escolha do útero certo (como diz o investidor bilionário Warren Buffett), ou por meio de trocas voluntárias por cimento barato, ou por viagens aéreas baratas, que os hoje ricos tiveram o bom senso de oferecer aos outrora pobres.[2] Devemos condenar o roubo, aumentar os impostos sobre as propriedades e reintroduzir os impostos sobre as heranças. Tenhamos o cuidado, porém, de não matar o ganso dos ovos de ouro, que nos dá vidraças, pneus e instrumentos médicos melhores.

O que *não* importa eticamente são os altos e baixos históricos rotineiros do índice de Gini, uma medida da desigualdade, ou os excessos vulgares do 1% do 1%, do tipo que poderíamos ter visto três séculos atrás em Versalhes ou trinta séculos atrás no Egito. Não há pessoas realmente ricas o suficiente para que expropriá-las sirva a qualquer propósito além de alimentar inveja. Se confiscássemos *todos* os ativos das 85 pessoas mais ricas do mundo e criássemos com eles um fundo para os mais pobres, aumentaríamos seu poder de compra em menos de dez centavos ao dia.[3] Em 2014, a Oxfam estimou os ativos das 85 pessoas mais ricas do mundo em um total de 1,7 trilhão. (Aliás, há algo estranho no número da Oxfam, pois os ativos que geram juros no mundo inteiro estão na casa dos muitos trilhões, e se incluirmos também os ativos do capital humano, eles passam para a casa das centenas de trilhões. Por enquanto, porém, mantenhamos o número da Oxfam.) Se esse fundo tivesse um retorno anual robusto de 7%, seriam 119 bilhões de dólares ao ano, o que corresponde a apenas 326 milhões ao dia para distribuir entre os mais pobres, 3,6 bilhões de pessoas — ou nove centavos por pessoa.

Toda a ajuda estrangeira recebida pela África ou pela América do Sul ou Central, para dar outro exemplo da ineficácia da redistribuição, é ínfima se comparada ao lucro que as nações dessas áreas teriam se a Europa ou os Estados Unidos abolissem as tarifas e outras proteções da sua já rica agricultura.[4] Em suma, ajudaremos de fato os pobres se deixarmos que o Grande Enriquecimento continue avançando por meio de melhorias comercialmente testadas, como aconteceu amplamente desde 1800 e especialmente nos últimos quarenta anos. A caridade e a expropriação são ineficazes, particularmente levando em conta que a caridade da ajuda internacional ou a expropriação por golpes militares foram para contas bancárias suíças, e não para a subsistência dos pobres. Um preço de mercado elevado para o agricultor pobre, por outro lado, vai para os filhos dele. O comércio funciona melhor do que o roubo.

Os índices de Gini não têm muita importância. Importante é o Grande Enriquecimento.

A revolta em relação à desigualdade econômica nos Estados Unidos dominou as eleições presidenciais de 2016, e continua beneficiando políticos republicanos trumpistas e democratas de esquerda. Entretanto, enquanto a polêmica em torno desse assunto cresceu no espectro político, a mesma coisa não pode ser dita da clareza.

Tomemos como exemplo a constituição do estado de Illinois, adotada em 1970. Ela tinha o objetivo de "eliminar a pobreza e a desigualdade".[5] Parece bom. Quem não gostaria de eliminar a pobreza? Mas "e a desigualdade"? A eliminação da pobreza é algo obviamente bom, mas já está acontecendo em escala global. Segundo o Banco Mundial, os elementos básicos de uma vida digna estão mais disponíveis para os mais pobres entre nós do que em qualquer outro momento da história, e por uma margem considerável. Xangai, um lugar miserável não faz muito tempo, hoje lembra as partes mais modernas dos Estados Unidos, com a diferença de que tem estradas e pontes melhores. A renda real da Índia está dobrando a cada dez anos. A África Subsaariana finalmente está crescendo. Até mesmo nos países já ricos do mundo, os pobres estão progredindo, com alimentação, assistência médica e habitações melhores.

O que importa eticamente é que os pobres tenham oportunidades de votar, ler, ter um teto sobre suas cabeças e receber o mesmo tratamento que os demais da polícia e dos tribunais. Importa reforçar o direito ao voto. Importa restringir a coerção policial. No entanto, a mesma coisa não pode ser dita da posse de relógios Rolex. O filósofo Harry Frankfurt, de Princeton, expressou isso da seguinte forma: "A igualdade econômica não tem, por si só, uma importância moral em particular."[6] Devemos permitir que o Grande Enriquecimento eleve os pobres, no estilo do liberal radical de Trollope, a um nível que Frankfurt chamou de "suficiente" — suficiente para que as pessoas atuem numa sociedade democrática e tenham vidas humanas dignas. O filósofo de Harvard John Rawls apresentou o que chamou de princípio de diferença: se o negócio de um rico beneficia os mais pobres, a renda mais alta desse empreendedor foi justificada.[7] Faz muito sentido ético. Não se pode dizer a mesma coisa com relação à igualdade.

É verdade que as exibições conspícuas de riqueza são vulgares e irritantes, mas não devem ser foco de um princípio desprovido de inveja de política pública. A diferença, inclusive a econômica, não é ruim por si só. É por isso que trocamos produtos com a Califórnia e a China, ou serviços com Oprah e Sir Elton John, e que o combate político ao comércio internacional é infantil. É por isso que dialogamos, e que a atualidade é a melhor era da ficção e da não ficção. É por isso que celebramos a diversidade — ou deveríamos.

Numa carta para mim em 2018, meu amigo e economista Laurence Iannaccone apresentou uma série de motivos *por que* nós tolamente acreditamos que a redistribuição é fácil e desejável. Como eu, ele discorda da "suposição de que a desigualdade de riqueza provém da exploração, e da noção de que rendas iguais são 'naturais'". Todos os programas de redistribuição "são mais fáceis para quem teve menos experiência ou exposição à real criação de riqueza [...]. É exatamente como maná [dos céus] que muitos da esquerda veem a riqueza e a renda". Iannaccone menciona o livro de 2000 *With Liberty and Justice for Whom?: The Recent Evangelical Debate over Capitalism* [Com liberdade e justiça para quem? O recente debate evangélico sobre o capitalismo], de Craig Gay, que mostrou que os cristãos evangélicos da esquerda encaravam a riqueza como algo que vem de graça, maná, e, "portanto, aplicaram seus princípios cristãos/bíblicos apenas ao problema da distribuição (estática), ao passo que os evangélicos da direita enfatizaram incentivos à criação contínua de riqueza, inovação etc.".[8]

Se vamos redistribuir a renda, porém, por que não redistribuir outras coisas? Parece lógico. No entanto:

> [...] pouquíssimas pessoas apoiam a redistribuição da produção familiar além dos limites da família, ou da produção de notas além dos limites de cada estudante, ou da conquista de lucros nos esportes e no entretenimento. Todos identificam as ligações entre entradas e saídas nessas "fábricas". E *continuam* resistentes à redistribuição nesses contextos, até mesmo quando apontamos que a produção familiar, as notas acadêmicas e os resultados nos esportes dependem não só de esforço, como também, das dádivas da saúde, força, QI, apoio social, criação, discriminação, sorte etc. Aparentemente, quando entendemos como um dado processo de produção acontece de fato, tornamo-nos muito menos inclinados a ver seus resultados como injustos, mesmo quando claramente dependem de mais do que simples esforço.

Iannaccone acrescenta a essa reflexão ética uma explicação histórica de por que pelo menos a redistribuição de renda continua, ainda assim, parecendo desejável, principalmente

> como se tornou difícil para quase todo mundo ver a ligação entre seu *próprio* trabalho/investimento e sua renda/proveito. Em primeiro lugar, a qualquer momento, uma parcela considerável da população não exerce nenhum tipo de trabalho [...]. E nem mesmo os homens e mulheres que trabalham "em tempo integral" durante os "melhores" anos de sua vida tendem a viver de economias e da previdência social dos 60 anos em diante.

Ele prossegue:

> Uma consideração ainda mais importante é a de que nem quem está trabalhando [...] consegue realmente enxergar a relação entre o que de fato *faz* e o que recebe. A ligação estava clara para os fazendeiros do século XIX, e [...] para quase todos antes do século XIX. No entanto, o caminho entre entradas e saídas se tornou muito mais complexo até mesmo na fábrica mais simples do século XIX, muito mais ainda nas "fábricas" baseadas em conhecimento e serviços dos séculos XX e XXI [....]. A maior parte do que recebemos hoje parece maná [...] [ainda mais] se a renda for recebida pelos seus pais ou seu cônjuge.

Não surpreende a tendência das pessoas de apoiar a igualdade de resultados na economia moderna, do mesmo modo que seus distantes ancestrais dos grupos de caçadores e coletores. Entretanto, elas deveriam refletir, reconhecendo o poder enriquecedor da economia moderna de especialização ou de diversidade, abandonando o igualitarismo redistributivo da inveja.

Uma objeção prática à concentração na igualdade econômica é que é impossível alcançá-la numa grande sociedade e de forma justa e sensata. Sim, é fácil e justo dividir uma pizza entre amigos. Podemos de fato ver a relação entre o que realmente *fazemos* e o que comemos. No entanto, a igualdade além do básico em termos de consumo e direitos políticos não pode ser alcançada numa economia especializada e dinâmica. Em primeiro lugar, é claro que cortar as papoulas altas* requer coerção. É o que sugere a retórica da "distribuição". Em segundo, para alcançar resultados significativos, você precisa saber exatamente quais papoulas cortar. Acreditar que um governo de pessoas egoístas saberá como redistribuir bens e serviços ética e sensatamente é, no mínimo, ingenuidade. Para a maioria dos governos, essa confiança chega a ser hilária. Nigéria. Arábia Saudita.

É claro que a poda reduz o tamanho da plantação de papoulas — os "incentivos à criação contínua de riqueza, inovação etc." dos evangélicos da direita, por exemplo. Não são exatamente incentivos pessoais, mas mensagens. Precisamos permitir recompensas que indiquem para a economia a necessidade de aumentar as atividades de que são oriundas. Se um neurocirurgião e um motorista de táxi receberem a mesma renda, não teremos neurocirurgiões o suficiente. Um estudante que esteja se preparando para se tornar um neurocirurgião indagará: "Por que me dar o trabalho de fazer Medicina? Em vez disso, posso dirigir um Uber. Menos incômodo, mesma renda." É claro que um plano central infalível poderia forçar as pessoas certas a exercerem as profissões adequadas, mas essa solução, como costuma ser o caso na igualdade coagida, é violenta e mágica. Essa magia já foi testada na Rússia de Stalin e na China de Mao, com a violência ostensiva típica de uma economia sem indicadores definidos por preços e salários de mercado.

Os humanos preservaram uma inclinação genética à divisão igualitária, proveniente das centenas de milhares de anos que nossos ancestrais passaram em sociedades igualitárias de caça e coleta. Além disso, como

* Referência à síndrome da papoula, um conceito usado para definir o fenômeno social de hostilização das pessoas de *status* elevado. O termo é proveniente da obra *Histórias*, de Heródoto. [*N. da T.*]

mamíferos, compartilhamos naturalmente um sentimento socialista por termos sido criados em famílias amorosas que tinham a mamãe no papel de planejadora central. Numa família amorosa e tradicional, a política de compartilhamento funciona muito bem. Os adultos trabalham duro para garantir o sustento, mas você não dá mais pizza a papai só porque foi ele quem trabalhou para comprá-la, a não ser que ele esteja suando nas minas de carvão, e não no conforto das "'fábricas' baseadas em conhecimento e serviços dos séculos XX e XXI".

Não é pelo compartilhamento, porém, que a maioria dos adultos obtém coisas numa sociedade liberal. Adultos livres obtêm coisas trabalhando para produzir bens e serviços para outras pessoas, numa economia moderna, geralmente desconhecidos muito distantes com quem fazem trocas voluntárias. Os adultos não obtêm coisas repartindo o maná que cai da Mãe Natureza num mundo de soma zero. Como notou Smith: "Só um mendigo opta por depender predominantemente da benevolência dos outros cidadãos. [Smith teria admitido que uma criança ou indivíduo com sérias necessidades especiais não 'opta'.] Nem mesmo um mendigo depende inteiramente dela [...]. Com o dinheiro dado por um homem, ele compra comida."[9]

Pela coerção do governo, poderíamos tirar bilhões de bilionários como Bill Gates e dar aos sem-teto, alcançando mais igualdade de renda, ainda que não de notas acadêmicas, de QI, de beleza ou de sorte. (Na verdade, em um atitude louvável, Gates está distribuindo sua fortuna.) Com exceção da expropriação desenfreada, podemos todos apoiar uma rede de segurança, ainda que limitando a coerção envolvida na tributação a um mínimo. O liberal moderno concorda, por exemplo, que a educação pública primária e secundária deve ser paga pela tributação compulsória de todos nós, embora não diretamente fornecida por escolas governamentais. Por outro lado, seria melhor deixar o fornecimento e o pagamento da maioria das outras coisas geralmente incluídas nas atribuições do governo à iniciativa privada.

É fácil se confundir nesse aspecto e acreditar que, como o governo atualmente fornece, digamos, estradas, ele deve continuar fornecendo. É o que chamei de Falácia da Cadeia de Suprimentos. As estradas, por exemplo, podem ser de propriedade da iniciativa privada, como costumava acontecer em séculos anteriores, e isso hoje é ainda mais fácil graças ao monitoramento eletrônico. Os hospitais poderiam ser liberados do licenciamento monopolista, assim como os concorrentes dos médicos, como enfermeiros e médicos estrangeiros. Se os cuidados médicos fossem oferecidos por meio desses mercados, como é predominantemente o caso dos alimentos, julgando pelos custos em outros países, nos Estados Unidos eles cairiam para a metade do custo atual. E assim por diante. Esse é o caminho para uma sociedade humanamente digna e próspera.

Além disso, a redistribuição só funciona uma vez. Não se pode esperar que os ricos expropriados aceitem um segundo corte. Se você me expropriar uma vez, a culpa é sua. Se você me expropriar duas vezes, a culpa é minha. Numa sociedade livre, os expropriados podem se mudar para a Irlanda, para a Suíça, ou para as Ilhas Cayman. E será difícil para os milionários recuperarem os milhões expropriados pelo governo em um ano. Os ricos investem e elevam a produtividade da economia para todos nós (e, sim, para si próprios, mas o investimento passa no teste de Rawls). O que queremos? Uma pequena extração única (embora satisfaça a inveja e a raiva) dos ricos, ou uma sociedade livre, com melhorias que promovam os pobres com avanços gigantescos?

É melhor nos concentrarmos diretamente no que queremos racionalmente e no que podemos de fato alcançar — ou seja, a igualdade em termos de dignidade social e perante a lei, o que sem dúvida levará a uma igualdade substancial de resultados e a uma melhoria radical na vida dos pobres.

25. Piketty está enganado

*O laboratório liberal de ideias de Londres, o Institute of Economic Affairs (IEA), fez uma entrevista comigo sobre o assunto, publicada no boletim informativo do instituto para o ensino médio.**

IEA: *O capital no século XXI*, de Thomas Piketty, é o livro que todo progressista tem na mesa de centro no momento. Ele foi dissecado por vários economistas. O argumento de Piketty sobre o aumento da desigualdade resiste a uma análise profunda?

MCCLOSKEY: Não. Piketty é um economista sério. Não é mentiroso nem tolo. No entanto, até economistas sérios e sensatos podem errar em sua ciência. E ele errou. Por exemplo, os únicos países em que Piketty identifica um aumento *verdadeiro* e *substancial* da desigualdade são o Reino Unido, os Estados Unidos e o Canadá. Os três casos podem ser explicados por políticas governamentais que favorecem insensatamente os ricos, como impor dificuldades absurdas à construção de novas habitações em Londres, o que promove o aumento do valor das habitações atuais — de propriedade dos ricos. Não foi o "capitalismo" que causou o desastre da habitação em Londres, mas um semissocialismo.

Para os países que não experimentaram um aumento da desigualdade, Piketty alerta para *o futuro*. Contudo, mais uma vez, seu argumento não está correto. Ele diz que as melhorias comercialmente testadas *sempre* deixam os ricos ainda mais ricos e os pobres ainda mais pobres.

---

* Originalmente publicado pelo Institute of Economic Affairs, Londres, em 2016.

Então, por que isso não aconteceu sempre e em todos os lugares desde 1800 d.C. — ou, aliás, desde 1800 a.C.? Não aconteceu.

IEA: Uma das críticas que você faz ao trabalho de Piketty é que ele não leva em conta o papel que o capital humano tem hoje na economia. Como isso afetará as tendências futuras da desigualdade?

MCCLOSKEY: Hoje, a maior parte da renda em um lugar como a Grã-Bretanha não vem do capital *físico* medido por Piketty e com cuja propriedade ele se preocupa. Em vez disso, vem do capital *humano* — das suas habilidades, saúde e educação. Por que e como? Porque o inovismo, ou as melhorias comercialmente testadas, deu a você, o trabalhador, uma renda cem vezes maior do que a dos seus ancestrais em 1800. Você pode passar muito mais tempo na escola ou obter uma educação avançada sendo vinte vezes mais rico do que seus ascendentes da sétima geração. Em 1800, as pessoas comuns conquistavam o pão por meio de trabalhos manuais. Agora, você o obtém de um cérebro mais bem educado. Os chefes outrora já detiveram todo o capital, que era investido principalmente em terras, fábricas e máquinas. Hoje, a maior parte do capital é humano, e de propriedade do trabalhador. E a mesma coisa acontece parcialmente com o capital físico, detido pelo trabalhador na forma de fundos de pensão e residências particulares. E o capital público, como as estradas, não é de propriedade individual de ninguém, mas produz lucros. É outra grande parte do capital do país, mas também é ignorada por Piketty. Ele tampouco leva em conta o capital social, como os hábitos dos cumpridores da lei. Em outras palavras, sua contabilização do "capital" é radicalmente estreita. A igualdade, em termos de conforto real, continuará aumentando, como aconteceu nos últimos dois séculos — água encanada, TV em cores, educação melhor, férias no exterior, maior expectativa de vida.

IEA: Você ganhou notoriedade como historiadora da economia. Analisando os últimos duzentos anos (o que é importante, pois Piketty baseia suas previsões em tendências do passado), o que foi mais importante para promover o aumento dos padrões de vida dos pobres: a redistribuição ou o crescimento econômico?

MCCLOSKEY: De longe, o crescimento econômico, na forma do Grande Enriquecimento. O quão grande? Recentemente avaliado por historiadores da economia em termos reais por pessoa desde 1800, ele foi na ordem incrível de vinte a cem *vezes*. Em outras palavras (fazendo cálculos do ensino fundamental), o Grande Enriquecimento para a pessoa comum, incluindo-se aí os muito pobres, representou um aumento de entre *1.900 e 9.900%* em relação à base mísera de 1800. Pasme.

IEA: E é possível quantificar os benefícios do crescimento econômico em comparação à redistribuição para os padrões de vida dos pobres?

MCCLOSKEY: Sim, e os resultados são impressionantes. A redistribuição só pode pegar uma parte da torta e dar a outra pessoa. Pense na pizza produzida e dividida entre o sr. Chefe e a srta. Trabalhadora. Se o sr. Chefe começar, digamos, com 50% da pizza para comer, tirar *toda* a fatia dele e der à srta. Trabalhadora vai aumentar a fatia dela em 100%. Muito bom, isso se você não se incomoda com a coerção aplicada ao sr. Chefe, iniciando um hábito de coerção redistributiva que geralmente entra em metástase até sermos todos compelidos (basta analisar qualquer regime socialista da história). Eles levaram o sr. Chefe, mas não me importei, pois não era chefe. Eles levaram os judeus, mas não me importei, porque não era judia. Então, levaram a mim.* E é claro que a coerção distributiva contra o sr. Chefe só pode acontecer uma vez, pois não podemos esperar contar com ele para a *produção* da próxima pizza depois de ter perdido todos os lucros da primeira. Ele não é idiota.

Já para a srta. Trabalhadora, 100% só naquela ocasião já é algo bom. Oba. No entanto, em comparação aos 1.900, 3.000 ou 10.000% provenientes nos últimos dois séculos da liberdade conferida para que as

* Parafraseando Brecht no poema "Primeiro levaram os negros". [*N. da T.*]

melhorias comercialmente testadas funcionassem, podemos ver que os 100% até mesmo de uma redistribuição tão extrema assim são pouco. É claro que, se um terceiro indivíduo estiver envolvido, o sr. Miserável, que a princípio recebe apenas 10% da pizza, ele se sai muito melhor em termos de porcentagem se receber toda a fatia do sr. Chefe. Ainda assim, isso só ocorre uma vez, algo ínfimo em comparação ao Grande Enriquecimento, que aumenta a pizza em trinta ou cem vezes, e requer que o redistribuidor dê todos os impostos *só* aos pobres — uma política com que a classe média não concorda. E nunca concordou.

O verdadeiro "oba" é o Grande Enriquecimento. Piketty e outros que compartilham da sua indignação em relação aos ricos não reconhecem que as melhorias comercialmente testadas advindas da inspiração do inovismo, pelos padrões históricos, tornaram a *todos* extremamente ricos. De vinte a trinta vezes mais ricos. Ele se concentra no consumo com frequência estúpido de iates e diamantes pelos ricos, deixando de observar que, em comparação ao mundo anterior ao liberalismo e à sua ideologia econômica do inovismo, o padrão atual de conforto real é dramaticamente mais igual do que outrora. No fim das contas, uma economia livre é igualitária no que importa. Que as pessoas cooperem e concorram liberalmente, e o resultado será uma melhoria relevante e imensa para os pobres.

IEA: Por que a maioria das pessoas sempre foi pobre ao longo da maior parte da história humana?

MCCLOSKEY: O principal motivo é o desencorajamento às melhorias comercialmente testadas pela hierarquia, que fez o crescimento populacional superar qualquer melhoria oriunda, digamos, do aço da China (século X a.C.) ou dos moinhos de vento do mundo árabe (século X d.C.) A culpada, como dizem os economistas, era a Lei dos "Rendimentos Decrescentes". Quando o clérigo e grande economista iliberal inglês Malthus explicou pela primeira vez, em 1798, por que o crescimento populacional nos impedia de sair da pobreza, os rendimentos decrescentes em relação ao crescimento populacional *já nos impediam* de sair da pobreza numa economia iliberal administrada por proprietários de terras, membros de guildas, espadachins e clérigos.

Hoje, outra pessoa no planeta promove o nosso *enriquecimento*, e não *empobrecimento*, por ter à disposição do seu cérebro muito mais capital humano (o capital ignorado por Piketty). Ela inventa novos dispositivos para nós e nos dá oportunidades de fazer negócios com ela. (Aliás, a mesma coisa se aplica a quaisquer imigrantes, digamos, na Grã-Bretanha. Um diagrama da produtividade marginal do trabalho mostra que os imigrantes claramente foram benéficos para a população britânica original. O aumento do número das oportunidades de negócios é bom para as pessoas. Obviamente.)

IEA: E o que facilitou o aumento dos padrões de vida nos últimos duzentos anos?

MCCLOSKEY: As melhorias comercialmente testadas, ou Grande Enriquecimento, foi ele próprio causado por outro tipo de igualdade, uma igualdade de direitos legais, de dignidade social, e, especialmente, de aprovação social para a operação de uma nova barraquinha de batata frita ou para a invenção de uma nova furadeira, as quais fizeram de Fulano, Beltrano e Sicrano agentes de melhorias. Numa palavra, inovismo. Certos acidentes estranhos na história do noroeste da Europa durante os séculos imediatamente anteriores, como a Reforma Protestante pós-1517 e a Guerra Civil Inglesa durante os anos 1640, tornaram o povo da região ousado. As revoluções aos poucos tornaram plausível a nova e louca ideia de que deveríamos ser todos iguais perante a lei, em termos de dignidade e de permissão para ter oportunidades econômicas.

Com a igualdade liberal, veio outra ideia dos niveladores da Guerra Civil (na verdade, eram praticantes do livre-comércio), o Acordo Burguês. No primeiro ato, permitamos que uma burguesa teste no mercado uma suposta melhoria, como a tela mosquiteira, a corrente elétrica alternada, caixas de papelão, ou o vestido preto básico. Numa sociedade liberal, a burguesa inventora, com certa insatisfação, aceita que no segundo ato haverá concorrentes imitando seu sucesso, o que causará a redução dos preços das telas mosquiteiras, da eletricidade, das caixas e dos vestidos. (Aliás, aceita contanto que não possa impedir isso recorrendo ao governo. Eis a manchete do *New York Times* de 6 de agosto de 2018, com uma matéria semelhante no *Tribune* de Chicago em 31 de outubro de 2018: "Uber e taxistas unem-se em oposição a novos entrantes."* Que surpresa.) Segundo o Acordo Burguês, se permitirmos que ela aproveite a oportunidade no primeiro ato, enriquecendo com a ideia, no terceiro ato ela enriquecerá *a todos*. E foi o que fez, em 1.900% pelo cálculo convencional, e em mais de 9.900% se incluirmos o aumento na qualidade das vidraças, dos cuidados médicos ou das análises econômicas e históricas.

IEA: Considerando isso, obras como a de Piketty podem acabar prejudicando seriamente a posição dos menos privilegiados ao torná-los mais hostis aos negócios, ao comércio e à criação de riqueza?

MCCLOSKEY: Sim, e é por isso que escrevo meus livros. Nós crescemos em comunidades socialistas chamadas "famílias", e por volta dos 17 anos provavelmente pensamos que esse modelo pode ser aplicado a uma "família" de 66 ou 330 milhões de pessoas. (Foi assim comigo.) E aí, nunca mais revisitamos a ideia com uma análise crítica ou referências a evidências históricas, o que nos torna socialistas barbados que, aos 70 anos, comem feijão frio da lata, defendem a reestatização das ferrovias, admiram a Venezuela socialista e odeiam a inovadora Israel. (Não foi assim comigo.) O perigo está na possibilidade de cada nova geração não se dar conta do bem que o Acordo Burguês fez aos pobres, e esquecer como os acordos anteriores foram ruins — o acordo bolchevique, por exemplo, em que o governo se apropria das ferrovias, companhias elétricas, das

* Manchete original: "Uber and taxis join opposition to further entry." [*N. da T.*]

bancas de jornal, dos jornais, do seu emprego e de todo o restante. Ou do Acordo das Rédeas, em que regulamentações exageradas atrapalham melhorias comercialmente testadas "sem rédeas". Pergunto, sem segundas intenções, quando foi uma boa ideia "embridar" uma pessoa como um cavalo? A ideia de Piketty é colocar rédeas na maioria das pessoas para que algumas não fiquem ricas. Isso é um erro.

O Acordo Burguês tem sido de longe a melhor forma de ajudar os pobres, seja na Grã-Bretanha, na Índia ou na África. E resulta numa igualdade real.

26. A Europa deveria resistir a políticas igualitárias

Em 2015, o jornal polonês Wprost *[Direto] fez uma entrevista comigo sobre Piketty. O livro foi amplamente comentado durante alguns anos, apesar de o seu tema fugir à nossa tarefa principal, que é invejar os ricos, mas enriquecer os pobres.*

WPROST: *O capital no século XXI*, de Thomas Piketty, tornou-se uma nova bíblia marxiana para as elites intelectuais europeias, cada vez mais preocupadas com a desigualdade. Sejam quais forem os nossos pontos de vista sobre economia e política, não deveríamos todos estar preocupados?

MCCLOSKEY: Não. As próprias estatísticas de Piketty mostram que, na verdade, recentemente a desigualdade *só* aumentou muito nos Estados Unidos, no Reino Unido e no Canadá. O mesmo não se deu, por exemplo, na França. No entanto, ele afirma que ela sempre *aumentará* em todos os lugares, pois é a tendência de uma economia de melhorias comercialmente testadas. Está enganado. A igualdade aumenta e diminui em ondas longas. O ponto principal é que ela *nunca aumenta nem diminui muito*. Por exemplo, nos Estados Unidos, recentemente, a participação do trabalho na renda nacional de fato caiu. Quanto? De 63 para 58%. Cinco pontos percentuais. Nada que devesse gerar pânico. E agora essa participação está aumentando outra vez.

Além disso, ao analisar cuidadosamente as estatísticas, percebemos que uma das principais fontes de desigualdade é a baixa renda dos *jovens*.

Quando eles estão desempregados, obviamente, suas rendas são zero. Isso sim *é* um motivo de preocupação no mundo inteiro, e especialmente na Europa, mas o problema não tem relação com os malignos capitalistas. Ele está relacionado às malignas pessoas comuns e de meia-idade que elegem governos populistas para proteger os próprios empregos exatamente com as restrições ao mercado de trabalho que os novos igualitários consideram boas. Elas não são.

WPROST: Atualmente, há uma discussão nos Estados Unidos e na Europa sobre regulamentações especiais para limitar as disparidades entre quem ganha mais no sistema financeiro e os trabalhadores comuns. Você enxerga isso como um movimento pequeno, mas saudável, em direção à igualdade?

MCCLOSKEY: Acredito que é uma idiotice "comitês de compensação" corporativos darem recompensas tão elevadas assim a seus amigos. É propaganda negativa. Irrita as pessoas sem produzir nenhum ganho real em termos de eficiência. Reduz a confiança que as pessoas têm nas melhorias comercialmente testadas ou no inovismo liberal. Portanto, eu gostaria de ver algumas ações simbólicas para condenar isso, tais como foram recentemente instituídas nos Estados Unidos. Podemos, por exemplo, exigir que as corporações divulguem a proporção da compensação dos CEOs em relação às médias da companhia. (É verdade que esses relatórios apresentam problemas estatísticos de precisão.) Entretanto, o efeito dos supersalários dos grandes bancários e dos CEOs para a desigualdade é trivial em termos nacionais — eles são muito poucos para afetar muito as médias. E os montantes estratosféricos que eles ganham, digamos, nos Estados Unidos, não é tirado dos trabalhadores, mas dos *acionistas* — supostamente, outros capitalistas endinheirados!

A fonte mais importante de desigualdade está entre os próprios trabalhadores: isto é, nos assalariados, pois são muitos. Se milhões de pessoas altamente capacitadas estão ganhando salários elevados, isso afeta os números nacionais. No entanto, ninguém argumenta que os trabalhadores não *conquistam* suas rendas. Nós realmente queremos limitar as receitas das pessoas porque clientes lhes pagam muito voluntariamente? Um exemplo um pouco bobo — mas que deixa isso claro — é o salário dos astros do futebol. Você acharia uma boa ideia limitar os salários dos astros poloneses Robert Lewandowski ou Zbigniew Boniek? A restrição não reduziria os preços dos ingressos. Aliás, só aumentaria as receitas dos proprietários ricos dos times ou dos clubes administrados por ricos. Quando pagamos muito para ver Lewandowski e Boniek jogarem, e eles são ricos, estamos sendo trapaceados? Não. Fazemos isso voluntariamente, e temos prazer ao gritar: "Gol, gol, gol!"

WPROST: E quanto à publicação obrigatória das diferenças salariais entre os que ganham mais na corporação e os que estão na base da escada?

MCCLOSKEY: Sim, como eu disse, parece-me inofensivo e um pouco útil envergonhar os tolos dos comitês de compensação, mas os acionistas em geral já têm essa informação, e continuam aprovando compensações elevadas para seus CEOs, e por maiorias. Eles devem achar que é algo bom para o valor das ações. E os "problemas dos relatórios" que mencionei incluem, por exemplo, decidir qual "média" salarial adotar — para uma companhia internacional como a PKN Orlen, a média deveria incluir seus funcionários da República Tcheca ou só os da Polônia? É mais complicado ainda, digamos, para a Siemens.

WPROST: Piketty se preocupa com o capital: "O dinheiro tende a se reproduzir." Ele argumenta que os ricos podem viver de suas fortunas melhor do que qualquer pessoa pode viver do seu trabalho. Feudalismo financeiro?

MCCLOSKEY: Sempre houve pessoas que vivem de suas terras, títulos de crédito ou de suas sinecuras governamentais, mas era muito *pior* antes do Grande Enriquecimento. O "capitalismo" *aumentou* a igualdade. Você me pergunta por quê.

Em primeiro lugar, porque a propriedade da *terra*, sob o feudalismo real, era muito mais estável e gerava uma fatia muito, muito maior de todas as receitas. Piketty limita sua atenção aos pequenos altos e baixos da desigualdade na era "capitalista" e, portanto, não reconhece a questão. Os arrendamentos de terras na Polônia antes de 1800 — e, na verdade, até depois de 1900 — correspondiam à *metade* da renda nacional do país. *Metade* ia para os riquíssimos grandes proprietários de terras, ou para a aristocracia menos rica, os *szlachta*. A mesma coisa, aliás, acontecia no velho Japão, com os *samurais* substituindo os *szlachta*. A Polônia e o Japão "capitalistas" passaram a ter uma renda muito mais igual, e não desigual, do que sob o feudalismo. E não preciso informar aos seus leitores mais velhos que a Polônia comunista não foi, aliás, um paraíso de igualdade.

Em segundo lugar, as melhorias comercialmente testadas, ou inovismo, como as que tivemos desde 1800 na Europa — com intervalos para experimentos eletrizantes sugeridos pela intelligentsia com o nacionalismo e o socialismo —, também promovem a igualdade, pois a "destruição criativa" arruína as fortunas dos velhos ricos.

Piketty minimiza a principal razão por estarmos vivendo em condições tão melhores do que nossos ancestrais. A razão não é a natureza da distribuição, mas a criatividade estimulada ao permitirmos que as pessoas administrem suas fazendas ou fábricas como queiram, correndo o risco da falência e das recompensas do sucesso. Todos concordamos que a destruição criativa é boa para a ciência, para a arte, o jornalismo e o futebol, não é? Por que não também para a economia?!

E, em terceiro lugar, Piketty está errado em relação ao "dinheiro se reproduzir". Seu argumento técnico está errado. Pense assim: se ele estivesse certo, *toda a renda nacional acabaria nas mãos dos arrendadores*. Não foi o que aconteceu. Não há um limite lógico para a "lógica" de Piketty.

WPROST: No seu livro *The Bourgeois Virtues* (2006), você fala sobre valores burgueses liberais que enriqueceram a humanidade e nos deram prosperidade. No entanto, segundo Piketty, estamos em perigo. A lacuna entre os ricos e os pobres e essa atitude burguesa podem levar a guerras catastróficas.

MCCLOSKEY: Guerras? Isso ainda não aconteceu. Ao contrário dos contos de fada leninistas sobre guerras "capitalistas" ou "imperialistas" travadas por lucros, a verdadeira fonte das guerras — depois que elas deixaram, na Europa, de ser pela manutenção da glória das classes superiores ou para matar protestantes e católicos (lembremo-nos do Dilúvio do século XVII na Polônia) — foram as ideias infelizes que mencionei. Ideias sonhadas no século XIX pelo *clerisy*, especificamente o nacionalismo e o socialismo, e o antissemitismo que hoje está sendo resgatado na Polônia, como também aconteceu, para nosso choque, nas eleições da Hungria de 2018. O partido de Hitler era o Nationalsozialistische Deutsche Arbeiterpartei. Preste atenção nas palavras. A burguesia quer a paz e o McDonald's, não o *blitzkrieg* nem Auschwitz. Pergunto: o que vocês, poloneses, realmente querem?

WPROST: Você escreveu que o livro de Piketty é uma oportunidade de "entender as últimas preocupações mais esquerdistas em relação ao capitalismo", mas essas preocupações tradicionais, de quase duzentos anos, não são coisas que sempre perseguem a nossa civilização e na maioria das vezes só são resolvidas por guerras e revoluções?

MCCLOSKEY: Sim, as "preocupações" da esquerda *e da direita* foram precisamente a causa das guerras, revoluções e da regulação contraproducente, essencialmente desastrosas. Nós nos "preocupamos" com a escassez de recursos (preocupação que, aliás, é muito prejudicial à economia). Então, nós (alemães) conquistamos a Polônia, e nós (japoneses) conquistamos a Manchúria. Nós (norte-americanos e europeus) nos "preocupamos" com os monopólios, e com isso apoiamos a reunião de todas as empresas sob um monopólio gigante chamado governo, ou introduzimos reguladores antitruste que imediatamente foram capturados pelas indústrias que deveriam regular. Nós (norte-americanos) nos "preocupamos" com o quão descomedidos e europeus os trabalhadores eram no seu consumo de, digamos, cerveja; então, introduzimos a Lei Seca, cujos resultados já conhecemos. Não tendo aprendido com as consequências, nós (mais uma vez, brancos anglo-americanos), temendo que os afro-americanos e hispânicos estuprassem as mulheres brancas depois de usar drogas, introduzimos a Guerra Contra as Drogas. E por aí vai. As ciências sociais no século XIX só fizeram praticamente uma descoberta correta: "Que as pessoas comuns administrem suas vidas econômicas como bem entenderem, e, como resultado, todos serão financeiramente muito beneficiados." As outras "descobertas" sociais — a história racista, por exemplo, a eugenia ou os testes de significância estatística — no fim das contas se provaram equívocos em geral desastrosos.

WPROST: Como a burguesia rica é muito influente, e de certo modo responsável pela nossa civilização, ela deveria se limitar — restringir sua própria afluência?

MCCLOSKEY: Não, pois a entrada de concorrentes no mercado — a destruição criativa — já restringe a burguesia rica. É verdade que ela pode influenciar a política, mas isso sempre aconteceu. Devemos combater o jugo dos ricos, principalmente pela defesa vigorosa da liberdade de expressão e de imprensa, que hoje sofrem um grave ataque na Polônia. Se seguirmos a Rússia de Putin, como deseja o partido polonês Lei e Justiça, estaremos condenados: os ricos assumirão, e os poderosos tornar-se-ão, por meio do governo, ainda mais grotescamente ricos com a supressão da competição.

O verdadeiro monopólio não é inato às melhorias comercialmente testadas. Ele é causado, e não evitado, pelo governo. Adam Smith escreveu, em 1776: "A fundação de um grande império com o único propósito de promover um povo de clientes pode, à primeira vista, parecer um projeto adequado apenas para uma nação de lojistas. É, contudo, um projeto completamente inadequado para uma nação de lojistas; mas extremamente adequado para uma nação cujo governo é *influenciado* por lojistas."[1]

Por outro lado, aprovo a caridade, como a praticada por John D. Rockefeller no início e no fim de sua longa vida, e também me irrito, como todos, com os excessos estúpidos no consumo dos super-ricos. Aqui, concordo com Piketty, que detesta Liliane Bettencourt, a herdeira preguiçosa da fortuna da L'Óreal. A fundação de "caridade" dela é patrocinada por *1,5%* de sua imensa fortuna. Comparemos isso à Carnegie Foundation, que o fabricante de aço norte-americano patrocinou com 100% da fortuna dele. O admirável "evangelho da riqueza", como dizia Carnegie, é muito menos praticado na Europa do que nos Estados Unidos ou no Japão. Imitem os Estados Unidos e o Japão.

Mas entendam: essa caridade não mudará muito a distribuição de renda. Os números são claros. A maioria dos ricos dos Estados Unidos no fim das contas doa uma parte substancial de suas fortunas à caridade — a igrejas e universidades, por exemplo —, mas o fluxo anual de sua generosidade, combinado à considerável generosidade de pessoas muito mais pobres, especialmente quando os pobres são frequentadores de igrejas, corresponde a porcentagens baixíssimas de um só dígito do PIB. Entre 2 e 3%. A caridade voluntária não pode mudar radicalmente a condição dos pobres. Já o crescimento pode e muda, literalmente, em milhares de pontos percentuais.

Tampouco a caridade involuntária, promovida pelo governo, é a saída. Os números mostram que, se expropriássemos todos os ricos, o benefício para as pessoas comuns seria muito pequeno. Por outro lado, pessoas comuns como você e eu são imensamente beneficiadas pela destruição criativa e pelo Acordo Burguês: "Deixe-me testar a melhoria que proponho no livre-comércio dentro e fora da Polônia, e deixe que eu guarde os lucros acumulados (até aqueles concorrentes irritantes chegarem para acabar com a diversão), e, no longo prazo — e não tão longo, como podemos ver na história recente da Polônia —, vou deixar *todos* ricos, ao contrário do que vocês conseguiram com o Acordo Aristocrático, com o Acordo Comunista e com Acordo de Lei e Justiça."

WPROST: Nas suas publicações, você dedicou um espaço considerável à discussão sobre a fonte da riqueza. No entanto, realmente importa para, digamos, o polonês comum, saber como seu ou sua chefe recebeu milhões, uma vez que ele/ela nunca chegará a ver uma quantia dessas?

MCCLOSKEY: A maioria de nós não será Bill Gates, mas precisamos deixar os Bill Gates prosperarem, assim como os pequenos empreendedores do nosso bairro, ou todos ficaremos pobres. A inveja que nos leva a cortar as papoulas altas é que nos mantém pobres — mesmo que iguais. Ouvi uma lenda popular sobre isso pela primeira vez na República Tcheca, mas presumo que ela tenha uma versão na Polônia. Jesus e São Pedro viajavam disfarçados, pedindo comida e abrigo para passar a noite a famílias camponesas. Depois de muitas rejeições, finalmente um casal generoso de camponeses atendeu ao pedido. Na manhã seguinte, os viajantes revelam suas verdadeiras identidades, e Jesus diz: "Para recompensá-los pela sua caridade, vocês receberão o que quiserem." O marido e a esposa conversam aos sussurros por um momento, e o marido se vira para Jesus e diz: "Nosso vizinho tem uma cabra que fornece muito leite para a família dele..." Jesus antecipa: "Então, vocês também querem uma cabra?" "Não. Queremos matar a cabra do nosso vizinho." A inveja é um pecado que corrói a comunidade e as almas. E é um desastre econômico que nos deixa a todos sem cabras.

Ver os agentes das melhorias comercialmente testadas — empreendedores, destruidores criativos — como heróis *é* o modelo certo. Eles nos inspiram. Se nossos únicos heróis forem reis, políticos ou até jogadores de futebol, não homenagearemos as pessoas que de fato estão melhorando nossas economias. E teremos menos interesse em experimentar como pequenos empreendedores (que, ocasionalmente, também podem crescer).

WPROST: Quando você compara as burguesias dos Estados Unidos e da Europa, vê uma grande diferença. A questão é a fortuna gerada pelas novas tecnologias nos Estados Unidos *versus* o dinheiro velho da Europa — herança. Isso faz alguma diferença para uma economia e para a igualdade?

MCCLOSKEY: Acho que você está errado em relação ao contraste. Existem esses dois tipos de fortunas nos dois lugares, e as diferenças que as pessoas imaginam ser grandes na verdade são bem pequenas. Tomemos a Suécia como exemplo, que conheço por ter morado e por ter muitos amigos lá, alguns da Polônia. As pessoas dizem que a Suécia é "socialista". Os poloneses mais velhos sabem que isso é bobagem, pois viveram o verdadeiro e consumado socialismo até 1989, e, durante esse tempo perverso e empobrecido, costumavam passar mais ou menos um mês na Suécia nas festas de fim de ano para ganhar dinheiro de verdade de uma forma capitalista. A Suécia "socialista" até mesmo hoje é burguesa e "capitalista", e não muito menos do que os Estados Unidos. A Suécia permite a propriedade e os lucros. Aloca a maior parte de seus produtos segundo preços desregulados. O governo sueco, embora interventor segundo padrões históricos — como a maioria dos governos é hoje —, não detém grande parte dos meios de produção. Ao contrário dos norte-americanos com tendências socialistas, tanto democratas quanto republicanos, que intervieram para salvar a General Motors e a Chrysler quando elas enfrentaram dificuldades pós-2007, o governo sueco se recusou a salvar a Saab Automobile da falência (ela acabou sendo vendida em 2010 pela mesma General Motors). Tampouco os suecos objetaram quando os chineses compraram tanto a Saab falida quanto a Volvo solvente. Todos os carros "suecos" hoje são chineses.

A escolha ocupacional na Suécia é livre, enquanto nos Estados Unidos e na Polônia é sufocada por cartéis de médicos e eletricistas. O inovismo é honrado, ainda que muito regulado, como também o é nos Estados Unidos e na Polônia. A corrupção tem índices baixos, muito mais baixos do que na maioria dos estados norte-americanos ou poloneses, embora com um nível correspondentemente alto de "transparência" intrusiva do governo em assuntos particulares. A herança na Suécia não é o caminho admirado para o *status* social, como também não o é nos Estados Unidos ou na Polônia. Como a maioria dos norte-americanos, a maioria dos suecos vive em grandes cidades, embora nas férias de verão fujam para suas cabanas pintadas de vermelho nas florestas. Os suecos são honestos e burgueses. E, segundo uma estimativa sem correção, são trinta vezes mais ricos do que seus ancestrais num país que em 1800 era quase tão pobre quanto a Rússia (que na época acabara de ser complementada ao compartilhar a última parte da Polônia com a Prússia).

WPROST: A burguesia polonesa, ou simplesmente os ricos poloneses, a maioria milionários da primeira geração, enfrentam os mesmos problemas: inveja, ódio. Pedem-lhes que compartilhem e paguem mais a seus funcionários. Pouquíssimos poloneses admiram-nos pelo que fizeram. Os poloneses preferem se questionar por que não fizeram mais por eles.

MCCLOSKEY: Para alcançar o patamar dos países mais ricos, a Polônia precisa mudar de ideologia em relação ao inovismo, a admiração liberal pelo progresso por meio da criatividade. Foi uma mudança na ideologia, primeiro na Holanda e depois na Grã-Bretanha, e principalmente no que se tornaram os Estados Unidos, que causou o Grande Enriquecimento — com melhorias no conforto real desde 1800 do fator de dez, trinta ou cem. Primeiro, o *clerisy* (Voltaire e Smith, por exemplo), e, depois, as pessoas comuns começaram a *admirar* a burguesia. O resultado foi o sucesso do Acordo Burguês. Não se pode matar a cabra.

WPROST: Ao olharmos à nossa volta, ouvindo debates intelectuais na mídia ou nas universidades, temos a sensação de que as ideias de Piketty refletem a opinião popular. Nós, a civilização ocidental, estamos tendendo ao socialismo?

MCCLOSKEY: Estamos sempre tendendo ao socialismo, e precisamos acabar com essa tendência. O Partido Lei e Justiça é simplesmente o socialismo na forma fascista. O problema é que as pessoas encaram o governo do mesmo jeito que o tzar era visto pelos russos. O "bom tzar" deveria ser o pai da nação e garantir que tudo corresse bem. Os chineses têm uma tradição semelhante.

As pessoas acham que é a "política" (a própria palavra nesse sentido foi cunhada no século XIX) que as torna ricas. Leis trabalhistas instituindo salários mínimos. Proteção para o trabalhador e contra o comércio exterior. Não é. A maioria das intervenções governamentais prejudica, e não beneficia, as pessoas comuns — lembremo-nos das pessoas comuns e de meia-idade que votam, na prática, para impedir que os jovens consigam empregos. Nós progredimos coletivamente graças aos nossos próprios esforços e porque fazemos negócios com outras pessoas livres para se dedicarem aos seus próprios esforços — e não porque o tzar, o imperador ou o governo subsidiou nossas atividades (basta dar uma olhada na infeliz Política Agrícola Comum, com paralelos nos Estados Unidos: os fazendeiros poloneses se beneficiam, os africanos são prejudicados). Quando somos coletivamente pobres, é porque votamos em políticas ruins, ou porque um bando de ladrões assumiu o governo. Muitas vezes, os dois.

Como escreveu lucidamente em 1881 o sociólogo norte-americano William Graham Sumner (1840-1910): "Se uma indústria não compensa, é uma abominação industrial. Está desperdiçando e destruindo. Quanto maior for, mais prejuízo causa. Ao pedir proteção, o manufaturador protegido é forçado a alegar que seu negócio não compensaria sem ela [...]. Assim, ele pede aos legisladores que lhe deem o poder de tributar os outros cidadãos, de tirar deles o capital que pretende desperdiçar e boas receitas para si, enquanto dá continuidade a um negócio que não compensa."[2]

As pessoas *acham* que impostos, subsídios, cotas, salários mínimos, licenças, zoneamentos, políticas industriais e todas as outras formas de restrição governamental ao Acordo Burguês vão enriquecê-las. Não acredite nisso. Não se engane.

27. Piketty merece alguns elogios

Em 2015, o Erasmus Journal for Philosophy and Economics *me pediu para escrever uma resenha curta sobre Piketty. Acabei me empolgando e escrevendo um ensaio de cinquenta páginas, do qual reproduzo aqui apenas algumas passagens. A crítica a Piketty é um exemplo extenso de como abordar os detalhes da defesa de uma economia liberal. É um exemplo de como ir fundo e mostrar que é possível. Não podemos responder com adesivos de para-choque: precisamos de lógica e evidências.*

Em 2013, Thomas Piketty escreveu um livro grande — na tradução para o inglês, 577 páginas de texto, 76 de referências, 115 diagramas, tabelas e gráficos que entusiasmaram a esquerda no mundo inteiro. "Exatamente como dissemos!", grita a esquerda. "O problema é o capitalismo e sua tendência inevitável à desigualdade!" Originalmente publicado em francês, a edição inglesa foi publicada pela Harvard University Press em 2014, para grande aclamação de colunistas como Paul Krugman, e alcançou o topo da lista de mais vendidos do *New York Times*. Uma edição alemã foi publicada no final de 2014, e Piketty — que já deve estar exausto de tudo isso — fez hora extra para expor seus pontos de vista diante de grandes plateias alemãs. Ele não se sai muito bem na TV porque não tem bom humor, mas segue em frente, e as vendas do livro só aumentam.

Já faz um bom tempo (o que acha de "nunca"?) desde que um tratado técnico sobre economia teve um mercado tão maciço. Uma economista só pode aplaudir. E uma historiadora da economia só pode elogiar. O grande sucesso de Piketty sem dúvida levará muitos jovens estudantes interessados em economia a dedicarem as vidas a estudar o passado. Isso é bom, pois a história da economia é um dos poucos ramos da disciplina que é cientificamente quantitativo. Na história da economia, como na economia experimental e em outros poucos campos, os economistas realmente confrontam as evidências — ao contrário, por exemplo, do que acontece predominantemente hoje na macroeconomia, na economia da organização industrial e na do comércio internacional. Estas lidam com mundos alternativos e com a econometria inconclusiva.

Se pensarmos bem, todas as evidências em qualquer ciência devem estar no passado, e algumas das mais interessantes e cientificamente relevantes estão num passado mais ou menos remoto. Como disse o historiador britânico da economia John H. Clapham em 1922, muito ao estilo dos chamados economistas "austríacos" (embora ele fosse um economista "marshalliano"; as duas vertentes defendiam o livre-comércio): "O economista é, querendo ou não, um historiador. O mundo já avançou antes do amadurecimento de suas conclusões."[1] De fato, os historiadores da economia geralmente centram no passado por si só (é o meu caso, por exemplo), e não apenas com o objetivo de extrapolá-lo para o futuro, que é o propósito de Piketty. Seu livro, afinal de contas, é sobre o capital do século XXI, que mal começou. Contudo, para ser um economista — ou geólogo, ou astrônomo, ou evolucionista — científico, o passado deve ser seu presente.

Piketty dá um ótimo exemplo de como fazer isso. Ele não se limita, como muitos economistas, à única ferramenta empírica que recebem na pós-graduação — ou seja, as várias análises de regressão ou os "dados" de terceiros (um dos problemas é a própria palavra *dado*, que significa "coisas dadas"; cientistas de verdade deveriam se ater a *captos*, "coisas capturadas"). Assim, não comete um dos dois pecados da economia moderna: o uso de "testes" inúteis de significância estatística (aqui e ali, ele se refere a relações "estatisticamente insignificantes" entre, digamos, alíquotas e taxas de crescimento, mas espero que não presuma que um coeficiente grande medido imprecisamente no que diz respeito à amostragem é "insignificante" só porque R. A. Fisher disse em 1925 que era). Piketty constrói ou usa estatísticas do capital agregado e da desigualdade, e em seguida as coloca em gráficos para inspeção — a mesma coisa, por exemplo, que os físicos fazem para lidar com suas experiências e observações.

Tampouco comete o outro pecado, que é desperdiçar tempo científico com teoremas de existência. Outra coisa que os físicos também não fazem. Se nós, economistas, quisermos insistir em invejar a física, pelo menos aprendamos a fazer o que os físicos fazem. Piketty se atém aos fatos, não se aventurando, por exemplo, nos mundos inúteis da teoria dos jogos não cooperativos, há muito derrubada pela economia experimental ou pelas evidências históricas da cooperação humana maciça. Além disso, ele não recorre ao equilíbrio geral incomputável, que nunca teve utilidade para a ciência econômica quantitativa, sendo um ramo da filosofia — e, nisso, também inútil.

Por esses dois acertos, *bravíssimo*.

Seu livro é escrito com clareza e despretensiosamente, ainda que seja uma leitura dura, e imagino que o original em francês siga o mesmo padrão. Piketty merece elogios por seguir a velha regra, não muito popular entre *les français* nos dias de hoje, de que "*ce qui n'est pas clair n'est pas français*", ou "o que não é claro não é francês". Posso dizer isso da versão em inglês. É verdade que o livro provavelmente está condenado a ser um daqueles mais comprados do que lidos. Talvez, leitores de certa idade se lembrem do imenso *Gödel, Escher, Bach: um entrelaçamento de gênios brilhantes* (1979), de Douglas Hofstadter, fadado a ser admirado em muitas mesas de centro, mas nunca lido nos anos 1980, ao passo que os leitores mais jovens vão se lembrar de *Uma breve história do tempo* (1988), de Stephen Hawking. A companhia Kindle, da Amazon, grava a última página que você marcou em um livro baixado (você não sabia disso, não é?). Lançando mão dessa informação, o matemático Jordan Ellenberg calcula que os leitores das 655 páginas de texto e notas de rodapé de *O capital no século XXI* em média mal passam da página 26, onde a marcação para, e que fica quase no final da introdução. Ele propõe que a porcentagem medida pelo Kindle de um livro aparentemente lido, já chamada de Índice Hawking (a maioria dos leitores de *Uma breve história do tempo* parou de marcar as páginas depois de 6,6% do livro), seja rebatizada como Índice Piketty (2,4%).[2] Para ser justa com Piketty, aqueles que compram o livro físico provavelmente são mais sérios do que os que compram a edição para Kindle, e provavelmente irão mais adiante. Não obstante, prender a atenção do leitor médio do *New York Times* por pouco mais de 26 páginas de argumentos econômicos densos, depois do que o livro assume seu lugar de honra na mesa de centro, é uma prova da capacidade retórica de Piketty, e merece a minha admiração. O livro é extremamente interessante — para quem se interessa por argumentos numéricos complexos.

A obra baseia-se numa pesquisa séria e meticulosa, ainda que um pouco tendenciosa. Nada do que eu disser — e direi algumas coisas duras, pois são verdades importantes, e demonstram detalhadamente parte dos erros do argumento antiliberal — tem o objetivo de questionar a integridade ou o esforço científico de Piketty. O livro é o fruto de um grande trabalho colaborativo entre a Escola de Economia de Paris, que ele fundou, e algumas das maiores mentes da tecnoesquerda econômica francesa. *Hélas*, mostrarei que Piketty está gravemente errado em sua ciência e em sua ética social. Entretanto, a mesma coisa pode ser dita de muitos economistas e calculistas, alguns meus queridos amigos. Atire a primeira pedra quem não tiver cometido o pecado de avaliar incorretamente seu conceito central, de entender errado um elemento fundamental da economia ou de adotar um argumento ético completamente equivocado.

28. Mas o pessimismo em relação às sociedades de mercado não tem base científica

Mais da resenha sobre Piketty.

A leitura do livro de Piketty é uma boa oportunidade de entender a última preocupação da esquerda em relação ao "capitalismo" e de testar sua força econômica e filosófica. A preocupação de Piketty com o enriquecimento de quem já é rico é, na verdade, apenas o que há de mais novo em uma longa linhagem que remonta a Malthus, Ricardo e Marx. Desde os gênios fundadores da economia clássica, uma melhoria comercialmente testada (como já ressaltei várias vezes, um termo preferível a "capitalismo", com sua implicação errônea e proeminente em Piketty de que o acúmulo de capital, e não as melhorias, foi o que elevou as nossas rendas) enriqueceu imensamente grandes partes da humanidade, agora com uma população mais de sete vezes maior do que em 1800. E parece provável que enriquecerá a todos no planeta nos próximos cinquenta anos, aproximadamente. Basta dar uma olhada na China e na Índia (e pare de dizer "Mas nem *todo mundo* lá ficou rico"; eles ficarão, como mostra a história da Europa, pelo menos pelos padrões eticamente relevantes dos confortos básicos negados à maioria da população da Inglaterra e da França antes de 1800, ou da China antes do seu recomeço em 1978, e da Índia antes do seu, em 1991). Em sua preocupação, a esquerda sempre se esquece do evento secular mais importante desde a invenção da agricultura — o Grande Enriquecimento dos dois últimos séculos —, e continua como o cachorrinho preocupado com o osso da propaganda para a TV da Travelers Insurance, que ganha uma nova versão a cada quinze anos.

Segue uma lista parcial dos pessimismos preocupantes, cada um com o seu próprio auge desde que, como diz o historiador do pensamento econômico Anthony Waterman, "o primeiro *Ensaio* (1798) de Malthus tornou a escassez da terra um ponto central. E assim começou um século de mutação da 'economia política', a ciência otimista da riqueza, para a 'economia', a ciência pessimista da escassez".[1]

Malthus temia que os trabalhadores se proliferassem, e David Ricardo temia que os proprietários de terras engolissem o PIB. Marx temia, ou celebrava, dependendo de como se encara o materialismo histórico, a possibilidade de os detentores do capital ao menos fazerem uma brava tentativa de engoli-lo. (Os economistas clássicos são os mestres de Piketty, e sua teoria é descrita — antes da página 26 — como a soma de Ricardo e Marx.) O último clássico, John Stuart Mill, temia ou celebrava, dependendo de como vemos a pressa doentia da vida moderna, a possibilidade de o estado estacionário estar se aproximando.

Então, os economistas, muitos da esquerda, mas alguns da direita, numa rápida sucessão de 1880 até o presente (ao mesmo tempo que um inovismo liberal promovia o aumento contínuo dos salários reais), para citar alguns motivos que identificavam para o pessimismo em relação ao "capitalismo", começaram a se preocupar com: ganância, alienação, impureza racial, a falta de força para negociação dos trabalhadores, mulheres trabalhando, o mau gosto dos trabalhadores para o consumo, a imigração de raças inferiores, monopólio, desemprego, finanças *versus* engenharia, propaganda, ciclos econômicos, rendimentos crescentes, externalidades, subconsumo, competição monopolística, separação entre propriedade e controle, falta de planejamento, estagnação pós-Guerra, transbordamento dos investimentos, crescimento desequilibrado, segmentação do mercado de trabalho, insuficiência do capital, irracionalidade camponesa, imperfeições do mercado de capitais, escolha pública, mercados ausentes, assimetria da informação, exploração do Terceiro Mundo, captura do regulador, efeito carona, armadilhas de baixo nível, armadilhas de nível médio, dependência da trajetória, falta de competitividade, consumismo, externalidades de consumo, irracionalidade, desconto hiperbólico, "grande demais para quebrar", degradação ambiental, a baixa renda dos cuidadores profissionais, a alta renda dos CEOs, a desaceleração do crescimento, entre outras coisas.

É possível correlacionar alguns dos últimos itens da lista, assim como alguns dos primeiros, resgatados à la Piketty ou Krugman, com determinados Prêmios de Ciências Econômicas em Memória de Alfred Nobel. Não citarei aqui os homens (todos homens, em grande contraste com o método de Elinor Ostrom, Prêmio Nobel de 2009), mas posso revelar a fórmula: primeiro, descobrir ou redescobrir uma condição necessária para a concorrência *perfeita* ou um mundo *perfeito* (no caso de Piketty, por exemplo, uma igualdade de renda mais perfeita, supondo que sem a reflexão ética de que a igualdade *é* a perfeição). Em seguida, afirmar sem evidências (aqui, Piketty se sai muito melhor do que a prática de praxe), mas com ornamentações matemáticas adequadas (como Jean Tirole, Prêmio Nobel 2014), que a condição pode ser concretizada imperfeitamente, ou o mundo pode não se desenvolver com perfeição. É claro que a perfeição aqui embaixo é improvável. Aliás, impossível. Depois, concluir com um floreio (já aqui, Piketty cai no baixo padrão científico de costume) que o "capitalismo" está condenado — a não ser que especialistas intervenham com um belo uso do monopólio da coerção no governo para aplicar o antitruste contra os malfeitores ricos, subsídios em prol de indústrias que estejam sofrendo com a redução dos retornos, prestar ajuda internacional a governos perfeitamente honestos, investir dinheiro em indústrias claramente nascentes, manipular consumidores pateticamente infantis, ou, como diz Piketty, introduzir um imposto a todo o capital que causa desigualdade no mundo inteiro.

Uma característica dessa história curiosa de procurar falhas e propor correções estatistas é que raramente o pensador econômico sente a necessidade de oferecer evidências de que sua (como eu disse, na maioria das vezes "dele") proposta de intervenção governamental funcionará. E ele quase nunca sente a necessidade de oferecer evidências de que a condição necessária imperfeitamente alcançada para a perfeição antes da intervenção é grande o bastante para reduzir boa parte do desempenho da economia como um todo. (Repito: Piketty, aqui, supera o padrão de costume.)

O historiador da economia John Clapham fez esse questionamento em 1922, quando teóricos propuseram, com base em um ou dois diagramas, que o governo deveria subsidiar indústrias cujos retornos supostamente estavam aumentando. Os economistas não disseram como adquirir o conhecimento de quais indústrias exibiam aumento de retornos, nem como alcançar o subsídio, ou tampouco o quanto seu conselho não quantitativo de fato ajudaria um governo imperfeito a se aproximar da sociedade perfeita. O silêncio foi desencorajador, escreveu sem rodeios Clapham, para "o estudante não das categorias, mas das coisas". E, quase um século depois, continua sendo. Ele censurou o economista de Cambridge, A. C. Pigou:

> Lemos *The Economics of Welfare* para descobrir que, em quase mil páginas, não há sequer uma ilustração de quais indústrias se encontram em quais caixas [ou seja, em quais categorias teóricas], embora muitos argumentos comecem com "quando condições de retornos em queda prevalecem" ou "quando condições de retornos em alta prevalecem", como se todos soubessem quando isso se dá.

Ele repetiu a resposta do teórico imaginando sem força quantitativa "aquelas caixas econômicas vazias", uma resposta ainda ouvida, sem progresso na sua plausibilidade:

> Se quem conhece os fatos não conseguir fazer o encaixe, nós [teóricos identificando grandes falhas na economia] nos arrependeremos. No entanto, nossa doutrina conservará sua lógica, e, acrescentemos, seu valor pedagógico. E aí você sabe que ela se encaixa maravilhosamente em gráficos e equações.[2]

Uma rara exceção ao histórico de falta de checagem do impacto de nível nacional que uma suposta imperfeição pode ter foi o livro de 1966 dos marxistas Paul Baran e Paul Sweezy, *Capitalismo monopolista*, que tentou (e fracassou honrosamente) medir a extensão do monopólio geral na economia norte-americana.[3] Para a maioria das outras preocupações da lista, como a de que as externalidades obviamente requerem intervenção governamental (como declararam em sucessão histórica Pigou, Samuelson e Stiglitz), os economistas não acharam que valia a pena investir seu tempo científico para demonstrar o impacto geral da falha. Piketty pelo menos tenta (e falha honrosamente).

E, por falar em "valor pedagógico", o mero número das "imperfeições" de fama breve, mas nunca medidas, serviu para levar os economistas jovens — que, ingenuamente, supõem que seus antecessores *devem* ter encontrado alguns fatos por trás dos belos gráficos e equações — a acreditarem que as melhorias comercialmente testadas deram muito errado, ainda que todos os instrumentos quantitativos concordem para demonstrar que deram espetacularmente certo desde 1800 ou 1848.

Por outro lado, economistas liberais como Arnold Harberger e Gordon Tullock, ao afirmarem que a economia funciona muito bem, apuraram os fatos, ou pelo menos sugeriram como fazê-lo.[4] O desempenho de Pigou, Samuelson, Stiglitz e o restante da esquerda (admitamos que, nesses três casos, uma "esquerda" muito moderada) equivale a um astrônomo ter dito, com base em suposições qualitativas, que o hidrogênio do Sol acabaria muito em breve, fazendo-se necessária uma intervenção urgente pelo Império Galáctico, mas sem se dar o trabalho de identificar por meio de observações sérias e simulações quantitativas em quanto tempo esse triste evento aconteceria. Na maioria das vezes, na teoria econômica, bastou demonstrar a mera direção de uma "imperfeição" em uma lousa (os "teoremas qualitativos" de Paul Samuelson, tão desastrosamente recomendados na sua elogiadíssima dissertação de PhD, *Fundamentos da Análise Econômica*, em 1947) e, em seguida, aguardar o telefonema da Academia sueca cedinho numa manhã de outubro.

É fácil começar a suspeitar que o esquerdista típico — a maioria das preocupações mais graves vieram da esquerda, como era de se esperar, embora nem tanto se considerarmos os benefícios produzidos pelo "capitalismo" para a classe trabalhadora — começa com uma convicção arraigada de que melhorias comercialmente testadas apresentam defeitos sérios. A convicção é adquirida aos 16 anos de idade, quando o protoesquerdista descobre a pobreza, mas não tem ferramentas para entender sua fonte. Segui esse padrão, e, com isso, me tornei socialista por um período. Em seguida, o "bom social-democrata" de uma vida inteira, como ele se descreve (e como me descrevi por algum tempo), ao se tornar um economista profissional, com o intuito de justificar a convicção agora profundamente arraigada, passa a procurar qualquer indicação *qualitativa* de que, em algum mundo imaginário de categorias e não de coisas, tal convicção seria verdadeira, sem se dar o trabalho de obter números relevantes do nosso próprio mundo (algo de que, repito, nosso Piketty *não pode* ser acusado). É o utopismo dos bem-intencionados com tendências esquerdistas que dizem: "É claro que essa sociedade terrível, em que alguns são mais ricos e poderosos do que os outros, pode ser muito melhorada. Podemos ser *muito*, mas muito melhores!" O utopismo vem da lógica das teorias de estágios, concebida no século XVIII como uma ferramenta para enfrentar a tradição e empregada em *A riqueza das nações*, entre outras obras menos famosas. É claro que a história não acabou. *Excelsior!*

É verdade que a direita também pode ser acusada de certo utopismo, com seu próprio ar adolescente, ao afirmar, sem evidências, como fazem alguns economistas austríacos de levas mais antigas e certos membros da

Escola de Chicago que perderam a vontade de submeter suas verdades a testes sérios, que já vivemos no melhor possível dos mundos. Contudo, admitindo que há uma boa dose de culpa a ser atribuída dentro da economia pela proposta de uma ciência meramente filosófica, e não seriamente quantitativa, a recusa da esquerda a quantificar o sistema como um todo parece mais prevalente e perigosa.

Tenho um amigo marxiano muito amado e extremamente inteligente que me diz: "*Odeio* os mercados!" Ao que respondo: "Mas, Jack, você adora procurar antiguidades *em mercados*." "Não importa. *Odeio* mercados!" Os seguidores de Marx, particularmente, preocuparam-se sucessivamente com as seguintes possibilidades, para as quais tinham poucas evidências: de o típico trabalhador europeu ser empobrecido nesses mercados, de ele ser alienado, e depois de o trabalhador da típica periferia do Terceiro Mundo ser explorado. Recentemente, os marxianos e o restante da esquerda começaram a se preocupar com o meio ambiente, no que o historiador Eric Hobsbawm chamou, com certa repulsa natural para um velho marxista, de "uma base muito mais classe média".[5] As mudanças climáticas globais são um problema urgente, mas as soluções viáveis, como os impostos sobre as emissões de carbono, não são nada marxianas. Várias das outras preocupações da esquerda em relação ao meio ambiente não contam com evidências, e os marxistas não têm nenhuma proposta quanto ao que fazer em relação a elas além de um retorno ao Walden Pond e à vida em 1845, ou cometer suicídio em massa.

Um tempo atrás, tive um pesadelo. Não é algo que acontece com frequência, e esse foi muito real, um pesadelo de economista, samuelsoniano. E se *cada* ação tivesse que ser executada exatamente na sua forma perfeita? Maximizar a Utilidade sujeita a Limites. Max *U* s. *L*. Suponhamos, em outras palavras, que você precisasse alcançar o pico *exato* da montanha da felicidade sujeita a limites *cada vez* que fosse pegar uma xícara de café ou *a cada* passo na rua. É claro que você fracassaria repetidamente nessa tarefa, congelado pelo medo do menor desvio da perfeição. À maneira irracional dos pesadelos, foi uma visão assustadora de o que os economistas denominam racionalidade. Poucos economistas têm um trabalho que conta com o reconhecimento da impossibilidade da perfeição exata, podendo ser citadas as soluções satisfatórias de Herbert Simon, os custos de transação de Ronald Coase e a reafirmação da velha piada de Yogi Berra feita por Israel Kirzner: é difícil fazer previsões, especialmente sobre o futuro.

Nós, jovens economistas norte-americanos e engenheiros sociais dos anos 1960, inocentes como bebês, tínhamos a certeza de que era possível alcançar uma perfeição previsível, mecânica. "Ajustes finos", como chamávamos. Não deu certo, como sempre acontece com a perfeição nos planos dos humanos para os humanos. Boudreaux diz que a "engenharia social é um tipo de engenharia que ninguém — não importa a sua inteligência, sua educação, o seu talento, atitude ou intenções — está ao menos remotamente qualificado para exercer. Um dos maiores mitos é o que afirma que a sociedade é semelhante a uma máquina passível de ser aperfeiçoada se contar com os engenheiros certos."[6] A economia, como ciência ou arte, é mais um organismo que cresce desordenadamente em direção à luz do que uma máquina de aço repetindo exatamente hoje e amanhã o que fez ontem.

A esquerda acredita piamente que a economia é fácil, conhecida, e segue uma rotina — e, portanto, pode ser submetida a uma compulsão mecânica. A direita acredita piamente na mesma compulsão militar. Contudo, as compulsões militares mais meticulosas da história, empregadas na invasão da Normandia, deram muito errado.[7] E o planejamento e os erros crassos do Dia D e dos meses seguintes não foram nada se comparados a uma economia. Não é sequer possível definir de fato o que seria a perfeição do tipo mecânico, repetível, rotineiro dentro de uma economia ou batalha, pois, se fosse possível definir tais planos mecânicos ("compre ações em janeiro"; "sempre ataque pelo flanco direito"), outros iriam imitá-los ou pelo menos antecipá-los — e derrotá-los. Se fôssemos tão inteligentes assim, seríamos ricos.[8] Não se pode dizer isso dos economistas, nem da maioria dos generais.

O cientista político John Mueller argumentou em 1999 que deveríamos, em vez disso, buscar o "satisfatório".[9] Mueller avalia que as melhorias comercialmente testadas e a democracia liberal são satisfatórias do jeito que são, com suas imperfeições, em lugares como a Europa e seus descendentes. Mueller calcula que as "falhas" para alcançar a perfeição, digamos, no comportamento do Congresso, ou a igualdade na distribuição de renda do Reino Unido não são grandes o bastante para afetar tanto assim o desempenho do regime ou da economia. Como observou Raymond Aron, um raríssimo liberal moderno francês, "o liberal acredita na permanência da imperfeição humana; ele se conforma com um regime em que o bem será o resultado de inúmeras ações, e jamais de uma escolha consciente".[10] Poderíamos chamar isso de mão invisível, observando que ela também está presente em outros sistemas, como o da linguagem.

Pelo menos, Piketty é um cientista quantitativo sério, ao contrário dos outros meninos brincando nas caixas de testes de "significância", teoremas de "existência", imperfeições não medidas na economia, e a designação de tarefas impossíveis para um governo imperfeito (infelizmente, nesse último aspecto, ele se junta aos meninos em suas caixas de areia). Aliás, Piketty declara na página 27 (comparar à página 573):

> É importante ressaltar que [...] a principal fonte de divergência [das rendas dos ricos comparadas às dos pobres] na minha teoria não tem nenhuma relação com qualquer imperfeição do mercado [observe que as possíveis imperfeições *governamentais* não preocupam Piketty]. Muito pelo contrário: quanto mais perfeito o mercado de capitais (no sentido do economista), mais provável [a divergência].

Ou seja, como Ricardo, Marx e Keynes, ele acredita ter descoberto o que os marxianos chamam de uma "contradição" (página 571), uma consequência infeliz da própria perfeição do "capitalismo".

No entanto, todas as preocupações de Malthus a Piketty, de 1798 ao presente, compartilham de um pessimismo inerente, seja da imperfeição do mercado de capitais, das inadequações comportamentais do consumidor individual, ou das Leis Newtonianas de uma Economia Capitalista. E o compartilham diante do maior enriquecimento *per capita* que os humanos já testemunharam. Mesmo durante essa história perfeitamente satisfatória, de 1800 ao presente, os pessimistas de esquerda da economia não obstante foram acometidos por pesadelos com falhas terribilíssimas.

É claro que esse pessimismo vende. Por razões que nunca entendi, as pessoas gostam de ouvir que o mundo está indo para o inferno. Irritam-se e se tornam arrogantes quando algum otimista idiota atrapalha seu prazer. Ainda assim, o pessimismo tem sido paulatinamente um guia ineficiente para o mundo econômico moderno. Estamos muito mais ricos em corpo e espírito do que éramos dois séculos atrás. Nos próximos cinquenta anos (se não matarmos as melhorias com a implementação de esquemas de planejamento e redistribuição da esquerda, ou de esquemas de imperialismo e guerra da direita, como fizemos de 1914 a 1989, seguindo a crença do *clerisy* de que os mercados e a democracia apresentam falhas terríveis), podemos esperar que o mundo inteiro alcance o patamar da Suécia ou da França. Lagos e Rio de Janeiro serão tão ricas quanto Nova York e Londres.

Nada mau.

29. Numa sociedade liberal, os ricos não enriquecem à custa dos outros

Mais um pouco da resenha sobre Piketty.

O tema central de Piketty é a força do interesse das fortunas herdadas — que causa, segundo ele, uma desigualdade de renda cada vez maior, graças às receitas produzidas por essas fortunas. Ele declara que "o dinheiro tende a se reproduzir", uma queixa sobre o dinheiro e os juros feita repetidas vezes no Ocidente desde Aristóteles.[1] Disse o filósofo sobre alguns homens: "Suas vidas são completamente regidas pela ideia de que ou devem multiplicar seu dinheiro sem limites, ou não o perder a qualquer custo [...]. O tipo mais desprezível [de multiplicação do dinheiro deles] [...] é a usura, que promove a reprodução do dinheiro."[2] A teoria de Piketty (e de Aristóteles) é que o maldito lucro a partir do capital costuma exceder a taxa de crescimento da economia. Assim, a parcela dos retornos sobre o capital na renda nacional cresce de forma contínua, porque as receitas provenientes dos juros — que, presume-se, só os capitalistas recebem e supostamente conseguem manter e reinvestir — estão crescendo mais rápido do que a renda da sociedade como um todo. Aristóteles e seus seguidores, entre os quais Aquino, Marx e Piketty, protestaram contra esses ganhos "ilimitados".

Como você pode ver, o argumento é muito antigo e muito simples. Piketty o enfeita um pouco com análises fatalistas sobre razões capital-produto e outras taxas, produzindo sua desigualdade central sobre a desigualdade: contanto que $r > c$, em que r é o retorno sobre o capital e c é a taxa de crescimento da economia, estamos fadados a ver os capitalistas receberem recompensas cada vez maiores, enquanto o restante dos pobres de nós fica, relativamente, para trás.

Essa mera expressão verbal do argumento de Piketty é conclusiva, e não requer elaboração, contanto que suas suposições factuais sejam verdadeiras. Contudo, não é verdade que: só os ricos têm capital; não existe capital humano nem social; que os ricos reinvestem seus retornos; que eles nunca os perdem para a preguiça ou graças à destruição criativa de outra pessoa; que a herança é o principal mecanismo, em vez de uma criatividade que promove o aumento do *c* para o restante de nós a partir do momento em que ele resulta num *r*, este mesmo com frequência compartilhado por todos nós; e que, eticamente, nós nos importamos apenas com o índice de Gini, e não com as condições da classe trabalhadora.

Ressaltemos um aspecto em relação ao último tópico: no conto de Piketty, o restante de nós fica só *relativamente* atrás dos gananciosos capitalistas. O foco na fortuna ou no consumo *relativos* é um problema sério entre vários no livro. A visão de Piketty de um "Apocalipse Ricardiano", como ele diz, na verdade deixa espaço para que o restante de nós tenha um desempenho nada apocalíptico — como, aliás, é o que temos tido desde 1800. O que preocupa Piketty é que os ricos tenham a possibilidade de ficar mais ricos, mesmo apesar de os pobres também ficarem. Em outras palavras, sua única preocupação é com a diferença, com o índice de Gini, com uma vaga sensação de inveja elevada a uma suposição teórica e ética.

Outro problema sério do raciocínio lógico de Piketty é que *r* nem *sempre* excede *c*, como pode lhe dizer qualquer um que conheça por alto as taxas de juros sobre o capital investido e a taxa de crescimento da maioria das economias (exceto pela China recentemente, onde, ao contrário da previsão de Piketty, a desigualdade conforme definida por ele aumentou). Se essa lógica simples estiver correta, o Apocalipse Ricardiano está próximo — *sempre*. Introduzamos, portanto, o belo, irrepreensível e onicompetente governo — ou, menos plausivelmente ainda, um governo mundial, ou o Império Galáctico — para instaurar um "imposto *global* progressivo sobre o capital" (página 27) para taxar os ricos. É a nossa única esperança.

Contudo, os dados coletados engenhosa, ainda que não perfeitamente, pela sua própria pesquisa, como ele confessa, ainda que sem admitir que isso deveria servir para reduzir seu próprio pessimismo, como já observei, indicam que só no Canadá, nos Estados Unidos, no Reino Unido e talvez em outras partes do mundo anglófono a desigualdade de renda teve um aumento considerável, e só recentemente. É curioso: por que a desigualdade só aumenta onde as pessoas falam inglês? "Na Europa continental e no Japão, a desigualdade de renda hoje é muito menor do que no início do século XX, e, na verdade, não mudou muito desde 1945" (página 321 e imagem 9.6). Vamos dar uma olhada, por exemplo, na página 323, imagem 9.7, na parcela da renda do decil superior, 1900-2010, dos Estados Unidos, Reino Unido, Alemanha, França e Suécia. Em *todos* esses países, $r > c$.

E é assim que tem sido, com exceções raríssimas como a da China recentemente, desde o início dos tempos. Contudo, após as redistribuições do Estado de bem-estar social, em 1970, a desigualdade de renda *não* aumentou muito na Alemanha, na França e na Suécia. Em outras palavras, os temores de Piketty não se confirmaram em nenhum lugar de 1910 a 1980; tampouco em nenhum lugar em qualquer período anterior a 1800; ou em qualquer lugar na Europa Continental e no Japão desde a Segunda Guerra Mundial; e só recentemente um pouco no mundo anglófono, incluindo Estados Unidos, Reino Unido e Canadá (o Canadá, aliás, não volta a ser mencionado).

É uma charada e tanto se o dinheiro tende a se reproduzir, sempre e cada vez mais, seguindo a lei geral governada pela desigualdade da dupla Ricardo-Marx nas taxas de r e c como observado na história mundial. Entretanto, na verdade, a desigualdade aumenta e diminui em ondas de uma amplitude não muito grande, das quais temos evidências de muitos séculos atrás até o presente. Isso, aliás, também não é citado nesse conto (Piketty mal menciona os historiadores da economia Peter Lindert e Jeffrey Williamson, que documentaram o fato, tão inconveniente para o seu argumento). De acordo com a lógica dele, assim que começa (como aconteceria em qualquer período se uma economia satisfizesse a quase sempre satisfeita condição de ultrapassagem da taxa de crescimento da renda pela taxa de juros), uma onda Piketty nunca para. Seguindo essa lógica inexorável, deveríamos ter sido afogados por um maremoto de desigualdade em 1800 d.C., ou em 1000 d.C., ou, aliás, em 2000 a.C. Em determinado momento, Piketty diz simplesmente que: "$r > c$ tornou-se *novamente* a norma no século XXI, *como fora ao longo da história até as vésperas da Primeira Guerra Mundial*" (página 572, grifo nosso; é de se perguntar o que ele faz com a baixa histórica atual das taxas de juros ou as taxas negativas dos juros reais durante a inflação dos anos 1970 e 1980). Por que, então, a parcela dos ricos já não alcançou os 100%? Ou como a parcela pode ter ficado estável, digamos, nos 50% característicos das economias improdutivas da Europa medieval, dominada por grandes proprietários de terras?

Há momentos em que Piketty descreve seu mecanismo como um "processo potencialmente explosivo" (página 444); em outros, ele admite que, em virtude dos choques aleatórios sofridos por fortunas familiares, "é improvável que a desigualdade de riqueza cresça indefinidamente, [...] mas a distribuição de riqueza convergirá para certo equilíbrio" (página 451; ele não especifica esse equilíbrio). Com base nas listas da *Forbes* dos muito ricos, Piketty observa, por exemplo, que "várias centenas de novas fortunas aparecem no patamar [de 1 a 10 bilhões] em algum lugar do mundo quase todos os anos" (página 441). E então, professor Piketty? O apocalipse iminente, ou (o que é observado de forma aproximada com pequenas oscilações) uma parcela contínua dos ricos saindo e voltando constantemente para as suas fortunas num processo evolutivo? Seu mecanismo parece não explicar nada de alarmante e, ao mesmo tempo, prevê algo extremamente alarmante.

O jornalista Matt Ridley apresentou uma razão persuasiva para o (pequeno) aumento recente da desigualdade na Grã-Bretanha. Ridley escreve:

> Estou confuso. Você quer dizer que, durante as três décadas em que o governo estimulou bolhas econômicas nos preços dos imóveis; deu incentivos fiscais às pensões; cobrou impostos leves de ricos "não domiciliados" no país [cidadãos de países como Rússia e Arábia Saudita que moram no Reino Unido, mas que não têm de pagar impostos sobre a renda ganha fora do país]; investiu em subsídios agrícolas [que nos Estados Unidos e especialmente no Reino Unido beneficia os latifundiários, a maioria ricos]; e restringiu duramente a disponibilização de terras para a habitação, promovendo o aumento do prêmio recebido pela permissão do planejamento para o desenvolvimento, os ricos proprietários do capital tiveram um pequeno aumento da sua fortuna? Que surpresa. [...] [Falando sério a partir daqui] uma boa parte do aumento da concentração de fortuna desde 1980 foi promovida por políticas governamentais, que têm sistematicamente redirecionado oportunidades de lucros para os ricos, e não para os pobres.[3]

Nos Estados Unidos, com seus amplos incentivos fiscais e pagamento do seguro social para os nossos amigos muito ricos, a exemplo do tratamento da compensação financeira que enriqueceu muito mais Mitt Romney, pode-se apresentar um argumento semelhante de que a causa é o governo — exatamente quem Piketty espera que resolva o suposto problema. Não foi o "capitalismo" que causou o recente e restrito abalo no mundo anglófono, e certamente tampouco as melhorias comercialmente testadas a taxas extraordinárias nos dois últimos séculos. Foram o Parlamento e o Congresso.

A inconsequência do argumento de Piketty, na verdade, já é de se esperar pelas falhas das fontes que ele cita. Comecemos pela adoção de um teorema do grande economista Ricardo, que falhou completamente como previsão. Os proprietários de terras não engoliram o PIB, como Ricardo previu com confiança. Na verdade, a participação do arrendamento de terras na renda nacional (e no mundo) caiu muito desde que Ricardo afirmou que ele aumentaria continuamente. O resultado lembra o de Malthus, cuja previsão de que o suprimento de comida não atenderia à população foi anulado quase a partir do próprio momento em que ele afirmou que ela estava prestes a se concretizar.

Certo. Agora, combinemos a teoria de Ricardo à de outro *economista* não tão bom, Marx (o maior *cientista social* do século XIX, sem comparação, ainda que estivesse errado em praticamente todos os pontos importantes, e principalmente em suas previsões). Marx supôs que os salários cairiam, e que, no entanto, os lucros também cairiam; mas, ao mesmo tempo, que os aperfeiçoamentos tecnológicos também aconteceriam. Tal combinação, como apontou inúmeras vezes a economista marxiana Joan Robinson, é impossível. Se houver melhorias tecnológicas, ao menos um dos dois, salários ou lucros, precisa aumentar, como aconteceu. Com uma torta maior, alguém tem que receber mais.

No caso, o que aumentou foram os salários do trabalho não qualificado e principalmente a partir de um grande acúmulo de capital *humano*, mas capital detido pelos trabalhadores, e não pelos realmente ricos. O retorno sobre o capital físico foi maior do que um retorno sem riscos sobre títulos do governo britânico ou dos Estados Unidos, para compensar o risco de deter o capital (como a obsolescência resultante das melhorias — é só pensar no seu computador, que ficará obsoleto em quatro anos). No entanto, o retorno sobre o capital físico e sobre o capital humano foi, ainda assim, mantido em seu nível de aproximadamente 5 a 10% pela concorrência entre os capitalistas em proliferação.

Imaginemos o nosso empobrecimento caso a renda dos trabalhadores, por *não* terem acumulado capital humano e por suas sociedades *não* terem adotado o acúmulo de invenções desde 1800, tivesse tido a história de estagnação desde 1800 que o retorno por unidade de capital tem. Não é algo difícil de imaginar, pois essa renda miserável existe ainda hoje para os trabalhadores de lugares como Somália e Coreia do Norte. Em vez disso, desde 1800 na maioria dos países ricos, a renda *per capita* dos trabalhadores aumentou a um fator de cerca de trinta (2.900%, se você preferir), e mesmo no mundo de forma geral, incluindo os países ainda pobres, a um fator de dez (900%), ao passo que a taxa de retorno sobre o capital físico estagnou.

Piketty não reconhece que cada onda de inventores, empreendedores e até capitalistas comuns perde suas recompensas para novos entrantes, um conceito econômico que ele não parece entender. As receitas do século XIX de lojas de departamento como Le Bon Marché, Marshall Field's e Selfridges veio do empreendimento. O modelo, em seguida, foi copiado por todo o mundo rico, e foi a base para pequenas fortunas em Cedar Rapids, Iowa, e Benton Harbor, Michigan. Já no século XX, o modelo foi desafiado por uma onda de lojas de descontos, e esta, por sua vez, pela internet. O acúmulo original se dissipa lenta ou rapidamente. Em outras palavras, o lucro dos especuladores é mais ou menos rapidamente reduzido pela oferta de novos entrantes, isso se os monopólios governamentais e os protecionismos do tipo observado por Ridley na história recente britânica não atrapalharem. Relembremos o cálculo mencionado anteriormente de Nordhaus, que mostra que inventores e empreendedores hoje ficam apenas com 2% dos lucros provenientes do valor social de suas invenções.[4] Se você for Sam Walton, receberá, pessoalmente, um bom dinheiro com os 2% da introdução dos códigos de barras nos estoques dos supermercados, mas 98% à custa de 2% constituem, ainda assim, uma boa fatia para o restante de nós. Os lucros obtidos a partir das estradas macadamizadas ou da borracha vulcanizada, das universidades modernas, do concreto armado e do avião enriqueceram até os mais pobres de nós.

Piketty, que não acredita nas respostas da oferta, concentra-se, em vez disso, no fato terrível de as pessoas muito ricas terem sete relógios Rolex por mera herança. Ele fala várias vezes de Liliane Bettencourt, herdeira da fortuna da L'Oréal e terceira mulher mais rica do mundo, que "não trabalhou nenhum dia na vida, mas viu sua fortuna crescer tão rápido quanto a de Bill Gates [admitidamente alguém que produz melhorias]".[5] Piketty se horroriza, e aí se resume toda a sua filosofia ética.

A desigualdade de salários nos países ricos onde a lacuna entre ricos e pobres está crescendo, apesar de serem poucos (Piketty identifica, lembremo-nos: Canadá, Estados Unidos e Reino Unido), é causada predominantemente, ele admite, pela "emergência de remunerações extremamente altas no topo da hierarquia de salários, particularmente entre os administradores de grandes empresas". Essa emergência, observe, não tem relação com $r > c$.

Os economistas Geoffrey Brennan, Gordon Menzies e Michael Munger apresentam um argumento semelhante em um artigo escrito antes do livro de Piketty, de que a herança *inter vivos* do capital humano necessariamente excederá a desigualdade do índice de Gini porque, "pela primeira vez na história humana, os ricos estão tendo menos filhos [...]. Mesmo que a opulência continue crescendo, será concentrada em um número cada vez menor de mãos".[6] Os ricos mandarão seu filho único, preparado por tutores de francês e matemática, para a Sydney Grammar School e para Harvard. Os pobres dividirão o pouco que tiverem entre os filhos, supostamente numerosos.

A "opulência universal que se estende às camadas mais baixas do povo", tão esperada por Adam Smith, daria a todos acesso a uma excelente educação — objeto eticamente delicado da política social, com o mérito adicional de ser factível.[7] A mesma coisa não pode ser dita de tentar reduzir a desigualdade do índice de Gini. Se os pobres ficarem tão ricos (pela liberação do Grande Enriquecimento) a ponto de também passarem a ter menos filhos — o que é o caso no mundo inteiro, da Itália a Bangladesh —, a tendência à diferença crescente será atenuada.

O economista Tyler Cowen me lembra, além disso, que "baixas" taxas de natalidade também incluem zero filhos, o que leva à morte de linhagens — como aconteceu com frequência em famílias reais bem nutridas. Filhos inexistentes, como os do grão-duque da Toscana João Gastão de Médici em 1737, não podem herdar, *inter vivos* ou não. Em vez disso, são seus primos de segundo ou terceiro grau que herdam — e dissipam a fortuna.

E, para os filhos, o efeito da fortuna herdada geralmente é a eliminação da ambição, como podemos ver diariamente na Rodeo Drive ou na Upper Sloane Street. A preguiça — ou, aliás, a regressão à média da capacidade — é um equalizador poderoso. "Sempre chega um momento", escreve Piketty contra seu próprio argumento, "em que um filho pródigo dissipa a fortuna da família" — esse sendo o ponto de contenda da luta de séculos na lei inglesa em torno dos patrimônios herdados (página 451). Imagine que você tivesse acesso a 10 milhões de dólares aos 18 anos, antes de estar com o caráter completamente formado. Para você, teria sido um desastre ético, como costuma acontecer para os filhos dos muito ricos. Nós, pais prósperos do Grande Enriquecimento, podemos nos preocupar com o incentivo de filhos e especialmente netos a, por exemplo, obter um PhD em Economia, ou ao empreendimento sério, ou, aliás, à prática da caridade. Por mais braceletes de diamantes que tenham, a maioria dos filhos ricos — e, talvez, todos os nossos filhos expostos às riquezas que o Grande Enriquecimento está oferecendo às camadas mais baixas do povo — não obterá um PhD em Economia. Por que se dar o trabalho? David Rockefeller se deu (Universidade de Chicago, 1940, em Economia), mas seu avô teve uma sorte incomum ao transmitir os valores de alguém nascido na pobreza para o filho, John Jr., e depois para os cinco netos nascidos de John Jr. (embora não para a neta Abby, que não trabalhou um dia na vida).

Como Piketty é obcecado pela herança, ele também quer reduzir a importância do lucro proveniente do empreendimento, o inovismo que enriqueceu os pobres. É, mais uma vez, o argumento de Aristóteles de que o dinheiro é estéril, e de que os juros sobre o dinheiro são, portanto, absurdos. Nesse aspecto, Aristóteles estava tão enganado quanto os antissemitas estão há mil anos. Ao contrário do que diz Piketty, e deixando de lado o barateamento dos bens produzidos pelo investimento da fortuna dos ricos, geralmente quem tem mais dinheiro chegou a essa posição sendo criativo e produtivo, beneficiando a todos nós — obtendo aquele PhD, por exemplo, ou sendo fabricantes incríveis de automóveis ou excelentes escritores de histórias de suspense, fazendo passes incríveis para um *touchdown*, ou sendo excelentes fornecedores de celulares, como Carlos Slim, do México, em determinado momento o homem mais rico do mundo (provavelmente com uma pequena ajuda da corrupção do Congresso da União do México).

O fato de Frank Sinatra ter se tornado mais rico do que a maioria de seus fãs não foi um escândalo ético. O exemplo de "Wilt Chamberlain", apresentado pelo filósofo Robert Nozick (Piketty menciona John Rawls, mas não o seu adversário Nozick) diz que, se pagarmos voluntariamente para obter o benefício de CEOs inteligentes ou atletas talentosos, não existe problema ético. As recompensas excepcionais dos Frank Sinatras, Jamie Dimons e Wilt Chamberlains vêm dos mercados muito mais amplos da era da globalização e da reprodução mecânica, e não do roubo ou da herança.

Não é só uma questão de incluir a depreciação nas contas. O economista Eamonn Butler observa que:

> A ideia [fundamental para o argumento de Piketty] de que o capital é um ativo permanente, que oferece a seus proprietários sortudos um fluxo contínuo de vantagens sem esforço — como maçãs caídas de uma árvore — também está errada. Na verdade, a conservação do capital requer tempo, dinheiro e esforços. Ele deve ser preservado e protegido. E para que ele retenha valor num mundo volátil e competitivo, precisa ser aplicado com disciplina e foco constantes.[8]

A mesma coisa se aplica ao talento e à localização do trabalho, e, como todo fazendeiro sabe, à terra. Uma economia em constante transformação requer disciplina e foco constantes por parte dos humanos, o que tem mais probabilidade de ser alcançado pelos proprietários do capital, do trabalho e de terras do que por planejadores centrais.

30. O livro de Piketty contém graves erros técnicos

Mais.

São muitas as falhas técnicas do argumento de Piketty. É só procurar que você encontra. Listarei algumas que identifiquei, mas eu soube que outros economistas identificaram outras. Basta pesquisar "Piketty" no Google. Não fiz isso, porque não quero só me juntar ao coro das críticas. Respeito o que ele tentou fazer, e é por isso que lhe devo uma avaliação independente.

Por exemplo (essa é importante, e também se aplica ao cálculo da Oxfam da parcela da riqueza mundial detida pelos maiores bilionários), a definição de riqueza de Piketty não inclui o capital humano, detido pelos trabalhadores. Nos países ricos, ele hoje é a principal fonte de renda. É combinado ao imenso acúmulo desde 1800 do capital do conhecimento e dos hábitos sociais, detido por todos com acesso a ele. E Piketty ignora o capital governamental, também imenso, e não possuído exclusivamente pelos podres de ricos.

Assim sendo, seus gráficos meticulosamente montados da razão (meramente física e meramente privada) capital-produto estão errados. Eles excluíram as principais formas de capital do mundo moderno. Mais importante, ao insistir em definir o capital como algo detido quase sempre pelos ricos, Piketty se equivoca quanto à fonte da renda, representada principalmente pela criatividade humana, e não por máquinas acumuladas ou terras apropriadas.

Ele afirma misteriosamente na página 46, por exemplo, que há "muitas razões para a exclusão do capital humano da nossa definição de capital", mas só oferece uma: "O capital humano não pode ser detido por qualquer pessoa."[1] Acontece que o capital humano é detido precisamente pela própria trabalhadora. Piketty não explica por que a autopropriedade à la Locke, aquela que não permite alienação, não é propriedade. Se eu sou proprietária e opero terras melhoradas, mas a lei proíbe a sua alienação (como fazem algumas leis conservadoras e coletivistas), por que não as considerar capital? O capital humano sem dúvida é "capital". Ele se acumula pela abstenção do consumo, ele se deprecia, tem uma taxa de retorno determinada pelo retorno, e pode se tornar obsoleto pela destruição criativa. Capital.

É claro que já houve um tempo em que o mundo de Piketty — sem muito capital humano, capital social, intelectual ou governamental — era uma descrição aproximada do nosso mundo, o de Ricardo e Marx, no qual os trabalhadores possuíam apenas suas mãos e suas costas, com os chefes e proprietários de terras detendo todos os demais meios de produção. Contudo, desde 1848 o mundo foi transformado pelo que há entre as orelhas dos trabalhadores. A única razão do livro para excluir o capital humano e o social do "capital" parece ser assegurar a conclusão que Piketty busca alcançar, de que a desigualdade aumentou — ou aumentará, ou pode aumentar, ou deve ser temida. A lógica chama essa estratégia de petição de princípio. Um dos subtítulos do capítulo 7 do livro dele declara que "o capital [é] sempre mais desigualmente distribuído do que o trabalho". Não é. Se o capital humano for incluído (o conhecimento do operário, o treinamento recebido pela enfermeira, o domínio de sistemas complexos pelo administrador profissional, a compreensão de respostas da oferta do economista), os trabalhadores, agora com os cálculos corretos, detêm a maior parte do capital da nação, e o drama de 1848 de Piketty cai por terra.

O fato de Piketty deixar o capital humano de lado na seção de problemas do livro é mais estranho ainda porque a seção das Soluções recomenda a educação e outros investimentos... no capital humano. Em seu foco na promoção do produto marginal dos trabalhadores desempregados pela educação por meio de programas governamentais (e não os ajudando por meio da correção da interferência nas trocas voluntárias pelos programas governamentais dos quais se originou o desemprego), ele se junta à maior parte da esquerda, especialmente àqueles com cargos na área da educação acadêmica. Assim, observei que na África do Sul a esquerda propõe seguir com salários mínimos muito elevados e regulamentações opressivas, resolvendo o problema do desemprego gerado pelo governo desenvolvendo por meio do mesmo governo de competência duvidosa a educação, e, com isso, os produtos marginais dos sul-africanos desempregados.

Ninguém — da esquerda, da direita, ou liberal — ousaria se queixar de uma educação melhor, especialmente se caísse do céu sem nenhum custo de oportunidade. É verdade que nós, liberais *bleeding-heart*, sugeriríamos que ela fosse alcançada por outro meio que não investir mais dinheiro na ineficaz indústria estatal responsável pela educação básica, ou em um sistema de educação avançada que favorece descaradamente os ricos em detrimento dos pobres — como acontece de forma chocante na França, entre outros países, que oferecem ao estudante rico, mais bem preparado, cursos superiores grátis. De qualquer modo, o belo lema "nós amamos a educação" isenta a esquerda de enfrentar a causa óbvia do desemprego, digamos, na África do Sul: um sistema decrépito de mercado de trabalho e outras regulamentações para favorecer o Congresso dos Sindicatos Sul-Africanos, montado contra os sofridos negros sul-africanos pobres, sem emprego, mas com um pequeno subsídio, em suas cabanas no rincão de KwaZulu-Natal.

Não quero dar a impressão de que o livro de Piketty não contém nenhum elemento interessante da economia técnica. No capítulo 14, por exemplo, ele oferece a intrigante teoria de que os elevadíssimos salários atuais dos CEOs no Reino Unido e principalmente nos Estados Unidos são resultado da queda das alíquotas marginais em relação aos patamares exorbitantes que elas ocuparam entre 1930 e 1970. Naquele tempo tranquilo, não seria inteligente da parte dos administradores pagarem a si mesmos salários elevados que sabiam que o governo tiraria deles anualmente. Removido esse fator de desmotivação, argumenta plausivelmente Piketty, os administradores puderam passar a tirar vantagem do caráter generoso dos comitês de remuneração executiva e fazer a festa. Assim, Piketty recomenda que retornemos às alíquotas marginais de 80% sobre a renda (página 513). Mas falando tecnicamente, se não gostamos dos salários elevados dos CEOs por motivos éticos, por que não legislar diretamente contra eles com uma ferramenta mais precisa, em vez de fazer uma intrusão maciça na economia por meio de impostos? Por que não condenar os comitês de remuneração executiva? Piketty não diz.

Um problema técnico mais profundo do livro, contudo, é que, embora economista, Piketty não entende as respostas da oferta. Ao manter sua posição de homem da esquerda, ele tem uma ideia vaga e confusa de como os mercados funcionam, e especialmente de como a oferta reage a preços mais altos. Quer oferecer conclusões pessimistas no que diz respeito a "uma economia de mercado baseada na propriedade privada sem restrições" (página 571). Seria melhor ele entender o que a economia básica, aceita por todos os que a estudaram o bastante para entendê-la, de fato fala sobre como uma economia de mercado baseada na propriedade privada se comporta sem interferências. Para ir direto ao ponto: muito bem.

Encontramos uma evidência contundente do despreparo de Piketty logo no início da tradução para o inglês, na página 6. Ele começa parecendo concordar com seus adversários neoclássicos (ele é, eu repito, um orgulhoso economista clássico, uma combinação de Ricardo e Marx; não muito fã de Mill).

> É claro que em princípio existe um mecanismo econômico muito simples para restaurar o equilíbrio do processo [nesse

caso, o processo de aumento dos preços do petróleo ou das terras urbanas, que levaria a um Apocalipse Ricardiano de latifundiários dominando tudo]: o mecanismo da oferta e da procura. Se a oferta de qualquer bem for insuficiente e seu preço subir demais, *a procura por esse bem deve cair, o que levaria a uma redução do preço.*

As palavras que destaquei em itálico confundem o movimento ao longo da curva de procura com o movimento da curva inteira, um erro típico do primeiro período da universidade. A análise correta (como explicamos aos alunos do primeiro período, mais ou menos na terceira semana) é que, se o preço está "alto demais", não é a curva de procura como um todo que "restaura o equilíbrio" (embora o preço elevado no curto prazo de fato dê às pessoas motivo para economizar petróleo e terras urbanas com carros e apartamentos menores quando eles percorrem as curvas de procura de outro modo estacionárias), mas uma eventual *curva de oferta que se afasta do centro.* A curva de oferta se afasta do centro porque, no médio e longo prazos, novos entrantes são atraídos pelo cheiro de lucros acima do normal. Novas reservas de petróleo são descobertas, novas refinarias são construídas, novas áreas residenciais são definidas, novos arranha-céus são construídos, economizando o espaço urbano — como, de fato, tem acontecido em grande escala desde, digamos, 1973, a não ser quando o governo restringiu a exploração de petróleo (geralmente por razões ambientais) ou a construção de arranha-céus (geralmente por razões de corrupção).

Não ocorre a Piketty que os preços elevados eventualmente acabam por fazer toda a curva de *oferta* se afastar do centro; ele acha que o preço alto levará a *curva* da procura a se *aproximar* do centro, provocando "uma redução do preço" (do artigo escasso, seja petróleo ou terras). E prossegue dizendo que "esses ajustes podem ser desagradáveis ou complicados". Para mostrar seu desprezo pelos processos normais do sistema de preços, ele imagina, comicamente, que "as pessoas deveriam [...]

adotar o hábito de se locomover de bicicleta". As substituições ao longo de uma dada curva de procura, ou de uma curva que misteriosamente se aproxima do centro, sem nenhuma resposta da oferta, "também podem levar décadas, durante as quais proprietários de terras e de poços de petróleo podem muito bem acumular posses sobre o restante da população" (agora, ele apresenta uma curva de procura que *se afasta* do centro, por alguma razão mais rápido do que a própria curva de oferta) "tão amplas que poderiam facilmente [por motivos não apresentados] se tornar proprietários de tudo o que pode ser apropriado, inclusive", em mais um uso da alternativa cômica "bicicletas, definitivamente".

Depois de assassinar a análise básica dos novos entrantes e ofertas substitutas (o que, afinal de contas, é a história econômica do mundo), ele fala do "emir do Qatar" como um futuro proprietário até das bicicletas, em caráter definitivo. A frase deve ter sido escrita antes da recente expansão gigantesca da exploração de petróleo e de gás no Canadá e nos Estados Unidos, quando os preços do petróleo tiveram um breve pico. Para resumir, ele conclui, triunfante (depois de apontar, como um aluno talentoso do primeiro ano na terceira semana de economia básica, a falha óbvia dos economistas neoclássicos amigos dos ricos): "A interação entre oferta e procura de modo algum anula a possibilidade de uma ampla e duradoura divergência na distribuição da riqueza ligada a mudanças extremas em certos preços relativos, [...] o princípio da escassez de Ricardo." Tudo dividido entre o fim da página 6 e o início da página 7 — muitos erros de economia para um parágrafo só.

Fiquei tão chocada com essa passagem que peguei o original em francês e recorri ao meu domínio medíocre da língua para me certificar de que não havia sido um erro de tradução. Uma leitura bondosa a princípio diria que sim — muito bondosa mesmo, pois, afinal de contas, permanece o absurdo: "a procura [toda a curva da procura?] por esse bem deve cair" (*alors la demande pour ce bien doit baisser*). No entanto, o inglês de Piketty é muito melhor do que o meu francês — ele passou dois anos dando aulas no MIT, e fala um bom inglês quando entrevistado.

Se ele deixou passar esse absurdo na tradução para o inglês de Arthur Goldhammer (PhD em matemática que, desde 1979, traduziu 75 livros do francês — embora ele admita que essa foi a sua primeira tradução de economia técnica), especialmente em uma passagem tão importante assim, somos levados a concluir que ele achou que ela estivesse certa em termos econômicos, uma crítica esmagadora, refutação cabal dos tolos economistas ingleses e alemães que acham que as curvas de oferta se afastam do centro em resposta ao aumento da escassez. (Ainda assim, atire a primeira pedra quem nunca deixou passar algum absurdo em seus textos, especialmente em traduções para línguas diferentes do seu idioma nativo.)

No original em francês, em vez do trecho em inglês obviamente equivocado "o que levaria a uma redução do preço", típico do confuso aluno do primeiro período, encontramos a frase "*qui permettra de calmer le jeu*", ou seja "o que deve permitir um abrandamento" ou, mais literalmente, "o que permitiria um abrandamento do comportamento [nesse caso, da oferta e da procura]". "*Calmer le jeu*", contudo, é ocasionalmente usado em contextos econômicos em francês em referência à evitação de uma bolha econômica. E é difícil interpretar "abrandamento" nessa passagem como algo diferente de uma *queda* do preço, contrária aos princípios da economia e do senso comum, sem uma resposta da oferta.

O restante do trecho não colabora para uma leitura bondosa. Foi traduzido sem controvérsias e distorce a convicção, que Piketty evidentemente tem, de que as respostas da oferta não fazem parte da história da oferta e da procura, uma convicção desagradável e complicada — embora menos do que, digamos, uma tributação radicalmente maior por parte do governo sobre a renda no mundo inteiro, com as ineficiências inerentes, ou o encorajamento governamental à rejeição da propriedade capitalista em favor de "novas formas de governança e propriedade compartilhada entre os setores público e privado", com as corrupções inerentes e falta de experiência no jogo (página 573).

Piketty, ao que parece, não entendeu a teoria da oferta e da procura que critica, presente nas obras de Smith (um comentário desdenhoso na página 9), Say (idem, mencionado numa nota de rodapé junto a Smith como otimista), Bastiat (sem menção), Walras (sem menção; os últimos três escrevendo em francês), Menger (sem menção) Marshall (sem menção), Mises (sem menção), Hayek (citação numa nota de rodapé relacionada a outro tema), e Friedman (páginas 548 a 549, mas apenas em relação ao monetarismo, e não ao sistema de preços). Em suma, ele não é qualificado para desprezar os mercados autorregulados (por exemplo, na página 572), porque não faz ideia de como funcionam. Seria como se alguém que não compreendesse a seleção natural nem o processo de Galton-Watson ou a genética moderna atacasse com desdém a teoria da evolução (que, aliás, é idêntica à teoria usada pelos economistas de entrada e saída em mercados autorregulados — foi uma versão antiga da resposta da oferta que inspirou Darwin).

De certo modo, não é culpa dele. Ele foi educado na França. O estilo francês de ensino da economia — contra o qual foi direcionado o movimento de nome controverso Economia Pós-Autista, iniciado por estudantes de economia na França — é abstrato e cartesiano, nunca ensinando a teoria simples dos preços que podemos usar para entender o mercado do petróleo de 1973 ao presente.[2] Foi por causa das respostas da oferta, nunca levadas em conta por autores que não são economistas, como Paul Ehrlich em seu *The Population Bomb* (1968), ou por economistas que não entendem os princípios básicos da economia, que, por exemplo, o preço real do petróleo *caiu* desde 1980.

O grande economista liberal Peter Boettke fala de uma economia infectada, no final do século XIX, pelo empirismo inútil da Escola Histórica Alemã ao dizer que "a primeira geração [depois de 1848], embora rejeitasse o método analítico da economia clássica, não obstante era treinada nela [...]. Já a segunda geração, não treinada pelo método clássico, era desprovida das ferramentas mentais necessárias à interpretação dos fenômenos econômicos".[3] No entanto, ele também poderia estar comparando a primeira geração de samuelsonianos, anterior a 1948, à segunda, com Piketty fazendo parte da terceira. O próprio Samuelson aprendeu economia de verdade quando estudou na Universidade de Chicago nos anos 1930. Particularmente, escreve Boettke, depois de 1848 entre socialistas, e depois de 1948 entre engenheiros econômicos, "os princípios de auto-organização da economia de mercado deixaram de ser compreendidos [...]. A geração de economistas agora responsável pela elaboração da política econômica perdera a capacidade de entender as propriedades básicas do sistema de mercado".[4] Trata-se de um dos mais importantes entre os inúmeros erros técnicos de Piketty.

Numa análise mais profunda, contudo, o pensamento "estrutural" de Piketty caracteriza a esquerda, e também o pensamento econômico de físicos e biólogos ao se aventurarem em questões da economia. É por isso que a revista *Scientific American*, meio século atrás, adorava a análise de entrada e saída (que eu na época também adorava; então, entendo), e continua publicando argumentos com coeficientes fixos de físicos e biólogos sobre o meio ambiente. Os cientistas que não são economistas declaram: "Tais e tais estruturas existem, o que implica as magnitudes contabilísticas atualmente existentes, por exemplo as reservas atualmente conhecidas de petróleo." Assim, ignorando que a busca por novas alternativas é, na verdade, uma atividade econômica, ou mesmo ignorando a definição de o que um "recurso" pode ser, eles calculam o resultado da "procura" crescente (ou seja, da quantidade procurada, não diferenciada da curva da procura como um todo), não levando em conta nem substituições, nem a reação ao preço ao longo da curva de procura, nem a reação da oferta ao preço, nenhum segundo ou terceiro atos, visíveis ou invisíveis, como uma reação empreendedora ao aumento da escassez. Esse foi o procedimento científico adotado por Marx na metade do século XIX. E é o procedimento que Piketty ainda segue.

31. A análise ética da desigualdade está errada

Ao pensarmos nas questões levantadas tão ardentemente por Piketty, é importante compreendermos o que, de fato, é desigual. É claro que a distribuição do capital físico e de seus títulos de posse (obrigações, ações, escrituras) é desigual, embora fundos de pensão de sindicatos e similares até certo ponto funcionem de forma diferente. Os lucros produzidos por essas porções do capital social da nação constituem, de fato, receitas para os ricos, especialmente os ricos por herança com quem Piketty tanto se preocupa. Como observei, porém, se a mensuração do capital for mais abrangente, com a inclusão dos cada vez mais importantes capital humano, como diplomas de engenharia, e capital coletivo, como as autoestradas, parques públicos e o conhecimento moderno (internet), as receitas do lucro sobre o capital têm uma distribuição menos desigual do que os títulos de papel que representam o capital físico.

Além disso, o consumo é gozado de forma muito mais desigual do que a renda. Uma pessoa rica que tem sete casas pode ser considerada sete vezes mais privilegiada do que o pobre que mal tem uma. No entanto, é claro que não é, pois pode consumir apenas uma casa de cada vez, um par de sapatos de cada vez, e assim por diante. O bracelete de diamantes esquecido no fundo da imensa caixa de joias é um escândalo, porque ela poderia ter pagado as anuidades escolares de mil famílias de Moçambique com o que gastou por vaidade na quinquilharia, que estava na moda na última temporada em Cannes. Ela deveria se envergonhar por se dar ao luxo de um gasto desse. É uma importante questão ética, mas não pública. De qualquer modo, o gasto não aumentou seu consumo no momento do uso.

Além disso, como ponto crucial, o consumo de capacidades ou necessidades básicas hoje é muito mais igual do que demais consumos, ou rendas, ou capital, ou riqueza financeira, e se tem se tornado cada vez mais igual à medida que o Grande Enriquecimento se espalha. Portanto, o crescimento econômico, por mais que seja desigualmente acumulado como riqueza, ou ganho como renda, já é mais igualitário em seu consumo, e hoje é, de fato, mais igual no consumo mais urgente. Como o economista norte-americano John Bates Clark previu em 1901:

> O trabalhador típico terá um aumento do seu salário de um dólar por dia para dois, de dois para quatro, e de quatro para oito [uma previsão precisa em termos reais da renda *per capita* até o presente, ainda que o cálculo não inclua a melhora radical na qualidade de bens e serviços observada desde 1901]. Esses ganhos terão uma importância infinitamente maior para ele do que qualquer possível aumento de capital pode ter para os ricos [...]. Essa única mudança levará a uma aproximação contínua da igualdade de conforto genuíno.[1]

Em 2013, os economistas Donald Boudreaux e Mark Perry observaram que

> De acordo com o Departamento [Federal] de Análise Econômica, os gastos familiares com muitos dos recursos 'básicos' da vida moderna — comida na despensa, automóveis, roupas, calçados, mobília, eletrodomésticos, habitação e serviços de utilidade pública — caíram de 53% da renda líquida em 1950 para 44% em 1970, e depois para 32% na atualidade.[2]

É um argumento que em 2004 o historiador da economia Robert Fogel já defendia para um período de tempo ainda maior.[3] O economista

Steven Horwitz resume os fatos sobre as horas de trabalho necessárias para comprar uma TV em cores ou um automóvel, e observa:

> Esses dados não capturam [...] a mudança na qualidade [...] a televisão de 1973 tinha no máximo 25 [polegadas] e baixa resolução, provavelmente sem controle remoto, som fraco, e de modo geral era muito diferente de sua descendente de 2013 [...]. Rodar 150 mil quilômetros com um carro na década de 1970 era motivo de comemoração. *Não* conseguir rodar 150 mil quilômetros com um carro hoje é motivo para pensar que você comprou uma lata-velha.[4]

Nem nos Estados Unidos os pobres estão ficando mais pobres. Horwitz aponta que

> Analisando vários dados sobre o consumo, a partir de levantamentos do Departamento do Censo sobre o que os pobres têm em casa comparado ao tempo de trabalho necessário para se comprar uma variedade de bens de consumo, fica claro que os norte-americanos pobres hoje vivem melhor do que em qualquer momento do passado. Aliás, os norte-americanos pobres hoje vivem melhor, segundo qualquer dessas métricas, do que suas contrapartes da classe média nos anos 1970.[5]

No verão de 1976, um professor associado de Economia na Universidade de Chicago não tinha ar-condicionado no apartamento. Hoje, muitos cidadãos bem pobres de Chicago têm.[6] A terrível onda de calor de julho de 1995 em Chicago matou mais de setecentas pessoas, a maioria de baixa renda.[7] Contudo, as ondas de calor de 1936 e 1948, antes de o ar-condicionado se tornar comum, mataram muito mais.[8]

O cientista político e intelectual público Robert Reich argumenta que, não obstante, devemos nos preocupar com a desigualdade, considerando o índice de Gini, em vez de dedicar todas as nossas energias a melhorar a condição geral dos pobres. Declara ele:

> O aumento da desigualdade desafia o ideal central de oportunidades iguais da nação. [...] O aumento da desigualdade ainda impede a mobilidade social. Isso simplesmente porque a escada agora é muito maior. A distância entre o primeiro e o último degraus, e entre cada um ao longo do caminho, é muito maior. Qualquer um que suba na mesma velocidade de antes necessariamente fará menos progresso.[9]

Reich está enganado. Horwitz resume os resultados de um estudo realizado por Julia Isaacs sobre mobilidade individual entre 1969 e 2005: "82% dos filhos dos 20% da base de 1969 tinham rendas [reais] no ano 2000 superiores às que seus pais tinham em 1969. A renda [real] mediana desses filhos dos pobres de 1969 era o dobro da de seus pais."[10] Não há dúvida de que os filhos e netos dos mineiros ingleses de 1937 — descritos por Orwell como "viajando" no subsolo, encurvados, um quilômetro ou mais para chegar ao veio, ponto no qual começavam a ser pagos — vivem muito melhor do que seus pais ou avôs.[11] A mesma coisa pode ser dita dos filhos e netos dos refugiados do Dust Bowl* na Califórnia. Steinbeck narra esse período terrível em *As vinhas da ira*. Alguns anos depois, muitos *okies*** conseguiram empregos nas indústrias da guerra, e muitos dos seus filhos mais tarde fizeram faculdade. Alguns se tornaram professores em Berkeley.

---

* Fenômeno climático ocorrido nos Estados Unidos na década de 1930, caracterizado por grandes tempestades de areia e provocado por anos de práticas inadequadas de manejo do solo. Durou dez anos e gerou um desastre ambiental e econômico no país. [*N. da T.*]

** Termo que, em sentido geral, designa os nativos ou residentes de Oklahoma, mas que é mais usado com sentido pejorativo, desde a década de 1920, para se referir aos migrantes muito pobres de Oklahoma e outros estados norte-americanos que iam para a Califórnia à procura de emprego. [*N. da T.*]

A forma mais comum, especialmente entre a esquerda, de se falar da pobreza usa a porcentagem na distribuição da renda, concentrando-se unicamente, por exemplo, numa "linha de pobreza" *relativa*. Como observa o economista australiano progressista Peter Saunders, todavia, essa definição da pobreza "automaticamente sobe sempre que as rendas reais (e, portanto, a linha de pobreza) sobe".[12] Os pobres sempre nos acompanham, mas apenas por definição. É o oposto da superioridade ilusória — não é que todos os filhos estão acima da média, mas há sempre um quinto ou décimo etc. na base em qualquer distribuição. Isso é claro.

O filósofo Harry Frankfurt observou há muito tempo que "calcular o tamanho de uma parcela igual [de renda no estilo das linhas de pobreza ou dos índices de Gini] é, claramente, muito mais fácil do que determinar de quanto uma pessoa precisa para ter o suficiente" — muito mais fácil, como dividir o PIB pela população e informar com irritação que alguns ganham, ou recebem, mais.[13] É a ética simplificada do pátio da escola ou da divisão de uma pizza: "Não é justo." No entanto, já citei a sábia observação de Frankfurt sobre a irrelevância da desigualdade na ética: "A igualdade econômica não tem, por si só, uma importância moral em particular." Eticamente, não importa se os pobres têm o mesmo número de braceletes de diamantes, Porsches e times esportivos profissionais que os proprietários de fundos de cobertura. O que importa, como eu também já disse, é se eles têm as mesmas oportunidades de votar, de aprender a ler, ou de ter um teto sobre as cabeças.

É melhor nos concentrarmos diretamente no que queremos alcançar, que é sustento e dignidade para todos, eliminando a pobreza, ou o que o economista Amartya Sen e a filósofa Martha Nussbaum chamam de garantia de capacidades adequadas. O tamanho do índice de Gini ou a parcela dos 10% da camada inferior é irrelevante para o propósito nobre e eticamente pertinente de erguer os pobres a uma condição de dignidade, ou o "suficiente" de Frankfurt.

Grande parte da pesquisa sobre a economia da desigualdade tropeça nesse simples ponto ético, concentrando-se em medidas de desigualdade relativa, como o índice de Gini ou o 1% da camada superior, e não em medidas do bem-estar absoluto dos pobres. Falando sobre o igualitarismo do filósofo do direito Ronald Dworkin, Frankfurt observou que, na verdade, em termos éticos, Dworkin, "preocupa-se principalmente com o valor [absoluto] das vidas das pessoas, mas se apresenta equivocadamente como se estivesse preocupado principalmente com as magnitudes relativas de seus ativos econômicos".[14] Já Piketty está essencialmente indignado com os ricos. Ele expressa preocupação com os pobres na última expressão da última frase do livro. Em raras ocasiões ele menciona a questão no restante do livro.[15] Na maior parte do livro, expressa sua indignação em relação a Liliane Bettencourt.

Dworkin, Piketty e grande parte da esquerda, em outras palavras, ignoram a questão ética, que é a questão liberal de erguer os pobres. Pela redistribuição? Pela igualdade em termos de braceletes de diamantes? Não: por um aumento dramático do tamanho da torta, que historicamente levou os pobres a 90 ou 95% do "suficiente", enquanto a redistribuição sem o aumento da torta proporciona melhoras ínfimas. No entanto, a esquerda não desiste (Piketty se esforçou muito nesse sentido), pelos melhores motivos, de justificar seu foco eticamente irrelevante nos índices de Gini, e especialmente no consumo condenável dos riquíssimos.

O historiador da economia Robert Margo ressaltou em 1993 que, antes da Lei dos Direitos Civis de 1964, nos Estados Unidos, "os negros não podiam aspirar aos empregos com salários elevados dos brancos" por causa da discriminação. Contudo, os afro-americanos já haviam se preparado, por meio dos próprios esforços desde o fim da escravidão, para exercer tais atividades assim que tivessem a oportunidade. "Os negros da classe média devem seu sucesso em grande parte a si mesmos" e à sociedade cada vez mais educada e produtiva em que viveram. "E se a força de trabalho negra, diante do nascimento do Movimento pelos Direitos Civis, fosse tão iletrada, pobre, rural e sulista quanto quando Lincoln libertou os escravos? [...] Teríamos uma classe média negra tão grande quanto hoje? Claramente, não."[16]

Para os pobres dos países que permitiram o advento da mudança ética do liberalismo moderno, o "suficiente" de Frankfurt chegou amplamente. "Amplamente" e muito mais do que os sistemas alternativos permitiram. Não digo "completamente" ou "tanto quanto qualquer pessoa honesta desejaria". Entretanto, o contraste entre a condição da classe trabalhadora nos orgulhosamente "capitalistas" Estados Unidos e nos países admitidamente social-democratas, como a Holanda e a Suécia, não é muito grande, apesar do que ouvimos de jornalistas e políticos que não levaram em conta as estatísticas reais ou não viveram em mais de um país, e acreditam que metade da população americana consiste em afro-americanos pobres vivendo em zonas urbanas. As redes de segurança sociais na prática são muito semelhantes entre os países ricos.

As redes de segurança, porém, com ou sem furos, não foram o principal fator de promoção dos pobres nos Estados Unidos, Holanda, Japão, Suécia e outros países. Esse fator foi o Grande Enriquecimento. Boudreaux observou que as roupas de um bilionário, literalmente, que participou de um seminário de economia sobre índices de Gini, não eram muito diferentes das de um pós-graduando "pobre" que apresentou o artigo.

> Em muitos dos elementos básicos da vida, quase todo norte-americano está tão bem quanto o sr. Grana [o pseudônimo que ele deu ao bilionário]. Se as diferenças de riqueza entre bilionários e norte-americanos simples mal podem ser vistas nos aspectos mais rotineiros da vida diária, preocupar-se com o índice de Gini é colocar, imprudentemente, uma abstração etérea acima da realidade palpável.[17]

O Sr. Grana sem dúvida tinha mais casas e Rolls-Royces do que o pós-graduando. Podemos fazer, no entanto, a pergunta insolente, mas relevante: e daí?

32. A desigualdade não é antiética se acontece numa sociedade livre

Além dos problemas técnicos referentes à economia, o problema *ético* fundamental do livro de Piketty é que ele não refletiu sobre o porquê de a desigualdade por si só ser ruim. A condição absoluta dos pobres ganhou melhorias muito maiores graças ao Grande Enriquecimento do que à redistribuição. Os historiadores da economia Ian Gazeley e Andrew Newell documentaram em 2010 "a redução, quase até a eliminação, da pobreza absoluta entre as famílias trabalhadoras da Grã-Bretanha entre 1904 e 1937". "A eliminação da pobreza opressiva entre as famílias trabalhadoras", mostram eles, "já estava quase completa no final dos anos 1930, muito antes do Estado de Bem-Estar Social". O gráfico 2 deles exibe as distribuições de renda nos valores de 1886 em 1886, 1906, 1938 e 1960, e mostra o desaparecimento da expressão clássica da miséria para os trabalhadores britânicos: "Por volta de uma libra por semana."[1]

É claro que é irritante que uma mulher riquíssima compre um relógio de 40 mil dólares. A compra é eticamente questionável. Ela realmente deveria ter vergonha. Deveria estar doando para obras de caridade quaisquer excessos a partir de um alto nível de conforto — dois carros, digamos, e não vinte; duas casas, não sete; um iate, não cinco. Andrew Carnegie enunciou em 1889 o princípio de que "o homem que morre, portanto, rico, morre desgraçado".[2] Carnegie doou a sua fortuna inteira (bem, doou ao morrer, depois de ter desfrutado de um castelo na terra natal, Escócia, e alguns outros luxos). No entanto, o fato de muitos ricos agirem de maneira deplorável não quer dizer automaticamente que o governo deve intervir para impedi-los de fazer isso. As pessoas agem de muitas formas deploráveis. Se, num mundo caído, atribuíssemos aos nossos governantes a tarefa de nos manter completamente éticos, o governo conduziria as vidas de nós todos sob uma tutela paternalista, um pesadelo que se tornou realidade pouco antes de 1989 na Alemanha Oriental, e agora na Coreia do Norte, ou na China, com Xi Jinping dando-lhe uma face tecnológica moderna.

Piketty argumenta que o crescimento depende do acúmulo de capital — não, como ele próprio faz, de uma nova ideologia e das ideias de melhoria encorajadas pelo inovismo assentado sobre uma base ética. Como muitos altos liberais norte-americanos, marxianos europeus e conservadores de todas as partes do mundo, Piketty se irrita precisamente com as aspirações éticas dos CEOs modernos. Os chefes, ele escreve na página 318, justificam seu sucesso econômico colocando "ênfase no seu mérito pessoal e nas suas qualidades morais, que descreveram [em pesquisas] usando termos como rigor, paciência, trabalho, esforço e assim por diante (mas também tolerância, bondade etc.)".[3] Como coloca Boudreaux:

> Piketty prefere o que considera as justificativas mais sinceras para as grandes fortunas oferecidas pelas elites dos romances de autores [conservadores] como Austen e Balzac, ou seja, de que tais riquezas são necessárias para um estilo de vida confortável, e ponto final. Nada de louvores e racionalizações psicologicamente reconfortantes por parte dos grandes proprietários de terras do início do século XIX e suas damas![4]

Piketty, portanto, diz com escárnio na página 529, do alto do seu conservadorismo progressista, "que os heróis e heroínas nos romances de Austen e Balzac jamais considerariam necessário comparar suas qualidades pessoais às de seus servos". Ao que Boudreaux responde:

> Bem, sim, as virtudes burguesas no século XIX não eram tão amplamente celebradas e admiradas quanto mais tarde passaram a ser. Deveríamos ficar satisfeitos pelo fato de os trabalhadores com salários [muito] altos da atualidade se gabarem de seus hábitos e virtudes burgueses, e de — finalmente! — entenderem que ter tais virtudes e colocá-las em prática é digno.

A teoria das grandes fortunas abraçada pelos camponeses, pelo proletariado e seus *soi-disant* defensores entre o *clerisy* esquerdista é a de que ela não é merecida, recebida, por sorte ou roubo, pelos canalhas. A teoria das grandes fortunas abraçada pela aristocracia e seus defensores entre o *clerisy* da direita é merecida por herança, esta justificada por sorte ou roubo no passado, uma herança que nós, *aristoi*, é claro, devemos receber sem racionalizações psicologicamente reconfortantes. A teoria da grande fortuna abraçada pela burguesia e seus amigos, os economistas liberais, ao contrário, é merecida pela virtude, pelo fornecimento ético, sem coerção, de o que as pessoas estão dispostas a comprar.

As virtudes da burguesia são, sem dúvida, exageradas, especialmente pela própria, e às vezes até por seus amigos. No entanto, os resultados dessa ostentação de virtudes não foram tão ruins para o restante de nós. Pensemos nas últimas peças de Ibsen, o dramaturgo pioneiro da vida burguesa. O gerente bancário Helmer, de *Casa de bonecas* (1878), descreve um caixa pego por falsificação como "moralmente perdido", em um "colapso moral".[5] O discurso de Helmer ao longo da peça está cheio da retórica ética que nos acostumamos a chamar de "vitoriana". Já a esposa de Helmer, Nora, cuja retórica também é eticamente saturada, cometeu literalmente o mesmo crime que o caixa, mas ela cometeu falsificação para salvar a vida do marido, e não como o caixa, que tinha como objetivo uma vantagem imoral. No final da peça, ela deixa Helmer, uma atitude chocante para a burguesia norueguesa de 1878, porque de repente se dá conta de que, se ele tomasse conhecimento do seu crime, não exerceria a ética do amor de protegê-la das consequências de uma falsificação cometida em nome do mesmo amor. Uma burguesia ética — o tema explorado por todas as peças de Ibsen depois de 1876, mais tarde também abordado pelas de Arthur Miller — tem obrigações complexas. A burguesia continua falando ininterruptamente de virtude, e às vezes a alcança. De qualquer modo, enfatizar a virtude burguesa não é, por si só, um pecado.

Contrariando o desprezo de Piketty pelas virtudes da burguesia, eu argumentaria que as causas originais, e que servem de base para o mundo moderno, foram, na verdade, éticas, e não materiais, encontradas especialmente numa ideologia liberal de burgueses e não burgueses defensores de tais virtudes. A causa foi a adoção contínua de duas meras ideias: a ideia econômica nova e liberal da liberdade para as pessoas comuns, e a ideia nova social e democrática da dignidade para as mesmas pessoas. A palavra que as resume é "igualdade" de respeito e perante a lei. As duas ideias éticas ligadas, consideradas absurdas antes do século XVIII, depois de 1800 levaram a um paroxismo de melhorias.

Entenda-se que a palavra "igualdade" não deve ser tomada, como por alguns no Iluminismo francês, como igualdade de resultados materiais. A definição francesa é presumida sem maior reflexão tanto pela esquerda quanto pela direita em seus confrontos atuais: "Você não construiu isso sem ajuda social; portanto, não há justificativa para rendas desiguais"; "Vocês, pobres, simplesmente não são virtuosos o suficiente; portanto não há justificativa para os subsídios equalizadores". A definição mais fundamental de igualdade, a escocesa, é a opinião igualitária que as pessoas têm umas das outras, seja um porteiro ou um filósofo moral.[6] O professor de filosofia moral de Glasgow Adam Smith, um igualitário pioneiro nesse sentido, defendia a ideia escocesa.[7]

Já vimos que forçar de modo iliberal o estilo francês de igualdade de renda, cortando, como eu já disse, as papoulas altas, invejando os luxos desnecessários dos ricos, imaginando que o compartilhamento da renda é tão eficaz para o bem dos pobres quanto fatias iguais da famosa pizza, tratando os pobres como crianças incapazes a serem manipuladas ou julgadas pelos especialistas do *clerisy*, com frequência levou a um alto custo, prejudicando a liberdade e atrasando as melhorias. Nem sempre, mas muitas vezes.

Seria bom, é claro, que uma sociedade livre e rica, que segue o liberalismo smithiano, produzisse uma igualdade no estilo francês e pikettiano. Mas um momento. Na verdade (e isso é notícia velha, embora surpreendente para muitos, inclusive Piketty), ela já produziu em grande dose, e de acordo com o único padrão eticamente relevante: o dos direitos humanos e dos confortos básicos em termos de antibióticos, habitação e educação, cortesias do plano liberal e escocês. A introdução do plano escocês — como ocorreu em Hong Kong, na Noruega e na própria França — tem regularmente levado a melhorias incríveis e a uma verdadeira igualdade de benefícios, com os pobres adquirindo automóveis, água encanada fria e quente, coisas às quais anteriormente nem sequer os ricos tinham acesso, e conquistando os direitos políticos e a dignidade social antes negados a todos, exceto os velhos ricos.

Mesmo nos países já avançados, nas últimas décadas não houve uma estagnação completa das rendas reais para as pessoas comuns. Ouvimos falar em "salários congelados", ou que "a classe média está encolhendo", mas também sabemos que não devemos acreditar em tudo o que lemos nos jornais. O aumento da qualidade, como reconheceu pessoalmente para mim o diretor do Índice de Preços ao Consumidor, torna o índice de preços que usamos para calcular a renda real enganoso, provocando um erro de até 2% em melhorias reais por ano. Os benefícios médicos, pensões, e as transferências governamentais como o Medicare e o Seguro Social também aumentaram. E a classe média subiu, e não desceu.

Isso não significa que não há, nos países ricos como os Estados Unidos, pessoas sem preparo, viciadas, descriminadas, crianças negligenciadas ou indivíduos simplesmente sem sorte. A obra de George Packer, *Desagregação: por dentro de uma nova América* (2013), e a anterior, de Barbara Ehrenreich, *Miséria à americana: vivendo de subempregos ncs*

Estados Unidos (2001) perpetuam a longa e distinta tradição de contar à burguesia sobre os pobres, tradição esta que remonta a James Agee e Walker Evans, *Let Us Now Praise Famous Men* (1941), George Orwell, *O caminho para Wigan Pier* (1937), Jack London, *O povo do abismo* (1903), Jacob Riis, *How the Other Half Lives: Studies among the Tenements of New York* (1890) e a fonte, Friedrich Engels, *A situação da classe trabalhadora na Inglaterra* (1845).

Eles não estão inventando nada. Qualquer um que leia esses livros é arrancado de uma ignorância confortável em relação aos pobres. Na ficção, também podemos ser arrancados por *As vinhas da ira* (1939), de Steinbeck, *Studs Lonigan* (1932-1935), de Farrell, *O filho nativo* (1940), de Wright, ou, na Europa, entre muitos comentaristas das duas nações*, *Germinal* (1885), de Zola. Esses livros transformaram muitos de nós em socialistas. E o baque é salutar. Conta-se que Winston Churchill, filho da aristocracia, acreditava que a maioria dos pobres ingleses vivia em casas de campo cobertas de flores. Ele não imaginava que existissem as casas *back-to-backs*** de Salford, com um banheiro externo ao final de cada sequência. Acorda, Winston. Acordar, porém, não significa se desesperar ou introduzir políticas que não ajudam realmente os pobres — ou propor derrubar o Sistema quando ele na realidade está enriquecendo os pobres no longo prazo, ou pelo menos mais do que os outros sistemas já experimentados de tempos em tempos.

O economista Eamonn Butler observa que o Sistema

> [...] também é rico em valores morais. Os relacionamentos humanos no capitalismo não são forçados, mas voluntários.

---

* Referência ao subtítulo da obra *Sybil, ou As duas nações*, de Benjamin Disraeli, publicada em 1845, mesmo ano da publicação de *A situação da classe trabalhadora na Inglaterra*, de Engels. A duas nações em questão são os ricos e os pobres. [*N. da E.*]

** Solução encontrada no século XIX para acomodar a população crescente da Inglaterra com a construção de vilas cujas casas tinham os fundos voltados para os fundos umas das outras. [*N. da T.*]

> As pessoas investem, criam, fornecem, compram e vendem o que escolhem. Nenhum governo manda em suas ações: as decisões são delas. Aliás, o único poder exercido pelo Estado é garantir que os indivíduos não sejam forçados — ou roubados, ou defraudados, ou de nenhuma forma violados. [Já apontei que também existem muitas formas não governamentais de alcançar isso.] O capitalismo não é baseado em ordens, mas na vigência de uma lei em que as regras gerais (como transações honestas, honrar contratos e evitar a violência) se aplicam a todos — inclusive às autoridades governamentais.[8]

Por outro lado, as políticas da esquerda, e muitas da direita, são, como costumavam dizer no partido, "objetivamente" contrárias aos pobres. Consideremos os paralelos com o racismo. Quando um trumpista é acusado de racismo, ele responde, com base numa teoria psicológica, que não discrimina pessoalmente negros nem judeus. Pode até ser. Afinal de contas, a filha de Trump, que ele claramente ama, converteu-se ao judaísmo, e ele encarregou o cunhado judeu da política do Oriente Médio. Contudo, o apelo de Trump à sua base foi "objetivamente" racista e antissemita em seu encorajamento daquilo que a esquerda chama de racismo "estrutural" — ou seja, instituições como cláusulas restritivas, o condicionamento de serviços básicos, gangues de motociclistas racistas e as antigas teorias da conspiração antissemitas. O resultado foi um grave aumento dos crimes antissemitas nos Estados Unidos durante o primeiro mandato de Trump. Não importa qual seja o estado psicológico de Trump: o resultado de suas táticas políticas foi a perpetuação do racismo. Não precisamos de uma comprovação de que você não é racista pela análise do interior do seu coração que leve à conclusão de que não há nele ódio racial. E a mesma coisa se aplica às políticas que supostamente deveriam reduzir a pobreza, mas que na prática a perpetuam. Nossos amigos da esquerda, e alguns da direita, analisam o interior de seus corações e encontram o desejo de ver os pobres prosperarem, mas então eles votam para preservar as estruturas da pobreza, como o salário mínimo, licenças profissionais ou o protecionismo comercial.

A indignação convicta, ainda que ignorante e fácil, inspirada pela culpa do sobrevivente em relação às supostas vítimas de algo chamado "capitalismo" e pela inveja do consumo supérfluo dos ricos, não gera melhorias para os pobres. Afirmações como "ainda existem pessoas pobres" ou "alguns têm mais poder do que outros", embora supostamente baseadas numa superioridade ética do locutor, não são ponderadas nem inteligentes. Repeti-las, balançar afirmativamente a cabeça com ar de sabedoria diante da sua repetição ou comprar o livro de Piketty para exibir na sua mesa de centro não necessariamente o torna uma boa pessoa. Como disse James Baldwin sobre *A cabana do Pai Tomás* ("um romance muito ruim", ele comentou), "Extraímos um frisson muito claro de virtude do simples fato de estarmos lendo um livro como esse", que estimula o sentimento tolo certa vez expresso para ele por "um liberal norte-americano": "Contanto que esse tipo de livro continue sendo publicado, dará tudo certo."[9] Não dará, não.

Não é lendo ou escrevendo textos sensacionalistas sobre a pobreza que você se torna uma boa pessoa e faz a coisa certa, mas de fato ajudando os pobres. Abra um negócio lucrativo. Venda imóveis voltados para o poder aquisitivo dos pobres. Invente uma nova bateria. Vote tendo em mente escolhas melhores. Adote um órfão paquistanês. Voluntarie-se para alimentar as pessoas na sua paróquia nas manhãs de sábado. Lute por uma renda mínima, e não por um salário mínimo. Promover políticas cujos efeitos estruturais reduzem as oportunidades de emprego ou fazer declarações indignadas para o seu marido após a leitura da *New York Times Magazine* deste domingo não são sinais de virtude, pois tais ações não ajudam os pobres.

A economia e a sociedade dos Estados Unidos não estão em desagregação, e as pessoas na verdade estão vivendo melhor do que antes, e cumulativamente muito melhor. Os filhos das famílias arrendatárias do condado de Hale, no Alabama, objetificadas por Agee e Evans — para o eterno desgosto dos membros mais velhos das famílias — estão se saindo muito bem, com empregos decentes e parte de seus próprios filhos frequentando universidades.[10] O fato de mesmo no longo prazo alguns indivíduos pobres continuarem existindo não significa que o sistema não está funcionando para eles, contanto que sua condição continue melhorando — como está acontecendo, ao contrário do que dizem os jornais e os livros pessimistas —, e que a porcentagem dos desesperadamente pobres continue tendendo a zero, como está.[11] O fato de que de vez em quando pessoas ainda morrem nos hospitais não significa que a medicina deve ser substituída por curandeiros, contanto que a taxas de mortalidade continuem caindo. Economicamente falando, tanto na China de Mao quanto na Venezuela de Chávez, os curandeiros foram postos no comando. Não permitamos os feitiços mágicos nem as gratuidades de Bernie nem Alexandria.

E a pobreza de fato está diminuindo, mesmo recentemente e nos países ricos. Se a renda for corretamente medida, incluindo a melhoria das condições de trabalho, mais anos de educação, assistência médica melhor, aposentadorias mais longas, programas voltados para os pobres com subsídios maiores, e, acima de tudo, o aumento da qualidade dos bens e serviços cada vez mais numerosos (smartphones, artroplastias totais do quadril, aparelhos de ar-condicionado), veremos que a renda real dos pobres aumentou, ainda que a um ritmo menor desde os anos 1950 — que sucederam, como já ressaltei, os intervalos calamitosos da Grande Depressão e da Segunda Guerra Mundial.[12] O economista Angus Deaton diz que "depois da reconstrução [ocorrida, digamos, em 1970], um novo crescimento dependerá da invenção e da aplicação de novas formas de fazer as coisas, e revolver solo virgem é mais difícil do que lavrar a terra já arada".[13] Tampouco os pobres do mundo estão pagando pelo crescimento. Os economistas Xavier Sala-i-Martin e Maxim Pinkovskiy informam — com base num estudo detalhado da distribuição individual de renda, e não do procedimento desastrado de comparação das distribuições nação por nação (embora os resultados sejam semelhantes) — que "a pobreza está caindo no mundo. Entre 1970 e 2006, a taxa de pobreza global [definida em termos absolutos, e não relativos] caiu quase três quartos. A porcentagem da população mundial que vive com menos de um dólar por dia (segundo a PPC de 2000) foi de 26,8% em 1970 para 5,4% em 2006".[14]

33. A redistribuição não funciona

O problema ético e econômico mais fundamental no livro de Piketty, portanto, é que o principal evento dos dois últimos séculos não foi o "segundo momento", no jargão estatístico, a disseminação da distribuição de renda, que era o seu foco. O principal evento foi o "primeiro momento", o Grande Enriquecimento do indivíduo médio no planeta por um fator de dez, e, nos países hoje ricos, dos que já foram muito pobres por um fator de trinta ou mais.

O mundo consideravelmente enriquecido não pode ser explicado pelo acúmulo de capital — ao contrário do que economistas de Adam Smith a Karl Marx e Thomas Piketty argumentaram, e como sugere o próprio nome "capitalismo". Tijolos, bacharelados e saldos bancários — os acúmulos de capital — foram, é claro, necessários, mas também foi uma força de trabalho e a existência de água líquida. O oxigênio é necessário para uma fogueira. Contudo, seria um desserviço explicar o Grande Incêndio de Chicago, ocorrido de 8 a 10 de outubro de 1871, pela mera presença de oxigênio na atmosfera terrestre. Melhor: um longo período de seca, as construções de madeira da cidade, um vento forte do sudoeste (eis o oxigênio), e, se você quiser apelar para o preconceito contra os imigrantes irlandeses, a vaca da senhora O'Leary. O mundo moderno não pode ser explicado pelo empilhamento rotineiro de tijolos — o comércio do Oceano Índico, o sistema bancário inglês, o número de pessoas que poupam na Grã-Bretanha, o tráfico negreiro no Atlântico, o movimento pelos cercamentos, a exploração de trabalhadores das algodoarias, ou o acúmulo original de capital nas cidades europeias, seja físico ou humano.[1] Essas rotinas são comuns demais na história mundial, e seu impacto quantitativo, pequeno demais para explicar o fator de dez ou trinta ou cem do enriquecimento por pessoa nos últimos dois séculos.

Foram ideias, não tijolos. As ideias foram as molas, lançadas pela primeira vez por uma nova liberdade e dignidade — a ideologia, como já notei várias vezes, conhecida entre os europeus como "liberalismo", que causou o "inovismo". O mundo moderno *não* foi gerado pelo "capitalismo", que é antigo e onipresente — ao contrário do liberalismo, que em 1776 era revolucionário. Em vez disso, o Grande Enriquecimento, de 1800 ao presente, o evento secular mais surpreendente da história, é explicado por ideias de melhoria, promovidas a partir do liberalismo, que permitiu pela primeira vez que as pessoas comuns tivessem oportunidades.

Consideremos, sob a luz do Grande Enriquecimento, uma das sugestões de política favoritas de Piketty e da esquerda: taxar os ricos para ajudar os pobres. À primeira vista, parece uma ótima ideia. Remoldemos a sociedade, o generoso propósito adolescente, como uma grande família de 330 milhões de pessoas. Tal reestruturação com certeza resolverá o problema da pobreza, provocando grandes avanços para os pobres, na casa dos 20 ou 30% da renda hoje roubados pelos chefes. Numa sociedade escravocrata antiga, a criança que tinha escravizados não tinha culpa, pois os pobres eram muito diferentes de você e de mim. No entanto, assim que o caráter da hierarquia foi questionado, no final do século XVIII no noroeste europeu e de forma mais geral no século XIX pelo liberalismo, pareceu óbvio para o adolescente generoso adotar o socialismo. O lema político sueco a partir dos anos 1920, *folkhemmet*, era "o lar nacional". Vinha do pensamento no lar.

Contudo, uma nação não é um lar. Na Grande Sociedade — no sentido promovido por Smith e Hayek, aludindo a uma sociedade ampla, ao contrário de um grupo ou família pequenos —, a fonte de renda não é a caça do caçador nem o pacote de benefícios do pai, mas as trocas numerosas e com frequência ocultas entre estranhos que ocorrem diariamente. A igualdade da "distribuição" no estilo pizza não é natural para uma sociedade como essa, de 9 milhões na Suécia, e certamente não numa de 330 milhões, como nos Estados Unidos. A não ser que as pessoas sejam pagas por resultados, a Grande Sociedade terá um mau desempenho, como ocorreu na República Democrática Alemã. Isso se aplicou até mesmo a uma pequena seita do Cristianismo nascente em Tessalônica, no norte da Grécia, no final do século I. São Paulo disse a respeito dela: "Se alguém não quiser trabalhar, também não coma" (2 Tessalonicenses, 3:10). Essas regras são o único caminho, em quaisquer circunstâncias, para que um grupo pequeno e repleto de amor faça uma torta grande.

E, em aspectos importantes, até a igualdade no estilo francês avança com uma ética de melhorias comercialmente testadas. O mais importante, ela promove a torta bem maior que enriquece os pobres. Porém, mais ainda: a livre entrada erode monopólios e outras instituições governamentais, como as guildas que nas sociedades tradicionais mantêm uma tribo rica e as outras pobres.[2] E um mercado de trabalho erode diferenças injustas de renda entre os trabalhadores igualmente produtivos, digamos, da indústria do algodão, independentemente de gênero ou raça, pagos pela fatia. Crucialmente, erode a lacuna entre, por um lado, um professor que leciona usando o mesmo equipamento exíguo empregado por Sócrates — um lugar para desenhar diagramas (seja um areal em Atenas, Grécia, ou um quadro branco em Athens, Geórgia) e um grupo de alunos —, e, por outro lado, um piloto de avião trabalhando com os mais finos frutos de uma civilização tecnológica. O piloto produz dezenas de milhares de vezes mais valor em serviços de viagem por hora do que um timoneiro grego em 400 a.C. Já uma professora, se tiver uma sorte ou uma capacidade excepcionais, produz metade do conhecimento por estudante-hora que Sócrates produzia. No entanto, a igualdade da produtividade física não importa numa sociedade de livre-comércio e móvel. O que importa é a entrada e a saída das ocupações. Um professor pode, no longo prazo, se tornar um piloto de avião, e um piloto pode se tornar um professor, o que é o bastante para dar até a trabalhadores como o professor, cuja produtividade não aumentou nos últimos 2.500 anos, uma porção igual dos melhores frutos. Isso é igualdade de justiça, até mesmo no estilo francês.

O que as pessoas ganham não é apenas um tributo arbitrário imposto ao restante de nós. Esse tributo arbitrário é o que seria a desigualdade dentro do pequeno socialismo de uma família, a Cinderela recebendo menos comida do que as irmãs feias só por maldade. Receitas, contudo, são a base para uma divisão de trabalho extremamente complicada, ainda que em grande parte não planejada, mas espontânea, cujo próximo passo é determinado pelos diferenciais — os lucros no comércio ou na ocupação. Se médicos ganham dez vezes mais do que faxineiros, como eu já disse, o restante da sociedade, que paga voluntariamente pelos médicos e faxineiros, está dizendo: "Se os faxineiros puderem se tornar médicos, vendo a questão no longo prazo, passemos mais deles para a medicina." A filha do faxineiro paquistanês acaba se tornando uma médica no St. Bartholomew's. Se reduzirmos a Grande Sociedade a uma família, tributando os ricos ao máximo, eliminaremos as marcações. As pessoas passarão a trafegar entre a faxina e a medicina sem as marcações referentes aos valores que damos à hora de seus serviços. Nem a medicina nem a faxina serão exercidas com competência. A Grande Sociedade se tornará a sociedade sem especializações de uma grande família, a fábrica única dirigida da imaginação de Lenin. Os 330 milhões de pessoas serão miseravelmente iguais, perdendo os ganhos gigantescos obtidos da especialização. Retornaremos aos dois dólares por dia.

A redistribuição, por mais que alivie a culpa da burguesia e, feita voluntariamente, a ajude a chegar ao Céu, nunca foi a principal fonte de sustento dos pobres. A aritmética social mostra o porquê. Se todos os lucros da economia dos Estados Unidos fossem de hoje em diante dados aos trabalhadores, estes (inclusive os "trabalhadores" com rendas extremamente elevadas, como esportistas, cantores e CEOs de grandes companhias) receberiam de uma vez só 20% da renda nacional. Ou seja, 20/80, ou um aumento de 25%, mas só uma única vez. A expropriação não seria de 25% anuais para sempre. Isso só aconteceria uma vez, pois não se pode expropriar as mesmas pessoas ano após ano e esperar que elas conquistem as mesmas somas para voltarem, continuamente, a serem expropriadas. Os proprietários de terras, sim (e é por isso que os economistas consideram a taxação sobre a terra uma boa ideia). Já os trabalhadores ou empreendedores livres, capazes de se locomover e se livrarem do imposto, não.

Na prática, a maior parte da redistribuição vai para a classe média, pois a classe média vota. Daí os subsídios para fazendas. Entretanto, se os 20% tomados dos ricos fossem dirigidos para os 20% da camada inferior, que ganham talvez 5% do PIB, seu ganho seria de significativos 300%, um aumento por um fator de 4. Em seguida, porém, a renda retornaria ao nível anterior, ou, na melhor das hipóteses (se os lucros puderem simplesmente ser apropriados pelo governo, por um milagre, sem danos ao seu nível, e em seguida redistribuídos para o restante de nós pelos santos burocratas honestos e sem amigos favorecidos), seguiria qualquer que fosse a taxa de crescimento apresentada pela economia no momento. Tudo isso presume, de modo antinatural e contrariando as evidências das experiências comunistas de Nova Harmonia, Indiana, à Rússia stalinista, que a expropriação do rendimento do capital não reduzirá a taxa de crescimento da torta.

Ou, para falarmos de expropriação por regulação, como eu já disse, a imposição do pagamento de dez horas por oito horas de trabalho por um ato do Congresso aumentaria a parcela da renda nacional destinada à classe trabalhadora por ele beneficiada em 25% uma única vez. Isso aconteceria no primeiro ato, sob a mesma suposição antinatural de que a torta não seria, com isso, reduzida — quando administradores e gerentes abandonassem a agora lucrativa atividade de decidir o que deve ser feito. A redistribuição parece uma boa ideia — exceto quando refletimos que, nessas circunstâncias, os chefes estariam menos dispostos a empregar pessoas. E os que não a recebessem (trabalhadores agrícolas, por exemplo) teriam suas rendas reais reduzidas, não aumentadas. Os salários não são um costume social que pode ser elevado pelo contágio de um setor para outro. Os salários são influenciados apenas por duas coisas: a produtividade e a mobilidade dos trabalhadores.

Eis, portanto, outra ideia de transferências de renda: se pegássemos a parcela alarmantemente elevada da renda norte-americana recebida pelo 1% mais rico da população — que em 2010 era de cerca de 22% da renda nacional — e déssemos ao restante de nós, ficaríamos em 22/78, pois 78 é a parcela da renda dos 99% inferiores, ou receberíamos pouco mais de 28%.[3] Uma vez. Em seguida, voltaríamos ao normal. Nenhuma grande mudança — ínfima, diante do Grande Enriquecimento proveniente de deixar o mercado funcionar. (Repito que os paupérrimos seriam proporcionalmente muito mais beneficiados se, por um milagre político, a renda expropriada fosse para eles, e não para a classe média, nem para os bolsos das autoridades políticas e seus amigos.)

Ou, para colocar ainda de outra forma: suponhamos que permitissem que os lucros fossem para as pessoas que dirigem a economia, tanto para o proprietário do mercadinho do seu bairro quanto para os malfeitores proprietários das grandes fortunas. Imaginemos, porém, que os recebedores do lucro, por um evangelho da riqueza e seguindo os princípios social-católicos, decidissem que deveriam viver modestamente e dar todo o supérfluo aos pobres. O economista David Colander declara que "um mundo em que todos os indivíduos ricos [...] [acreditassem] que é dever de todos doar a maior parte de sua fortuna antes de morrerem [...] seria muito diferente do [...] nosso mundo".[4] Mas um momento. Todos os 22% aumentariam as rendas do restante — muitos dos quais professores universitários recebendo bolsas Guggenheim ou integrantes da esquerda ganhando prêmios Macarthur para "gênios" — por uma magnitude que nem sequer chegaria aos pés do tamanho dos frutos do crescimento econômico moderno.

A questão é que os 20, 22 e 25% não são nada se comparados aos 3.000% do Grande Enriquecimento, que historicamente não tiveram nenhuma relação com redistribuições nem contribuições para a caridade.

É claro que, como aponta para mim o historiador alemão Jürgen Kocka, a luta dos trabalhadores, ao promoverem a dignidade dos indivíduos, pode muito bem ter contribuído para a dignidade predominante por trás da criatividade moderna. Sim, embora sua definição como vítimas contribua para o contrário, minando sua dignidade. Contudo, a aritmética é inquestionável, e mostra que redistribuições únicas são duas ordens de magnitude menos eficientes para ajudar os pobres do que o Enriquecimento proveniente do aumento da produtividade desde 1800. Se quisermos promover o enriquecimento dos que não são chefes ou dos que são pobres por um fator significativo, 3.000% sempre superará a faixa de 20 a 25%. A ênfase de Mao Tsé-Tung à luta de classes anulou quaisquer que tenham sido as conquistas da Revolução Chinesa. Quando seus herdeiros adotaram em 1978 a "modernização socialista", eles (semiconscientemente) adotaram as melhorias comercialmente testadas, o inovismo, e com isso alcançaram em trinta anos um aumento da renda real chinesa por pessoa por um fator de vinte — não de meros 20%, mas de 2.000%.[5] O lema antiequalização de Deng Xiaoping era: "Deixemos alguns ficarem ricos primeiro." É o Acordo Burguês.

Ao contrário da China, que por um bom tempo cresceu 10% ao ano, e da Índia, que hoje cresce 7% ao ano, os outros países do BRIICS — Brasil, Rússia, Indonésia e África do Sul — mantiveram as ideias anti-"neo"liberais, como a autossuficiência argentina, o unionismo britânico dos anos 1960, as leis trabalhistas alemãs dos anos 1990 e um entendimento equivocado do crescimento "orientado para as exportações" da Coreia do Sul. De fato, a literatura da "armadilha da renda média", que fala particularmente do Brasil e da África do Sul, depende de uma ideia mercantilista de que o crescimento depende das exportações, cujo crescimento seria prejudicado pelo aumento dos salários.[6] (Por um milagre, lugares como a França, a Dinamarca e a Holanda de algum modo escaparam da armadilha.) Os países com leis que enfraquecem o mercado — por exemplo, atrasando a entrada de novos negócios e regulando onerosamente negócios antigos — arrastam um crescimento inferior a

2% ao ano por pessoa, para o qual uma mera duplicação leva um terço de século e uma quadruplicação leva duas vezes mais. O crescimento lento gera inveja, como argumentou o economista Benjamin Friedman, e a inveja gera populismo, que, por sua vez, leva a um crescimento lento.[7] Essa é a verdadeira "armadilha da renda média", uma armadilha ideológica, e não econômica. Sair dela requer aceitar, como fez a Holanda no século XVI e a Grã-Bretanha no século XVIII, e como a China e a Índia fizeram no final do século XX, o Acordo Burguês.

O propósito compartilhado pela esquerda e pela direita, e pela posição liberal localizada acima do eixo esquerda-direita, é ajudar os pobres. A defesa pelos intelectuais da esquerda de restrições equalizadoras, redistribuições e regulamentações, que confirmadamente prejudicam os mais pobres, é, no mínimo, irrefletida. Talvez, levando em conta o que os historiadores da economia hoje sabem sobre o Grande Enriquecimento, mas que o *clerisy* da esquerda e muitos da direita se recusam terminantemente a admitir, possa ser até considerada antiética. Diante de tais evidências, a ética do *clerisy* da esquerda, a exemplo de Tony Judt, Paul Krugman e Thomas Piketty, convicto de estar seguindo o caminho eticamente superior contra o egoísmo desprezível dos *tories* ou republicanos, pode ser questionada. Eles estão obcecados por mudanças rápidas que não podem ajudar muito os pobres, e em muitos casos comprovadamente os prejudicariam. Estão também obcecados pela inveja colérica do consumo dos ricos que não praticam a caridade — dos quais, com frequência, eles mesmos são exemplos. Poderíamos perguntar, por exemplo, ao professor Piketty como ele usaria os seus direitos autorais para ajudar os pobres. Professor Krugman?

A esquerda radical explica a incapacidade dos próprios trabalhadores de entenderem seu dogma de que todo emprego é exploração afirmando que eles se encontram sob o domínio da falsa consciência.[8] Se, por outro lado, o Acordo Burguês é positivo, a consciência falsa pode ser atribuída não aos trabalhadores induzidos ao erro, mas ao próprio *clerisy* da esquerda. A política é revertida. Trabalhadores do mundo, uni-vos:

exigem as melhorias comercialmente testadas sob um regime de propriedade privada e ganhos de capital. Melhor ainda, tornem-se burgueses, como grandes grupos de trabalhadores nos países ricos acreditam ter se tornado, um número que se aproxima dos 100% nos Estados Unidos, medido pela autoidentificação como "classe média".

Seria, portanto, no mínimo estranho chamar de "falsa" uma consciência que aumentou a renda dos trabalhadores pobres em termos reais por um fator de trinta. Se os trabalhadores foram enganados ao aceitarem o Acordo, ser enganado desse jeito merece dois vivas e meio — a dedução de meio viva se deve ao fato de que não é digno sermos "enganados" por nada. Vamos dar dois vivas e meio pelo novo domínio desde 1800 de uma ideologia liberal e burguesa, e pela disseminação da aceitação do Acordo Burguês. O inovismo é demais.

Na penúltima página de seu livro, Piketty escreve: "É possível, e até mesmo indispensável, adotar uma abordagem ao mesmo tempo econômica, política, social, cultural e preocupada com os salários e a fortuna."[9] Só podemos concordar. No entanto. ele não alcançou essa abordagem. Seus comentários sobre questões culturais se limitam a um punhado de referências usadas com ingenuidade a romances que ele leu superficialmente.[10] Sua ética é uma ética estreita da inveja. Sua política presume que os governos podem alcançar tudo o que quiserem. E sua economia apresenta erros do início ao fim.

O capital no século XXI é um livro corajoso, mas contém erros graves. E ainda há o recente discurso vazio sobre a desigualdade promovido pelo livro. Nosso objetivo ético deveria ser o enriquecimento, e não a igualdade.

PARTE IV

E as outras ideias iliberais também são equivocadas

34. O *clerisy* teve três ideias marcantes, 1755-1848, uma boa e duas terríveis

Baseado em uma coluna publicada na Reason, *2017.*

Entre o Terremoto de 1755 de Lisboa e o ano revolucionário de 1848, o *clerisy* europeu teve três ideias políticas marcantes. Uma foi ótima. As outras duas foram péssimas. Continuamos pagando — e rezando.

A boa, proveniente das canetas de pessoas como Voltaire, Tom Paine, Mary Wollstonecraft, e principalmente do bendito Adam Smith, é o que este descreveu em 1776 como a ideia chocante de "permitir que todo homem [ou mulher, querido] persiga seus próprios interesses à sua maneira com base no plano liberal de igualdade, liberdade e justiça".

Admitamos que o verdadeiro liberalismo levou muito tempo para se aproximar consideravelmente do seu ideal. "Todos os homens são criados iguais" é uma frase cunhada por um homem que manteve na escravidão por um bom tempo os cinco filhos sobreviventes que teve com Sally Hemings, e a própria Sally, o que é ainda mais chocante, parece ter sido meia-irmã da esposa de Jefferson, filha do pai desta. Até seu coautor na *Declaração de Independência*, Benjamin Franklin, teve pessoas escravizadas. Em 1774, Nathaniel Niles declarou: "Por vergonha, ou deixemos de escravizar nossos irmãos, ou deixemos de nos queixar daqueles que nos escravizariam."[1] No ano seguinte, Samuel Johnson teve uma boa razão para censurar de Londres: "Como é que os gritos mais altos em prol da liberdade vêm de proprietários de negros?"[2]

No entanto, os gritos liberais ecoaram, e tiveram força, ainda que com o constrangimento contínuo ao longo de dois séculos de não termos concedido a escravizados, aprendizes, mulheres, imigrantes, anarquistas, socialistas, comunistas, okies, nisseis, negros, judeus, latino-americanos, homossexuais, manifestantes vietnamitas, suspeitos de crimes, pessoas com necessidades especiais, transgêneros, ex-presidiários, usuários de drogas, refugiados e cidadãos de Porto Rico e do Distrito de Colúmbia sua própria igualdade, liberdade e justiça. Em 1776, John Adams, que não era democrata, temia abrir a caixa de Pandora de, como coloca o historiador Alan Taylor, "prometer direitos iguais numa sociedade desigual": "Não servirá para nada. Surgirão novas reivindicações. As mulheres exigirão um voto. Rapazes de 12 a 21 anos pensarão que seus direitos não são suficientes, e cada um que não tiver um centavo exigirá uma voz igual."[3] Ele estava certo. A caixa não pôde ser fechada.

Os frutos do novo liberalismo, quando ele conseguiu vencer as duas novas ideias ruins, ou a antiga da hierarquia tradicional, foram incríveis. O liberalismo, de forma única na história, encorajou massas de pessoas comuns a experimentar melhorias com um teste comercial. A ousadia das tantas pessoas comuns que passaram a perseguir seus próprios interesses e paixões resultou no Grande Enriquecimento. E agora, apesar dos melhores esforços de governos e agências internacionais para atrapalhar o processo, ele está se espalhando pelo mundo, de Hong Kong a Botsuana, China e Índia.

As duas ideias *ruins* de 1755-1848 foram o nacionalismo e o socialismo. Uma combinação desses dois ingredientes foi introduzida em 1922, e continua à venda na Europa, bem como entre um grupo considerável de partidários de Trump, ele mesmo aprovando ao menos a parte "nacionalista", e acreditando no autoritarismo na economia.

O nacionalismo, ao surgir como teoria no início do século XIX, estava ligado ao Romantismo, embora, é claro, na Inglaterra já tivesse centenas de anos, assim como na Espanha, inspirando o nacionalismo na França, na Escócia, em Portugal, no Novo Mundo e eventualmente na Irlanda.

Na Itália, na forma do *campanilismo* e do orgulho das cidades, era mais velho ainda. Quando se pergunta a italianos de onde eles vêm, eles responderão, mesmo que estejam falando com estrangeiros, "Florença", "Roma" ou, no máximo, "Sicília". Não "Itália".

Um mal importante do nacionalismo — pior até do que a coerção coletiva intrínseca, que está de acordo apenas com uma liberdade "antiga", e do que sua tendência de definir minorias como judeus, muçulmanos e mexicanos como "não nós" — é que ele inspira guerras. As oitocentas bases militares norte-americanas espalhadas pelo mundo preservam a paz travando uma guerra interminável contra outros países, bombardeando civis para proteger os norte-americanos de ameaças inexistentes. Nós do mundo anglófono, em julho de 2016, "celebramos", se é que esse é o termo certo, um século do início da Batalha do Somme, um fruto do nacionalismo que, ao final de quatro meses e meio, custara aos Aliados e às Potências Centrais combinados mais de 1 milhão de baixas, a maioria desmembradas pela artilharia. Gratidão pelo seu serviço. O campo de batalha tem monumentos em homenagem aos mortos britânicos (não aos alemães, porque os britânicos acabaram "vencendo" a Guerra; nenhum dos lados venceu a batalha) com um número chocante de nomes gravados.

A outra ideia ruim da era foi o socialismo, que também pode ser ligado ao Romantismo e a um cristianismo secularizado, com sua caridade definida pelo "Sermão da montanha" e sua visão apocalíptica da história. O socialismo está completamente de acordo com o nacionalismo, substituindo o acordo pela coerção, que vai do planejamento central na URSS aos alvarás de construção em Chicago. A piada é que o comunista é um socialista apressado, o socialista é um regulador apressado, e o regulador é um político corrupto apressado.

O lado negativo do socialismo, além da mesma coerção coletiva, é que ele leva à pobreza. Até em sua forma mais pura, numa família, ele pode desencorajar melhorias ao encorajar o efeito carona. As formas não muito agradáveis do socialismo em grande escala, combinadas ao nacionalismo, são, é claro, muito piores: Coreia do Norte, Cuba e outros paraísos dos trabalhadores. A outra piada é que, sob o capitalismo, o homem explora o homem. Sob o socialismo, é o contrário.

O que fazer? Retomar o liberalismo. Nos Estados Unidos, recuperemos a palavra dos nossos amigos da esquerda. Eles podem ficar com "progressista", se não se incomodarem com a associação ao progressismo de cerca de 1910 e seu racismo, seu entusiasmo pela esterilização forçada e seu plano, ainda em prática, de usar o salário mínimo para tirar imigrantes, negros e mulheres da força de trabalho. E devemos convencer nossos amigos da direita norte-americana a parar de usar a palavra com L para atacar pessoas que não pertencem à elite econômica. (Na América Latina, ao contrário, os chamados liberais são conservadores e administram a elite econômica.)

Leiam Adam Smith, lentamente, seus dois livros, e tentem retornar ao início de 1776, quando a ideia radical não era o nacionalismo, o socialismo, nem o nacional-socialismo, mas "o sistema óbvio e simples da liberdade natural", que permitia que todos os homens e mulheres perseguissem seus interesses à sua própria maneira.[4]

Era uma ideia estranha, mas muito boa.

35. O céu econômico não está caindo

Em 2016, para o periódico opinativo britânico Prospect.*

Por razões que ainda não entendo, as pessoas simplesmente *amam* ouvir que o céu está caindo. Entretanto, ele raramente cai. (Nunca, na verdade.) Por exemplo, um grupo ruidoso de economistas *tories*/liberais, como Lawrence Summers, Andrew McFee, Edmund Phelps, Jeffrey Sachs, Laurence Kotlikoff, Tyler Cowen, Edward E. Gordon e Robert J. Gordon, tem argumentado que a Europa e os Estados Unidos, na fronteira das melhorias, estão enfrentando uma redução do surgimento de novas ideias e uma escassez de habilidades. Segundo esse grupo, o resultado será o desemprego tecnológico, a "falta de competitividade" e um crescimento patético.

Talvez. Contudo, nos últimos dois séculos, vários outros economistas experientes previram desacelerações semelhantes que não aconteceram. Os economistas keynesianos do fim dos anos 1930 e 1940 estavam convictos de sua previsão, seguindo a mesma linha dos pessimistas atuais, de um mundo de "estagnacionismo". A previsão foi instantaneamente desmentida pela continuação do Grande Enriquecimento e pelos maiores índices de crescimento econômico da história.

De forma semelhante, nos primeiros três quartos do século XIX, os economistas clássicos, entre eles Marx, esperavam que os proprietários de terras — ou, no caso de Marx, os capitalistas — engolissem o PIB.

* Originalmente publicado pela revista *Prospect* em março de 2016.

Sob argumentos malthusianos, eles esperavam que a receita por pessoa ficasse na casa dos dois a três dólares por dia em termos atuais, típica da vida humana desde as cavernas. Não foi o que aconteceu.

E, ao contrário dos alardes recentes, mesmo nos países já ricos a renda real entre os pobres continua crescendo. Trinta anos atrás, a artroplastia total do quadril era experimental. Hoje, é rotina. Pneus e automóveis não eram confiáveis. Agora, podem durar para sempre. Houve um tempo em que a depressão clínica não tinha tratamento. Hoje, tem. Além disso, em termos de confortos reais (um teto, aquecimento, vestuário amplo, alimentação decente, educação adequada, medicina eficaz, vida longa), a renda apresenta uma distribuição cada vez mais *igual*. No *ritmo* de Piketty.

Além disso, no mundo inteiro, os mais pobres estão ficando rapidamente mais ricos. Não estamos mais em 1960, queridos, quando os países pobres pareciam sem salvação, presos num dilema asiático.

Os economistas italianos Patrizio Pagano e Massimo Sbracia argumentam que o insucesso das tentativas de emersão dos estagnacionismos — propostas estas feitas, contudo, como observam, após cada grande recessão — não se deveu tanto à (de qualquer modo inevitável) previsão malsucedida das novas tecnologias, mas à não identificação de maiores recompensas para as tecnologias já existentes, como os computadores atuais.[1] O historiador da economia Joel Mokyr, grande estudioso da história da tecnologia, recentemente apresentou garantias convincentes sobre a questão da desaceleração, dirigidas significativamente às convicções de que o céu está caindo de seu colega da Universidade do Noroeste, o pessimista Robert Gordon.[2] Mokyr argumenta que, a esta altura, as ciências e tecnologias existentes relacionadas à biologia, aos computadores e ao estudo dos materiais prometem um enriquecimento gigantesco.[3]

Thomas Babbington Macaulay perguntou em 1830: "Com base em que princípio, quando vemos nada além de melhorias ao olharmos para o passado, esperamos nada além de decadência pela frente?" E continuou: "Se profetizarmos que no ano de 1930 uma população de 50 milhões, com uma alimentação, vestuário e habitações melhores do que os ingleses da nossa época, ocupará estas ilhas, que Sussex e Huntingdonshire serão mais ricos do que as partes mais ricas do West Riding of Yorkshire o são hoje, que em todos os lares haverá máquinas construídas segundo princípios que ainda não foram descobertos, muitas pessoas considerar-nos-iam loucos."[4]

Por mais *whig*, burguês, progressista e vulgarmente favorável às melhorias que fosse, Macaulay foi preciso em sua previsão, mesmo em relação à população do Reino Unido de 1930. Se incluirmos em 1930 a recém-separada República da Irlanda, ele errou por 2%.

E nem mesmo economistas pessimistas e anti-*whig* como Robert Gordon — "céticos", como os chamam os escritores das manchetes — negariam que temos diante de nós cinquenta ou cem anos em que países hoje medianos e pobres como África do Sul, Brasil, Haiti e Bangladesh alcançarão o que nos países ricos hoje já é um nível extremamente positivo de renda real média.

O ganhador do Prêmio Nobel Edmund Phelps, um dos pessimistas, acredita que falta dinamismo em muitos países ricos.[5] Eis um dos "ventos contrários" propostos por Robert Gordon. Esses temores não se concretizaram, o que sugere que as propostas estatistas de Gordon para nos proteger dos ventos contrários não são boas ideias. Suponhamos, porém, que a Europa e seus descendentes entrem em estagnação. Ainda assim, China e Índia, que compõem 40% da população mundial, desde 1980 tornaram-se radicalmente mais adeptas do livre mercado do que um dia foram, e com isso estão avançando rapidamente. Apesar das desacelerações recentes na China (não na Índia), elas continuarão crescendo se continuarem liberalizando.

Para analisarmos o que acontecerá nos próximos cinquenta ou cem anos se esse crescimento tiver continuidade, como temos toda razão para acreditar que continuará, é uma boa ideia aprender a "Regra dos 72". Segundo ela, algo (como a renda) que cresça a 1% ao ano leva 72 anos para dobrar. (Calma, esse fato não é óbvio sem cálculos, mas, por acaso, é verdade. Você pode confirmar pegando sua calculadora e multiplicando 1,01 por ele mesmo 72 vezes. Ou pode simplesmente acreditar em mim.) Por conseguinte, se algo cresce duas vezes mais rápido, a 2% em vez de 1%, esse algo dobrará, é claro, na *metade* do tempo, ou em 36 anos. Um corredor a uma velocidade duas vezes maior percorrerá um quilômetro na metade do tempo. Seguindo o mesmo raciocínio, algo que cresce a 3% ao ano dobrará em um terço do tempo de 1%, 72 dividido por três, ou 24 anos.

Agora, apliquemos nosso novo conhecimento aritmético às nossas perspectivas econômicas. Mesmo aos modestos 4% ao ano por pessoa que o Banco Mundial implausivelmente avalia que a China crescerá até 2030, o resultado então será uma população quase duas vezes mais rica. Os especialistas na economia chinesa Dwight Perkins e Thomas Rawski calcularam em 2008 um crescimento anual de 6 a 8% até 2025, quando o chinês médio terá o padrão de vida norte-americano da década de 1960.[6] Durante suas experiências socialistas dos anos 1950 aos 1970, a China e a Índia foram tão mal administradas que havia muito a ser ganho pela mera permissão de que as pessoas abrissem lojas e fábricas onde e quando quisessem, sem aprovação das autoridades. Como Perkins apontou em 1995: "Quando a China deixou de restringir essas atividades, [...] lojas, restaurantes e muitas outras unidades prestadoras de serviços surgiram em todos os lugares [...] [pois] os chineses [...] não haviam esquecido como vender ou administrar pequenos negócios."[7] Ou grandes. Não existe nenhum argumento genético que sugira que chineses, indianos, africanos ou latino-americanos estão fadados a se saírem pior do que os europeus para sempre.

Na verdade, entre 1990 e 2016, mesmo com a Grande Recessão, vimos uma taxa de crescimento real global (em dólares corrigidos pela inflação segundo a PPC de 2011) de 2% ao ano por pessoa — o equivalente, por exemplo, à taxa média ao longo de 2 séculos nos Estados Unidos.[8] Isso resultará na duplicação do bem-estar material da pessoa média no mundo dentro de uma longa geração (72/2 = 36) ou de duas curtas, com economias globais de escala em termos de invenção promovendo o aumento desse ritmo. Em duas gerações longas dessa, 72 anos, teríamos uma quadruplicação, que, ao final do século, elevaria a renda real média do mundo aos níveis alcançados em 2016 nos Estados Unidos, país que por mais de um século teve a renda por pessoa mais alta do mundo de qualquer lugar maior do que a Noruega. Muito bom. Muito bom, inclusive, para resolver, se não todos, pelo menos muitos dos problemas espirituais, da sociedade e do meio ambiente. Certa linha puritana do pensamento ocidental supõe que o enriquecimento sempre corrompe. Não foi o que aconteceu.

Todos os economistas que já analisaram as evidências concordam que a renda real média global por pessoa está crescendo rápido, e tudo indica que continuará crescendo amanhã e no século seguinte, ou até por mais tempo. O resultado será um aumento gigantesco do número de cientistas, designers, escritores, músicos, engenheiros, empreendedores e empresários em geral desenvolvendo melhorias que transbordarão para os países hoje ricos, que supostamente sofrem com uma escassez de dinamismo ou enfrentam ventos contrários. A não ser que acreditemos, seguindo a linha mercantilista/da faculdade de Administração que um país precisa "competir" para prosperar a partir das melhorias mundiais, até os barcos furados dos "países sem dinâmica" phelpsianos/gordonescos emergirão.

Para resumir, não existe nenhum limite econômico iminente para o rápido crescimento da renda *per capita* mundial, americana ou europeia, nenhuma ameaça aos "empregos", nenhum motivo para pessimismo — nem no seu tempo nem no dos seus bisnetos. Então, no ano 2100, com todos os habitantes do país imensamente ricos pelos padrões históricos e centenas de cientistas e empreendedores a mais trabalhando dia e noite em melhorias para a energia solar e para a queima do metano, poderemos reconsiderar os limites do crescimento e a queda do céu.

36. O Ocidente não está em declínio

*Este artigo, escrito em 1990 e atualizado aqui, tem o mesmo tema que o anterior, escrito 26 anos depois — o que ou mostra que não evoluí, ou que o que não evoluiu foi a retórica do fracasso e declínio da soma zero.**

Comecemos com uma charada: adivinhe a época e o lugar. Você será avaliado pela sua resposta.

Uma nação que fala o idioma de Shakespeare vence uma guerra mundial e assume o comando do equilíbrio de poder. Ela constrói a maior máquina econômica da história, e é aclamada por todos os lados como o lar dos empresários mais eficientes, dos engenheiros mais sagazes, dos cientistas mais inteligentes e dos políticos mais sábios. E aí acaba a diversão. Um arrivista desafia sua economia, vencendo-a no seu próprio jogo. O antigo paradigma, uma ou duas décadas depois das hosanas, passa a ser desprezado, pelo menos em casa, como o lar dos empresários mais preguiçosos, dos engenheiros mais estúpidos, dos cientistas menos inovadores e dos políticos mais tolos. Ele se torna, na opinião do mundo (ou, pelo menos, dos jornalistas, políticos e da maioria dos professores locais), uma Nova Espanha ou uma Nova Holanda — sinônimos de um império ruído.

---

* Originalmente publicado como Deirdre Nansen McCloskey, "Competitiveness and the Antieconomics of Decline", em *Second Thoughts: Myths and Morals of U.S. Economic History*, editado por Deirdre Nansen McCloskey, p. 167-173, 1993. Reproduzido com permissão da Oxford University Press e com permissão do Licenciador por meio do PLSclear. © 1993 pela Oxford University Press, Inc.

O tempo acabou.

Se o seu palpite foi "Estados Unidos, 1917-presente", ficou com metade da nota, cinquenta pontos. Sinto muito, essa nota não é suficiente para a aprovação. É verdade que isso está de acordo com a história norte-americana como geralmente é contada desde a entrada dos Estados Unidos na Guerra para Acabar com Todas as Guerras até Trump, mas também com a história de outros lugares. Se o seu palpite foi "Grã-Bretanha, 1815-1956", mais uma vez você ganha cinquenta pontos, e dez pontos adicionais por reconhecer que existe um mundo fora dos Estados Unidos. Essa também é a história britânica, de Waterloo à Crise de Suez. Apesar disso, com essa resposta você só passa raspando.

A melhor resposta é: "Ambos, até nos detalhes das palavras que as pessoas usaram à época para descrever o que estava acontecendo." Os líderes da opinião pública britânica nos anos de 1890 e 1900 liam livros com títulos como *Made in Germany* [Feito na Alemanha] de 1896, ou *The American Invasion* [Invasão americana], de 1902.[1] Onde você já viu esses títulos? Você os tem visto desde a década de 1980 nas livrarias de aeroportos de Kennedy a Honolulu, com a Grã-Bretanha agora substituída pelos Estados Unidos. Em 2019, ficou claro que a administração Trump adotou essas noções com entusiasmo. O livro de 1896 poderia ser reimpresso em 1989 com "Japão" ou em 2019 com "China" no lugar de "Alemanha". Faça "observações, Gentil Leitor, na sua própria vizinhança", escreveu um britânico aterrorizado com as importações alemãs. "Você verá que o material de algumas das suas próprias roupas provavelmente foi tecido na Alemanha. [...] Os brinquedos, bonecas e livros de contos de fadas que seus filhos maltratam nos quartos deles foram produzidos na Alemanha. [...] Percorra sua casa, e encontrará os sinais funestos por todos os lados."[2] Faça observações atualmente na sua garagem, sala de estar, sala de lazer. Você verá Toyota, Sony e Yamaha, e, em 2019, martelos e computadores da China por onde quer que olhe.

Essa resposta, contudo, ainda não alcança a nota máxima. Considere-se recebendo um B — e tente ser mais atento da próxima vez. É claro que o aviso de que "O Fim Está Próximo" angaria uma reputação de sabedoria e vende jornais. Uma charge da *New Yorker* exibia um casal passando por um profeta de barba segurando um cartaz que declarava "O Fim Está Próximo", com o homem dizendo à mulher: "Aquele não é Paul Krugman?" A versão norte-americana da história é melhor por causa de um exemplo supostamente terrível, o da Grã-Bretanha, o único país europeu que muitos norte-americanos acreditam conhecer, e que, portanto, acreditam saber como melhorar. A analogia britânica persegue o *clerisy* dos Estados Unidos. Pelo lado positivo, cada um dos dois países, em sucessão, já foi o banco do mundo. Pelo lado negativo, os dois enfrentaram uma dura guerra colonial, contra bôeres e vietnamitas. Os dois no fim das contas tornaram-se nações devedoras, com déficits duradouros no comércio. (O terrível déficit é o mesmo que você tem no supermercado local — um pesadelo que tenho certeza que perturba seu sono e o de Peter Navarro.)

As duas histórias, porém, estão completamente erradas, o que é a resposta correta para um A+ e um convite para a pós-graduação. Por mais que o *clerisy* norte-americano adore contar essas histórias em bares frequentados por universitários, instando-nos a nos preparar para *Zero-Sum Solution: Building a World-Class American Economy* [A solução de soma zero: construindo uma economia norte-americana de primeira classe], (Lester Thurow, 1985) ou para finalmente iniciarmos *O trabalho das nações: preparando-nos para o capitalismo do século 21* (Robert Reich, 1991) — e, recentemente, o absurdo menos letrado de Donald Trump e Peter Navarro, o Pesadelo do Supermercado —, a história da ruína dos Estados Unidos está errada. Tão errada quanto a do fracasso da Grã-Bretanha um século atrás. A história de *Ascensão e queda das grandes potências* (Paul Kennedy, 1987) é um conto de fadas sem lição moral.

A história correta é que os dois países foram e continuam sendo tremendos sucessos econômicos. Angus Maddison (1926-2010) foi um escocês que viveu na França e trabalhou na Holanda. Ele foi um prodígio, fluente em sete línguas e no pensamento estatístico, a principal autoridade na história do comércio e da renda mundiais. Em 1989, publicou um ensaio que passou praticamente despercebido, com o título *The World Economy in the Twentieth Century* [A economia mundial no século XX], sob os auspícios da Organização para a Cooperação e Desenvolvimento Econômico, o instituto de pesquisa em Paris para os países ricos e democráticos. Usando as melhores estatísticas disponíveis sobre a renda (em sua honra, elas desde então foram aperfeiçoadas, mais ou menos com os mesmos resultados), Maddison verificou que os norte-americanos continuam mais ricos do que quaisquer outros, isso após uma década de "fracasso". Em 1987, os norte-americanos ganhavam 13.550 dólares *per capita* (ajustados segundo a inflação de 1990), cerca de 40% a mais do que as rendas, digamos, dos japoneses ou dos alemães (ocidentais). Ajustada segundo a inflação atual, essa renda é de mais de 45 mil dólares, e continua mais alta do que as rendas dos japoneses e dos alemães unificados.

A Grã-Bretanha em 1987 também era — e continua sendo — rica pelos padrões internacionais. Após um século de "fracassos", o britânico em média ganhava quase a mesma renda que o sueco e um pouco mais do que o belga. A média britânica era quase três vezes a mexicana e 14 vezes a da Índia. Se você não acredita, basta sair do seu hotel em Mumbai — embora os indianos estejam para nos alcançar em duas gerações.

Os Estados Unidos, portanto, não "fracassaram". Nem a Grã-Bretanha. A história norte-americana contada nas salas de aula, cheia de suspense e tragédias, repete a história britânica. Isso, porém, não passa de falsa retórica do início ao fim. Observadores britânicos do início do século XIX, como os norte-americanos da Era do Jazz, ficaram assombrados com a tranquilidade com que o país assumira a liderança industrial. A Grã-Bretanha foi a primeira. Ainda assim, desde o início do seu "domínio", alguns membros do seu *clerisy* ficaram um pouco desconfiados diante da ideia de uma pequena ilha liderar o mundo. Em 1839, no início do sucesso britânico, um certo James Deacon Hume alertava um comitê do Parlamento sobre as tarifas protecionistas sobre as importações do trigo, que supostamente encorajariam outros países a também abandonarem a agricultura pela indústria, quebrando o "domínio" da manufatura global pela Grã-Bretanha: "Corremos o risco de sermos sobrepujados pelas manufaturas de outros países. [...] Parece-me que [quando esse dia chegar] a prosperidade deste país retrocederá muito mais rápido do que avançou."[3]

Balela. É a retórica da "competitividade", e ela sempre foi balela. Tanto na década de 1840, quanto na de 1990, a Grã-Bretanha seguiu avançando, como continua na atualidade, com a industrialização do restante do mundo, do mesmo jeito que você se beneficiaria ao se mudar para um bairro de pessoas mais capazes e saudáveis. O crescimento britânico continuou de 1840 até o presente, tornando os britânicos cada vez mais ricos.

Do mesmo modo, os norte-americanos ganham quando Japão ou China "nos derrotam" na produção de automóveis ou TVs, pois com isso "nós" (o "nós" de fato, indivíduos tomando decisões sobre o que fazer, e não o "nós" coletivista das fantasias nacionalistas) passamos a fazer algo em que somos comparativamente bons — serviços bancários, digamos, ou cultivo de soja — e deixamos japoneses, coreanos e chineses cuidarem dos eletrônicos de consumo.

Cada vez mais ricos. O céu não está caindo. Nenhuma tragédia está para acontecer. Segundo Maddison, em 1989 a Grã-Bretanha era cerca de 3,5 vezes mais rica por pessoa do que um século atrás, enquanto os Estados Unidos eram cinco vezes mais ricos. Agora, mais ainda. É verdade que a Grã-Bretanha e os Estados Unidos nesse período cresceram mais devagar do que alguns outros países, como a Suécia e o Japão, pois a Grã-Bretanha e os Estados Unidos começaram mais ricos, embora ainda fossem pobres em comparação aos seus padrões recentes. A história do crescimento no último século foi de convergência para os padrões britânicos e norte-americanos de excelência. Em 1900, os alemães ganhavam metade do que os britânicos ganhavam; agora, ganham mais ou menos a mesma quantia.

Não foi uma "corrida" que a Grã-Bretanha "perdeu". A redução da participação britânica nos mercados mundiais não indica "fracasso". Do mesmo modo que não é indicação de "fracasso" um pai assistir à queda da sua participação na renda familiar quando seus filhos crescem e passam a contribuir. É uma indicação de maturidade. O que também se aplica aos Estados Unidos. É algo bom, e não ruim, que outras nações estejam alcançando os padrões norte-americanos de competência na administração de supermercados e na produção de equipamentos para o processamento de alimentos.

Três vivas para a "competição" estrangeira.

37. A retórica do fracasso é perigosa

*Continuação.**

A história do "fracasso" tem consequências, e é por isso que precisa ser desafiada. Ela confunde o prestígio de um atleta, ocupando o topo do que os britânicos — inventores do futebol — chamam de as "colocações do crescimento econômico", mesmo que o número absoluto registre apenas diferenças mínimas na riqueza. De modo mais sombrio do que as metáforas com esportes, ela fala de livre-comércio em metáforas de guerra. Em 1902, no auge da histeria xenófoba na Grã-Bretanha relacionada à "competitividade" contra a Alemanha e os Estados Unidos, o economista britânico Edwin Cannan declarou:

> A primeira tarefa de um professor de Teoria Econômica é destruir e pisotear [calma aí, Edwin] as enganosas metáforas militares que foram aplicadas [...] à troca pacífica de commodities. Ouvimos muito [...] hoje em dia sobre a "supremacia comercial da Inglaterra" e sobre outras nações estarem "desafiando-a", e como é nosso dever "repelir o ataque" e assim por diante. O economista pergunta: "O que é supremacia comercial?", e não há resposta.[1]

* Originalmente publicado como Deirdre Nansen McCloskey, "Competitiveness and the Antieconomics of Decline", em *Second Thoughts: Myths and Morals of U.S. Economic History*, editado por Deirdre Nansen McCloskey, pp. 167-173, 1993. Reproduzido com permissão da Oxford University Press e com permissão do Licenciador através do PLSclear. © 1993 pela Oxford University Press, Inc.

A esta altura, já ouvimos muito falar da supremacia comercial dos Estados Unidos e de como é nosso dever repelir o ataque. É um discurso economicamente burro e politicamente perigoso. Em 1884-1914, ele levou a uma guerra mundial, e, em seguida, aos horrores da Europa da metade do século XX. Devemos abrandá-lo, reconhecendo, por exemplo, que a maioria dos empregos foi perdida pelo advento de tecnologias melhores, e que os de Massachusetts e Illinois foram perdidos para o Texas e a Califórnia, e não para a China e a Coreia; ou que vizinhos mais ricos vão nos pagar mais em bens e serviços pelos nossos bens e serviços. David Landes (1924-2013), professor de história de Harvard, e mais tarde, graças a uma amizade com Robert Fogel, também de economia (David nunca abriu um livro de economia elementar), elevou a história equivocada do declínio britânico ao respeito acadêmico. Em seu livro eloquente, erudito e completamente errado *Prometeu desacorrentado: transformação tecnológica e desenvolvimento industrial na Europa Ocidental, de 1750 até os dias de hoje*, Landes resumiu um século de lamentos jornalísticos e históricos pela supremacia e império perdidos. Ele usou a metáfora da liderança em uma "corrida", falando nos títulos dos capítulos sobre "Cobrir a distância" e "Fôlego curto e energia renovada", com uma versão militar em "Alguns motivos", tirado de um poema sobre um ataque de cavalaria.[2]

A principal questão, de acordo com Landes, é "Por que a liderança industrial nas últimas décadas do século XIX passa da Grã-Bretanha para a Alemanha?".[3] Sua resposta resumida é: "Portanto, a Grã-Bretanha do final do século XIX aqueceu-se complacentemente sob o sol poente da hegemonia econômica. [...] Agora, era a hora da terceira geração, os filhos da afluência, cansados do tédio do comércio e energizados pelas aspirações bucólicas dos cavalheiros campestres. [...] Eles trabalhavam enquanto brincavam e brincavam enquanto trabalhavam."[4]

Belas palavras, mas só reafirma a balela sobre a competitividade — balela dos dois lados, político e econômico. A história europeia costuma ser contada por diplomatas e seus historiadores em termos de provas de atletismo e ataques de cavalaria entre siderúrgicas e corretores de ações. O equilíbrio do poder político na Europa desde Pedro, o Grande, teria dependido da liderança industrial. Waterloo e o Somme teriam sido decididos na linha de produção e no pregão. A suposta ligação entre a liderança na guerra e a liderança na economia tornou-se, antes da Primeira Guerra Mundial, lugar-comum do discurso político, e desde então nunca mais deixou a literatura da história. Pensar de outra forma, diz Landes, sem oferecer argumentos de fato, é ingenuidade.

A versão do início do século XXI do contrassenso mundial de Landes vem na forma de elogios a líderes iliberais — como Putin na Rússia, Xi na China, Erdogan na Turquia ou Orbán na Hungria, com imitadores na Europa Oriental, ou, num tom menos violento (embora ele também prenda seus adversários políticos e críticos da imprensa), Lee Hsien Loong, de Singapura, e especialmente seu pai, Lee Kuan Yew. Afinal de contas, escrevem os iletrados econômicos, os tiranos "vencem". "Talvez, a tirania combinada à liberdade econômica", escrevem eles, "seja o Novo Modelo". Iletrados estão sempre procurando um Novo Modelo, pois assim não precisam entender os antigos. Nem abrir um livro sobre economia.

Mas não. Em primeiro lugar, a tirania regularmente e em média destrói economias, e não as melhora, e a democracia desde 1776 vem liberalizando as economias e enriquecendo as pessoas comuns. Agora, examinemos Robert Mugabe, do Zimbábue, cujo exemplo triste ficou nas mãos da grande ala comunista do Congresso Nacional Africano, na África do Sul. As histórias do sucesso econômico de Mussolini, Hitler e Stalin já caíram por terra com provas de que eram falsas. Apostar que um homem montando um cavalo branco promoverá melhorias econômicas para seu povo só enriquece os corretores de apostas, com probabilidades favoráveis.

Frequentemente, confunde-se o "sucesso" em eleições fraudadas ou numa política internacional agressiva com o enriquecimento do povo comum em seus objetivos econômicos comuns. Consideremos o sonho de *Lebensraum* de Hitler, colonizar o Oriente assassinando judeus e eslavos. Qual foi o resultado? A confusão mantém o homem montado no cavalo branco no comando, pois é agradável pensar na glória da Mãe Rússia, mesmo que você esteja morando com sua neta numa cidade mineradora decadente, numa casa de um cômodo sem chuveiro nem fogão, com uma pensão de quatrocentos dólares por mês. Pode-se sempre usar o argumento do Bom Tsar, de que Putin não está a par da terrível corrupção de seus administradores locais. Se estivesse, sem dúvida partiria para o resgate. Foi sempre o relacionamento do tsar com os camponeses contra os boiardos, do bom Rei Ricardo contra os maus xerifes e barões que favoreciam o mau Rei João, ou do soberano inglês contra grandes proprietários de terra que supostamente deixavam vilarejos desertos com barreiras.

A esquerda regularmente, com efeitos colaterais infelizes, turva a água atacando a própria ideia de uma renda nacional calculada, que resume o bem-estar econômico das pessoas comuns sob sua própria luz — ou seja, pelo quanto elas estão dispostas a pagar por bens e serviços. É o critério liberal. A esquerda, em vez disso, anseia por um critério coletivista. A direita tem um anseio semelhante, pela glória coletiva da Nação, semelhantemente alcançado pela coerção e sua ameaça.

É melhor, contudo, abandonarmos essas fantasias de comércio agressivo do coletivismo e ouvir, de fato ouvir, o que as pessoas dizem nos mercados. Ah, sim, eu sei que dizem que os mercados têm "imperfeições" terríveis, mais de cem definidas com amor nos livros de economia desde 1848, embora nenhuma indique ser importante o bastante para justificar a introdução da sabedoria imperfeita da compulsão governamental.[5] Além do que, durante o reinado das inúmeras imperfeições (monopólios, informações incorretas, erros comportamentais), os mais pobres tenham visto seu bem-estar material aumentar consideravelmente. Pois que o mercado fale em PIB *per capita* no óbvio e simples plano liberal, e bilhões de pessoas terão acesso à educação e serão enriquecidas.

E o PIB só aumenta quando os tiranos cedem, para as partes da economia em que *não* presumem que devem ser definidas por decretos. O nascimento do liberalismo enriqueceu lugares como os Estados Unidos antes da Guerra de Secessão, ou o próprio Império Russo nos anos 1890 e 1900, permitindo que as pessoas ganhassem dinheiro fornecendo, digamos, trilhos para ferrovias. O Japão, porém, estagnou com a tirania Tokugawa até 1868, e a mesma coisa aconteceu com a China sob a tirania Manchu e depois a maoísta até 1978. Os tiranos rejeitam o teste do mercado, e com isso embarcam em projetos que regularmente reduzem o PIB russo, chinês ou argentino *per capita*. É claro que grupos privados também cometem erros. No entanto, eles não têm um monopólio da coerção a que recorrer. Eles vão à falência em vez de poderem forçar fazendas coletivas a comprarem tratores de má qualidade até se recuperarem — ou não. A política não favorece as pessoas economicamente. É a economia que faz isso.

A suposta ligação entre economia e política não existe. Afinal de contas, uma aliança grande o bastante de seguidores atrasados e cansados, para usar a metáfora de Landes, poderia ter destacado mais divisões em 1914. Foi o que o Império Russo fez. O caso da Rússia Soviética em 1941 ou do Vietnã do Norte em 1968 sugere que poder econômico não necessariamente implica poder militar. Em 1861-1865, a União sacrificou mais homens do que todos os Estados Unidos fizeram em qualquer outra guerra para sufocar uma rebelião de uma área menos populosa, com 40% da sua população escravizada, cuja produção de armas de fogo o Norte superou em 30 para 1, fazendo a mesma coisa com a das locomotivas em 24 para 1 e com a de ferro-gusa em 13 para 1, isso desde o início. Na Primeira Guerra Mundial, a proteção da Frente Ocidental foi garantida por pás e arame farpado, dificilmente os frutos mais avançados da indústria. O bombardeio estratégico com as técnicas mais avançadas e as fábricas mais complexas foi em grande parte um fracasso durante a Segunda Guerra Mundial, fracassou totalmente na Guerra da Coreia, e, portanto, foi empregado novamente com grande alarde, e fracassou espetacularmente mais uma vez, no Vietnã. Finalmente, funcionou contra poderes militares e econômicos triviais no Iraque e na Sérvia. Mas funcionou mesmo? Qual foi o resultado? Os sérvios até hoje odeiam os outros europeus, culpando-os pelo bombardeio da OTAN à Iugoslávia, e a Síria... bem.

A equação entre poder militar e poder econômico é boa para os jornais, mas ruim para a história e pior ainda para a economia. A balela econômica na metáfora de liderança e competitividade está na suposição silenciosa de que o primeiro lugar é muito melhor do que o segundo ou o 12º entre as diversas nações. A liderança nos esportes é definida pelos primeiros lugares. No lema do treinador da UCLA Henry Russell "Red" Sanders (não é, como as pessoas acham, de autoria de Vince Lombardi, do Green Bay): "Vencer não é tudo... é a única coisa que há." Não na economia. As metáforas de doença, derrota e declínio baseiam-se demais no Primeiro Lugar para se encaixarem na história econômica. O lema de Red Sanders é bom para os jogos. Só um time vence o campeonato Pac-12. A fixação pelo Primeiro Lugar, contudo, nos faz esquecer que nos assuntos econômicos ocupar o Segundo ou até o 12º pode ser muito bom. O prêmio para o segundo lugar da corrida no crescimento econômico não é a pobreza. É um grande enriquecimento. Em outras palavras, desde 1750 a Grã-Bretanha cresceu muito, obrigada, com pausas para grandes guerras e experiências do socialismo da Cláusula IV. Os Estados Unidos dobraram a renda real *per capita* a cada 36 anos, aproximadamente, por dois séculos. Já as doenças de que os pessimistas falam com tantas minúcias são romanticamente fatais; as derrotas esportivas ou militares são terrivelmente completas; os declínios da antiga grandeza, incorrigivelmente tremendos.

***

De um ponto de vista mais abrangente, a história do fracasso numa corrida é mais inadequada ainda. Antes dos britânicos, o "fracasso" eram os holandeses. A República das Sete Províncias Unidas dos Países Baixos está "em declínio" praticamente desde o seu nascimento. E qual foi o resultado? Desastre? Pobreza? Um "colapso" da economia? Não. a Holanda terminou pequena e fraca, uma ilha linguística minúscula num canto da Europa, subtraída de seu império, não mais uma potência orgulhosa na política mundial — mas fabulosamente rica, com uma das maiores rendas *per capita* do mundo (tanto agora quanto no século XVIII), um PIB *per capita* que quadriplicou desde 1900, um sucesso incrível para qualquer padrão. O bairro Jordaan ("jardim") de Amsterdã, na metade do século XIX, era uma região da classe trabalhadora, com casas e apartamentos mínimos; uma família grande ficava espremida em um cômodo de 15 m², como acontecia no Lower East Side em Nova York. Agora, as casas e apartamentos da Velha e da Nova Amsterdã foram combinados para formarem habitações maiores para casais de *yuppies*.[6] Em alguns casos, para solteiros.

A melhor história é a do crescimento normal — embora os dois séculos do Grande Enriquecimento não tenham sido nada "normais" para os humanos. A maturidade foi alcançada mais cedo pela Grã-Bretanha, pelos Estados Unidos e pela Holanda do que pelo Japão, Alemanha e Suécia. Todos sabem que na construção naval, nos seguros, nas bicicletas e no varejo, a Grã-Bretanha se saiu muito bem de 1870 a 1914. Entretanto, mesmo os "fracassos" britânicos do final do século XIX foram pequenos pelos padrões internacionais, até nas indústrias como aço e produtos químicos, nas quais a Grã-Bretanha teria se saído particularmente mal.[7]

Tenha se saído bem ou não, contudo, o crescimento da Grã-Bretanha não dependeu da manutenção do Primeiro Lugar. A Grã-Bretanha em 1890 poderia ter esperado crescer mais devagar do que as nações recém-industrializadas. A parte britânica do mundo chegou lá primeiro, e, por isso, durante algum tempo, foi superada no ritmo de crescimento por outros países. Se quisermos manter essa metáfora cansativa de provas de atletismo, quem já cruzou a linha de chegada vai avançar mais devagar do que quem ainda está correndo. A Bélgica foi outro país que se industrializou cedo e teve uma experiência parecida de "declínio" relativo que mal foi notada. A mesma coisa aconteceu, mais recentemente, aos Estados Unidos. E daí?

Em geral, com pequenas variações decorrentes de pequenas diferenças nacionais na atenção aos detalhes, as nações ricas convergem. Os recursos naturais são um elemento trivial das economias modernas. A tecnologia, por outro lado, vem se tornando cada vez mais internacional. É como se a tecnologia fosse a nova terra, com a diferença de não estar localizada em um só país, mas em todos. Se as pessoas tiverem liberdade para adotar a tecnologia mais rentável, acabarão com aproximadamente as mesmas rendas, não importa se vivem em Hong Kong ou Dresden. Muitos trabalhos econométricos insensatos têm considerado a possibilidade de as nações *não* convergirem. O que é insensato neles é que não existe razão genética, biológica nem geográfica para uma grande divergência permanente. No curto prazo, com certeza, mas não em cinquenta anos.

A principal história britânica desde o século XIX é o que os norte-americanos podem esperar para o próximo século. A renda britânica triplicou enquanto outros alcançavam os padrões britânicos de vida. Um aumento de 228% na produção entre 1900 e 1987, num ritmo mantido até hoje, é mais importante do que um "fracasso" de 10%, ocasionalmente e em algumas taxas de câmbio — isso para imitar, digamos, os hábitos obsessivos de atenção ao dever dos alemães. Se comparada à Etiópia, ou até à Argentina, a Grã-Bretanha é, obviamente, uma das nações mais ricas.

A tragédia do último século não é a disputa relativamente pequena entre os líderes do grupo à frente das nações industrializadas. É a distância considerável entre os líderes na frente e os seguidores na lanterna. E se formos usar a imagem da pista de corrida, então todos, tanto líderes quanto seguidores, avançaram consideravelmente — em geral, por fatores de 3 ou mais desde 1900 em PIB real *per capita*. A história principal é o avanço geral. A triplicação ou mais da renda *per capita* aliviou muito a miséria, e deu vidas com perspectivas a bilhões de pessoas antes sem nenhuma. Basta pensar nos seus bisavós. Nos pais dos chineses atuais.

Em outras palavras, o problema da opção por uma história pessimista na literatura dos "fracassos" britânico e norte-americano é que ela descreve um resultado muito positivo de crescimento como tragédia. Esse discurso é, no mínimo, de mau gosto num mundo de tragédias reais — *vide* a Argentina, por exemplo, outrora rica, e há décadas subsidiando muito e produzindo pouco sob a ideologia persistente do peronismo; ou a Índia, antes de 1991 presa na pobreza mesmo depois de muitos conselhos socialistas especializados (e agora, depois de ter aceitado o conselho "capitalista", uma grande maravilha do mundo). Isso para não falar que o pessimismo é imoral, um egocentrismo prejudicial, uma linha de contrassenso nacionalista acompanhada do braço militar tocando "Land of Hope and Glory" ou "The Marine Hymn". Os economistas e historiadores parecem ter confundido a questão de por que a renda *per capita* da Grã-Bretanha na década de 1990 foi seis vezes maior do que a das Filipinas e treze vezes maior do que a da Índia — muitas centenas de pontos percentuais de diferença que poderosas forças da sociologia, da política e da cultura devem contribuir para explicar, pelo menos no curto prazo, antes da convergência inevitável proveniente do emprego da nota de cem dólares da tecnologia internacional — com as questões mais delicadas e muito menos importantes de por que a renda britânica em 1987 foi 3% menor do que a francesa ou 5% maior do que a belga.

Contar a história dos Estados Unidos seguindo a Grã-Bretanha rumo ao "declínio" é propagar uma mentira perigosa. Não passa de um declínio relativo, causado por um enriquecimento completamente desejável do restante do mundo. Essa mentira é perigosa porque nos leva a culpar estrangeiros, com consequências como o governo Trump, pelos nossos verdadeiros fracassos — na educação do ensino médio, por exemplo, ou na manutenção de pontes.

Então, alegremo-nos. Nós, ianques, não vamos seguir o caminho da Grã-Bretanha, não no sentido empregado pelos pessimistas, mas no sentido mais preciso e otimista: manter o sucesso econômico, como aconteceu com a Grã-Bretanha. Se esse sucesso significa críquete aos sábados e cervejas razoáveis, ainda que quentes, então, viva!

38. A palavra "capitalismo" é um erro científico

Outra coluna da Reason.

Minha mãe de 95 anos acabou de ler o livro da filha, *Bourgeois Equality: How Ideas, Not Capital or Institutions, Enriched the World* [Igualdade burguesa: como as ideias, e não o capital ou as instituições, enriqueceram o mundo], de 2016. Para ser mais exata, mamãe ouviu o audiolivro, lido brilhantemente por Marguerite Gavin em apenas trinta horas. Recomendo muito.

Mamãe amou. Como você pode ver, uma mulher de bom gosto. É claro que a opinião dela não foi influenciada pelo fato de eu ser a autora. Afinal, todo mundo sabe que as mães são completamente objetivas ao analisar as conquistas dos filhos. De qualquer modo, julgando pelos hábitos intelectuais dela, mamãe gostaria do livro de qualquer maneira, pois ele é liberal. Ela acompanha as notícias relacionadas aos negócios e é entusiasta da economia livre, especialmente da Apple, Walmart e T. J. Maxx — embora, mais uma vez como a filha, esteja mais inclinada à versão *bleeding-heart* da economia liberal.

Talvez, mais ainda do que a filha. Alguns anos atrás, ela foi a uma comemoração em homenagem ao segundo Roosevelt no Auditorium Theatre, em Chicago, e passou no meu apartamento, localizado nas redondezas, para uma discussão acalorada sobre a política econômica de FDR. Eu disse que a política foi péssima, como há muito já demonstraram economistas como Robert Higgs e John Wallis, e historiadores como Ellis Hawley. Ela ficou indignada. Para mamãe, nascida em 1922, o homem na Casa Branca era a voz tranquilizante das conversas ao pé da lareira, o homem que salvou os Estados Unidos do fascismo. "Ao pô-lo em prática", retorqui, e nossa discussão acalorada continuou. (Com isso, você pode ver de onde vem meu interesse por ideias e a minha tendência a discussões acaloradas, sempre educadas, sobre essas ideias.) Neste exato momento, ela está ouvindo *The Forgotten Man* [O homem esquecido] de 2007, de Amity Shlaes. Espero que Amity possa arrancá-la da visão agradavelmente esquerdista do New Deal. Quando mamãe obtém novas informações, muda de ideia. (E você?)

Em certa questão terminológica, contudo, é difícil fazer as pessoas mudarem de ideia. Como tantas pessoas, economistas ou não, mamãe queria ouvir em *Bourgeois Equality* que o capital, como na própria palavra "capitalismo", é a chave para as nossas riquezas. Entretanto, como no título, nego isso repetidamente no livro.

Por quê? "Capitalismo" é o que os holandeses chamam de *geuzennaam*, numa tradução literal, um "nome de mendigo", um apelido pejorativo atribuído pelo desprezo dos inimigos, como *quacre*, *tory* ou *whig*, mas depois adotado com orgulho pelas próprias vítimas. Vide o exemplo de *Forbes: Capitalist Tool.** A palavra "capitalismo", é claro, é uma criação marxista. O próprio Marx não a usava, mas não sejamos pedantes: seus seguidores, como Sombart, usavam, e o próprio Mestre usava "capitalista" livremente para se referir aos chefes que investiam o valor excedente, adicionando-o ao seu acúmulo original de capital.

Como a maioria dos economistas antes e depois dele, Marx afirmava que o acúmulo de capital não era a mola da modernidade. O sociólogo marxiano Immanuel Wallerstein, por exemplo, escreveu em 1983 que "a palavra capitalismo vem de capital. Seria legítimo, portanto, presumir que o capital é um elemento-chave do capitalismo".[1] Não seria, não.

* Slogan da revista *Forbes*, voltada para os negócios e a economia. Numa tradução livre, "ferramenta capitalista". [*N. da T.*]

O fato de insistirmos em ruminar algo chamado "capital" não implica que seu acúmulo tenha sido exclusivo da Modernidade, nem causal.

E não foi. Os romanos, os chineses e todos os humanos desde as cavernas sempre acumularam capital, abstendo-se do consumo para tal. Pensemos no agricultor que devolve a semente ao solo, inundando campos para arrozais ou produzindo ferramentas de pedra cuidadosamente cortadas e depois polidas para um belo acabamento. O que promoveu o nosso enriquecimento foram as novas ideias para o investimento da abstenção, e não os investimentos subsequentes de fato em ideias, por mais necessários que tenham sido. Coisas necessárias, como os mecanismos de um relógio, nem sempre são a força motriz, que no caso do relógio é a mola. Tocar nas bases depois de um *home run* é necessário para que ele valha, mas o que causou a pontuação foi o próprio *home run*. É óbvio que não seria útil chamar a passagem pela segunda base na volta para a base principal de "a causa". No Grande Enriquecimento, a causa foram as ideias. As molas.

Concordo com Hernando de Soto, que propõe que as pessoas pobres nas favelas da América Latina obtenham a posse legal sobre as terras que ocupam, que em seguida poderiam vender para educar seus filhos ou usar o lucro para entrar na economia como empreendedores, ou pelo menos como trabalhadores agora com possibilidade de movimento geográfico e educacional.[2] Ele está se concentrando em como promover a entrada dos mais pobres na economia, de modo que eles possam se beneficiar do próprio crescimento econômico. Como eu, ele acha que as pessoas pobres têm muitas ideias boas para atividades econômicas legais que promoveriam a melhora de sua vida e da de seus filhos, exatamente como as pessoas têm promovido a própria melhora de vida desde 1800. Uma barraca de frutas. Uma oficina de sapateiro. Então, seus filhos poderão se tornar advogados ou desenvolvedores de programas para computador numa futura economia no Peru ou no Brasil.

Os pobres só precisam, ele argumenta, de um pouco de capital. Sem dúvida. No entanto, ele concordaria comigo que o mero acúmulo de capital, sem ideias lucrativas — com o governo taxando fazendeiros, digamos, e em seguida adotando um plano de cinco anos, ou adotando um planejamento industrial para investi-lo em projetos improdutivos — não é o que os pobres precisam. O capital é necessário (como o ar, o trabalho, a terra, a luz do sol e a paz), mas as ideias para o enriquecimento, como a barraca de frutas ou a conteinerização, são mais do que necessárias. Elas são, na maioria dos casos, suficientes, pois diante de ideias muito boas o capital é facilmente adquirido. O fator limitador não é o capital. São as ideias, com a permissão legal de aplicá-las. A arrogância dos governos latino-americanos foi supor que os pobres não têm ideias, que elas são privilégio dos pós-graduandos e dos políticos populistas. Alguns na América Latina já viram que essa arrogância aliada ao populismo não é o caminho, embora os eleitores continuem reincidindo em velhos hábitos. A mesma coisa acontece nos Estados Unidos.

Na economia, a convicção de que o acúmulo de capital é causal é tão forte desde Smith que em 1956 até o grande economista austríaco Ludwig von Mises se equivocou.[3] Ele escreveu: "A poupança, o acúmulo de capital, é o processo que transformou, passo a passo, a busca rudimentar por alimento da parte dos habitantes selvagens das cavernas na prática moderna da indústria." Contudo, quando se fala da "mola do relógio", não foi esse o "processo". Ele só estava correto no que diz respeito ao acúmulo ter sido necessário. "O que ditou o ritmo dessa evolução foram as ideias que criaram a estrutura institucional dentro da qual o acúmulo de capital tornou-se seguro graças ao princípio da propriedade privada e dos meios de produção." É verdade: era preciso haver a ideia minimamente liberal de proteção da propriedade. No entanto, essas ideias se tornaram universais nas sociedades humanas, das cavernas até hoje. "Cada passo adiante no caminho para a prosperidade é um efeito da poupança." Balela. Poupar é realmente necessário, mas apenas como uma infinidade de outras coisas são necessárias. Em seguida, parece que lhe ocorreu qual era, de fato, a mola, pois ele chegou a mencioná-la — para em seguida descartá-la: "As invenções tecnológicas mais geniais seriam praticamente inúteis se os bens de produção necessários para a sua utilização não tivessem sido acumulados pela poupança." É mais um caso de confusão entre necessidade e suficiência. Tente substituir "acúmulo de capital" e "bens de produção" por "água líquida", e "poupar" por "obter água líquida". Logo depois, crie uma teoria de crescimento econômico baseada na água líquida.

Recentemente, entrei em um pequeno debate por e-mail sobre o assunto com meu amigo, o economista Mark Skousen, depois da minha primeira viagem em 2017 ao seu Freedom Fest, realizado anualmente em agosto em Las Vegas. No ano seguinte, tivemos um debate sobre o assunto na própria conferência. (Recomendo que você vá ao Freedom Fest no próximo ano — especialmente se, como eu, nunca tiver visto a vulgaridade chocante de Las Vegas [que em espanhol significa "os prados": até o nome é uma farsa], e se, como eu e minha mãe, gosta de participar de discussões sérias sobre o liberalismo. O Freedom Fest é uma curtição.)

Mark protestou diante do meu anti-"capitalismo". Ele escreveu:

> Precisamos de capital para promover o avanço da economia. Os empreendedores têm muitas ideias ótimas e tecnologias em desenvolvimento para mudar o mundo [não, querido Mark: eles não tinham muitas antes de 1800], mas se você não consegue financiamento [que eles conseguiam quando as ideias eram muito boas: ferrovias, Edison, a internet], elas nunca são concretizadas.

É verdade, mas como Mark admitiu, o financiamento é só uma condição necessária, e não suficiente. Ele comete o mesmo erro que Mises ao confundir as duas coisas. Já a explosão da criatividade humana depois de 1800 *foi* suficiente. As ideias eram tão boas que o financiamento raramente (que tal "nunca"?) foi um grande problema. Tomemos como exemplo o motor a vapor, embora a sua concretização tenha sido atrasada pela patente de Watt. Consideremos o concreto armado, que não pôde ser patenteado. O que importa é que são inúmeras as condições necessárias, a maioria impertinente, como "ter água líquida nas temperaturas habituais" ou "a existência de uma força de trabalho", ou "a ausência de uma guerra civil em curso". E a descoberta da história da economia é que as condições necessárias pertinentes foram compartilhadas por milênios entre muitas grandes sociedades. E, no entanto, tais sociedades não tiveram nada que nem sequer tenha chegado perto do Grande Enriquecimento gozado pelo noroeste europeu depois de 1800.

Consideremos a China de 1492, que teve um longo período de paz, excelentes direitos de propriedade, a aplicação da lei, a ausência de tarifas internas opressivas (outro contraste em relação à Europa), e muito capital, e construiu projetos de grandes proporções sem dificuldades e deixando até os principais projetos romanos no chinelo. Todavia, a China não teve a explosão enorme de criatividade testada comercialmente que, enfim, especialmente após 1800, enriqueceu o noroeste europeu, que, em 1492, era uma região atrasada e conflituosa ao extremo.

Por que, então? Resposta: não capital, nem instituições, nem ciência ou carvão, mas o "plano liberal de igualdade, liberdade e justiça" de Adam Smith, a estreia do liberalismo 1.0, seguido do 2.0, no noroeste europeu. A libertação das pessoas comuns acabou por inspirá-las a terem ideias extraordinárias, que redirecionaram o capital, a água líquida e a força de trabalho. Skousen afirmou que "a escassez de capital de investimento impediu que avançássemos tão rápido quanto poderíamos". Não impediu, não. As evidências históricas e econômicas contrariam essa noção, popular no Banco Mundial durante o longo reinado do fundamentalismo do capital. A mera injeção de capital em Gana não basta. Mesmo não injetando nenhum centavo na China Vermelha, ela avança. O importante era libertar a criatividade da mente humana, e foi o que aconteceu na economia chinesa depois de 1978 e na economia indiana depois de 1991. Ao dar liberdade às pessoas, também lhes damos vida.

Se o fundamentalismo do capital dos teóricos de Wall Street estivesse certo, seus inimigos, os socialistas, também estariam. Os socialistas supõem que a chave para o capitalismo é o capital — e, portanto, que o grande problema é a sua alocação. O mesmo supõem os teóricos de Wall Street. Esses dois lados acreditam que ideias, empreendimento e administração são *fáceis*. Ideias, dizem eles, são muito comuns. É por isso que os teóricos de Wall Street adoram o programa da TV *Shark Tank*, em que as ideias são facilmente derrubadas pelos investidores, e que os socialistas acreditam que o governo pode facilmente organizar a alocação de investimento lá de Washington. Os dois lados têm certeza de que é fácil planejar o futuro. Não é o que pensam os liberais.

Portanto, não. Mamãe, Mark, Smith, Marx e até Mises estão enganados. O "capitalismo" é um erro científico contido numa palavra só, uma cunhagem dramaticamente enganosa de autoria dos nossos inimigos, e até hoje usada pelos lamentavelmente enganados entre os nossos amigos.

São amigos que não leram com atenção *Bourgeois Equality*, nem *The Bourgeois Virtues* [As virtudes burguesas], de 2006, nem *Bourgeois Dignity* [Dignidade burguesa], de 2010. Ou ouviram o último livro em trinta horas. Hora de corrigir isso, pessoal.

39. O marxismo não é o caminho

Escrevi um artigo para o "conservador" (do jeito que a gente lança esses termos a esmo, é melhor parar de ouvir!) American Enterprise Institute. Outras pessoas que participaram do volume resultante (Strain e Veuger, ed., 2016) escreveram sobre figuras da filosofia política que aprovavam completamente. Embora, por um breve momento, eu tenha sido um tipo de marxiana, e embora ainda considere Marx incrível, não aprovo sua economia, nem sua história e tampouco sua política, mas de forma especial não aprovo seus seguidores.*

Desde 1848, entre todos os homens que estamos discutindo aqui, Karl Marx é o maior detentor do imaginário social do *clerisy*.[1] Ele declarou, notoriamente, que não era marxista. Contudo, seus seguidores ainda assim são influenciados por Marx, nos departamentos de História e Língua Inglesa, em estudos da cultura e do desenvolvimento econômico. Os seguidores, muitos dos quais amigos queridos meus, nem sempre são marxistas declarados, ou ao menos (para dar um título a uma posição menos rigorosa) "marxianos" — pessoas alegremente influenciadas por Marx, embora não aprovem nem Stalin nem Mao. E além dos vários

---

* Originalmente publicado como "Economic Liberty as Anti-Flourishing: Marx and Especially His Followers", de *Economic Freedom and Human Flourishing: Perspectives from Political Philosophy*, editado por Michael R. Strain e Stan A. Veuger (Washington, DC: AEI Press, 2016). https://www.aei.org/publication/economic-freedom-and-human-flourishing-perspectives-from-political-philosophy/. Reproduzido com permissão da AEI Press. © 2016 pela AEI Press.

grupos de seguidores oficiais, há ainda os seguidores implícitos da era do materialismo, de 1890 a 1980, ou "marxoides", poderíamos dizer — sem querer desprezar demais e incluindo a maioria dos pensadores sociais, nem todos da esquerda.

No início e na metade do século XX, nos textos progressistas e em um bom número dos textos conservadores sobre história, por exemplo, a retórica prevalente *sempre* esperava ver fundamentos econômicos e de classe ocultos por trás de *qualquer* sentimento professado. Basta dar uma olhada em *An Economic Interpretation of the Constitution* [Uma interpretação econômica da Constituição], de 1913, de Charles Beard, ou em *1789: o surgimento da Revolução Francesa* (1939), de Georges Lefebvre, ou ainda em *A Revolução Inglesa de 1640* (1940), de Christopher Hill. Foi uma reação à tradição nacionalista da narrativa romântica da história. "Aha, seu falso 'patriota', seu liberal'", declaravam os antirromânticos mais rígidos sob o encanto de Marx, o romântico às avessas. "Você não nos engana. Vemos seu interesse econômico desprezível por trás das supostas 'ideias'." Mesmo antimarxianos como o historiador britânico Hugh Trevor-Roper, que recebeu título de nobreza de Margaret Thatcher e famoso pela oposição às explicações materialistas da Guerra Civil Inglesa (que Hill chamara de revolução), desejou em seu primeiro livro (1940, sobre o arcebispo Laud, de Carlos I) introduzir na abertura uma estimativa quantitativa de, digamos, 90%, em nome de uma prudência profana — em comparação à fé ou coragem celebradas por românticos como Jules Michelet, Thomas Carlyle, John Lothrop Motley e Thomas Babington Macaulay. Trevor-Roper admitiu na página 3 que "ambição política é só uma coisa entre" os instintos sublimados na religião sob o governo de Carlos I. Contudo, ele continua, "na política ele é de longe o mais potente".[2] Bem, às vezes. Não se sabe na página 3.

O juiz do tribunal de apelação dos Estados Unidos Learned Hand disse em 1944: "O espírito da liberdade é o espírito que não tem certeza absoluta de estar certo; o espírito da liberdade é o espírito que busca entender as mentes de outros homens e mulheres."[3] Admitindo que existe culpa suficiente por falta voluntária de entendimento das mentes de outros homens e mulheres para encher o espectro político comum, e para culpar até alguns dos liberais posicionados sobre o espectro, os seguidores de Marx desde 1848 raramente aderiram a princípios liberais como os de Hand. Isso tem acontecido menos ainda na atualidade — embora, para a minha alegria, eu conheça exceções (ouçam, George, Jack, Steve e David).[4]

Alguns anos atrás, observei com delicadeza durante uma reunião dos meus amados departamentos de História e Língua Inglesa da Universidade de Illinois, em Chicago, que o orador que acabara de terminar sua apresentação, um elegante marxiano importado de Nova York, podia não ter entendido muito bem a história da economia. O orador respondeu com uma frase: "Ah, vejo que você é uma neoliberal" — *e se sentou*. Foi só isso, e nenhum dos meus colegas, a maioria também marxianos, marxoides ou simpatizantes, pediu que ele elaborasse uma resposta melhor para a colega, que, afinal de contas, podia afirmar conhecer um pouco de economia e história. Fiquei chocada com a ostentação de uma ignorância orgulhosa por parte dele e triste com a concordância implícita na sala de que *não* se precisa ouvir, realmente ouvir, as perguntas e objeções dos amigos, muito menos dos inimigos do seu partido.[5]

O resultado de um século de ofensas no lugar de argumentos, do "revisionismo" e do "economicismo" bernsteinianos aos "burgueses" e "neoliberais", e de não ouvir, de fato ouvir, teve o resultado científico que já deveríamos esperar. Numa capa da *National Review* de agosto de 2014, uma ilustração de Thomas Reis exibe um pequeno Karl Marx muito descolado com um café da Starbucks na mão, fones de ouvido de um MP3 player e um chapeuzinho estiloso, exibindo uma camiseta que diz "Still Wrong" ("Ainda Errado").[6] Pois é.

Enquanto isso, meus amigos da direita ficam irritados comigo quando afirmo o óbvio — que Marx foi o maior cientista social do século XIX, sem comparação. Ao passo que irrito meus amigos da esquerda acrescentando — meu argumento aqui — que, não obstante, ele estava errado em quase tudo o que disse sobre economia e história. E é por isso que não tenho amigos.

Ao persistirem no erro científico, os seguidores de Marx são mais interessados do que o próprio homem — que, afinal de contas, tentou usar seu intelecto incrível para enxergar o que havia por trás do que na época se sabia sobre economia e história. O subtítulo de *O capital* é *Crítica da economia política*, e, ao contrário de seus seguidores posteriores, Marx fez um grande esforço para entender a economia científica da época que criticou. Em 1867, já era de se esperar que ele se equivocasse em vários tópicos, considerando o estado da economia e da história de então. Aliás, na maioria dos tópicos.

Por exemplo, sua teoria fundamental do valor-trabalho estava errada em relação ao valor, como qualquer estudante sério do assunto concordou no último século e meio. O próprio Smith já introduzira a noção, ainda aceita por figuras esplêndidas como David Ricardo e John Stuart Mill, este, contemporâneo de Marx. Nem Mill nem Marx tiveram o benefício da Revolução Neoclássica na história do pensamento econômico, ocorrida nos anos 1870. A revolução trouxe, nas obras de Walras, Jevons e Menger, a visão correta, confirmada posteriormente em dez mil estudos científicos, de que o valor é determinado pela intensidade do desejo das pessoas em relação às coisas, considerando a renda disponível. O valor não depende de quanto esforço os vendedores depositam nas coisas. Você pode tirar um A pelo esforço, mas ser reprovado no exame final. O salário, logo se concluiu, é determinado não pela força de negociação, mas pelo valor de mercado do que o último trabalhador produz, considerando que o trabalho pode se deslocar ou ser deslocado. O desempenho é importante.

Por que, então, o marxismo, ou a interpretação materialista da história e qualquer análise inocente da economia além de *O capital* em 1867, é tão persistente? Por que marxistas, marxianos e marxoides não ouviram os questionamentos e objeções de seus amigos? A lista de exceções honradas, esquerdistas que interagiram com a economia de forma séria e investigativa desde 1867, inclui pouquíssimos nomes — Michel Foucault (2008) e Ted A. Burczak (2006, 2018) entre eles. Infelizmente, porém, não inclui figuras eminentes como David Harvey, Immanuel Wallerstein e Frederic Jameson.

Por quê? Em primeiro lugar, os elementos do marxismo são relativamente fáceis de serem dominados, mas misteriosos o bastante — alguns diriam confusos e contraditórios — para atrair os jovens, especialmente do sexo masculino. Santo Agostinho, que fora professor de retórica, escreveu sobre as dificuldades contidas na Bíblia: "Não duvido que esta situação tenha vindo de Deus [...] para a conquista do desdém em nossas mentes, para as quais tudo o que é descoberto cedo frequentemente parece inútil."[7] *O capital*, e especialmente os volumes póstumos II (1885) e III (1894) são lidos com seriedade só pelos jovens e devotos.

Em segundo, uma identidade esquerdista é adquirida cedo e parece difícil de abandonar — embora, é claro, seja uma verdade notável da biografia do século XX que muitas pessoas sensatas tenham deixado a esquerda, tenha sido do socialismo ou da regulação para o conservadorismo ou liberalismo, e nenhuma tenha feito o caminho contrário. Ninguém. Leszek Kołakowski, por exemplo, já foi um jovem comunista ardente na Polônia, assim como Robert Nozick já foi socialista. Eu mesma sou um exemplo da história comum do movimento do socialismo para o liberalismo.

O mecanismo de aquisição de uma identidade da esquerda começa quando uma adolescente sensível numa sociedade não escravocrata percebe pela primeira vez que existem pessoas muito mais pobres do que sua família. É provável que ela conclua, ainda não sendo a essa idade uma trabalhadora, que a melhor solução é abrir a carteira de papai, este sim um trabalhador. Não é um plano eficaz, e depende da coerção, além de regularmente corromper os beneficiados ou ser roubado no caminho para os pobres. Contudo, é por isso que as alas da esquerda dos partidos democratas e trabalhistas estão sempre brincando com um socialismo falido. Basta dar uma olhada nas primárias democratas de 2019-2020.

O historiador Eric Hobsbawm (1917-2012), por exemplo, descreve em sua envolvente autobiografia de 2002 como já queria se tornar um comunista aos 14 anos, o que foi concretizado aos 16 — embora, pensando bem, quem *não* iria querer se tornar algo parecido com um comunista na Alemanha de 1931?[8] Qualquer um que tivesse um coração. (Em 2002, por outro lado, a questão é se o indivíduo tem cérebro.) Hobsbawm para regularmente em seu livro para explicar por que — mesmo diante dos crimes de Stalin, o esmagamento da Revolução Húngara e todo o resto — ele só deixou de ser um membro fiel, ainda que moderado, do Partido Comunista da Grã-Bretanha alguns meses antes de ele ter se dissolvido, em 1991. Sua explicação, estranha para um homem tão inteligente, é que ele não queria dar essa satisfação aos macarthistas (cuja versão britânica, sem dúvida, havia barrado o historiador de muitas nomeações acadêmicas mais do que merecidas). Ele foi fiel até o fim, como as pessoas costumam ser depois de terem as identidades formadas, encarando com desinteresse fatos contrários que possam ser adquiridos na vida adulta. É algo muito parecido com o ateísmo aos 14 anos, adotado por rapazes e moças inteligentes e nunca reconsiderado, e que depois é declarado por pessoas de 50 anos que nunca abriram um livro sério de teologia. Do mesmo modo, como já observei, a maioria dos marxistas e muitos marxianos e marxoides nunca abriram um livro sério sobre economia publicado depois de 1867.

O marxismo e o ateísmo também compartilham outra semelhança (é claro que ele *é* um ateísmo, como muitos podem estudar na reação do Partido Comunista Chinês ao Falun Gong). Ele mexe com um positivismo masculino e antiético. O positivismo foi um ponto de vista minoritário mesmo entre o *clerisy* até a década de 1890, mas foi amplamente adotado por uma geração que rejeitava a ética, ainda chocada pela Grande Guerra. Contudo, como disse o filósofo Bernard Williams sobre as tentações que enfrenta o amoralista: "Ele deve resistir, se consistente [na afirmação de que a ética não faz sentido], [...] [a uma] tendência de se considerar dono de um caráter esplêndido — em particular, de se considerar notavelmente corajoso em comparação à multidão covarde", sozinho contra as convenções frouxas e burguesas da ética.[9] Ou, como coloca o filósofo conservador político J. Budziszewski ao descrever sua juventude como niilista antes de se tornar um episcopal conservador: "Como Nietzsche, eu me imaginava como um dos poucos capazes de acreditar em tais coisas — capaz de caminhar sobre os cumes rochosos onde o ar é frio e rarefeito."[10] Corajosamente obstinado.

Durante um programa para a televisão britânica em 1994, o liberal Michael Ignatieff perguntou a Hobsbawm se "o assassinato de 15, 20 milhões de pessoas [na URSS sob Stalin, uma estimativa baixa] pode ter sido justificado" à luz de sua contribuição para a fundação de uma sociedade comunista.[11] Hobsbawm, *sem hesitação*, respondeu: "Sim." Inflexível. Ou partidarista. Ou agressivo. Ah, Eric.

Uma marxiana contra-argumentará que abraça o materialismo histórico não por causa da identidade que formou aos 14 anos como esquerdista ("uma *boa* democrata social", dirá numa frase reveladora, os conservadores e liberais sendo, é claro, más pessoas ou contra os pobres), mas porque Marx estava essencialmente, cientificamente, certo, tendo apresentado uma análise correta do passado, do presente e do futuro.

Contudo, ela está cientificamente equivocada. O humorista norte-americano Josh Billings há muito tempo disse que é melhor saber menos do que saber muito do que é errado. Para pegar um exemplo recente da persistência dessas histórias da carochinha marxoides, *Por que as nações fracassam?* (2012), de Daron Acemoglu e James Robinson, contém muitos pontos com os quais concordar: o avanço da Europa foi muito contingente; as liberdades política e econômica estão ligadas; não pode haver crescimento econômico no meio de uma guerra civil. No entanto, Acemoglu e Robinson recorrem, expressa e até um pouco orgulhosamente, a um relato marxoide muito desatualizado da Revolução Industrial. "Nosso argumento sobre as causas", afirmam, "é muito influenciado por" uma lista de "estudiosos por sua vez [...] inspirados pelas primeiras interpretações marxistas" dos anos 1920 até os 1960, tais como R. H. Tawney, Maurice Dobb e Christopher Hill.[12] O *locus classicus* dessas interpretações e a introdução da própria expressão "a Revolução Industrial" em inglês, haviam sido *Lectures on the Industrial Revolution of the Eighteenth Century in England* [Palestras sobre a Revolução Industrial do século XVIII na Inglaterra], de 1884, feitas pelo professor universitário e reformador social Arnold Toynbee (1852-1883) em 1882, um ano antes de sua morte, aos 31 anos. Toynbee, por sua vez, inspirou-se na história de triunfo e tragédia apresentada pelo *Manifesto do Partido Comunista*.

Por exemplo, Toynbee (e posteriormente Tawney, Hobsbawm, Acemoglu e Robinson) declararam que

> Na verdade, quando a concorrência surgiu, os capitalistas usaram todo o seu poder para oprimir os trabalhadores, e reduziram os salários ao ponto da inanição. Esse tipo de concorrência precisa ser contido. [...] Na Inglaterra, os dois recursos [associação e legislação] estão ativos, o primeiro, na forma dos sindicatos trabalhistas, e o último, por meio das leis fabris.[13]

Tudo isso está factualmente incorreto, embora se encaixe na visão popular da industrialização. Não houve um "surgimento da concorrência" — a concorrência era comum em qualquer sociedade comercial, como se deram conta seus inimigos, como os membros das guildas medievais. A concorrência vem dos novos entrantes, algo antigo, embora, é claro, irritante para quem já era rico depois de ter desenvolvido novas ferramentas de pedra ou computadores eletrônicos. A concorrência coloca um capitalista contra o outro para o nosso benefício, a exemplo da Uber e da Lyft concorrendo contra monopólios de taxistas, e precisa ser estimulada, e não limitada. É a relação entre oferta e procura, e não o "poder", que determina os valores dos salários, como podemos ver nos altos e baixos dos salários reais em reação aos altos e baixos da própria população, por exemplo, na época de Malthus antes de 1798. Os trabalhadores não viram seus salários serem reduzidos nem morreram de fome na Revolução Industrial. O último período de fome da Inglaterra se deu na década de 1590. Durante a Revolução Industrial, os trabalhadores haviam se transferido avidamente para as cidades, livres de barreiras — ainda que Manchester, Lille e Boston à época de Toynbee ainda fossem armadilhas mortais por causa das doenças transmitidas pela água. No ano 1882 de Toynbee, os salários reais na verdade estavam aumentando, e nunca caíram durante a industrialização — isso muito antes da legalização definitiva dos sindicatos. As crianças já estavam sendo tiradas das fábricas inglesas muito antes de as leis fabris começarem a agir. De qualquer modo, as crianças sempre haviam trabalhado nas sociedades agrícolas. O acúmulo de capital não foi o coração do Grande Enriquecimento.

A história da carochinha está enganada em todos os detalhes, como determinaram cientificamente os historiadores da economia no último século, aproximadamente. Em outras palavras, Acemoglu e Robinson aceitam um conto equivocado da esquerda na história da economia proposta em 1848, 1867 ou 1882 por amadores brilhantes, antes da profissionalização da história. Um conto depois ensaiado pelos fabianos no auspicioso auge da ideia socialista pós-1917, e posteriormente elaborado por uma geração de historiadores (admitidamente de primeira categoria) marxianos. Isso tudo aconteceu antes de o socialismo ter sido completamente experimentado e ter fracassado, e antes da produção de grande parte do trabalho científico acerca da verdadeira história — antes de se ter percebido, por exemplo, que outras revoluções industriais aconteceram, digamos, na Espanha islâmica ou na China da dinastia Song, como observou em 2002 o sociólogo histórico Jack Goldstone: "Se examinadas de perto, muitas economias pré-modernas e não ocidentais exibem surtos e eflorescências de crescimento econômico, inclusive aumentos sustentados tanto da população e dos padrões de vida, na urbanização e nas mudanças tecnológicas subjacentes."[14]

Para resumir, chegou a hora de irmos além do *Manifesto do Partido Comunista* como obra sobre história e economia.

40. Alguns da esquerda ouvem

Entrevista que dei aos professores de Literatura Inglesa Will Stockton (Clemson) e D. Gilson (Texas Tech), que chamo, sem preconceitos, de esquerdistas. Já eu sou a liberal. O intuito era publicar o artigo em algum veículo, mas ele acabou não sendo publicado.

A LIBERAL: É sempre com alegria que respondo a perguntas dos meus amigos da esquerda. Eu mesma já fui uma socialista no estilo Joan Baez; então, sei como é e respeito o impulso generoso.

Nós, liberais, tendemos a ver as pessoas da esquerda simplesmente como equivocadas, e, portanto, passíveis de melhorar pela instrução — isto é, se estiverem dispostas a ouvir. As pessoas da esquerda, por outro lado, enxergam aqueles que compõem o que os da esquerda consideram como a direita, na qual também colocam os verdadeiros liberais, como se nem sequer fossem pessoas, como *perversos*, "pró-negócios", contra os pobres. Um caso extremo é o ataque da historiadora da Universidade Duke, Nancy MacLean, a James Buchanan, um grande economista liberal. Assim, a esquerda *não* está pronta para ouvir as instruções prestativamente oferecidas pelos liberais.

Quase ninguém entre os estudantes de Literatura que se consideram profundamente interessados em economia, e desde os 16 anos já têm inclinações esquerdistas, se dá o trabalho de ler com a atenção imparcial séria que dedica a um Harvey, Wallerstein ou Jameson nada de Buchanan, Friedman, Mill ou Smith. (Foucault, como já observei, é uma exceção interessante.) Por favor, queridos.

Também observei que a esquerda presume que é muito *fácil* refutar o que chamam de neoliberais. Por outro lado, não entende a maioria dos argumentos dos liberais, neo ou arqueo. Não quero dizer que a esquerda discorda dos argumentos, oferecendo objeções razoáveis. Quero dizer que ela não os entende. Em absoluto.

E é fácil demonstrar isso. Por exemplo, dê uma olhada em *O capital no século XXI*, de Thomas Piketty, para ver um massacre da análise básica de novos entrantes atraídos pelo cheiro de lucros. Isso de um *economista* da esquerda. Os textos de Robert Reich, Tony Judt e Naomi Klein contêm outros exemplos, um mais crasso do que o outro.

Por exemplo, a esquerda supõe que os liberais/libertários/"conservadores" se baseiam no que ela chama de economia do gotejamento, apesar de o enriquecimento observado desde 1800 entre os pobres a partir de melhorias testadas pelo comércio lembrar mais uma mangueira de apagar incêndios do que um gotejamento, e de não ter tido nenhuma relação com qualquer gotejamento proveniente da produção de Rolex ou da construção de mansões. A esquerda também supõe que a "mão invisível" não passa de um dogma, apesar de as melhorias comercialmente testadas serem resultado da cooperação e da concorrência nos mercados, algo que pode ser observado sempre que você encontra um pão milagrosamente disponível para compra num supermercado. Já ficou repetidamente claro que a mão invisível promove muito mais melhorias se comparada às alternativas, a exemplo da Alemanha Oriental. E, de qualquer maneira, essas mãos fazem parte da rotina da sociedade humana, como a linguagem e os bons modos, em sua maior parte *não* governados por uma Academia Francesa de leis ou recomendações, nem por Judith Martin.

Enfrento a suposição da refutabilidade fácil desde que deixei de ser marxoide para começar a entender os argumentos e evidências apresentados por pessoas como Robert Nozick, Milton Friedman e Israel Kirzner. Quando uso argumentos liberais muito simples do século XIX, meus interlocutores da esquerda com frequência ficam *surpresos*. A maioria nunca os ouviu articulados. Eles ficam estupefatos por alguém afirmar com seriedade, por exemplo, que as curvas de oferta e procura essencialmente ditam os preços do leite, dos automóveis e das casas nas economias reais, da Venezuela à Virgínia.

OS ESQUERDISTAS: Gostaríamos de começar pedindo que você comentasse o termo "neoliberalismo", ao menos no que se refere a um conjunto geral de ideias e posições políticas e econômicas. Nas palavras de David Harvey, o "neoliberalismo" — como praticado de formas variadas por líderes de Estado como Ronald Reagan nos Estados Unidos e Margaret Thatcher na Grã-Bretanha, bem como por Deng Xiaoping na China — "propõe que o bem-estar humano pode ser promovido com mais eficiência pela concessão de liberdades empreendedoras individuais e habilidades dentro de uma estrutura institucional caracterizada por direitos fortes à propriedade privada, livres mercados e livre-comércio".[1] Os políticos e economistas neoliberais promovem a desregulamentação da indústria, do trabalho e dos mercados financeiros. Promovem a privatização de serviços que a princípio deveriam ser prestados pelo Estado, como a educação e o sistema prisional.

A LIBERAL: Conheço um pouco David Harvey — ele me recebeu para uma palestra que dei nos anos 1990 (como Donald!) na Johns Hopkins, e dois anos atrás voltamos a nos comunicar brevemente num discurso que ele fez em Chicago. (Ele pareceu um pouco incomodado em relação à minha mudança de gênero, o que é compreensível.) Embora ele nunca tenha entendido a economia elementar nem feito o dever de casa necessário para entendê-la, admiro seu vigor e sua inteligência na argumentação, e particularmente a corajosa batalha que há muito tempo travou contra o IRS.* Essa bela instituição estatista o colocou na malha fina inúmeras vezes na era Nixon como punição pela eloquente oposição à Guerra do Vietnã. Muito bom, David.

* Internal Revenue Service, o equivalente, nos Estados Unidos, à Receita Federal. [*N. da E.*]

Concordo completamente com a definição do (neo)liberalismo proposta por ele. Assim entendido, é a mesma coisa do que o antigo liberalismo clássico de Adam Smith e J. S. Mill. Já a estranheza de um século na definição "liberal" no mundo anglófono — como o socialismo lento — veio da Grã-Bretanha no final do século XIX e dos Estados Unidos no início do século XX. O "neoliberalismo", corretamente definido na atualidade, leva-nos de volta à definição de 1776 do bendito Adam Smith, ou "permitir que todo homem [ou mulher, querido] persiga seus próprios interesses à sua maneira com base no plano liberal de igualdade, liberdade e justiça".

Acredito que nós todos aprovemos esse plano. Acredito que ninguém aqui seja *contra* igualdade, liberdade e justiça. Portanto, de agora em diante, vou me referir ao que vocês chamam de neoliberalismo simplesmente como "liberalismo". No meu livro *Bourgeois Dignity* (2010), afirmei que o liberalismo originou o mundo moderno, argumento muito ampliado e justificado em *Bourgeois Equality* (2016), o terceiro volume da trilogia. Eu gostaria de ter tido a ideia de acrescentar a palavra "liberal" ao subtítulo do livro de 2016, *How [Liberal] Ideas, Not Capital or Institutions, Enriched the World*. Agora, já é tarde demais, mas se algum dia ele tiver uma nova edição, acrescentarei "liberais".

Coloquemos deste modo: como liberal, quero poder fazer coisas como abrir um escritório de advocacia livre de regulação, comprar um carro do Japão ou da Coreia sem pagar tarifas, ou que tanto você quanto seu vizinho pobre possam matricular seus filhos em qualquer escola primária ou secundária que quiserem (porém, com a cobrança de impostos pelo IRS, que aprovo entusiasticamente, de pessoas de renda relativamente alta como você, eu e David Harvey, a fim de *financiar* a escolha do vizinho pobre — com vales, por exemplo, introduzidos pela Suécia "socialista" desde os anos 1990).

Já David, em sua oposição ao neoliberalismo, como socialista lento ou rápido, quer que, ao tentar fazer essas coisas, você seja coagido com violência, limitado, restringido, encoleirado por uma lei aplicada pela polícia. Ele quer que você tenha acesso apenas a advogados caros, ou tenha que pagar mais por um automóvel em nome dos empregos norte-americanos, ou só tenha acesso à educação gratuita por meio de um Estado ideologicamente tendencioso, ou de uma burocracia que só atende aos interesses do Estado e de seus sindicatos, todos apoiados pela ameaça da concretização da coerção governamental — na figura do IRS, por exemplo. Se você exercer a advocacia em Illinois sem licença (adquirida apenas por meio de quatro mais três anos de educação e da aprovação em um exame aplicado pelo Estado; muito ao contrário de advogados terríveis como Abraham Lincoln, que com nada além de um diploma do ensino primário se capacitou lendo livros de direito no escritório de Steven Logan), será multado e preso. Se tentar arranjar um negócio entre o sr. Ishishi, que produz e vende automóveis no Japão, com o sr. Smith, que está disposto a pagar por um em Nova York, caso se recuse a pagar a tarifa cobrada pelo governo dos Estados Unidos para financiar guerras como a do Vietnã e a segunda no Iraque, cairá na malha fina, e será multado e preso. E assim por diante. Muitos sistemas educacionais ou de saúde estatistas do mundo inteiro *proíbem* acordos paralelos para a obtenção de mais educação ou serviços de saúde. Espero que vocês me perdoem, mas tudo isso me lembra a perseguição aos homossexuais entre 1880 e 1990; aquilo também foi promovido pela coerção governamental, contra a qual, a exemplo da guerra contra o uso de cocaína barateada pelos negros nos anos 1990, ninguém da esquerda reclamou.

A *definição* de "liberalismo" — seja o neo, o do século XIX ou o europeu até o presente — é laissez-faire, laissez-passer. É claro que devemos ter tribunais para julgar direitos de propriedade, polícia para coibir a prática da violência e da fraude, uma Guarda Costeira para impedir que países malignos como o Canadá invadam o Maine, e uma estratégia nuclear para impedir que facínoras como Putin façam o que quiserem. Usemos tribunais independentes e procedimentos e sistemas acusatórios para lidar com acordos não acordados, como fraude bancária, intoxicação alimentar e negligência grave. Não usemos regulamentações que só beneficiam interesses especiais, como no caso dos médicos com poderes de prescrição de remédios e as grandes empresas farmacêuticas. Apliquemos a Primeira Emenda e o direito ao voto.

Fora isso, eliminemos a coerção governamental das nossas vidas e passemos a depender principalmente de acordos voluntários. Mantenhamos a coerção governamental apenas para as poucas boas funções do governo que mencionei — e não, como acontece hoje, para o exemplo mais comum mencionado pela oposição: estradas. As estradas devem ser privatizadas, como foram nos séculos XVIII e XIX nas centenas de pedágios na Grã-Bretanha e na América do Norte, e continuam sendo em estradas rurais da Suécia. Deveríamos eliminar das nossas vidas e colocar para trabalhar na produção e venda de comum acordo todas as pessoas ratificadas pela coerção, como Big Bill Thompson, os ocupantes de Tammany Hall, os inquisidores da National Industrial Recovery Administration, os contadores do IRS moderno, que coletam somas imensas para gastar em guerras, corrupção, na regulação de advogados, e em subsídios para algodoeiros sob a fachada de "programas" que só beneficiam os mais ricos.

O laissez-faire já foi provado e comprovado desde o século XVIII. Ninguém está dizendo que ele é perfeito, mas sua imperfeição não é definitiva se considerarmos o verdadeiro desempenho do mercantilismo estatal que ele substituiu, ou o socialismo estatal com o qual desejam substituí-lo reacionários da direita e da esquerda. O laissez-faire está sempre sob ataque. Interferir nas vidas de terceiros é atraente para opressores. (Agora, pergunte-se: você é um? Se a resposta for sim, por quê?) Depois de 1947, Hong Kong está quase alcançando o laissez-faire puro. Acho que você concorda que deixar os adultos em paz tem seu próprio mérito intrínseco. E a consequência foi que a renda média de Hong Kong — em 1947 igual ao nível patético do continente — hoje está quase alcançando a dos Estados Unidos. Os mais pobres em Hong Kong hoje são ricos pelos padrões internacionais. Entre os países social-democratas, se analisarmos os programas com seriedade e quantitativamente, estão os Estados Unidos. Nenhum pronto-socorro recusa assistência a uma pessoa pobre nos Estados Unidos, mas em países com sistemas únicos de saúde com apenas uma fonte de financiamento é difícil chegar a prontos-socorros. Afirma-se que a social-democracia ajuda os pobres, apesar da pequena parcela dos gastos e da regulação governamental que de fato o faz. Essa afirmação convence a maioria dos socialistas lentos modernos a apoiar a coerção em detrimento dos acordos.

O tamanho da rede de segurança em economias supostamente "neoliberais", como Estados Unidos e Reino Unido, é aproximadamente o mesmo de economias supostamente social-democratas, como França e Suécia. Somos todos social-democratas agora. Os *tories* apoiam o Serviço Nacional de Saúde na Grã-Bretanha.

A grande mudança em todos os países hoje ricos aconteceu de 1910 a 1970. Atualmente, as diferenças entre eles, comparadas à grande magnitude das mudanças históricas atribuíveis às melhorias comercialmente testadas, não são muito grandes. E o enriquecimento comercial paga pelo Serviço Nacional de Saúde. Sim, eu sei que você acredita que Reagan e Thatcher eram monstros que odiavam os pobres e promoveram ainda mais seu empobrecimento, mas veja os números. As rendas reais *per capita* dos mais pobres aumentaram consideravelmente desde, por exemplo, os admirados anos 1950. Em 1956, uma geladeira custava 116 horas de trabalho. É por isso que poucos entre a população mais pobre dos Estados Unidos tinham uma, e ninguém no Reino Unido tinha na década de 1950. Hoje, uma geladeira custa quinze horas de trabalho e usa menos eletricidade.

Os maiores exemplos modernos de melhorias por meio do liberalismo econômico são China e Índia. Entretanto, o maior exemplo do bem econômico promovido pelo liberalismo é histórico — a Revaloração Burguesa, como chamo, apoiada por uma ideologia liberal nascida no século XVIII e que, apesar de todos os ataques dos estatistas, especialmente no século XX sob o socialismo e o fascismo, conduziu-nos ao mundo moderno.

O liberalismo não precisou ser perfeitamente laissez-faire para fazer seu trabalho. Avançar numa direção liberal, como fez a Índia depois de 1991, bastou para aumentar as taxas de crescimento por pessoa de 1% para 7% ao ano. A 7% ao ano, a renda real indiana dobrou a cada dez anos. Se os indianos continuarem sendo um pouco liberais, em duas gerações eles terão a mesma renda do que os norte-americanos.

OS ESQUERDISTAS: Você acha que essa descrição político-econômica do neoliberalismo é justa ou precisa? Você descreveria o sistema político e econômico dos últimos cinquenta anos como neoliberal, ou existe outro termo mais adequado?

A LIBERAL: Acho que a definição de David é ótima, contanto que não introduzamos nela os argumentos factuais. Só conhecemos as consequências factuais investigando os fatos, e não pela própria definição das palavras. No entanto, afirmo que o termo mais adequado é simplesmente "liberal", ou alguém que acredita no plano simples e óbvio de igualdade, liberdade e justiça, o oposto tanto do orgulho conservador de *status* e tradição quanto dos vários esquemas engendrados por socialistas e fascistas desde 1848 para honrar o Estado, colocar uma coleira apertada no indivíduo, e substituir o acordo mútuo individual pela coerção governamental coletiva, pela glória da Nação ou da Revolução.

OS ESQUERDISTAS: Comentando um pouco mais o entendimento de Harvey de neoliberalismo, podemos entender o prefixo "neo" como uma referência ao ressurgimento do liberalismo clássico em linhas mais confortavelmente estatistas.

A LIBERAL: Sim. É uma distinção útil. Entendi, mas não há nada de "neo" nela. David não gostou do afastamento do socialismo, como aconteceu na Suécia e na sua terra natal, a Grã-Bretanha. Mas, sim, os chamados liberais adotaram "linhas mais confortavelmente estatistas". Que vergonha, Hillary.

OS ESQUERDISTAS: Os neoliberais também encolhem a rede de segurança social, cortando o bem-estar, seguro-desemprego e outros programas de ajuda aos pobres.

A LIBERAL: Não, não encolhem, em vários aspectos. Em primeiro lugar, "programas ['desenvolvidos com o propósito de'] ajudar os pobres" não são a mesma coisa que "programas que [de fato] ajudam os pobres". Eu gostaria que os progressistas notassem a diferença, pelo menos como possibilidade a ser analisada. Sou uma liberal cristã, e reconheço a responsabilidade de ajudar os desafortunados do mundo. "Pobre, porém, não ficará no eterno esquecimento" (Salmos, 9:18). Dou o dízimo à minha igreja episcopal, que tem projetos de caridade eficazes. Recentemente, acolhi na minha casa dois sem-teto por quatro dias e meio. Eu, porém, quero *realmente* ajudar os pobres, e não só *me sentir* caridosa e progressista enquanto tomo meu segundo cappuccino e leio o editorial do *New York Times*. O uso da coerção governamental para forçar outras pessoas a ajudarem os pobres é atraente quando você não pensa muito em coerção governamental, ou nunca foi vítima dela, ou nunca pensou no quão desastrado é o auxílio governamental, ou nunca ajudou pessoalmente nenhum pobre.

Por exemplo, diz-se hoje em dia que o "propósito" do salário mínimo é ajudar os pobres. Na verdade, ele impede que os mais pobres consigam empregos. Ou seja, ex-presidiários, jovens negros do sexo masculino e latino-americanos sem diploma de ensino médio. Há cem anos, quando o salário mínimo foi criado e imposto por progressistas no sentido literal, primeiro na Austrália e depois estado por estado nos Estados Unidos, seu propósito explícito, admitido, despudorado ou abertamente eugênico era tirar os trabalhos pagos de imigrantes, negros, latino-americanos, pessoas com necessidades especiais e mulheres, limitando todos os empregos a homens norte-americanos brancos, capacitados, de meia-idade e fisicamente privilegiados. Pesquisem. Era o nacionalismo branco antes de ter sido retomado por Trump.

Os progressistas modernos não conhecem a história, e acreditam, ao lerem, virando as páginas enquanto bebericam seu café, que aumentar o salário mínimo ajuda os pobres. Não ajuda. Prejudica os pobres em benefício, por exemplo, dos sindicalistas. Até recentemente, eu integrava com alegria um sindicato, o recém-formado sindicato do corpo docente da Universidade de Illinois em Chicago. Participei de protestos, entoando os hinos trabalhistas da minha juventude. E na juventude integrei por pouco tempo a National Maritime Union. No entanto, nem os sindicatos, apesar da sua dignidade e da boa administração, nem regulamentações, como o salário mínimo ou a licença profissional, são o que nos torna ricos. Somos ricos em comparação aos nossos ancestrais por causa das melhorias comercialmente testadas, como a energia elétrica, a penicilina, as universidades, e os automóveis.

OS ESQUERDISTAS: Tomemos outra descrição do neoliberalismo: como discurso econômico que invade aspectos a princípio não econômicos da vida. Por exemplo, Wendy Brown argumenta que, sob o neoliberalismo, "toda conduta é econômica; todas as esferas da existência são moldadas e medidas em termos e por métricas econômicas, mesmo quando essas esferas não são diretamente monetizadas. No raciocínio neoliberal e em todos os domínios governados por ele, não passamos de *Homo economicus* em todos os âmbitos".[2]

A LIBERAL: Abordei esse argumento numa resenha do livro de Michael Sandel *O que o dinheiro não compra.*[3] Para ser breve, não. O argumento de Brown seria como afirmar que o cristianismo é idiota por causa da idiotice de Jerry Falwell (que partiu desta para melhor; pergunto-me exatamente para onde). O seu "*Homo economicus* em todos os âmbitos" é, admito sem pestanejar, característico dos meus colegas mais meninos (note o gênero) da economia. Ele não descreveria, digamos, Albert Hirschman, Robert Fogel, Nancy Folbre, nem meu ex-colega Milton Friedman. Sugiro que você leia, como o fez Foucault. Não é sensato enfraquecer seu argumento escolhendo homens sem valor para atacar. Em termos teológicos, procure Dietrich Bonhoeffer ou Sarah Coakley, e não Jerry Falwell.

OS ESQUERDISTAS: Você tem sempre defendido as virtudes da burguesia, mas o que diz do argumento de que há esferas da existência humana que precisam ser vividas à parte do cálculo econômico? Ou, para ser mais claro, o que diz aos vários estudiosos das Ciências Humanas, como Brown, que se preocupam com o empobrecimento da política e da ética causado pela redução dos seres humanos a *Homo economicus*?

A LIBERAL: Digo sim, é claro, muitas, muitas esferas da existência humana precisam ser vividas à parte do cálculo econômico. Eu já disse isso em três volumes extensos, e mais especialmente no tema principal do primeiro, *The Bourgeois Virtues*. Temo que economistas e muitos outros, apaixonados pelo que chamo de Só Prudência, como os "realistas" das relações internacionais, empobreçam o nosso pensamento — por exemplo, sobre o amor.

41. Mas não identificaram os verdadeiros resultados do liberalismo

Mais do diálogo com a esquerda. Não surda — ou, pelo menos, era o que esperávamos.

OS ESQUERDISTAS: O resultado geral [do neoliberalismo] foi o aumento da desigualdade na riqueza; uma classe média em processo de estagnação, ou até encolhimento; um fluxo estabelecido das escolas para as prisões.

A LIBERAL: Agora, começamos a falar sobre supostas consequências apoiadas em definições da esquerda. Como vocês devem concordar, é importante manter as definições de palavras separadas de pretensos fatos sobre o mundo. Ou estaremos, no significado real da expressão, cometendo uma "petição de princípio" — ou seja, inserindo conclusões factuais e teoremas práticos nas próprias definições e axiomas com que começamos. *X* implica *X*.

Todas as consequências que vocês levantaram estão equivocadas, não *X*, se estamos supondo que estão ligadas ao liberalismo. Algumas, de fato e infelizmente, aconteceram, como o fluxo das escolas para prisões entre negros e latino-americanos pobres. É ultrajante. Contudo, o fluxo aconteceu não por causa das novas liberdades de iniciativa, mas por causa de políticas antiliberais, para citarmos um exemplo entre muitos, como a Guerra Contra as Drogas. O excesso de regulação por parte dos governos locais também teve seu papel. Transformou alguns bairros pobres em lugares em que a concorrência se dá entre gangues armadas, e não entre supermercados com líderes de preço. De janeiro a setembro de 2016, Chicago superou o número de assassinatos ocorridos durante todos os doze meses de 2015 em grande parte de seus cinquenta bairros. Portanto, nenhum empreendedor quer abrir empresas nesses lugares para vender verduras frescas em supermercados ou empregar pessoas na produção. De qualquer modo, também são impedidos pelas regulamentações de zoneamento da cidade.

É claro que os republicanos, os piores dos quais geralmente são protecionistas estatistas e social-fascistas, e não liberais cristãos, aprovaram a Guerra Contra as Drogas e as sentenças de prisão maiores introduzidas na década de 1990. Levemos em conta, porém, que quase todos os políticos *democratas* também apoiaram a Guerra Contra as Drogas.

Uma vergonha. Verdadeiros liberais como Milton Friedman, Nick Gillespie e eu, por outro lado, há cinquenta anos fazem oposição com cada gota de suas energias à Guerra Contra as Drogas, ao serviço militar obrigatório, às licenças profissionais, a sentenças mais longas de prisão, e a outras interferências na igualdade, liberdade e justiça. Nós acreditamos no plano liberal. Vocês também, não é?

Para citar outro exemplo, tenho amigos da esquerda que me dizem se opor à Uber e à Lyft. Uau. Eles não parecem se dar conta de que, com isso, estão servindo aos interesses dos multimilionários proprietários de permissões de táxi. Eles não se dão conta de que um monopólio de táxi dá benefícios na magnitude de centenas de milhares de dólares para a compra de uma licença de segunda mão apenas aos detentores da licença restringida pelo Estado, e que esse monopólio não pode dar benefícios a um simples motorista, cujas capacidades são comuns, e *não* se tornam artificialmente escassas pela lei coercitivamente aplicada (ou pela coerção extraoficial dos motoristas dos táxis pretos de Londres, protegendo seu monopólio hoje obsoleto de The Knowledge.* Tampouco se dão conta de

* Numa tradução livre, "O Conhecimento", o teste para aprovar um motorista para esse tipo de táxi. Exige a capacidade de decidir a melhor rota para o destino solicitado pelo passageiro, avaliando distância e condições de trânsito, sem a necessidade de consultar um mapa. [*N. da T.*]

que os novos concorrentes dos táxis antigos vão procurar passageiros em bairros de minorias (o que todo mundo sabe que os táxis não fazem). Essa busca gera um bom dinheiro, e muitos motoristas da Uber e da Lyft vêm desses bairros. Um homem pobre que tenha um carro — como acontece com grande parte da população pobre dos Estados Unidos — pode pelo menos ter uma renda.

Meus amigos da esquerda acham genuinamente que são a favor dos pobres. Porém, inadvertidamente, estão sempre prejudicando-os. Na prática, são antipobres. Uma pena, uma pena. Agora que vocês ouviram as instruções que ofereci com toda gentileza, podem parar de ser antipobres? Para citar Galileu na peça de Bertolt Brecht: "O que eu digo é: aquele que não sabe a verdade não passa de um idiota, mas aquele que sabe e a chama de mentira é um criminoso. Fora da minha casa!"[1]

A classe média não "estagnou". No mundo inteiro, por exemplo, ela explodiu. Basta perguntar aos chineses e indianos. (Sempre pergunto aos meus amigos progressistas por que eles só parecem se importar com o povo *norte-americano*. Não entendo. Nós, liberais pós-século XVIII, não deveríamos nos importar também com os estrangeiros?) E até mesmo nos países historicamente ricos, como França e Estados Unidos, a classe média alcançou mais poder aquisitivo nos últimos trinta anos. Em agosto de 2016, ouvi Joe Stiglitz dizer na NPR que o salário real nos últimos quarenta anos não aumentou nos Estados Unidos. Francamente, Joe, consulte os dados reais sobre benefícios além de salários e os preços corretamente deflacionados dos celulares e ares-condicionados. Em 2006, ele elogiou as políticas econômicas de Hugo Chávez como destinadas a "tonar a educação e as subvenções para a saúde acessíveis para os pobres e lutar pelas políticas econômicas que não só geram mais crescimento, como também garantem que os frutos do crescimento sejam mais amplamente contemplados".[2] Errou de novo, amigo. Pelo que sei, Joe é um bom homem, mas ele é exclusivamente teórico e acredita que podemos provar grandes verdades sociais em frente a uma lousa. Ele quer capturar os supostos fatos de um modo que uma mera cientista experimental como eu acha inacreditável. Joe, saia da minha casa.

Pessoas de todos os níveis de renda nos Estados Unidos e na União Europeia precisam trabalhar bem menos do que precisavam há quarenta anos para comprar uma geladeira ou ter uma conexão de internet, o que foi possibilitado pela cooperação e pela concorrência. Elas também poderiam comprar mais comida e têxteis do Chile ou do Chade a preços baratos se o governo parasse de proteger fazendeiros ricos da Califórnia e da Alemanha. Que tal fazermos isso?

As estatísticas que ouvimos sobre salários estagnados e aumento da desigualdade não acompanham a trajetória dos indivíduos ou famílias da "classe média". Em vez disso, elas analisam quem está no meio neste momento, não levando em conta o curso de sua vida. Se acompanharmos suas trajetórias, veremos que o infame "esvaziamento" da classe média é causado pelo fato de muitos membros dela estarem conquistando patrimônios substanciais.

O impedimento da entrada dos pobres na classe média, por sua vez, é causado não por uma economia laissez-faire vibrante, mas por itens aprovados por progressistas como sindicalismo compulsório. Gosto de apontar nas minhas palestras que geralmente sou a única pessoa no recinto que poderia se tornar eletricista em Michigan, pois meu avô Fritz, meu tio Joe e meu primo Phil já integravam o sindicato. Essa é a única forma de você fazer treinamento. Adivinhem como os eletricistas de Michigan encaram candidatos a treinamento dos lugares mais desafortunados.

Tampouco a desigualdade aumentou. Sim, eu entendo. Vocês estão *indignados* por eu estar dizendo uma coisa tão estúpida e louca assim, considerando com que frequência ouvem que *aumentou*, mas vocês sabem que não podem acreditar em tudo o que leem no jornal, mesmo que seja uma história popular. Abandonem as frases prontas. Observem a tática da repetição de erros até que eles soem como verdades, empregada pelos trumpistas, por exemplo, com a intenção de enganar, ou, no caso do *New York Times*, sem a intenção de enganar.

Se você pegar sua cópia de Piketty na mesa de centro para ler, descobrirá que os dados dele mostram que só três dos vários países estudados pelo próprio tiveram um aumento substancial da desigualdade nas últimas décadas: Estados Unidos, Reino Unido e Canadá. Aha, vocês devem exclamar — exatamente nos territórios de Reagan e Thatcher! (Com exceção do Canadá — "como sempre", observaria, com melancolia, um canadense.) Não, vocês estão enganados. A causa da desigualdade nos Estados Unidos e no Reino Unido (que, aliás, recentemente diminuiu) foi exatamente a prosperidade dos dois países em comparação à Velha Europa. Além disso, os Estados Unidos e especialmente o Reino Unido adotaram subsídios inigualitários para programas que favorecem a obtenção da casa própria, defendidos tanto por republicanos quanto por progressistas. Isso reforçou as antigas e iliberais restrições à construção em áreas urbanas — os códigos de zoneamento e da construção civil nos Estados Unidos, e a permissão do planejamento no Reino Unido.

Quem se beneficiou mais das restrições à construção em Londres, por exemplo? Os duques de Norfolk e Westminster, os proprietários das terras, que ficaram mais escassas numa Londres em pleno crescimento. Eu disse isso a uma grande plateia de trabalhistas num programa da BBC transmitido do National Theatre, em Londres, e me diverti com as vaias deles. Sinal de inteligência. Impeçam a construção de habitações pela iniciativa privada em Londres por meio de grandes restrições e depois queixem-se dos preços elevados da moradia em Londres e exijam mais habitação social.

OS ESQUERDISTAS: Ao contrário do liberal clássico, o neoliberal acredita que o governo na maioria das vezes pode ajudar a abrandar problemas como pobreza, serviços de saúde e habitações inapropriadas, e oportunidades de educação limitadas.

A LIBERAL: Meu conselho é examinar ceticamente o que vocês chamam de "problema". O governo não pode resolver todos. Às vezes, chove. Presumir o contrário é a fé iluminista de que as pessoas podem fazer qualquer coisa que se proponham racionalmente fazer. Tom Paine (que, aliás, foi um defensor ardente do livre-comércio) disse em 1776: "Temos o poder de recomeçar o mundo."[3] Bem, de vez em quando. (Contudo, com essa observação ele também queria dizer, a uma maneira liberal, que qualquer um de nós deve ter a possibilidade de abrir siderúrgicas ou destilarias sem supervisão governamental.)

O liberal do tipo smithiano, milliano e Isaiah-berliniano observa que muitos problemas são causados por ações estatais adotadas... para resolver problemas. Não quero cair numa versão da Falácia da Cadeia de Suprimentos. Ela ganhou muito destaque num livro de 2013 escrito por Mariana Mazzucato, *O Estado empreendedor: desmascarando o mito do setor público vs. setor privado*, que afirmava que se *qualquer* ação governamental prestou *qualquer* nível de ajuda para dar origem a uma tecnologia em *qualquer* momento, então, a *maior parte* da tecnologia deve ser atribuída à sabedoria do governo. Portanto, limitarei meus contraexemplos a causas *grandes*, e não meramente a uma causa secundária da cadeia de suprimentos.

A pobreza, por exemplo, foi maciçamente causada por intervenções "de proteção" do Estado nos mercados de trabalho, pois o principal efeito da proteção é impedir os pobres de competir com a classe média ou a classe trabalhadora superior. Como já observei, esse era seu propósito original no Progressismo, um propósito muito bem alcançado. Por exemplo, a legislação de alguns estados nos anos 1920 para "proteger" as mulheres de trabalhar horas extras automaticamente as excluiu de cargos de supervisão, pois chefes de pequeno porte precisam chegar cedo e sair tarde. Acho que não preciso mencionar Jim Crow nem o apartheid (inspirado pelo primeiro), entre os inúmeros exemplos de pobreza imposta pelo Estado. E por aí vai.

Os serviços inadequados de saúde são resultado principalmente da intervenção estatal no mercado de médicos, medicamentos, enfermeiros e hospitais. É uma história longa e complicada, mas notemos que até o início do século XX um farmacêutico podia tratar sua doença (mesmo admitindo que até o surgimento dos antibióticos esse tratamento não fosse muito eficaz, e a mesma coisa pode ser dita dos médicos — que cobrariam ainda mais caro pelo tratamento). A entrada na clínica era relativamente livre. Assim, os médicos ganhavam aproximadamente a mesma renda que advogados e professores até a década de 1930. No entanto, a partir dos anos 1950, passaram a ganhar *três vezes* mais. Antes, nos Estados Unidos, partos podiam ser feitos por parteiras — a monopolização dos partos por obstetras começou no início do século XIX, com seus "instrumentos". Até o final do século XIX e a introdução da higiene hospitalar, as maternidades onde os médicos gostavam de trabalhar eram armadilhas mortais. Os planos de saúde corporativos foram criados para driblar os controles de salários da Segunda Guerra Mundial, e são exclusividade dos Estados Unidos e da Alemanha. O governo nos proíbe de importar remédios radicalmente mais baratos do Canadá. E por aí vai. Assim, as proteções locais e federais dos monopólios no sistema de saúde dos Estados Unidos dobraram facilmente seu custo.

Habitações inadequadas foram um dos primeiros "problemas" a serem tratados pelo governo na forma da extinção de cortiços. A teoria era que habitações ruins *causavam* doenças, pobreza, e, principalmente, abusos sexuais. (Os vitorianos eram muito interessados em sexo.) Assim, o governo introduziu o zoneamento, códigos da construção civil, a permissão do planejamento, e derrubou cortiços para construir belas habitações para os ricos, como Sandberg Village, em Chicago, e campos de concentração para os pobres em arranha-céus, como o Robert Taylor Homes de Chicago. O problema da falta de moradia é mais grave hoje do que antes, pois as regulamentações provocaram o aumento dos preços das habitações baratas.

Eu gostaria que meus amigos progressistas levassem a sério a velha piada sobre as três frases em que menos se pode acreditar em inglês: "O cheque segue pelo correio"; "É claro que vou respeitar você amanhã"; e "Sou do governo, e estou aqui para ajudá-lo". Quando a polícia aborda um jovem negro em Chicago, ele não presume que ela queira ajudá-lo. Não preciso dizer que a experiência das pessoas brancas de classe média com a polícia é diferente.

OS ESQUERDISTAS: A ajuda simplesmente vem na forma de parcerias público-privadas, como a Lei de Proteção e Cuidado ao Paciente (ao contrário de um sistema mais progressista com apenas uma fonte de financiamento).

A LIBERAL: Perdoem-me se, no meu cinismo de economista, vejo como resultado nas inúmeras "parcerias público-privadas", incluindo o Obamacare, o enriquecimento dos setores privados, o aumento do poder dos burocratas, e a exploração dos mais pobres. Em Benton Harbor, Michigan, que, quando eu era criança nos anos 1940, era completamente branca, acabou se tornando muito mais negra, e havia um parque público na orla do Lago Michigan que os negros usavam. O parque foi desapropriado em 2013 para a construção de um campo de golfe a partir de uma parceria público-privada — como você deve presumir, não para os habitantes negros locais. No caso semelhante *Kelo versus Cidade de New London* (2005), a Suprema Corte decidiu a favor de uma parceria público-privada em que as casas de pessoas pobres e da classe média foram demolidas para um "amplo plano de redesenvolvimento".[4] O plano nunca foi posto em prática. Já faz mais de uma década que os terrenos de New London estão desertos.

Digo que é melhor o plano liberal, em que frequentadores de parques e proprietários de casas precisam ser abordados pelos construtores com grandes quantidades de dinheiro. Quando vocês, progressistas, falam de "parceria público-privada", nós, liberais, ouvimos "conspiração público-privada".

42. E não estão dispostos a imaginar alternativas liberais

Conclusão da entrevista.

OS ESQUERDISTAS: Parece-me, portanto, que tanto neoliberais (Barack Obama e Hillary Clinton, por exemplo) quanto críticos do neoliberalismo argumentariam que o seu adesivo de para-choque "Separação entre Estado e Economia" é enganoso.

A LIBERAL: Sim, se com isso você quer dizer (e a conclusão desta frase mostra que não) que pessoas más e gananciosas na economia se infiltram no Estado para influenciá-lo em benefício próprio. (Assim como vocês, aliás, não proponho "enganar". Digo a verdade em que acredito, exatamente como vocês. Sem truques. Ouçam de verdade.)

Recomendo muito Adam Smith aos seus leitores. Ele só escreveu dois livros (o que significa que não teria tido sucesso na vida acadêmica moderna). Se os leitores encaram com seriedade a tarefa de desafiar as próprias ideias, deveriam ler devagar os dois livros. Seu argumento foi formulado por Smith da seguinte forma:

> A fundação de um grande império com o único propósito de promover um povo de clientes pode, à primeira vista, parecer um projeto adequado apenas para uma nação de lojistas. É, contudo, um projeto completamente inadequado para uma nação de lojistas; mas extremamente adequado para uma nação cujo governo é influenciado por lojistas.[1]

Precisamente, como vocês devem concordar. Nós, liberais, estamos com vocês e Charles Koch na oposição ao capitalismo de compadrio.

OS ESQUERDISTAS: Até o mercado laissez-faire precisa de apoio do Estado. O Estado define e depois protege os direitos à propriedade por meio da polícia e dos sistemas judiciários.

A LIBERAL: Confesso que esse bordão me cansa. Ouço-o o tempo todo de progressistas do tipo Sanders a "liberais" norte-americanos do tipo Clinton. Eles parecem pensar que qualquer argumento liberal real pode ser refutado com trinta segundos de pensamento. Não, oito segundos. Observem aqui que um argumento acertado, o de que precisamos de *algum* governo (algo que nenhum verdadeiro liberal nega — não somos anarquistas radicais, embora admitidamente os encaremos com um afeto fraterno), é empregado na introdução de um argumento muito mais questionável, o de que precisamos de um governo que se apropria por imposição de 35% ou mais do PIB para seus projetos, um governo que, portanto, regula injustamente boa parte do restante do PIB.

O humorista caubói Will Rogers já criticava o governo nos anos 1920, quando a fatia que ele tirava, combinando-se os níveis local, estadual e federal, era de 10 a 15%. Hoje, é de 35%, e o número é ainda maior na maioria dos outros países ricos. A estátua de Will Rogers no Capitólio costuma ser pano de fundo para entrevistas de congressistas para a TV. Eu gostaria que os congressistas se virassem e começassem a ouvir o velho Will.

Uma parte bem pequena dos 35 a 55% apropriados pelos governos de países ricos vai para os pobres. E a definição e proteção da propriedade em todos os níveis custaria, talvez, 5% do PIB, isso já contando até a proteção contra estrangeiros perigosos, como Trump apresenta os refugiados hondurenhos. As regulamentações enriquecem muito os ricos, a exemplo da corretora de imóveis de Trump, pelo domínio eminente — que é uma violação descarada financiada pelo Estado dos direitos de propriedade. Uma proteção e tanto. Como disse um historiador da economia, ao reagir em 1971 à declaração de um teórico da economia de que os senhores feudais haviam oferecido "proteção" aos camponeses: "Não se menciona a possibilidade de o principal, senão o único, perigo contra o qual o camponês com frequência precisava de proteção ser o próprio senhor."[2] Ou o próprio governo, que serve a um senhor moderno.

Aliás, a definição e a proteção dos direitos de propriedade na verdade são realizadas por acordo particular. Sim, o Estado é o definidor e protetor "em último caso", como costumo dizer. No entanto, se não quisermos mergulhar de cabeça na Falácia da Cadeia de Suprimentos, precisamos questionar *a relevância* desse último recurso. Contratos comerciais, por exemplo, são "executados" ["enforced", em inglês] (observem que "force" ["forçar"] aqui é uma metáfora; mas, pela ação do governo, torna-se literal) *não* pela coerção governamental, mas pelo temor de que, se eu violar um contrato, meus parceiros comerciais não façam mais negócios comigo. Como vocês acham que os contratos firmados por um aperto de mão são executados entre os vendedores de diamantes chassídicos que perambulam pela Rua 47 com o equivalente a meio milhão de dólares nos bolsos dos casacos? Chamando-se a polícia? Apelando a um juiz gói?

OS ESQUERDISTAS: Como você responde à afirmação de que a separação entre a economia e o Estado que você defende é impossível?

A LIBERAL: Respondo observando que, se for da forma que os liberais sempre tiveram em mente, a separação é sim "possível". Já aconteceu. Minha resposta é como a piada: "Você acredita no batismo de bebês?" "*Acreditar*? Eu *vi*!"

Eu vi, por exemplo, nos Estados Unidos do século XIX — embora admita que o período, dividido entre um feudalismo e uma regulação anacrônicos, tenha sido breve. O laissez-faire do período promoveu melhorias comercialmente testadas, não dando a teóricos nem a interesses particulares tempo para a imposição de leis de cima para baixo. Conheci um jovem empreendedor muito bem-sucedido, pós-graduado recentemente pela St. Cloud State University, em Minnesota, que estava usando tecnologia de ponta no varejo. Ele me disse que conseguia driblar os reguladores inovando mais rápido do que eles eram capazes de atualizar as regulamentações. Como diz o provérbio, é mais fácil se desculpar com o governo por ter feito *X* do que receber permissão do governo de antemão para fazer o mesmo *X*. Mais tarde, os donos de uma nova empresa de pagamentos do Brasil me disseram a mesma coisa. Os consumidores norte-americanos e brasileiros só têm a ganhar com isso.

Uma linha contrária da esquerda responde, com indignação, que melhorias internas feitas pelo governo, como canais e portos, foram fundamentais para o sucesso da economia. É como o tema do antigo livro de Arthur Schlesinger Jr. *The Age of Jackson* (1945) — ou, aliás, de vários outros livros do pós-Guerra em que defensores acadêmicos do New Deal defenderam uma versão moderada do socialismo lento, a exemplo de Richard Hofstadter em suas primeiras obras, e de (como mencionei) um livro brilhante do meu pai, Robert G. McCloskey.[3] A linha do New Deal apresenta a dificuldade da Falácia da Cadeia de Suprimentos. É verdade que os canais construídos na década de 1830 nos Estados Unidos — em Indiana, por exemplo — foram financiados por títulos do governo, vendidos principalmente para os britânicos. Contudo, na própria Grã-Bretanha, os primeiros canais, a exemplo dos construídos na década de 1790, foram todos projetos privados. E as "melhorias" internas dos canais de Indiana acabaram por ser um investimento desastroso — com o advento das ferrovias. O Estado deu calote, e por um bom tempo norte-americanos que visitavam Londres não foram tratados com muita hospitalidade.

OS ESQUERDISTAS: Você mesma admite que o Estado também pode oferecer o ensino fundamental, presumivelmente porque entende que a educação e o crescimento econômico andam de mãos dadas.

A LIBERAL: Assim como Adam Smith, que dedica vários capítulos de *A riqueza das nações* a este assunto. A Escócia teve vantagem em relação à Inglaterra, porque o calvinismo rígido exigia que todos os meninos e até meninas fossem alfabetizados. Eu com certeza recomendo (como Smith) que você e eu sejamos tributados, como eu já disse, para *financiar* a educação dos pobres. Aprovo a medida não principalmente em nome do crescimento econômico (O quão vulgar você acha que sou?!), mas pela riqueza humana promovida pela educação.

Contudo, o *financiamento* por meio de vales não é a mesma coisa que a provisão governamental, com escolas comandadas por funcionários públicos seguindo ordens do governo. Não existe nenhuma boa razão para os meios de produção da educação serem estatizados — aliás, tampouco para o serem a produção de leite ou dar caronas em táxis. As universidades escocesas na época de Smith eram muito superiores a Oxford e Cambridge, tanto em educação quanto em pesquisa. Os estudantes escoceses pagavam diretamente aos professores. (É notório que Smith era um bom professor, e se saiu bem financeiramente com isso.) Já na Inglaterra, as antigas bolsas permitiam que bolsistas relaxassem bebendo vinho do Porto envelhecido. Isso os faz se lembrarem de alguma coisa na vida acadêmica norte-americana?

OS ESQUERDISTAS: [O neoliberalismo causou] uma transformação da educação pública superior em centros de treinamento profissional e obsessão por "resultados".

A LIBERAL: Quanto à educação superior, concordamos que o triunfo da universidade voltada para os negócios foi deplorável. Contudo, repito que não é culpa do laissez-faire, mas do oposto — o impulso do planejamento central, o lado racionalista do Iluminismo francês — a visão de que podemos facilmente definir o futuro com regras administrativas intermináveis no Federal Register, com 8 mil páginas novas a cada ano, ou nos grossos livros de referências para professores. Novamente, dirigismo. A mudança nas universidades com a adoção da imposição de "assuntos práticos" aos alunos (como se uma educação em contabilidade fosse sempre mais prática do que uma na leitura da boa literatura inglesa ou na produção de boas provas matemáticas) é mundial, assim como a proliferação de administradores de universidades para estimular os assuntos práticos, cada um equipado com um salário gordo, um secretário, e vários assistentes. Sendo mundial, não pode ser culpa de Reagan e Thatcher (embora, por acaso, Thatcher não fosse liberal na política educacional — ela centralizou o ensino fundamental, por exemplo, e se metia nas universidades; por outro lado, democratizou a própria definição de "universidade" no Reino Unido).

OS ESQUERDISTAS: Você atribuiu a disseminação das universidades voltadas para os negócios a um "impulso do planejamento central". Pode falar mais sobre essa conexão? Arrisco dizer que a maioria dos acadêmicos argumentaria exatamente o oposto, citando a redução do financiamento público do ensino superior junto com o aumento das mensalidades e a proliferação de pró-reitores.

A LIBERAL: Por "impulso do planejamento central", refiro-me à convicção das pessoas, da esquerda e da direita, de que as coisas podem ser planejadas com facilidade, e devem ser planejadas. Um dos argumentos que ouvimos é o de que a economia antigamente era simples, e, com isso, podia se regular sozinha, mas uma economia moderna complexa precisa ser planejada. É justamente o contrário. Quanto mais complexa, especializada e capaz de promover melhorias espontaneamente, *menos* uma economia pode ser planejada, menos um planejador central, por mais sábio e bom que seja, pode conhecer os trilhões de preferências e planos de consumo, produção e melhoria. Você pode planejar a sua vida pessoal ou a da sua família, embora qualquer um que tenha tanta certeza assim disso ainda não tenha vivido o bastante. No entanto, tem muita coisa acontecendo numa grande economia moderna para que ela possa ser planejada.

Numa grande universidade moderna, seria muito melhor se os chefes pendurassem os ternos e voltassem a ensinar, ou fossem para casa assistir à TV e nos deixassem em paz para trabalhar. Confiem no profissionalismo dos professores. Demitam os pró-reitores, todos eles, e invistam em mais professores e alunos de pós-graduação, e não em papel e planejamento. Estimulem o corpo docente em exercício a contratar pessoas novas melhores do que eles. Insistam para que leiam os trabalhos das pessoas que pretendem contratar, demitir ou promover. Parem de pedir cartas de recomendação.[4] E por aí vai.

Entre 1980 e 1999, tentei de várias pequenas formas melhorar a Universidade de Iowa, que, nos anos 1930 e 1940, estava entre as mais inovadoras do mundo (vide, por exemplo, o Writers' Workshop). Não consegui. Os administradores queriam mediocridade, e, com certa dificuldade, principalmente desestimulando as iniciativas do corpo docente, eles conseguiram. Na Notre Dame, um caso deprimente é o Departamento de Economia, que já foi interessante e original a ponto de ter sido um dos poucos departamentos de Economia dos Estados Unidos com marxistas. Contudo, a administração acabou com isso.[5] Na minha própria UIC, o reitor, o intelectual público e seguidor de Milton, Stanley Fish, tentou transformar o lugar em uma versão de Chicago da UCLA, da CCNY ou da NYU. Os chefes detestavam ele e a sua ambição, e não permitiram. Os casos são muitos.

É algo mundial, sem relação com a redução do financiamento governamental para as universidades. Em sistemas como o da Holanda, com um financiamento maciço para o corpo docente e para estudantes em sua maioria da classe média, a tendência é a mesma: contratar mais reitores e pseudorreitores, acrescentar mais mediocridade à administração, exigir mais planejamento, escrever mais relatórios, como o relatório deplorável sobre a pós-graduação nos Estados Unidos, de William Bowen e Neil Rudenstine.[6]

OS ESQUERDISTAS: Robert Nozick certa vez atribuiu a oposição generalizada ao capitalismo entre os intelectuais — principalmente entre intelectuais ligados à área de letras — a um sistema educacional que recompensa os estudantes pelas conquistas acadêmicas. Os estudantes da área aprendem a associar as recompensas à própria educação, e, ao mesmo tempo, a se considerar entre os membros mais valiosos da sociedade. No entanto, não é assim que os mercados operam. Você concorda com o diagnóstico de Nozick?

A LIBERAL: Talvez, mas, como eu já disse, acho que existe uma explicação mais plausível. A de que nascemos em uma família, uma pequena comunidade socialista, e especialmente quando nossa família não opera uma fazenda ou pequena empresa. Depois de nossas famílias coletivizadas, se vivemos em um mundo enriquecido pelas melhorias comercialmente testadas, muitos de nós vão para universidade, e, se tivermos nascido em famílias ricas, a experiência é paga por outra pessoa. Posteriormente, se formos inteligentes o suficiente e meio loucos, fazemos uma pós-graduação em economia ou inglês. É como ter nascido em um monastério e deixá-lo por volta dos 30 anos. Você acha que a renda cai como maná do céu e é "distribuída" por mamãe, ou pelo reitor da pós-graduação, ou pelo abade. Pensa que a alocação de recursos só pode ser centralizada. Considera o mercado algo externo e estranho.

Espero que as pessoas cultas que entrarem imediatamente no mercado, como era comum antes da Segunda Guerra Mundial (e da ascensão dos poetas e romancistas *acadêmicos*), ou, aliás, qualquer um que precise trabalhar durante a faculdade passe automaticamente a ser menos socialista do que seus colegas. Pensem em Samuel Johnson. "Nenhum homem, a não ser um idiota", declarou ele, "jamais escreveu por outro motivo que não dinheiro".[7] "Há poucas formas", disse ele em outra ocasião, "de um homem ser empregado mais inocentemente com retornos financeiros". Seu interlocutor na época, o pintor escocês Strahan, que também vivia da profissão, observou: "Quanto mais se pensa nisso, mais legítimo parece."[8]

OS ESQUERDISTAS: Por fim, você considera a predominância de ideologias esquerdistas entre os professores das Ciências Humanas um problema educacional — uma falta de diversidade intelectual, por assim dizer? Se a resposta for afirmativa, como corrigiria esse problema?

A LIBERAL: Ah, sim, é um problema. Eu era uma entre os três "conservadores" do meu amado Departamento de História da UIC, e a única no meu igualmente amado Departamento de Inglês. Amo os dois, mas eles apresentavam um grande problema de falta de diversidade intelectual, especialmente em termos de posições políticas. Mas isso vai mudar, como já aconteceu no passado, e tenho esperança de que meus colegas percebam que o verdadeiro liberalismo conduz a riquezas e à liberdade para a classe trabalhadora. Enquanto isso, como tenho certeza de que vocês concordam, e como meu reitor Stanley Fish costumava dizer: "Faça seu trabalho, e aprenda e ensine com alegria."

43. Um feminismo liberal pós-moderno é possível e desejável

*Minha contribuição para um painel sobre o mercado e o feminismo, organizado pelo economista S. "Charu" Charusheela, nas conferências da American Economic Association, em Nova York, no início de 1999, para discutir um artigo da crítica literária Gayatri Chakravorty Spivak. Depois do evento, almoçamos com o economista ganhador do Prêmio Nobel Amartya Sen — com Gayatri, Charu e esta que vos fala usando saris espetaculares.**

Fui várias coisas ao longo da vida: uma engenheira social positivista, uma socialista fabiana, um homem. Hoje, sou uma feminista que defende o livre mercado, uma pós-modernista quantitativa, uma mulher. Não tenho vergonha dessas mudanças. Há quem conte que, ao se deparar com uma crítica por ter mudado de opinião sobre certo assunto econômico, Keynes retorquiu: "Quando minhas informações mudam, mudo de opinião. E vocês?"[1]

O que quero dizer é que é possível ser ao mesmo tempo pós-modernista, pró-mercado e feminista. E não só é possível, como desejável e natural. Afirmo que essas três ideias andam de mãos dadas. Juntas, são elas que fazem as coisas boas acontecerem no mundo. Gayatri Spivak e eu concordamos em vários pontos no que diz respeito ao pós-modernismo

* Originalmente publicado em *Rethinking Marxism*, em 2000, e disponível on-line em: https://www.tandfonline.com/doi/abs/10.1080/0893569000 9359022.

e ao feminismo. É sobre o segundo quesito — a economia e a história da economia — que discordamos. Digo que o inovismo liberal moderno combina melhor com o pós-modernismo e o feminismo do que o marxismo. Ela diz o oposto.

Meu pós-modernismo é o de uma ex-modernista. Ele vem de um incômodo que comecei a sentir por volta de 1975 em relação ao método econômico moderno, à arquitetura moderna, à pintura moderna, à música acadêmica moderna e à engenharia social moderna. O pós-modernismo trata de como sabemos. Ele diz que não sabemos de forma modernista, uma versão simplista da ciência aplicada a uma versão dogmática da realidade, o método em que meus ex-colegas de economia na Universidade de Chicago de 1968 a 1980 costumavam acreditar. O economista de Chicago ganhador do Prêmio Nobel George Stigler era um exemplar particularmente simplista e dogmático, mas a mesma coisa se aplica aos meus professores contrários à Escola de Chicago em Harvard. Por volta de 1960, éramos todos positivistas, behavioristas e modernistas. Basta dar uma olhada nos móveis dinamarqueses ou na arquitetura de estilo internacional dos anos 1960.

Minha forma particular de pós-modernismo é a mais antiga — como todos os humanistas sabem, a "retórica". Ela remonta a 467 a.C., quando a nova democracia (dos homens livres) de Siracusa precisou de uma teoria disciplinada de como convencer os outros a refletir sobre a política deles depois da derrubada dos tiranos. Ela é muito parecida com formas pós-modernistas como a desconstrução. Aliás, os mestres da desconstrução, como Paul de Man e Jacques Derrida, eram, antes de tudo, retóricos, ainda que somente de seu *liceu* grego. Já eu combino a retórica ao pragmatismo norte-americano de James, Dewey e mais recentemente Richard Rorty, o que me dá uma base filosófica flexível para fazer retórica, mais ou menos do mesmo modo que Hegel dá a Gayatri uma base para fazer desconstrução.[2]

Não acho que meras bases filosóficas têm muita relevância para o que fazemos. Gayatri e eu concordamos que textos, assim como supostos fatos positivistas, não simplesmente nascem: são feitos. Concordamos que precisamos prestar muita atenção ao trabalho que "meras" palavras fazem. Daí o pós-modernismo.

No entanto, a maioria dos pós-modernistas é socialista. São vigilantes em relação às falhas dos mercados, mas não em relação às falhas dos governos que bagunçam os mercados. O que quero dizer é que esse fato político infeliz é uma antiguidade da história, não inevitável. Não há nada no pós-modernismo que implique necessariamente o socialismo. Muito pelo contrário — algo de que eu gostaria que os conservadores adversários do pouco que conhecem do pós-modernismo, da desconstrução e de outras ideias francesas assustadoras reconhecessem. O marxismo clássico é um projeto notavelmente positivista, e versões recentes do socialismo leve, da Suécia na década de 1960 ao ambientalismo de hoje, não obstante ainda acreditam no velho Comte: *savoir pour pouvoir*, saber para controlar. Marx e Engels chamaram seu projeto de socialismo *científico* (embora "científico" não estivesse sendo usado no sentido moderno da língua inglesa).

Não estou dizendo que só a esquerda participa de um positivismo antigo. Nosso amigo econômico centrista Max U, o homem numa busca samuelsoniana (*Homo petens*), também está nessa marcha. Podemos botar tudo num só saco, o cientificismo de meados de 1960, de esquerda, de direita ou de centro, e não é absolutamente o projeto do pós-modernismo.

Ao falar "muito pelo contrário", também me refiro ao fato de que uma sociedade de mercado é alerta, flexível, inovadora, efervescente, democrática, espontânea, criativa. É o oposto do planejamento central, e é a interseção dos pequenos planos em constante mudança dos indivíduos. A abordagem do sociólogo Howard S. Becker é diferente da abordagem de Pierre Bourdieu ou qualquer outra teoria social concentrada na concorrência desenfreada, como o pensamento marxiano pré-Gramsci ou a teoria econômica iliberal dos jogos. Becker escreve (de forma muito semelhante a outro Becker, o economista Gary, que Foucault, repito, estudou com seriedade):

> A metáfora de "mundo" — que não parece de forma alguma se aplicar à metáfora [Bourdieuiana] de "campo" — contém pessoas, todos os tipos de pessoas, fazendo algo que requer que prestem atenção umas às outras, que reconheçam com consciência a existência das outras, e que ajam levando em conta o que as outras fazem. Nesse mundo, as pessoas [...] desenvolvem suas linhas de atividade gradualmente, vendo como as outras reagem ao que elas fazem, e ajustando suas ações seguintes de forma coordenada com o que as outras fizeram e provavelmente farão em seguida [...]. É possível que a atividade coletiva resultante seja algo que ninguém desejava, mas o melhor que todos conseguiram extrair da situação, e, portanto, aquilo com que todos, com efeito, concordaram.[3]

Essa é a visão da economia liberal desde Adam Smith. Becker e Smith sugerem que, não importa quais sejam as tentativas dos especialistas modernistas que definem o futuro, numa sociedade livre ninguém pode prever o que está por vir.

Sei que a esquerda objetará à minha descrição alegre do "capitalismo recente". Os marxianos acreditam que a última etapa do capitalismo é um socialismo sem a revolução, e todos os leitores do *New York Times* acreditam que o mundo é governado por grandes multinacionais. Acho que os dois pontos de vista estão equivocados.

Como escreve a feminista liberal e crítica cultural Virginia Postrel em seu importante livro *The Future and Its Enemies* [O futuro e seus inimigos], de 1998, o projeto modernista de previsão e controle é "estasista".[4] ("Estasista", do termo grego *stásis*, ou equilíbrio, e não "estatista" — embora também seja isso.) Sociedades livres e em enriquecimento, pelo contrário, são "dinâmicas". As caixas envidraçadas que eram as construções dos anos 1960 combinam com estase, ao passo que a arte ciberespacial combina com dinamismo, e não o contrário. A maioria dos marxianos acadêmicos vive numa caixa envidraçada. Meu amigo pós-modernista Jack Amariglio e seus seguidores do *Rethinking Marxism* vêm tentando encontrar a saída, e às vezes pegam pedras para fazer uma.[5]

Sempre me pareceu estranho combinar pós-modernismo com marxismo. O que estou dizendo é que o mercado, e não alguma forma de socialismo (todos envolvem uma sociedade no comando dos detalhes da economia, daí "socialismo"), é a combinação mais natural para o pós-modernismo. Entendam que falo aqui de tom e espírito. Estamos concordando que a implicação, a conexão lógica, não é a questão. Não estou afirmando que uma economia liberal e burguesa é logicamente necessária ou suficiente para o pós-modernismo. *Quero* afirmar, com *In Praise of Commercial Culture* [Em louvor à cultura comercial], de 1998, de Tyler Cowen, que a economia burguesa de mercado tem sido, na verdade, um bom fórum para desenvolvimentos na arte e no pensamento, assim como o pós-modernismo. Como vocês sabem, "*forum*", em latim, significa "mercado".

E quero também sugerir que o feminismo é um terceiro estágio natural: o feminismo pós-moderno de mercado. Sim, eu sei. Muitos de vocês acreditam que o mercado tem sido o maior escravizador das mulheres. Entendam: discordo de vocês com base na economia e na história, e sugiro que nos sentemos para uma conversa tranquila sobre as evidências pró e contra. O mercado que defendo tem sido o maior libertador das mulheres (e de pessoas escravizadas, de pobres, e de minorias religiosas e sexuais).

A lógica econômica é a de que os mercados dão às mulheres uma opção de saída de outra forma negada a uma filha, esposa ou mãe viúva. Concordamos que o poder na família é o cerne da questão. E concordo plenamente com o argumento de Gayatri de que o poder de gênero interage com o poder de classe, com o poder econômico e com o poder racial (e religioso, ideológico, intelectual, e a manipulação de qualquer poder aliado ao do Estado), tornando cientificamente inviável tomá-los um por um.[6] É o que digo também. Em sociedades em que as mulheres são proibidas por lei (como no Afeganistão) ou pelos costumes (como na Índia, em algumas castas) de trabalhar fora, uma mulher tem menos opções.

Menos em relação a quê? Aqui, os críticos do inovismo liberal torcem o nariz com indignação para os empregos disponíveis, juntando-se no seu julgamento aos maridos ofendidos. Livres para dormir debaixo das pontes. Livres para aceitar empregos na Nike. Afinal de contas, eles dizem, um trabalho que paga mal fazendo tênis de corrida para o mercado norte-americano é um trabalho alienado. Quem é contratado é explorado, acrescentam.

Contudo, perguntemos à mulher, sugere o economista democrata liberal, se ela preferiria que a empresa de calçados não lhe oferecesse um emprego. Perguntemos se a Nike não paga mais do que um serviço de lavadeira. Basta olharmos para as filas que se formam quando a Nike abre uma nova fábrica na Indonésia. E perguntemos se ela preferiria não ter nenhuma oportunidade de mercado e ficar em casa inteiramente à serviço do pai, do marido ou da sogra.

No entanto, esses argumentos lógicos por si só não me impressionam muito. Faz parte de um projeto modernista de economia afirmar que grandes verdades sociais podem ser provadas diante de uma lousa. É o que afirmam Ricardo, Pigou, Samuelson, Stiglitz. Sou uma historiadora da economia, o que, para a economia, é vulgar, uma ocupação de baixo escalão. Acho que devemos observar como os mercados, as melhorias comercialmente testadas e os valores burgueses têm, na prática, interagido com outros sistemas, como a política ou a cultura popular, para ver se, de forma geral, têm promovido a emancipação das mulheres.

A conclusão poderia ser uma má notícia. E em algumas partes é. Você poderia argumentar — ao contrário do que eu faria, considerando que a prostituição é uma profissão antiga e que a lascívia masculina é um velho hábito — que, em geral, uma monetização dos seres humanos pelo mercado tem comercializado a sexualidade feminina, com efeitos desastrosos para a autoestima das jovens dos países ricos, entre os quais a inanição voluntária. Até as melhorias comercialmente testadas poderiam ter resultado em notícias parcialmente ruins. Em 1848, parecia fazer sentido para muitas pessoas que elas teriam. Meio século depois, provou-se que essas pessoas estavam erradas. Os salários reais da Grã-Bretanha de 1855 a 1913 dobraram, assim como os das mulheres.[7] As mulheres estavam duas vezes mais subalternas, mas seus salários seguiram o ritmo do aumento, ainda que sempre inferiores. E no século XX, apesar dos terríveis trinta anos transcorridos entre 1914 e 1945, essa duplicação foi reforçada — contra as expectativas de John Stuart Mill e outros economistas ortodoxos muito influenciados por Malthus, como Marx.

Ninguém vai se surpreender com o fato de que, nos países da OCDE (*i.e.*, atualmente ricos) sobre os quais Angus Maddison conseguiu reunir dados, a média aritmética (*i.e.*, um país = uma observação) do PIB real *per capita* em dólares ajustado para 1980 aumentou de 1.800 em 1900 para 10 mil dólares em 1987.[8] Isso equivale a um fator de 5,6 mais sapatos, educação, pão e livros (além de, sim, minas terrestres e jatinhos, embora as coisas ruins representem uma proporção minúscula do todo em relação às boas, e seus consumidores sejam governos, não indivíduos). Mil e oitocentos dólares contra dez mil dólares é a diferença entre mal sobreviver e se sair muito bem. Essa diferença libertou as mulheres da escravidão da cozinha e dos quintais das casas. A maioria dos universitários dos países da OCDE hoje são mulheres.

O evento mais importante na história *das mulheres*, portanto, é a prosperidade moderna. As histórias detalhadas das vidas das mulheres mostram a libertação. As jovens de Massachusetts que trabalharam na indústria norte-americana nascente de algodão em concorrência com as metrópoles britânicas não se consideravam em desvantagem pela oferta. A revolução ocorrida desde 1800 e especialmente desde 1900 deu-se principalmente na produção de bens. Os professores continuam ensinando tanto quanto faziam na Academia de Platão, mas xícaras, sapatos, arroz e materiais de construção custam uma fração ínfima em termos de força de trabalho do que custavam em 1848. O trabalho doméstico, uma parte da renda nacional não incluída nas estatísticas convencionais, foi transformado. O movimento de preparação dos alimentos no mercado libertou as mulheres de muitas horas de trabalho. Em 1900, uma típica dona de casa americana de classe média gastava 44 horas por semana preparando comida.[9] Quarenta e quatro horas: assando pão, acondicionando alimentos, preparando tortas do zero. O cuidado infantil agora também está indo para o mercado, mas, ao contrário dos alimentos industrializados, não foi transformado em técnica. Os cuidados de uma criança pequena (ou duas ou três) ainda requerem dois pares de olhos e de mãos adultas — o que é a explicação de Elizabeth Wayland Barber para o porquê de as mulheres terem inventado os tecidos, uma atividade profissional que pode ser facilmente combinada com os cuidados das crianças.[10]

Uma mulher hoje pode optar por trabalhar fora (talvez, em um emprego terrível, para começar o segundo turno ao voltar para o seu barraco; ou o jeito bem diferente como Gayatri e eu "trabalhamos"). Entretanto, não importa as opções que as mulheres façam, o trabalho no mercado mudou o equilíbrio de poder dentro da família. Essa é a política da economista feminista pioneira Barbara Bergmann — tornem-se imitações de homens o mais rápido possível, diz ela; vão para o mercado e vendam, vendam, vendam. Ela vê o mercado como o caminho para a libertação das mulheres.

Para falar positivamente, para apresentar propostas tão corajosamente quanto Gayatri tem feito do lado dela, eis um ponto de vista feminista pós-moderno da economia. Como alguém pode ser ao mesmo tempo feminista e a favor do livre mercado? Aqueles caras não são todos hostis à libertação das mulheres?

Sim, mas há um porém. Admito que a economia de Wall Street não é receptiva com relação às mulheres. Isso se deve ao fato de que a economia de Wall Street tem um entendimento equivocado, à maneira dos homens, de como as economias operam. Considero o ponto de vista de Só Prudência impreciso e perigoso. Não adianta torcer o nariz da sala da diretoria (ou, para ser mais precisa, do clube exclusivamente masculino) governada pela Prudência.

Para um público de feministas socialistas, porém, quero enfatizar que os manifestantes torcem o nariz da mesma forma. A Prudência é a base das teorias tanto do Marxismo do Interesse quanto do Capitalismo do Interesse. Mais uma vez, meu ex-colega Stigler foi um bom exemplo. A esquerda e a direita concordam: Gabriel Kolko foi um historiador marxiano que demonstrou brilhantemente que a Interstate Commerce Commission foi capturada pelos interesses Prudentes das ferrovias; nós, economistas de Chicago nos anos 1970, achávamos suas obras muito interessantes.[11] No entanto, não devemos nos confundir em relação a como a economia opera só porque os comentários de um republicano são confusos. O fato de algumas teorias sobre a economia estarem enganadas não deve nos impossibilitar de identificar as evidências.

Falta amor. Em toda a teorização a partir de Bentham. Essa teorização é ridícula, como muitas mulheres já entendem. Excluir considerações sobre o amor (e coragem, e temperança, e justiça) das nossas teorias sociais a favor de modelos Só Prudência não é ser austero e realista. Uma teoria feminista da economia leva em conta o que motiva as pessoas, cuidando de o que eu e alguns outros economistas temos chamado de "humanomia". Significa o reconhecimento da existência de todos os tipos de pessoas, de uma freira enclausurada a um vendedor de títulos, e diversas variações entre uma coisa e outra, com todos os tipos de razões diferentes para irem para o mercado.

Sei que não é algo tão ousado. Não estou diante de vocês usando um espartilho, estalando um chicote e dizendo que mercados são atraentes. Não posso oferecer nenhuma informação sensual da sociedade de mercado, mas acho que a contribuição especial do feminismo para o pensamento social é o reconhecimento e a celebração das diferenças. As teorias do Homem são para homens. Por motivos que estou começando a esquecer, os homens gostam de teorias sociais simplórias. Eles simplesmente *amam* dizer que o Homem é isso e aquilo e a Mulher é aquilo e aquilo mais. Assim, apresentam um Agente com um único foco, e sem amor.

Há várias formas de ser uma mulher. Em uma entrevista, Gayatri disse que não gosta do alto feminismo em que "mulheres privilegiadas veem seus rostos no espelho e definem 'Mulher' — com 'M' maiúsculo — com base no reflexo; às vezes, olham para o rosto, às vezes, para as genitálias, e é com base nisso que decidem o que é ser uma mulher. Não tenho muita paciência com isso".[12] Ao ouvir essas palavras, aplaudi de pé.

Uma teoria feminista do desejo e da economia observa que os humanos são de uma grande diversidade, e sugere que ouçamos suas histórias. É uma grande diferença em relação aos brinquedos que hoje em dia se passam por teorias sociais; de que os seres humanos são *pura* Prudência; ou *puro* Amor; ou *pura* Coragem (essas teorias seriam, respectivamente econômica [seja marxiana ou neoclássica], religiosa e conservadora). Podemos fazer melhor do que isso, tanto marxianos quanto não marxianos, sendo pós-modernos e feministas — e sim, todos admiradores dos mercados.

44. Não foi o imperialismo que enriqueceu o Ocidente

*Conclusão da conversa com Spivak.**

Gayatri Spivak e eu concordamos enfaticamente com a ideia de que a história é um conto que contamos. Isso não quer dizer que não acreditamos no exame dos arquivos ou na confirmação das datas. Não sei se nossa posição é pós-moderna ou simplesmente sensata. Qualquer historiadora ponderada sabe que está *contando* uma história, *selecionando*, estudando, como diz Lord Acton, "problemas", e não "períodos".[1] Ela entende que não está só copiando O Que Aconteceu dos arquivos. O Que Aconteceu não está nos arquivos. O que tem nos arquivos é uma pilha de papéis com marcações. As histórias não ficam jogadas em algum lugar esperando para ser contadas. Não estão espalhadas pelo mundo como pedras. São fabricadas nas cabeças das pessoas e contadas por suas bocas, restringidas pelas evidências obtidas a partir dos papéis e das pedras na resolução de problemas explanatórios.

No entanto, Gayatri e eu discordamos sobre a história que deve ser contada sobre os três séculos anteriores e o século que estar por vir. Acho que ela ignora o enriquecimento gigante proveniente da liberdade que o inovismo liberal teve para operar. E como ela o ignora, pode contar uma história de pauperização, ao contrário do que contam os fatos. O mesmo

---

* Originalmente publicado em *Rethinking Marxism*, em 2000, e disponível on-line em: https://www.tandfonline.com/doi/abs/10.1080/08935690009359022.

pode ser dito do estudioso da história da China, Kenneth Pomeranz, em seu primeiro livro com Steven Topik, *The World That Trade Created* [O mundo que nós criamos]. Pomeranz e Topik contam muitas histórias interessantes e precisas sobre os efeitos negativos da destruição criativa. Entretanto, em nenhum momento reconhecem as melhorias gigantescas que ela produziu para as pessoas comuns. Nenhuma vez. É um mau hábito da esquerda. A esquerda culpa o "capitalismo" pelas perdas de algumas pessoas com o progresso, um progresso que ocorreria sob qualquer sistema político que permitisse quaisquer melhorias. E foram as melhorias que nos salvaram.

Nós, pós-modernistas quantitativos, porém, não temos paciência com os erros provenientes de não ser quantitativo. Acho que os números justificam uma narrativa de Progresso. Acredito que, no próximo século, o mundo inteiro ficará tão rico quanto os subúrbios norte-americanos da atualidade, isso se permitirmos que o inovismo liberal opere. (Isso *não* significa "permitir que os republicanos dos *country clubs* tenham tudo o que querem". Significa reforçar os direitos humanos, em particular o de cada um de dispor do seu trabalho, ainda que seja do sexo feminino.) Portanto, não acredito, por exemplo, na trama malthusiana dos ambientalistas. Como sugeri, o malthusianismo tem sido um péssimo guia para a história moderna da economia. (Foi um guia excelente para a história da economia antiga e medieval. No entanto, o personagem da história mudou dramaticamente por volta de 1800, aproximadamente quando Malthus formulou sua teoria.)

Minha visão são as melhorias comercialmente testadas, o inovismo liberal. Não vejo razão para bengalis ou equatorianos terem qualquer problema fundamental para fazer as coisas bem. No longo prazo, não pode existir nenhuma razão racial, cultural ou de gênero para a mulher comum de um país hoje pobre não poder participar, digamos, de uma indústria da ótica nos padrões alemães, ou de uma indústria de programação computacional nos padrões da Índia, ou de uma indústria do varejo nos padrões norte-americanos. Um país que faz tudo bem (por exemplo, à altura dos padrões bengalis na poesia) alcança um padrão de vida próspero.

Como isso acontece? Lucro. Se houver uma forma americana melhor de organizar supermercados ou shopping centers, os vendedores da Grã-Bretanha e da Dinamarca ficarão tentados a adotá-la — como fizeram, com muito lucro, até que a chegada de concorrentes imitadores, como de costume, reduziu os retornos fora do normal. O crescimento não é misterioso. É aqui que discordo completamente dos meus colegas economistas da Teoria do Crescimento Endógeno ou da Dependência do Caminho. O crescimento é simples, embora apenas no nível microeconômico da descoberta, e não no nível dos agregados mágicos em que meus colegas gostam de pensar. O quão simples? Faça as coisas da melhor forma que os melhores estão fazendo atualmente. Quanto mais coisas você fizer bem, mais rico ficará. Treine seus jovens para fazê-las dessa forma. E descubra novas boas formas de fazer as coisas. De forma geral, é simples, mas imprevisível nos detalhes. É enriquecedor e criativo. É humanomia feminista.

Nada pode impedir isso, a não ser guerras, "proteção", e o roubo organizado — todas especialidades de governos arrogantes, observa a liberal. O Japão protege sua agricultura e o seu varejo, mantendo as mulheres em cargos subordinados, e assim não acompanhou o padrão de enriquecimento dos Estados Unidos. Só podemos esperar que as mulheres e os consumidores japoneses não aguentem essa balela de "proteção" para sempre.

Tenho menos paciência ainda com a outra parte da história de Gayatri, a colonial. Acho que ela foi enganada por Samir Amin. Parece estranho continuar culpando o imperialismo pelos infortúnios de um Terceiro Mundo cuja taxa de crescimento *acelerou* continuamente nos últimos cinquenta anos. A Índia, a ex-colônia mais confiantemente anti-imperialista e anticapitalista, teve a taxa de crescimento mais baixa da Ásia. O crescimento lento, eu diria, não se deve ao fato de ela ter sido uma joia de Vitória, mas de ter seguido por décadas depois da independência as políticas do teórico político da Escola de Economia de Londres, Harold Laski, de manter o mercado fora.

Pensando bem, o socialismo de Laski-Nehru-Gandhi *foi* resultado de um tipo de imperialismo: o intelectual. Só recentemente as pessoas passaram a poder comprar os cereais norte-americanos de café da manhã na Índia. As ex-colônias que abraçaram o inovismo — Hong Kong, é claro, o principal exemplo, ainda que admitidamente estranho — se saíram muito bem. Você pode comprar qualquer coisa em Hong Kong. E agora, muito mais do que antes, também na Índia. Até partes da África parecem estar emergindo das feridas autoimpostas do socialismo e da selvageria desde a independência.

Em paralelo a tudo isso, a frase "a divisão internacional do trabalho" tem um papel fantasmagórico nos textos de Gayatri. Ela acha que os países pobres estão permanentemente subordinados aos ricos. Já eu acho que a preocupação dela demonstra uma falta de perspectiva histórica. O Sul dos Estados Unidos já foi um produtor importante para as fábricas de Lancashire. Aliás, Lancashire já foi um produtor importante para os mercados de queijo da Londres medieval. A noção de que essas relações são "estruturais" (uma palavra mágica entre os marxianos que permite contornar a história) é falsa. Um indicador: a média asiática das exportações de manufaturados (e não de matéria-prima) foi de meros 8% das exportações totais em 1953 para 64% em 1986.[2] Na América Latina, a mesma estatística foi de 4% para 24%. Não é "estrutura". É crescimento.

Ao contrário do que disseram Amin, Gayatri e outros, o impacto do imperialismo *nas potências imperiais* foi pequeno. Admito confusão diante da afirmação contrária dos críticos pós-imperialistas. Gayatri e outros críticos pós-colonialistas parecem assumir o delicado argumento da escola subalterna de historiadores de que a experiência colonial definiu a identidade dos colonizados, especialmente dos intelectualmente mais educados, mas a transformam numa influência generalizada *para os colonizadores*, educados ou não. Eu sei, eu sei: o Outro, o Oriente, e assim por diante. No entanto, a maioria dos Outros não estão apenas nas imaginações de alemães e de norte-americanos *dentro* da Alemanha e dos Estados Unidos? As mulheres, judeus, imigrantes e afro-americanos já não representam uma paleta suficientemente rica de Não Nós para colorir a maioria das identidades? Não é possível que mesmo quando um quarto da população mundial se estabeleceu no Império, a maioria dos britânicos tenha tirado suas identidades da vida britânica, e não das participações em sua maior parte tangencial no Império? O argumento oposto, de que a colonização foi uma experiência crucial para os europeus, resulta, acredito eu, em muita história implausível.

Acho que é implausível, por exemplo — para torturar Gayatri com um exemplo pequeno e pouco importante — dizer que "a constituição do objeto sexual no que diz respeito ao discurso da construção foi, na verdade, algo que se deu por meio da imposição do imperialismo".[3] Alguma coisa está errada. Afinal, é da Viena de Freud de cerca de 1900 que estamos falando, a capital (e talvez nem sequer isso) da única potência europeia que *não* tinha ambições imperiais de expansão fora da Europa. O tipo de imperialismo exercido pelo Império Austro-Húngaro parece muito bom do ponto de vista dos conflitos dos Bálcãs (1914-1999). Aquele "império" em particular era um (desastrado) mercado comum, e impediu que algumas pessoas realizassem o seu desejo ardente de decapitar os vizinhos não cristãos ou não sérvios. É estranho incluir Freud como parte do Raj, mas é típico do impulso de transformar o imperialismo internacional o evento central da história europeia. Ele não foi.

O exemplo mais importante é o que eu, como economista e historiadora da economia, vejo como uma ênfase bizarramente exagerada da experiência do imperialismo nos séculos XVII e XVIII. É mais fácil exagerar a importância cultural do imperialismo por si só do que a exploração por si só, mas não sou uma crítica qualificada nesse assunto, então, prefiro me calar, observando apenas que *A tempestade* não foi a única peça escrita por Shakespeare. Já no que diz respeito à economia e à história da economia, eu posso me pronunciar. Pode-se plausivelmente afirmar que parte da riqueza da província da Holanda resultou do roubo dos javaneses, mas sua explosão moderna veio principalmente depois de 1848 a partir de forças internas: uma boa educação, leis bem aplicadas, vocação para o comércio, uma boa localização. A questão é que os países são ricos principalmente por causa de questões internas, e não por terem roubado suas colônias. O fato de Espanha e Portugal serem exceções só serve para provar a regra. Eles desperdiçaram a prata extraída dos indígenas de todo o continente americano em guerras europeias. Assim que as minas do Novo Mundo foram esgotadas, eles se tornaram os países mais pobres da Europa Ocidental. Isso aconteceu porque não haviam adotado, como fizeram os europeus do noroeste nos mesmos séculos, uma admiração pela burguesia.

Em outras palavras, a periferia tem esse nome por um motivo. Ela é periférica em relação às economias do centro. Os argumentos de que a Polônia foi crucial para a prosperidade da Holanda por volta de 1650, ou de que os Estados Unidos ou a Irlanda foram cruciais para a prosperidade da Grã-Bretanha por volta de 1800, ou de que o Sul Asiático e a América Latina foram cruciais para a prosperidade da Europa por volta de 1950 estão equivocados. E esse raciocínio tampouco se aplica no presente. É um clichê da história da economia que os países ricos só fazem comércio e investem entre si. Por mais intrusiva que a economia europeia tenha sido do ponto de vista da periferia, do ponto de vista dos europeus, a periferia teve pouco valor econômico. Retornemos aos cálculos. Usando novamente Maddison como guia, o financiamento externo como participação no PIB de 15 países em desenvolvimento de 1950 a 1986 foi de cerca de 2%. Qual foi o investimento total proveniente dos esforços desses países? Cerca de 16%.[4] Do investimento real feito nos países pobres, sete oitavos vieram dos próprios países.

A culpa, meu caro Brutus, não é das estrelas,/Nem dos impérios, nem dos senhores imperiais,/Mas de nós mesmos, seus súditos ou não.

45. O liberalismo é bom para a comunidade LGBTQIAPN+

O saudoso e brilhante Kevin Barnhurst me pediu para escrever uma introdução para a sua coleção editada em 2007 de estudos sobre a comunidade LGBTQIAPN+ na mídia, Media/Queered: Visibility and Its Discontents, *que atualizo aqui.**

Três longos ensaios neste livro (de Katherine Sender, Vincent Doyle e Amit Kama) ilustram o que considero uma possibilidade empolgante para uma nova rota nos estudos sobre a comunidade LGBTQIAPN+. No entanto, essa rota não vai agradar a todos, e muito menos a esses autores. A maioria dos estudiosos da comunidade considera-se progressista ou socialista, e não defensores dos livres mercados. Já tendo passado por isso (muito tempo atrás e em outro gênero, fui uma versão trotskista não muito esclarecida que cantava música *folk*), entendo o ponto de vista progressista. Eu me lembro de como ele era sedutor. Quando examinamos as páginas de *The Nation* ou o último artigo de Noam Chomsky, é fácil termos a sensação de estar fazendo o bem. Imagine só: poder fazer o bem apenas lendo e concordando com a cabeça.

E conheço os encantos das opiniões políticas da esquerda ou da direita como identidade. Adquirimos as nossas identidades políticas nos

---

* Republicação com a permissão de Peter Lang, Inc., de Deirdre McCloskey, "Introduction: Queer Markets", em *Media/Queered: Visibility and Its Discontents*, editado por Kevin G. Barnhurst (Nova York: Peter Lang, 2007). © 2007 pela Peter Lang, Inc. Permissão concedida via Copyright Clearance Center, Inc.

românticos 20 e poucos anos. Como acontece com o gênero, estabelecido a partir de teses pessoais originadas por volta dos 2 anos de idade, não costumamos repensar as opiniões políticas desenvolvidas aos 20 e poucos anos. Saul Bellow disse a respeito do trotskismo da sua juventude: "Como qualquer um que investe em doutrinas na juventude, eu não conseguia abandoná-lo."[1] Na juventude, passamos a odiar a burguesia ou a amar o capitalismo, ou a detestar os livres mercados ou a acreditar apaixonadamente no bem-estar e em governos reguladores. Isso se torna parte de uma identidade querida, de um tipo de fé. Pois eu faço um apelo para que você repense a sua fé.

Contudo, alerto: quero introduzir o argumento do verdadeiro liberalismo humano moderno nos estudos jornalísticos sobre a comunidade LGBTQIAPN+. Consideremos as evidências aqui reunidas. Em todos os três ensaios, Sender, Doyle e Kama mostram — muitas vezes com relutância ou acidentalmente — o poder do mercado para fazer o bem. Isso é, mostram o poder do mercado para promover o projeto da liberdade humana, e em particular da liberdade da comunidade LGBTQIAPN+.

O foco está no jornalismo, e é preciso observar logo de início que as publicações examinadas não dependem de concessões governamentais nem de falsas cooperativas socialistas de jornalistas. Trata-se de publicações comerciais, lucrativas, e isso fica claro principalmente nos ensaios de Sender e Doyle. E são publicações de massa, cuja audiência principal conta com um controle remoto ou pelo menos um botão de ligar e desligar. De seu poleiro em Israel, Kama observa que um discurso transmitido por vários tipos de meios de comunicação na prática permite mais dignidade e mais contato humano genuíno do que grande parte das comunicações interpessoais. *Status*, identidade de gênero e uma hierarquia reconstruída de diferenças assombram vários diálogos interpessoais. Imagine que você tenha caído de paraquedas em uma conversa sobre o "estilo de vida gay" no Salão Oval com Trump. E algumas câmeras de TV. Por mais que, em particular, você possa desprezar as opiniões dele com eloquência, numa conversa pessoal em público, é mais provável que você perca a fala quando ele der início às costumeiras provocações adolescentes. Vencem o etos do presidente, a presunção ignorante, a experiência nas discussões partidárias, e todas as desigualdades do tête-à-tête. Chega de exaltar as interações interpessoais e menosprezar a mídia. Preste atenção, Sócrates.

Os acadêmicos com frequência consideram uma conversa pessoal entre dois indivíduos sinceramente investidos a forma ideal de comunicação: livre de coerção e de interesses comerciais. Eu também a aprecio, esse diálogo ideal isolado, e o pratiquei despreocupadamente ao longo da minha vida com algumas pessoas que amo. Lloyd, Derek, Joanne, Arjo, Steve, John, Ralph, podem dar um passo à frente, mas não nos enganemos: sem o amor, uma chamada conversa pessoal nunca elimina o etos, o "quem você é" que pesa em todos os diálogos com o seu chefe ou rodas de conversa sobre esportes com os seus amigos do sexo masculino. Existe mais espaço para diálogos, para o comportamento e para teorias sobre a comunidade LGBTQIAPN+ em uma sociedade comercial rica na mídia do que numa conversa entre duas pessoas.

Alguns temem que o comércio dos impérios da mídia reprima a liberdade de expressão, mas, contanto que possamos produzir novos meios de comunicação, como no caso das novas prensas no século XVI ou dos novos serviços de correio no século XVII, duvido que isso aconteça. Basta ver a internet, a explosão dos blogs, e as conversas que podemos ter facilmente com desconhecidos por e-mail. Agora que entramos nesse assunto, aliás, não existe nada de errado em se pagar a outra pessoa para argumentar por você — como fez o Coronel McCormick, que administrou o *Chicago Tribune* como seu porta-voz durante as décadas de 1930 e 1940. O fato de ele não ter deixado defensores do New Deal escreverem em seu jornal não era "censura", como muitas vezes se afirma irrefletidamente. Argumentar não é contra a Constituição, e tampouco é pagar a alguém para argumentar por você, contanto que você não recorra ao governo — isto é, contanto que você não chame a polícia. O que diz a Primeira Emenda é que o governo não pode criar leis que restrinjam a liberdade de expressão. Não se trata de não trazer um público de meio milhão de leitores para o seu lado da discussão porque você não é o proprietário de um jornal numa cidade grande. Você pode pensar ou comentar com o seu marido: "Ah, isso é absurdo. O *Tribune* está errado outra vez, e se continuar dizendo isso vou parar de comprar essa droga de jornal." É um argumento numa sociedade de livre mercado. É, aliás, basicamente o que aconteceu no *Chicago Tribune*, atualmente um jornal da esquerda republicana moderada.

Ter um problema com a mídia, em outras palavras, não é a mesma coisa que ter os direitos civis enfraquecidos ou ser censurado — a não ser que o governo esteja envolvido. Não existe uma comunidade de discurso ideal de livre acesso para servir de utopia no que diz respeito ao caótico mercado real do Google, ou dos jornais ou de qualquer que seja o meio de comunicação. A comunidade transgênero, por exemplo, enfrentou um problema com a mídia na nossa batalha contra Michael Bailey, que foi forçado a abdicar da diretoria da Psicologia na Northwestern University depois de publicar *The Man Who Would Be Queen* [O homem que seria *queen*], de 2003. "A maioria dos gays são femininos", escreve Bailey, "ou pelo menos são femininos em certos aspectos."[2] O *gaydar* do professor pode identificar esses "certos aspectos" do outro lado da rua — com base, por exemplo, no ceceio de um homem ao pronunciar o "s". E, de um quarteirão inteiro de distância, Bailey pode identificar os verdadeiros transgêneros — os bonitos, aqueles que o professor considera sexualmente "atraentes" o bastante para querer dormir com eles. De acordo com sua teoria primitiva, eles são só uma forma extrema dos gays. Ele é capaz de distingui-los em relação aos primeiros, tipos que não são atraentes para ele — os quais, ao contrário do que dizem (porque são todos mentirosos), ficam "sexualmente excitados diante da ideia" de serem mulheres.[3]

Bailey está atacando o ponto de vista científico hoje já aceito de que quem você ama e como você se identifica não são a mesma questão. Pelo contrário, diz o professor. Não é que os antigos transgêneros do sexo masculino tivessem uma identidade feminina, sentida ou desejada, do mesmo modo que você sente ou deseja ser um advogado, ou, digamos, residente da Flórida. Tampouco os bonitos de aparência mais feminina (porque fizeram a transição mais cedo) têm tal identidade. Não há "identidade" aqui. Ambos são levados pelo sexo, pois é por isso que os homens se interessam. Sexo, sexo, sexo, diz Bailey.

Ninguém deveria se surpreender ao ver as ideias de Bailey adotadas pela direita religiosa. John Derbyshire, homofóbico que contribui com a versão impressa e on-line do *National Review*, escreveu um artigo interessante sobre o livro, sugerindo que a "homossexualidade masculina parece ter um traço intrinsicamente subversivo quando ganha liberdade em instituições há muito estabelecidas, principalmente as dominadas por homens".[4] Pelo amor de Deus, não deixemos os gays *à solta*.

Essa também é uma questão gay. E a imprensa gay não a identificou. Meu pastor episcopal na época, que é gay, concedeu uma entrevista para a "pesquisa" de Bailey, porque a imprensa gay não havia denunciado o professor. A análise estrutural de Kama do carreirismo da imprensa gay é relevante para essa controvérsia em particular. Membros da imprensa gay pensam: "Ah, paciência, Bailey está falando dos travestis, que envergonham mesmo a comunidade na parada do Orgulho Gay. Não vamos nos importar muito com eles."

Contudo, eu tenho reclamações a fazer sobre a mídia capitalista aqui. A revista *Reason*, uma instituição lucrativa e porta-voz do liberalismo moderno nos Estados Unidos, abriu um espaço de sete páginas para que eu contrariasse Bailey. A campanha na internet contra Bailey — conduzida por Lynn Conway, professora emérita de engenharia elétrica na Universidade de Michigan e membro da Academia Nacional de Engenharia (ela foi demitida pela IBM quando mudou do gênero masculino para o feminino em 1967, e depois colaborou com invenções cruciais para a computação moderna) — tem sido eficaz, embora a página sobre ciência do *New York Times* tenha exibido seus padrões jornalísticos costumeiros ao imprimir uma calúnia contra mim e Conway sem conversar conosco.[5] (Notícias da própria comunidade LGBTQIAPN+ não parecem ter espaço no jornal.) Minha única queixa — e deveria ser a sua também — é a de que Bailey recebeu apoio da Academia Nacional de Ciências, uma agência governamental, mais especificamente da Joseph Henry Press, que durante o governo Bush foi usada pelos homofóbicos. Isso é censura, o estímulo a discursos de ódio seguido de ações de ódio por entidades financiadas pelo governo.

O que estou dizendo é que o mercado não é o inimigo da comunidade LGBTQIAPN+. Os restaurantes e bares a partir dos quais as drag queens explodiram com movimentos políticos nos anos 1960 em São Francisco e depois em Nova York eram, afinal de contas, entidades lucrativas. Os inimigos eram os policiais do governo, e não os proprietários "capitalistas" dos cafés. Os governos usam instituições conservadoras, instituições contrárias à comunidade, instituições contrárias à liberdade, instituições que mantêm os cidadãos onde podem ser tributados e onde não causarão problemas. O governo, queridos, não é seu amigo.

A esquerda fala muito de coerção no mercado, mas esses três ensaios mostram instituições do mercado trabalhando a favor dos direitos da comunidade LGBTQIAPN+. Imagine se o governo administrasse todos os jornais, estações de televisão, e toda a internet e fóruns públicos. Não é muito difícil imaginar. Basta pensar na China, no Irã, na Rússia de Putin, ou na Turquia de Erdoğan. Isso já foi experimentado. E não funciona para a comunidade.

Tenho uma amiga polonesa muito sofisticada que é heterossexual, mas fora isso é uma das pessoas mais legais e informadas que conheço. Desde antes da queda do comunismo, ela trabalha como uma respeitada professora de administração na Suécia. Entramos na questão da homossexualidade na Polônia. Ela disse: "Ah, acho que não temos muitos homossexuais na Polônia." "Querida", disse eu, "que história é essa? Como em todos os outros lugares, cerca de 5% da população da Polônia é gay, e um quarto de 1% dos homens e das mulheres são transgêneros de nascença." Ela ficou chocada com a informação. Ela havia crescido em um ambiente que não era de mercado, onde todas as notícias, publicações, tudo, vinha diretamente do Partido Comunista ou da Igreja Católica Polonesa.

Quero sacudir um pouco as suas convicções políticas dos 20 e poucos anos. Se você acha que ser progressista em relação a questões de identidade de gênero e de preferências sexuais está perfeitamente de acordo com ser contra o mercado, eu peço que considere a possibilidade de estar cometendo um equívoco. O Partido Comunista da Polônia, a Igreja Católica, a Câmara dos Deputados, o governo Trump e qualquer que seja a instituição que não é de mercado e tenha apoio do governo não são bons lugares para membros da comunidade LGBTQIAPN+. O progresso está na redução da intervenção governamental. O progresso está numa sociedade liberal, alcançada pela mudança das opiniões. Pela mídia.

46. O salário mínimo foi instituído para prejudicar os pobres e as mulheres

A história secreta da regulação econômica favorita dos progressistas contada num artigo revisado da revista Reason.

O que fazer com George, seu querido amigo progressista que defende o salário mínimo? Uma ideia é apontar como o salário mínimo exclui os trabalhadores de baixa produtividade dos empregos. (Para a suposição dos sabichões de que o "monopsônio" é generalizado, e, portanto, o salário mínimo *promove* o aumento do número de empregos, Boudreaux, do *Café Hayek*, desafiou George e seus amigos economistas progressistas a colherem os lucros ilimitados apontados por essa suposição. Ninguém se manifestou até agora.) Como diz o economista Thomas Sowell, e você pode dizer a George: "Reduzir o número de empregos disponíveis retirando pelo valor do salário mínimo trabalhadores jovens e sem experiência do mercado não resolve nenhum problema para esses trabalhadores. Os únicos beneficiários óbvios seriam aqueles que adquirem tais poderes arbitrários sobre os outros seres humanos, e, portanto, podem se sentir importantes e nobres, enquanto, na prática, só semeiam o caos por onde passam."[1] A maioria das pessoas, e até mesmo muitos economistas, rejeitam esse senso comum — os economistas, com exercícios equivocados de estatística, e os leigos, confundindo o "salário de nível de entrada oferecido voluntariamente" com "o salário mínimo *legal* imposto pelo governo".

Outra ideia é tentar explicar a diferença entre um *salário* mínimo, que interfere em acordos voluntários, e uma *renda* mínima, como propuseram Milton Friedman, James Tobin, Paul Samuelson, Philippe Van Parijs, Deirdre McCloskey e outros economistas de diversas posições políticas. Se você não gosta da renda que os pobres recebem, aplique um imposto sobre si mesmo e dê dinheiro a eles. Não impossibilite que sejam empregados tornando ilegal a oferta da quantia que seu trabalho de fato vale para um negócio. Na minha experiência, embora incontestável, é muito difícil explicar esse argumento a pessoas que não estão acostumadas, como a maioria dos economistas, a distinguir o salário ganho de um emprego de uma renda advinda de qualquer que seja a fonte, entre as quais, fontes não relacionadas a salários.

Uma terceira, e talvez mais eficaz, ideia é explicar a George de onde veio historicamente o salário mínimo. Afinal de contas, George usa despreocupadamente o falso argumento histórico de que a Revolução Industrial foi promovida pela exploração dos trabalhadores, e acha que enriquecemos subsequentemente lutando contra a exploração. Como colocou a velha paródia da história da Inglaterra *1066 and All That* [1066 e tudo isso] de 1931: "Muitas descobertas e invenções notáveis foram feitas [no início do século XIX]. A mais notável entre elas foi a descoberta (feita por todos os homens ricos da Inglaterra ao mesmo tempo) de que mulheres e crianças podiam trabalhar 25 horas por dia [...] sem que muitas morressem nem sofressem deformações excessivas. Isso ficou conhecido como Revelação Industrial."[2] George acredita claramente que essa história é relevante para a avaliação de um resultado presente. Se ele mesmo for historiador, defenderá seu atual entusiasmo por governos mais inchados, como observei, afirmando que as melhorias internas realizadas desde a Era de Jackson foram cruciais para o crescimento econômico norte-americano. Isso também está errado.

Muito bem. O salário mínimo surgiu no início do século XX nos Estados Unidos como uma política progressista *deliberadamente com o objetivo de prejudicar trabalhadores de baixa renda*. Deliberadamente.

E, ao contrário de muitas outras leis com o "objetivo deliberado" de alcançar um resultado, o salário mínimo alcançou o que buscava, prejudicando os trabalhadores de baixa renda a ponto de impedir que fossem empregados. Esplêndido.

O primeiro salário mínimo foi instituído em 1894 em Vitória, Austrália, mas rapidamente foi adotado por outros lugares. O salário mínimo, escreve o economista de Princeton Thomas Leonard em *Illiberal Reformers* [Reformadores iliberais], um livro sobre a história norte-americana de tudo isso, foi "o santo graal da reforma trabalhista progressista americana, e um Quem é Quem dos economistas progressistas e de seus aliados reformistas que o defenderam".[3] A incapacidade de se instituir um salário 50% acima da faixa corrente para os não capacitados afastaria os vagabundos. "A remoção dos inferiores de postos de trabalho beneficiou a sociedade protegendo os salários norte-americanos e a pureza racial anglo-saxônica."[4] "De todas as formas de se lidar com esses parasitas infelizes", escreveu o socialista britânico Sidney Webb em 1912 no *Journal of Political Economy* da Universidade de Chicago, "a mais prejudicial para a comunidade é permitir que concorram irrestritamente como recipientes de salários".[5]

O que seria deles quando o salário mínimo os excluísse da empregabilidade? Henry Rogers Seager, economista progressista em Columbia, deu em 1913 a resposta costumeira: "Se quisermos promover uma raça composta de indivíduos e grupos familiares capazes, eficientes e independentes, devemos ter a coragem de cortar linhas de hereditariedade que se mostrem indesejáveis pelo isolamento ou esterilização."[6] "Cortar." Só podemos admirar a coragem do professor Seager de prejudicar os pobres. Em 1919, quinze estados norte-americanos haviam adotado salários mínimos, principalmente para mulheres. No Reino Unido, um salário mínimo apoiado por Sidney e Beatrice Webb foi instituído em 1907. Os economistas norte-americanos estavam na liderança — influenciados, como Leonard mostra em seu livro, pela Escola Histórica Alemã contra a economia do laissez-faire "inglesa". Uma porcentagem perturbadoramente elevada desses restricionistas foi eleita das universidades de destaque para a presidência da American Economic Association.

E. L. Godkin, de *The Nation* [A nação], apresentara o argumento dos verdadeiros liberais de que o salário mínimo é uma interferência nefasta no valor dos trabalhadores, e de que, se a renda anual resultante (não nos esqueçamos da diferença) for julgada indigna, caberá a nós, os contribuintes prósperos, complementá-la até que alcance o valor de uma *renda* mínima.[7] Os leitores atuais de *The Nation*, entre os quais George, não concordariam. Em 1923, a decisão da Suprema Corte no caso *Adkins versus Children's Hospital* desafiara por um breve momento a doutrina de que é um propósito bom e apropriado da política pública evitar que os supostamente inferiores (mulheres, negros, imigrantes do leste e do sul europeus, a terceira "geração de imbecis") tivessem empregos. No entanto, em 1938, um tribunal não lotado voltou atrás e acolheu o salário mínimo federal para homens e mulheres.

A teoria do "suicídio racial", adotada com raras exceções pela maioria dos cientistas sociais antes de ser condenada pelo nacional-socialismo, afirmava que raças inferiores com "padrões" baixos de renda causam a redução dos salários dos "saxões", assim reduzindo sua fertilidade — ao contrário dos desprezíveis negros e imigrantes, que sempre teriam famílias grandes. Leonard observou que os indivíduos com salários baixos, inclusive as mulheres, eram ao mesmo tempo alvo de pena e fontes de medo, "um misto estranho e instável de compaixão e desprezo". Ele resume o argumento sobre uma "guerra fiscal", de que "o capitalista decente [...] que queria que seus trabalhadores tivessem um salário digno [...] não pôde competir com rivais inescrupulosos, que contratavam mulheres, crianças, imigrantes e imbecis de baixos padrões".[8]

O argumento da guerra fiscal continua sendo usado por indivíduos afáveis e bem-intencionados da esquerda, a exemplo (como observei) do ex-secretário do Trabalho Robert Reich e do professor de Harvard

Michael Sandel. Entretanto, não só da esquerda. O advento do crescimento econômico no noroeste europeu já foi várias vezes distorcido numa teoria de superioridade racial dos saxões, apesar das evidências esmagadoras de que outros povos, como chineses e indianos, poderiam repetir o mesmo feito se adotassem políticas de livre mercado. A teoria eurocêntrica continua sendo ouvida em círculos conservadores, uma noção de que a superioridade europeia começou em tempos imemoriáveis, desde as florestas germânicas.

O salário mínimo foi a mais simples entre várias leis baseadas na pureza racial contra a renda dos mercados. O progressismo norte-americano foi parte de uma rejeição global ao laissez-faire que reinou por um breve período entre o *clerisy* de artistas, intelectuais, jornalistas, profissionais e burocratas do século XIX. "No final do século XIX", escreve o historiador Jürgen Kocka, "o capitalismo não era mais considerado um agente do progresso."[9] O argumento ético contra o "capitalismo" foi resumido pelo reverendo H. H. Williams, de Oxford, ao escrever sobre a "Ética" na 11ª edição da *Enciclopédia Britânica* em 1910: "O fracasso do individualismo do 'laissez-faire' na política em produzir a prosperidade e a felicidade comuns que seus defensores esperavam levou os homens a questionar a base egoísta sobre a qual sua contraparte ética foi construída."[10]

Até mesmo em 1910, o erro do reverendo Williams estava claro nos fatos. As melhorias comercialmente testadas na época já haviam começado a gerar prosperidade e felicidade. Ainda assim, o *clerisy*, do qual Williams fazia parte, havia se voltado contra a burguesia e sua doutrina de ordem espontânea. De acordo com os progressistas, os efeitos evolucionários do laissez-faire eram muito lentos — e amorais, pois recompensavam o inovismo, que progressistas como Thorstein Veblen consideravam um guia completamente irrelevante para a eficiência social. Os progressistas queriam acelerar a evolução social, moralizá-la e arquitetá-la, como durante a vigência da Lei Seca. Resumindo, eles queriam "interferir para o benefício dos mais aptos" (como argumentou o escritor progressista Herbert Croly — que só tarde demais passou a ser contrário à engenharia social). Um dos inúmeros problemas dessas mentiras da engenharia social é a expressão "mais aptos": como se sabe? Um defeito hoje pode se tornar uma vantagem mais tarde. Na ciência de Darwin, só sabemos o que funciona depois do evento.

Os progressistas dos Estados Unidos defendiam as desigualdades e hierarquias em todas as direções, como raça, classe, gênero, QI, qualificação, salários. Ninguém que leia os progressistas pode duvidar do seu iliberalismo. Basta ler uma dezena de páginas do livro de Leonard para um verdadeiro liberal chorar. "É amplamente sabido", observa Leonard, "que o liberalismo moderno [nota do editor: o chamado liberalismo] enfraqueceu permanentemente liberdades econômicas". Em seguida, para promover um programa eugênico, os progressistas "atacaram também as liberdades políticas e civis".[11] O direito de abrir uma loja foi cerceado pelo zoneamento e por códigos de construção, pois, afinal de contas, os direitos econômicos são triviais. E depois, o direito de negociar salários ou de manter sua renda ou sua propriedade foi semelhantemente restrito pelo bem da vontade geral. Sem problemas. Domínio eminente e ação civil de extinção de domínio, uhul!

Os resultados do salário mínimo foram terríveis, principalmente para os negros. Como diz Sowell:

> Em 1948, quando a inflação havia tornado insignificante o salário mínimo fixado uma década antes, a taxa de desemprego entre homens negros de 16 a 17 anos era de menos de 10%. Contudo, depois que o salário mínimo teve aumentos contínuos para acompanhar a inflação, a taxa de desemprego para os homens negros na mesma faixa etária não foi de menos de 30% por vinte anos consecutivos, de 1971 a 1994. Por muitos desses anos, a taxa de desemprego para os jovens negros

> dessa idade passou dos 40%, e por dois anos superou a casa dos 50%. Os danos são maiores ainda do que essas estatísticas sugerem. A maioria dos empregos de baixa renda são empregos de entrada no mercado de trabalho que os jovens deixam para trás após adquirirem a experiência necessária para empregos melhores. Mas ninguém pode subir a escada se não consegue nem chegar ao primeiro degrau.[12]

Esteja avisado. George, conscientize-se.

47. O desemprego tecnológico não é assustador

Da Reason, *agosto de 2017. Foi muito bom ver este texto traduzido para o francês no blog de Jasmin Guénette, do* Huffington Post, *em outubro de 2017, pois os franceses se sentem ainda mais ameaçados pelo desemprego tecnológico. Sempre se sentiram.*

Como um indivíduo sofisticado, você sabe que a mudança tecnológica é o que mais elimina empregos na manufatura em Youngstown, Ohio. Você sabe que a maioria deles vai para outras cidades dos Estados Unidos, como Houston ou Chattanooga. Sabe que os empregos apalaches nas minas de carvão não vão voltar, pois novas técnicas de extração do gás e novos campos de gás baratearam permanentemente o gás natural. Sabe que a concorrência estrangeira, culpada pelo governo Trump, não é bem o que está acontecendo. E mesmo que fosse, você sabe que isso seria bom, e não ruim, para a maioria dos norte-americanos. O objetivo das economias é produzir coisas, e não empregos. Se conseguirmos mais coisas por meio da mudança tecnológica ou das relações comerciais com a China e o México, ótimo.

Só que muitas pessoas sofisticadas temem. Os temores mais simplórios são os do trumpismo em relação ao comércio internacional. Trump repetiu a antiga noção de que o livre-comércio entre você, que está em Chicago, e Tatsuro, na cidade de Toyota, equivale a uma agressão militar de Tatsuro, contra a qual você e os trabalhadores de Youngstown precisam de "proteção". Os Estados Unidos, declarou Trump, precisam "competir", como se o comércio fosse uma guerra. Não é. O comércio, seja internacional ou interno, é uma relação vantajosa para os dois lados dela.

Na verdade, o padrão no comércio não é determinado pelo que os economistas chamam de vantagem "absoluta", como ter muitas armas nucleares para competir numa guerra, ou muitos rebatedores de elite para competir no beisebol, ou muitas máquinas para competir numa guerra de exportações. Ele é determinado pelo que se denomina como uma das poucas verdades da economia que não são óbvias: a vantagem "comparativa". Bem, não *tão* óbvias, pelo menos. Ela só diz que obtemos mais de uma família, ou empresa, ou do mundo, se cooperarmos. Surpreendentemente, é só isso.[1] Não é tão difícil assim de entender. Exportamos aviões e os bengalis exportam artigos de malha, porque o que nós, norte-americanos, sacrificamos para adquirir esses artigos de Bangladesh é menos se fornecermos aviões em comparação (e aí está a parte "comparativa") ao que os bangladeshianos precisariam sacrificar para produzir eles mesmos os aviões. Os dois lados cooperam, e tudo dá certo. Muito óbvio, não é?

Quando nos preocupamos com algum suposto especialista em administração alardeando que precisamos nos armar para competir na guerra mortal das exportações, basta pegar aquele livro antigo de noções básicas de economia na prateleira e reler o capítulo sobre comércio internacional. Você nunca mais voltará a acreditar nos tipos metidos em especialistas em administrações, nem nos primos deles entre historiadores e conselheiros de Trump que não se deram o trabalho de ler o capítulo.

No entanto, as pessoas sofisticadas não param por aí, e perguntam: mas o grande problema não é o "desemprego tecnológico"? A inteligência artificial está avançando. Não economistas com uma veia quantitativa, físicos famosos etc. indagam o que faremos quando *todos* os empregos sumirem. Multidões de pessoas vão se aglomerar nas esquinas, eles imaginam, quando caminhões autônomos tomarem os empregos de 3,5 milhões de caminhoneiros nos Estados Unidos.

Até alguns economistas de respeito, mas pessimistas, acreditam nisso. Um desses casos é Robert Gordon, da Northwestern, que expõe suas preocupações nos capítulos sobre política de seu livro recente *The Rise and Fall of American Growth* [Ascensão e queda do crescimento norte-americano], de 2016. A mesma coisa pode ser dita do brilhante Tyler Cowen, com um discurso assustador em seu livro recente, *Average Is Over* [A média acabou], de 2013. Tyler apresenta um gráfico da renda do trabalhador como parcela do total, mostrando uma queda alarmante desde 1990, e declara que "se há uma imagem que resume o dilema da nossa economia contemporânea, é esta". O tamanho da queda assustadora? De 63 para 58%.[2] Cinco pontos percentuais. O grande e equivocado John Maynard Keynes (1883-1946) acreditava que perderíamos empregos por causa da tecnologia. Até o maior ainda David Ricardo (1772-1823), que corrigiu os economistas em relação à vantagem comparativa, acreditava na mesma coisa. Todos brilhantes, todos grandiosos até. E errados.

O temor de pessoas em outros assuntos corretas em relação ao desemprego tecnológico pode ser expresso em uma palavra: robôs. Em tcheco, o termo significa "trabalho necessário", mas se tornou cada vez mais assustador ano após ano ao ser associado a HAL, o computador rebelde de *2001: uma odisseia no espaço*, e ao temor metafisicamente implausível em relação à singularidade e outros pesadelos na *Astounding Science Fiction*.

Entretanto, os robôs são *bons*. Os trabalhadores passaram de empregos terríveis nas linhas de montagem da Ford, perto de Detroit, ou da Volvo, perto de Gotemburgo, para empregos melhores monitorando robôs de jaleco branco e com salários maiores, possibilitados pelo avanço da tecnologia. Ou assumem empregos fora da indústria automobilística, cujas recompensas reais agora são maiores porque as pessoas passaram a poder comprar as coisas radicalmente mais baratas produzidas por robôs.

E se os novos empregos deles *não* pagam mais, talvez seja porque o sindicato United Auto Workers, nos Estados Unidos, ou o IF Metall, na Suécia, conseguiu extrair lucros por monopólio da companhia, e, portanto, de seus consumidores. Nada bom. Robert Reich, uma fonte confiável de erros factuais e éticos bonitinhos da esquerda, declara que "o declínio da sindicalização [das empresas privadas] está diretamente correlacionado ao declínio da parte da renda que vai para a classe média".[3] Não está. O lendário "esvaziamento da classe média" aconteceu porque as pessoas melhoraram de vida, e não o contrário. Contudo, de qualquer forma, pagar a trabalhadores selecionados da linha de montagem automobilística mais do que podem ganhar em outros lugares à custa de outros trabalhadores, às vezes mais pobres, que compram carros novos ou de segunda mão, dificilmente pode ser considerado uma fórmula ética para galgar os degraus da classe trabalhadora — e, aliás, também da classe média.

Walter Reuther, outrora presidente do United Auto Workers, respondeu a um jovem gerente da Ford animado com os robôs na linha de montagem: "Como você vai convencê-los a comprar Fords?"[4] O argumento de Reuther e Reich, ainda que bem-intencionado, é falacioso, pois defende a proteção de empregos, e não da produção. Os funcionários das empresas automobilísticas são uma fração ínfima do público que compra automóveis. Não se pode criar prosperidade simplesmente comprando do seu próprio chefe, erguendo-se pelos próprios cadarços. Uma cidade chinesa famosa pelas bebidas destiladas tentou aumentar os lucros exigindo que funcionários bebessem grandes quantidades do seu próprio produto. É fácil perceber que o plano não funcionaria, e não demorou para que o representante do Partido Comunista também percebesse o problema. A economia do *trickle up* da esquerda é tão ilógica quanto a versão do gotejamento da direita. Nenhuma se concentra em aumentar a renda real, que está no aumento da produção útil, e não do número de empregos. Não é o gotejamento dos gastos keynesianos que nos enriquece, seja para baixo ou para cima, mas a mangueira das melhorias comercialmente testadas da tecnologia.

Basta dar uma olhada na história. Em comparação aos cavalos, os nossos carros e caminhões são "robôs". No entanto, o advento dos carros e caminhões não levou ao desemprego em massa em virtude da demanda insuficiente pelos serviços dos vendedores de cavalos ou dos cavalariços. Em 1800, cerca de quatro em cada cinco norte-americanos moravam em fazendas. Hoje, esse número caiu para um em cinquenta ou cem. No entanto, as melhorias da colheitadeira mecânica e do milho híbrido não deixaram os 78% desempregados de uma vez nas fazendas. Essencialmente, todas as ferramentas — um alto-forno e um tear hidráulico, ou, aliás, o biface acheulense e a biga micênica — são "robôs", ou seja, mecanismos que aumentaram a produtividade do trabalho.

Reich apresentou uma lista dos vilões da tecnologia supostamente culpados pela redução dos salários norte-americanos: "A automação, seguida pelos computadores, programas de computador, robótica, máquinas operatrizes e a digitalização generalizada arruinaram ainda mais os empregos e os salários."[5] Não arruinaram. Eles elevaram os salários reais, corretamente contabilizados, de acordo com o senso comum de que um ser humano equipado com uma ferramenta melhor produz mais. Se Rosie, a Rebitadeira, tiver alicates melhores para inserir os rebites, ela receberá um salário mais alto, pois os empregadores passam a competir pela funcionária agora mais produtiva, e ela pode dar uma alimentação melhor aos filhos. Se todo mundo tiver ferramentas melhores, todo mundo poderá deixar os empregos antigos para trás e produzir mais em seus novos empregos com novas ferramentas. É hora de promovermos os equipamentos mais eficientes, e não mais pás.

Afinal de contas, o objetivo de uma economia é produzir para o consumo, e não proteger os antigos empregos com ferramentas antigas — como os cavalos, as pás, as velas, e as antigas furadeiras manuais. Qualquer invenção substitui o trabalho manual, como é o caso do espinho de cacto que os fringilídeos de Galápagos usam para extrair larvas de insetos das cascas dos troncos das árvores. Os fringilídeos usam "robôs". Em uma das línguas sul-africanas, o africânder, a palavra "robô" tem o mesmo significado que em todos os lugares, mas também significa "semáforo". Os robôs que substituíram os guardas de trânsito em um pedestal. E no terceiro ato as substituições são boas, e não ruins, para todos os trabalhadores.

Se o pesadelo do desemprego tecnológico fosse verdade, já teria acontecido, repetidamente e em massa. O desemprego não seria de 5%, ou de 10% num ano ruim. Passaria de dois dígitos — de 50%, digamos, se os ferreiros desempregados pelos carros ou se os técnicos de aparelhos de TV desempregados pelos circuitos impressos não conseguissem outros empregos. Em 1910, um em cada vinte trabalhadores norte-americanos estava empregado nas ferrovias. O pai do meu pai estava, assim como um bisavô por parte de mãe. E aí chegou o caminhão. No final da década de 1940, havia mais de 350 mil telefonistas trabalhando só na AT&T. Nos anos 1950, milhares de centenas de ascensoristas perderam os empregos para passageiros que apertavam botões e ouviam mensagens gravadas em vozes agradáveis que anunciavam os andares. Os digitadores desapareceram dos escritórios — os advogados ou seus assistentes digitam os documentos diretamente. E assim por diante; basta dar uma olhada na história.

"Chega de história", dizem os pessimistas, irritados. "A ameaça futura do desemprego tecnológico é única. A história não importa." Pois bem, consideremos o futuro. Eis um fato presente e estável relevante para o futuro que aposto que você desconhece. (Eu mesma desconhecia até 2015.) *A cada mês* nos Estados Unidos, um lugar com cerca de 160 milhões de empregos civis, *1,7 milhão* desaparece. A cada mês, por meio de uma destruição criativa perfeitamente normal, necessária para o progresso econômico em qualquer sociedade, mais de 1% dos empregos têm o mesmo destino que os dos ferreiros e empregadas domésticas nos anos 1910. Essas pessoas não deixaram seus empregos. Essa é outra estatística. O que aconteceu é que os empregos foram sumindo. Os empregadores que "oferecem" ou "criam" os empregos (a primeira é uma expressão democrática, a segunda, republicana, mas nenhuma faz sentido em termos econômicos) se adaptam ou vão à falência. Ou eles fazem fusões ou fazem cortes, ou os empregadores decidem que o vendedor adicional na loja de departamentos não é necessário em vista do custo de preencher aquela vaga, que inclui o salário mínimo e férias compulsórias pagas.

O que você ouve no jornal da noite é sobre o aumento ou redução *líquida* mensal no número de empregos — 200 mil em um mês bom. É o número *líquido* de contratações ou de demissões, mas o número bruto de mais de 1% ao mês é o que deve ser levado em consideração por quem se preocupa com o desemprego tecnológico. E ele é de um total de 14% ao ano. Com esse número se mantendo por alguns anos, se o desemprego fosse permanente, um terço ou metade da força de trabalho estaria nas esquinas marchando para os 100%. É fácil confirmar isto: no ano 2000, por exemplo, mais de 100 mil pessoas que trabalhavam em videolocadoras ficaram desempregadas. Consideremos a Blockbuster. Ou, em outra indústria, a Tower Records. O que os funcionários delas estão fazendo agora? Eles estão nas esquinas?

É claro que a população sofre. A mudança gera sofrimento. Mas o que se pode fazer?

Poderíamos "salvar os empregos delas" eliminando a mudança. Você faria no próximo ano exatamente o que está fazendo hoje. Tanto o capital quanto o trabalho seriam empregados eternamente da mesma forma. No entanto, se interrompêssemos a destruição criativa, teríamos eternamente a mesma renda. Isso é bom para quem está se saindo bem agora. Mas não é para quem não está, e para quem é jovem.

Sou uma liberal cristã, ou humana, e desejo fervorosamente ajudar os pobres. Se as transformações benéficas promovidas pela destruição criativa não fossem o suficiente para ajudá-los, bastaria compensar isso por meio de impostos e da caridade. Eu pagaria com alegria, até por meio de impostos obrigatórios, para compensar os trabalhadores de Youngstown pela desvalorização de suas casas, digamos, se eles decidissem se mudar para Houston ou Chattanooga. No entanto, acabei de mostrar que as transformações *são* suficientes. Não podemos ajudar com subsídios para 1,7 milhão de pessoas por mês, com atualizações constantes para chegar a 14% da força de trabalho ao ano. Isso só seria possível nas fantasias do andarilho de Big Rock Candy Mountain, com "árvores de cigarros e fontes de limonada", e abundância para todos, agora mesmo, de graça, sem perturbar o padrão do emprego, nem do capital nem do trabalho de ninguém.

Nem a reciclagem nos empregos é uma boa ideia quando parte de uma decisão não da trabalhadora, mas dos intelectuais de Washington ou Columbus. Os intelectuais não sabem como será o futuro, e acabam treinando operadores para empregos que não existirão mais. Os próprios trabalhadores sabem se devem fazer alguma reciclagem, dentro dos limites de uma incerteza inevitável que ninguém pode eliminar, e quando procurar outro emprego, a exemplo das centenas de milhares que se mudaram para Dakota do Norte durante o breve boom do petróleo de lá. Os trabalhadores têm experiência nesse jogo. Precisamos tornar a força de trabalho tão flexível quanto a força do capital. E, para isso, precisamos de liberdade, e não de programas governamentais.

Subsídios maciços, como o que o Estado francês deu aos antigos trabalhadores da construção naval de Le Havre, permitindo que permanecessem lá, jogando *boules* e bebendo aperitivos a um baixo nível de renda, são extremamente injustos com as outras pessoas que aceitam o Acordo Burguês de uma economia liberal: "Arrisque, ajude-me a lucrar, e eu vou promover o *seu* enriquecimento." É a fórmula para uma economia que promove a todos para que tenham acesso ao *boules* e aos aperitivos.

Essa questão lembra os argumentos filosóficos e práticos a favor do livre-comércio de bens e serviços. (Aliás, os economistas há muito apontam que a liberdade de movimento no trabalho tem os mesmos efeitos econômicos que a liberdade de movimento de produtos. Esse é um entre vários argumentos favoráveis ao retorno à liberdade liberal de movimento que enriqueceu todos nós no século XIX. Se você gosta do livre-comércio, deve amar a liberdade de migração.) Os utilitaristas há muito argumentam, por meio do chamado "critério de compensação de Hicks-Kaldor", articulado pela primeira vez por economistas utilitaristas no início da década de 1940, que quem lucra com o livre-comércio *em tese* pode sempre compensar quem perde. Ele pode ser exibido em um diagrama, se presumirmos que todo o restante vai bem na economia.[6] Assim, o livre-comércio é um ganho líquido.

A resposta da esquerda sempre foi que a compensação deveria, portanto, ser efetivada. Compensemos o lado perdedor: os funcionários da Harley-Davidson de Milwaukee, digamos, desempregados pela mudança na vantagem comparativa da cidade na montagem, ou pelas tarifas sobre o aço sugeridas por um secretário de Comércio que já foi assessor de imprensa dessa mesma indústria. Por outro lado, se ficarmos apenas na compensação teórica sem pagá-la, seremos confrontados pela necessidade de fazer comparações éticas entre quem sai ganhando e quem sai perdendo — uma comparação no mínimo questionável. Que os beneficiados compensem aqueles que saírem perdendo. Problema ético resolvido.

Boudreaux, um dos defensores mais profundos e eloquentes do liberalismo no nosso comércio internacional e em outras áreas, mostra por que não é justo compensar os trabalhadores (ou proprietários de imóveis, ou capitalistas, ou a Harley-Davidson). Boudreaux responde aos utilitaristas com uma *reductio*:

> *Se* fosse verdade que o comércio só é inequivocadamente benéfico se os "ganhadores" [de fato] compensam os "perdedores", também seria verdade que, digamos, a entrada das mulheres no mercado de trabalho só seria inequivocadamente benéfica se as "ganhadoras" compensassem os "perdedores", e que a abertura de um novo restaurante em uma cidade só seria inequivocadamente benéfica se os "ganhadores" compensassem os "perdedores". [...] Um papel essencial da concorrência, inclusive no comércio, é *impor* perdas a produtores menos eficientes para motivá-los a se tornarem mais eficientes ou a se transferirem para outras linhas de produção. E assim, se os "ganhadores" do comércio *de fato* compensassem os "perdedores", um dos sinais mais essenciais do mercado (as perdas) e um de seus incentivos mais essenciais (o desejo de evitar perdas) seriam tão abafados e se tornariam tão fracos que não teriam mais nenhuma eficácia.[7]

Outro liberal da atualidade, o economista e matemático Stephen Landsburg, usa o mesmo argumento ético:

> Suponha que, após anos comprando xampu na drogaria local, você descubra que pode pedir o mesmo xampu a um preço menor pela internet. Você tem a obrigação de compensar o dono da drogaria? Caso se mude para um apartamento mais barato, você deve compensar o proprietário? Quando você come no McDonald's, deve compensar os proprietários das lanchonetes locais? A política pública não deve ter o papel de promover instintos morais que nós todos rejeitamos todos os dias das nossas vidas.[8]

Ou, como Mill colocou o argumento em *Sobre a liberdade*, "A sociedade não admite direito, seja legal ou moral, para os concorrentes desapontados, à imunidade a esse tipo de sofrimento; e só se sente convocada a interferir quando os meios para o sucesso empregados forem contrários ao que o interesse geral permite: a saber, fraude ou traição, e o uso da força".[9] Como diz Boudreaux num argumento semelhante:

> O que nenhuma pessoa é livre para fazer é obrigar *outras* a patrocinar suas escolhas. Eu, por exemplo, devo ter liberdade para trabalhar como poeta, mas não ter o poder de forçar você a comprar as minhas poesias nem de cercear a sua liberdade de gastar o seu dinheiro em romances de mistério, filmes e outros artigos que competem com as minhas poesias.[10]

No mundo real, infelizmente, se a questão for promover os pobres, não há uma alternativa mágica para essa concorrência. Uma loja de produtos para animais de estimação sem uma boa administração e descapitalizada, à qual o proprietário se dedica de corpo e alma, vai à falência. No mesmo bairro, um pequeno consultório independente para atendimento de emergência abre a meio quarteirão da maior rede hospitalar de Chicago, e também parece fadado a fracassar nas provas do comércio voluntário. A testagem de ideias de negócios no comércio voluntário é obviamente necessária para a prosperidade dos pobres (assim como também, por meio de testes com frequência não monetários, para o avanço nas artes, nos esportes, nas ciências e na educação). No entanto, esses fracassos são extremamente tristes quando temos nem que seja a menor empatia pelos projetos humanos, ou pelos próprios humanos. Pelo menos, porém, a loja para animais de estimação, a clínica, a Edsel, a Woolworth's, a Polaroid e a Pan American Airways enfrentam o mesmo teste democrático do mercado: os clientes continuam entrando voluntariamente? E, como resultado, a renda real dos mais pobres aumenta?

Nós todos poderíamos, pela imposição do Estado por meio do monopólio da coerção, permanecer nos mesmos empregos que nossos ancestrais, eternamente "protegidos", mas também eternamente ganhando três dólares por dia. Ou, com impostos cobrados por uma imposição adicional do Estado, poderíamos subsidiar novas atividades sem levar o teste dos negócios voluntários em consideração, "criando empregos" do jeito que a retórica antieconômica deseja. Além do efeito imediato de reduzir, para sempre, a renda nacional muito mais do que seria necessário, esses planos populares (para não mencionar o caráter questionável da imposição que eles exigem para ter os meios necessários pelos quais aplicarem a proteção ou pagar o subsídio) quase nunca funcionam no longo prazo em prol nem do bem-estar dos pobres nem de nenhum de nós. Em vista do comportamento exibido por um governo de pessoas imperfeitas, a "proteção" e a "criação" de empregos quase nunca conduzem aos seus propósitos generosos. As proteções e criações são desviadas para determinados beneficiários favorecidos. As leis que requerem a contratação de empresas administradas por minorias e mulheres para prestar serviços ao governo, por exemplo, acabam por beneficiar empresas que na verdade são administradas por homens brancos. Numa sociedade de lordes, membros de um clã, representantes do Partido Comunista, ou até do jugo de eleitores brancos e abastados livres das restrições de períodos eleitorais inconvenientes e dos documentos com fotos, as recompensas desiguais e involuntárias geradas pelo esquivamento do teste comercial são colhidas pelos privilegiados. Os privilegiados são bons nisso.

E o Acordo Burguês, sem compensação pelas perturbações do progresso, tem uma justificativa filosófica ainda mais profunda. Como argumentado pelos economistas John Harsanyi, James Buchanan, Gordon Tullock, e pelo filósofo John Rawls, a questão politicamente relevante é em qual sociedade você preferiria entrar ao nascer sem saber onde dentro dela você acabaria.[11] Escolha: uma em que todos os empregos são protegidos, os burocratas decidem quem recebe os subsídios especiais limitados, os jornalistas dirigem a atenção aos perdedores e não aos vencedores, e a economia entra em estagnação e é castigada pelo desemprego juvenil? Ou uma em que as leis trabalhistas são flexíveis, os trabalhadores decidem seus próprios futuros, os jornalistas sabem um pouco de economia, e a economia promove os mais pobres entre nós? É uma escolha entre uma economia pobre, mas estável, e uma rica, mas arriscada. Se é impossível ter tudo (como parece ser no mundo real), a maioria das pessoas escolheria a economia rica. E uma renda estável de três dólares por dia na verdade é muito mais arriscada do que uma renda arriscada de cem dólares por dia.

O desemprego tecnológico não é um problema sério. Problema sério é a pobreza.

48. Já o desemprego juvenil *é* uma ameaça, e vem da regulação

A principal obrigação de um economista acadêmico é dar a notícia de que uma ou outra política querida de políticos e jornalistas é ruim — quando de fato é.

Como é o caso do trumpismo no que diz respeito ao comércio internacional. Você tem um déficit no seu balanço de pagamentos com o café do seu bairro. O café dá a você um cappuccino. Você dá dinheiro em troca. Um déficit no balanço de pagamentos. Isso assusta? Eu já imaginava que não — como nós, economistas, dizemos desde 1776. Observe que, se os estatísticos do governo não reunissem os números do balanço de pagamentos, você não iria senti-los. Isso não se aplica a uma inflação elevada, ao desemprego em massa, nem ao aumento da renda real. Na verdade, muitos economistas consideram o cálculo do balanço nacional de pagamentos um incômodo inútil, que só serve para incentivar práticas econômicas ruins, como o protecionismo — que não passa de um favoritismo combinado a falhas de contabilidade. O grande economista Arnold Harberger (1924-) gosta de apontar que os salários de todos os economistas acadêmicos do mundo inteiro poderiam ser cobertos múltiplas vezes pelos ganhos econômicos de suas repetidas demonstrações de que o protecionismo é ruim. Dizem-nos que os embargos ao Irã e à Coreia do Norte vão prejudicar esses povos do mal. Tarifas são embargos autoimpostos, e prejudicam... hum... Os norte-americanos. Ops.

Portanto, é meu dever dizer a você, quer você goste quer não, que proteger empregos com regulamentações, salários mínimos e outras condições impostas é ruim, e ruim principalmente para os nossos filhos e netos ao entrarem, ou tentarem entrar, no mercado de trabalho. Hoje em dia, isso se tornou uma crise da democracia.

Você conhece a expressão: "o canário na mina de carvão". Um pássaro em uma gaiola era levado para as minas para indicar a presença de ar contaminado, como no caso de um acúmulo de monóxido de carbono. Se o pássaro morresse, os mineiros fugiam.

Você também sabe que é essencial introduzir os machos jovens ao rito da puberdade de empregos responsáveis. Elefantes e leões abstêm-se dessa tarefa com violência, expulsando os machos jovens por considerá-los perturbadores crônicos da paz ou revolucionários. Fazemos a mesma coisa também de modo violento, colocando a polícia na região oeste de Chicago. Os homens jovens são os únicos criminosos ou revolucionários no local — seus líderes, é claro, sendo mais velhos. Contudo, como argumentou o estivador e erudito Eric Hoffer em seu livro de 1951, *Fanatismo e movimentos de massa*, os jovens são o quadro militar, os seguidores, a tropa de assalto.[1] Se não houver um quadro militar, não há revolução. Para o bem ou para o mal.

Essa é a ameaça do desemprego juvenil. Contudo, a principal razão ética com a qual deveríamos nos preocupar é que uma vida sem a dignidade e o benefício social do emprego é uma vida infeliz, seja o jovem um trabalhador ou um professor universitário. Todos são nossos filhos e netos, e seria terrível não ouvirmos o alerta. A elevada taxa atual do desemprego juvenil em muitos lugares e seu aumento nas últimas décadas são sinais de ar contaminado na economia. Vamos fugir da mina.

Um quarto dos jovens franceses entre os 16 e os 25 anos, homens e mulheres, que não se encontram em programas educacionais estão desempregados. A Organização Internacional do Trabalho (OIT) das Nações Unidas declarou em 2016 que "o desemprego juvenil está aumentando outra vez". O relatório da OIT conclui que "o número de jovens desempregados no mundo inteiro aumentará meio milhão em

2016, alcançando 71 milhões".[2] São 71 milhões de membros do quadro militar revolucionário e vidas prejudicadas — apenas 1% da população mundial, mas uma parte muito volátil, e, de qualquer forma, 71 milhões de vidas arruinadas. O relatório diz que a situação de pessoas que "não estão empregadas nem sendo educadas ou treinadas (nem-nem) [...] apresenta riscos de deterioração de habilidades, subemprego e desmotivação. As evidências da pesquisa referentes a 28 países do mundo inteiro mostram que cerca de 25% da população jovem entre 15 e 29 anos estão na categoria dos nem-nem".[3] "Na África do Sul, espera-se que mais da metade de todos os jovens ativos continuem desempregados em 2016, o que representa a taxa mais elevada de desemprego juvenil na região [subsaariana]." "Os países do sul da Europa são os que relatam as taxas mais elevadas de nem-nem [para a faixa etária de 25 a 29 anos], liderados pela Grécia, com 41%. Entretanto, taxas relativamente altas de nem-nem para os jovens entre 25 e 29 anos também são verificadas no Reino Unido (17%), nos Estados Unidos (19,8%), na Polônia (21,6%), e na França (22,5%)." Entre 25 países da OCDE, os cinco com as taxas de desemprego mais altas entre os jovens de 20 a 29 anos, de cerca de 25 a 35%, são, em ordem decrescente, Grécia, Turquia, Itália, Espanha e México. Os cinco com as taxas mais baixas, de cerca de 10 a 15%, são, em ordem decrescente, Dinamarca, Áustria, Alemanha, Holanda e Suécia. Para um grupo um pouco maior de 37 países em 2016, a maioria da OCDE (isto é, países ricos pelos padrões internacionais), as taxas das pessoas entre 15 e 24 anos que estão procurando emprego sem sucesso variaram dos 5,2% do Japão e dos 6,5% da Islândia aos 53,3% da África do Sul e os 47,4% da Grécia. A da Espanha é de 44,5%; da Itália, 37,8%; de Portugal, 27,9%; e da França, 24,6%.[4]

Inegavelmente, as empresas já existentes ou em potencial nesses lugares não querem contratar homens jovens. A direita costuma apresentar a explicação de que as escolas não prepararam os homens jovens para contratação. Estranho: eles recebem mais educação ao ficarem mais velhos? Uma versão da explicação sobre a educação, que ganha crédito, por exemplo, em virtude das baixas taxas atuais de desemprego juvenil na Alemanha, é a ausência de programas de aprendizagem e outras formas de ensino técnico. No entanto, sistemas anteriores, que não educavam nem forneciam ensino técnico para homens jovens, não resultaram em taxas de desemprego desproporcionais. Isso também é estranho.

A OIT atribui o problema a uma demanda agregada insuficiente. Sem dúvida, o problema é algum tipo de demanda, mas a grande variação entre os países sugere que ele é microeconômico, e não macroeconômico — um problema relacionado a como fazem os mercados operarem nos menores detalhes, e não quanta demanda agregada basta ou não. A Grande Recessão de 2008, por exemplo, não pode ser a única explicação para o porquê de haver sete vezes mais desempregados na Grécia do que na Islândia.

Alguns anos atrás, em um hotel em Tessalônica, no norte da Grécia, eu e alguns outros liberais modernos passamos o dia fazendo palestras públicas a favor de mercados livres. Esperávamos que cerca de trezentas pessoas aparecessem, mas apareceram mil — muito jovens. Precisamos dividir as sessões entre o salão do último andar e um cômodo no porão, cada um com dois palestrantes. Os jovens estavam procurando respostas para o seu sofrimento. Foi de partir o coração. Como estavam desempregados, os jovens de Tessalônica teriam a mesma oportunidade de comparecer a uma reunião também introdutória do Partido Comunista dos neofascistas da Aurora Dourada, e com certeza foi o que fizeram. Em maio de 2018, durante uma reunião pública, uma gangue de nacionalistas espancou o prefeito de 75 anos de Tessalônica, um crítico da Aurora Dourada. Os quadros militares estavam se formando.

Por que, então, os empresários não querem contratar os jovens? Quando se tem uma teoria do emprego baseada em requisitos para contratação, a resposta pode ser a falta de habilidades apropriadas. Hoje em dia, ouvimos muito falar de como a automação ou a inteligência artificial causarão desemprego em massa. Também podemos presumir que trabalhadores jovens e flexíveis, que ao contrário da geração anterior já estão familiarizados com sistemas computacionais, e pelo menos mil dos quais falam inglês em Tessalônica, teriam empregos garantidos. Mas não é isso o que acontece, pelo menos na França, na Grécia, e na África do Sul.

E, de qualquer forma, a teoria dos requisitos para contratação está errada. Quando a política permite, a economia se ajusta à variedade de habilidades disponíveis. Os empregos numa economia de mercado não se baseiam em requisitos rígidos. Se fosse assim, seríamos todos camponeses do século XIII. Os empregos que valem a pena pelos salários se ajustam às exigências dos consumidores, às habilidades dos trabalhadores disponíveis, aos avanços tecnológicos e aos preços relativos de várias técnicas. Se veículos autônomos nos surpreenderem na próxima década, as projeções de requisitos para vagas de emprego de motoristas de ônibus e caminhão sem dúvida estarão erradas.

Outra teoria do emprego é a do fundo de salários. De acordo com ela, os chefes têm uma reserva de capital que pode ser gasto nos salários. O poder de barganha determina quanto os trabalhadores recebem. A teoria é de soma zero. Entre para o partido ou participe da luta nas greves para extrair mais dos frutos do trabalho para os trabalhadores. Teorias como a do fundo de salários estão por trás da noção de que os chefes podem ser pressionados e pressionados com cada vez mais intervenções nas negociações salariais, mais férias pagas, condições de trabalho melhores, mais segurança no emprego, sem consequências em termos de taxas de emprego menores ou PIB menor. É a teoria por trás da afirmação de alguns economistas e de muito mais políticos de que, digamos, um salário mínimo maior *não* resulta em taxas de emprego menores. A experiência foi realizada em muitas cidades e estados norte-americanos em 2018. Basta observar Seattle.

A teoria certa do emprego é a traçada pelos economistas neoclássicos do final do século XIX, como o austríaco Carl Menger, o inglês Alfred

Marshall, o sueco Knut Wicksell e o norte-americano John B. Clark. Ela ganhou forma moderna com John R. Hicks em *The Theory of Wages* [A teoria dos salários], de 1932. A teoria diz que um acordo voluntário para a contratação de alguém depende de esse alguém fazer o suficiente (para o empregador) para valer a contratação adicional a um salário que o trabalhador, por sua vez, está disposto a aceitar dentro das circunstâncias. É o que você faz quando decide contratar alguém, a exemplo de uma babá ou encanador, na sua casa. O trabalhador vale a contratação? E esse trabalhador decide se o salário é competitivo em relação a outros salários. Óbvio. O salário atual para babás ou encanadores é determinado pela oferta e demanda desse trabalho em toda a economia, a não ser que haja intervenção política ou de um monopólio com apoio político. A teoria é simplesmente senso comum, embora duramente rejeitada em favor de requisitos rígidos para vagas de emprego ou fundos de salários, até por alguns economistas equivocados. Apenas alguns, na verdade.

E qual é a consequência? Se a lei, ou os sindicatos, ou o que quer que seja intervir nas negociações salariais, a oferta da força de trabalho pode exceder a demanda. O excesso se chama desemprego. É o mesmo caso, digamos, do controle dos preços dos aluguéis, com a oferta e a demanda invertidas. E é o mesmo caso dos controles de salários dos Estados Unidos durante a Segunda Guerra Mundial, que resultaram no bizarro sistema norte-americano (também na Alemanha) de vincular o plano de saúde à situação de desemprego de um indivíduo.

Qual é, então, a causa do desemprego juvenil? Para resumir, a blindagem dos empregos dos mais velhos. Peguemos, por exemplo, a lei trabalhista alemã prevalente nos anos 1990, mas atualmente afrouxada na Alemanha, que foi adotada pela África do Sul com a introdução (graças a Deus) da democracia. Na África do Sul, é quase impossível dispensar uma trabalhadora depois que ela é contratada. No primeiro dia da minha primeira visita à África do Sul, em 2004, deixei uma bolsa não muito valiosa no restaurante onde havíamos acabado de comer. Três minutos depois de termos saído do restaurante, eu disse ao meu anfitrião: "Ah, deixei minha bolsa no restaurante. Não tem nada de valioso dentro dela, e ela é barata, mas podemos voltar?" Para o meu choque, ele respondeu: "Não vai adiantar. Ela já foi roubada." Ele explicou que, em virtude das leis trabalhistas, funcionários de restaurantes têm o hábito de se apropriar impunemente de qualquer coisa que os fregueses deixam no lugar. Funcionários que roubam da caixa registradora ou faltam muito ao trabalho gozam da mesma proteção na África do Sul, a não ser que sejam condenados pela Justiça. Você contrataria alguém, ainda por cima jovem, sem experiência nessas condições? O senso comum da teoria de salários hicksiana diz "não". O resultado é um desemprego juvenil de 53%, e uma elevada taxa de desemprego entre os sul-africanos negros da minha idade.

O salário mínimo também é elevado na África do Sul. O Congress of South African Trade Unions (COSATU, Congresso de Sindicatos Sul-Africanos) insiste nele. O COSATU, em sua maioria comunista, teve um papel honrado na luta contra o apartheid, e é visto com indulgência pelos políticos. O resultado do elevado salário mínimo é que trabalhadores com salários baixos não podem competir com sindicalistas. Os pobres ficam em casa, pacificados por um pequeno subsídio concedido a algum membro da família. Pessoas despreparadas, como os jovens, não têm a menor chance.

Na França, as extravagantes proteções à posição de indivíduos já empregados levam os mais velhos a se agarrarem com unhas e dentes aos empregos errados, e os jovens não têm a menor chance de conquistar um emprego fixo. Na região oeste de Chicago, a combinação da Guerra Contra as Drogas ao salário mínimo, às regulamentações de proteção impostas às empresas, à exigência de licenciamento para as ocupações, ao zoneamento que impede a abertura de grandes e pequenas empresas, aos códigos de construção que favorecem bombeiros e eletricistas sindicalistas e às taxas impostas aos negócios elimina completamente os empregos para os jovens e congela os empregos para os mais velhos.

Em outras palavras, o desemprego juvenil é um forte sinal — um canário na mina de carvão. Ele indica que a política está intervindo demais nas negociações salariais e nas condições associadas de emprego.

A região oeste de Chicago deveria ser um eixo de atividade comercial. Um século atrás, antes de as intervenções serem instituídas, ela era. Está na hora de deixar o ar entrar na mina de carvão.

49. Preocupe-se com o meio ambiente, mas prudentemente

Fui convidada em novembro de 2001 a dar uma palestra em uma pequena conferência em Chicago sobre a Carta da Terra. Os participantes ficaram chocados por alguém discordar *da carta.*

A Carta da Terra, no modelo da Carta das Nações Unidas sobre direitos humanos, está circulando entre ambientalistas. Para encontrá-la, basta fazer uma busca no Google. Parte da carta é positiva e verdadeira, mas o restante, sinto dizer, é negativo e falso:

"O abismo entre ricos e pobres está aumentando."

Isso é verdadeiro apenas no sentido de que as nações permaneceram pobres rejeitando melhorias comercialmente testadas, a exemplo da Coreia do Norte hoje e da Índia por décadas de administração dos socialistas da Escola de Economia de Londres. É falso no que diz respeito, por exemplo, à Coreia do Sul, à Tailândia, à República Tcheca e à Índia nos anos de liberalização após 1991.

"Um aumento sem precedentes da população humana sobrecarregou sistemas ecológicos e sociais."

O temor malthusiano, articulado pela primeira vez dois séculos atrás, foi derrubado. A população mundial aumentou de 1800 a 2001 por um fator de 6 (e um fator de mais de 7 quando chegamos a 2019: de fato, "sem precedentes"). Contudo, todos os demógrafos sérios — vide Hans Rosling, por exemplo — observaram que o crescimento econômico na realidade *desacelerou* o crescimento populacional, principalmente por tornar a vacinação infantil e o planejamento familiar acessíveis. Todos os demógrafos esperam que a população mundial se estabilize e comece a cair nas próximas décadas. Pequenas famílias e ar de qualidade, como dizem os economistas, são bens "normais", que aumentam proporcionalmente à renda.

Em vez de resultar no empobrecimento, o aumento populacional foi acompanhado por um enriquecimento, a renda *per capita* mundial tendo aumentado por um fator de dez, e muito mais em vários países. O resultado é que as pessoas passaram a exigir um ar mais limpo como bem normal. Em janeiro de 2002, por exemplo, começamos a receber notícias de que os chineses haviam resolvido controlar a emissão de fumaça nas piores cidades. Alguns deles fizeram isso. E, de muitas maneiras, nós, ocidentais, temos um meio ambiente melhor do que em 1800, além de hoje sermos ricos. Na década de 1940, o material particulado em suspensão da fumaça de carvão era um problema tão grave em Chicago e Londres quanto o é agora em Pequim ou Xangai. E o pior estrago biológico causado ao meio ambiente se deu em regimes que não são de mercado, como a antiga União Soviética.

"Precisamos nos dar conta de que, atendidas as necessidades básicas, o desenvolvimento humano consiste em ser mais, e não em ter mais."

De acordo, aplicando-se essencialmente a inúmeros países ricos como os Estados Unidos. Contudo, experimente dizer isso aos pobres dos Estados Unidos, que ainda precisam ter mais. E as necessidades básicas ainda não foram atendidas para o bilhão mais pobre do mundo. Elas nunca serão atendidas se as ideias dos ambientalistas forem implementadas.

Necessidades básicas só podem ser atendidas por meio do crescimento econômico — como perceberam, por exemplo, a China e a Índia.

"Precisamos, urgentemente, de uma visão compartilhada dos valores básicos para oferecer uma fundação ética à comunidade emergente mundial."

Sim, precisamos dos valores básicos de amor, coragem, moderação, justiça, prudência, fé e esperança. Esses valores florescem nas sociedades de mercado. Foram os negociantes quacres, muitos dos quais ex-mercadores de escravos, que questionaram e depois aboliram a escravidão. O próprio ambientalismo é resultado da prosperidade promovida pelo inovismo.

"[Precisamos] garantir que comunidades de todos os patamares [...] deem a todos uma oportunidade de alcançar seu potencial."

O que implica melhorias comercialmente testadas — em outras palavras, o liberalismo, uma comunidade de leis, a liberdade para buscar os meios de alcançar o seu potencial.

"Reconhecer que a liberdade de ação de cada geração é determinada pelas necessidades das gerações futuras."

Um bom mercado de capitais para a negociação de propriedades privadas é a melhor forma de alcançarmos uma preocupação séria com o futuro. Nenhuma proprietária de uma floresta produtiva quer vê-la devastada no futuro, pois, com isso, o valor *presente* de sua propriedade também será devastado. A devastação ocorre quando, digamos, a Floresta Amazônica não é propriedade privada.

"Transmitir para as futuras gerações valores, tradições e instituições que sustentem o longo prazo."

Isso é alcançado com mais eficácia quando ensinamos às crianças o valor do livre-comércio, da propriedade privada, e do respeito por novas almas. Liberalismo.

"Integrar à educação formal e ao aprendizado de uma vida inteira o conhecimento, os valores e as habilidades necessárias para um modo de vida sustentável."

O que equivale a dizer: deem continuidade à propagação da religião ambientalista nas escolas públicas, no ensino fundamental, e estendam-na às faculdades. Talvez, devêssemos instalar alto-falantes em todas as esquinas para divulgar essa carta. (← Sarcasmo.)

"Adotar em todos os níveis planos de desenvolvimento sustentável e regulamentações que tornem a conservação e a recuperação ambiental partes integrais de todas as iniciativas de desenvolvimento."

Somos convidados a repetir os erros do socialismo — a noção de que o "planejamento" foi, essencialmente, uma boa ideia, e ajudou os pobres e o ambiente. Nenhuma dessas duas coisas é verdade. O planejamento supõe, num estilo racionalista, que sabemos *agora* o suficiente para determinar o futuro. Nós não sabemos.

"Colocar o ônus da prova sobre aqueles que argumentam que uma atividade proposta não causará danos significativos e responsabilizar grupos passíveis de prejudicar o meio ambiente."

No nosso estado de ignorância, tal ônus causaria a estagnação de todo o progresso econômico, frustrando as esperanças em relação a um padrão mais alto de vida dos desprivilegiados do mundo inteiro. Por outro lado, um padrão mais alto de vida torna melhorias ambientais mais atraentes e factíveis.

"Evitar a poluição de qualquer parte do ambiente, e não permitir nenhum acúmulo de substâncias radioativas, tóxicas ou outras substâncias perigosas."

Nenhum acúmulo? Mesmo que seja contido em segurança? O padrão aqui, como em tantas partes do documento, é imprudente em seus extremos de não consideração da economia.

"Agir com comedimento e eficiência ao usar energia, e recorrer cada vez mais a fontes renováveis de energia, como a solar e a eólica."

"Eficiência" é um conceito econômico aqui usado equivocadamente. Só a busca pela eficiência mais baixa de *energia* já reduzirá outras eficiências. Seria como buscar, acima de todas as outras eficiências, a eficiência no uso de, digamos, escolas, espremendo crianças e professores aos milhares em três turnos por dia, sete dias por semana, o ano inteiro, para obter o uso mais "eficiente" desses prédios. É claro que desejamos eficiência no uso geral de todas as entradas com custo de oportunidade reunidas. Seria tolice escolher só uma. De qualquer modo, com frequência os recursos renováveis resultam em mais, e não menos, poluição. Isso aconteceu, por exemplo, com o uso do milho para a produção do etanol na tentativa de "economizar energia". E nem painéis solares nem moinhos estão livres de poluição em sua produção ou uso. É impossível alcançar o patamar de zero poluição.

"Integrar os custos ambientais e sociais totais dos bens e serviços ao preço de venda, e permitir que os consumidores identifiquem produtos que obedeçam aos mais altos padrões sociais e ambientais."

Outro conceito econômico aplicado equivocadamente. A melhor forma de integrar esses custos é por meio da propriedade privada, para que as pessoas tenham um interesse (digamos) em cessar a exploração da Amazônia.

"Promover a distribuição equitativa de riqueza em cada nação e entre elas."

Se a ideia é (e de fato é) redistribuir a riqueza presente, isso não vai funcionar, pois a redistribuição não é sustentável, nem prática nem politicamente. A distribuição mais equitativa se dá por meio do crescimento econômico, que enriquece imensamente os pobres.

"Garantir que todo o comércio promova padrões de trabalho progressistas."

Isto é, impedir os trabalhadores pobres de Bangladesh de trabalhar fazendo produtos bordados para vender. Eles ganham o bastante para colocar os filhos na escola oferecendo seus produtos bordados aos pobres dos Estados Unidos a preços mais baratos do que os norte-americanos conseguem oferecer. Se impusermos os "padrões" do mercado de trabalho de Chicago a Dhaka, todos em Dhaka ficarão desempregados. É a velha tensão na esquerda entre o protecionismo e o internacionalismo. Os "padrões de trabalho progressistas" são, na prática, uma tarifa sobre os produtos de fora dos Estados Unidos. Eles seriam um embargo total, como o que impomos aos regimes fascistas. Neste caso, porém, imposto a nós mesmos.

"Promover a participação ativa das mulheres em todos os aspectos da vida econômica, política, civil, social e cultural como parceiras, tomadoras de decisão, líderes e beneficiárias integrais e iguais.

A grande libertadora das mulheres tem sido o mercado, em que uma mulher não é um bem do pai, nem do marido, nem do filho, para ser transmitido de um para outro, mas uma operária ou empreendedora com a própria renda e dignidade. Culturas como a Grécia antiga, a China ou o Islã tradicionais, que impediram a participação das mulheres na vida econômica fora de casa, não foram boas para essas mulheres. No noroeste europeu, as mulheres podiam trabalhar fora de casa. Qual cultura mais liberta as mulheres?

Como você deve ter concluído, eu espero que a carta não alcance seus propósitos. No entanto, não tenho muita esperança. É claro que um documento escrito por biólogos e outros entusiastas do ambientalismo, completamente ignorantes em relação à economia, só poderia conter muitos equívocos econômicos. Além disso, qualquer documento que não reconheça o quão prejudicial o projeto da engenharia social tem sido à liberdade humana cometeria vários equívocos políticos. E um documento que não se importe com os pobres está fadado a prejudicá-los.

Por outro lado, quando equívocos ou prejuízos inadvertidos aos pobres foram obstáculos para o sucesso de um manifesto proposto apaixonada e negligentemente, seja pela esquerda, pela direita ou pelo centro, por vermelhos, azuis ou verdes? Daí a campanha de 2018 pela presidência, o Green New Deal.* Você tem certeza de que todas as políticas do primeiro New Deal foram positivas? Caso a resposta seja sim, repense.

* Um conjunto de propostas econômicas que faz referência ao New Deal de Roosevelt, mas com o objetivo de combater, além das desigualdades econômicas, as mudanças climáticas. [*N. da T.*]

50. O iliberalismo, em suma, não se baseia em fatos, e é essencialmente antiético

Uma resposta à discussão do livro de John Tomasi, Free-Market Fairness [Equidade de livre mercado], de 2012, *no blog Bleeding Heart Libertarians, semana de 11 de junho de 2012. Menciono alguns dos outros debatedores selecionados. Minha resposta no blog teve um número impressionante de respostas, todas às quais respondi. Alguns gostaram ("a melhor postagem de todos os tempos do blog", disse um homem, alguém de evidente bom gosto). Outros, como um professor alto liberal de direito da Universidade de Chicago, detestaram.*

A uma discussão de filósofos políticos, uma pobre mulher atenta aos fatos como eu, uma historiadora da economia, educada na década de 1960 como economista dos transportes, só tem uma coisa a contribuir. E é modificando a imprecação de Cromwell para os presbíteros escoceses: "Considerem que seja possível que vocês estejam [factualmente] equivocados."

Estou ciente de que Kant estabeleceu que o que os humanos são factualmente, ou o que sua história factualmente foi, não pode fazer parte da reflexão ética. Devemos buscar princípios aos quais qualquer criatura racional aderiria, seja um ser espacial de seis cabeças ou uma pessoa qualquer. Como economista, vejo o charme de se assumir a identidade do personagem Max U ou de Robertinho Racional, e prosseguir. E sei que a maioria dos psicólogos acha charmoso acreditar que o pensamento ético começa a partir de suas próprias experiências recentes. As experiências são muito mais simples do que também refletir sobre a arte, a literatura e a filosofia desde o *Rig Veda* e a *Epopeia de Gilgamesh*. (Algumas exceções na psicologia a esse desprezo pela sabedoria humana são, da geração mais jovem, Jonathan Haidt; da minha geração, Mike Csikszentmihalyi; e, de uma geração anterior, Jerome Bruner.)

Contudo, a argúcia moderna, após Hobbes, Kant e Bentham, e agora com os ferrenhos modernistas da economia bizarra, da economia comportamental, e da medida hedônica da felicidade, parece menos relevante para a experiência humana — que, afinal de contas, é o motivo primordial para desejarmos uma teoria ética — do que os textos sobre a virtude desde o surgimento da escrita. Não podemos, e não devemos, deixar de ser humanos, que já foram crianças e um dia morrerão, e que, como humanos, raciocinam, amam e têm esperança. Como o filósofo Will Wilkinson insere na nossa discussão: "Mesmo que levados na marra ao equilíbrio reflexivo, com a ajuda de experimentos mentais inteligentes e conjecturas quanto à modelagem" dos filósofos políticos desde Hobbes, nós, não obstante, *e até* (observa Will) *nas próprias regras das nossas reflexões*, "também seremos, em grande parte, criaturas [isto é, humanos da atualidade] do nosso ambiente."[1] A decisão de Kant de omitir a Antropologia (que, aliás, ele lecionava todos os sábados) foi uma escolha humana e retórica, não escrita nas estrelas.

Portanto: eu sou da economia e da história, e estou aqui para ajudar o leitor. No pano de fundo factual, adotado aqui nas contribuições elegantes de Elizabeth Anderson e Samuel Freeman, há uma história muito particular (menos presente na contribuição de Richard Arneson e completamente ausente na de Wilkinson).[2] Ela foi incorporada desde o final do século XIX no que John Tomasi, Jason Brennan e seus amigos, como já observei, chamam de alto liberalismo. Os filósofos políticos alto liberais — como Anderson, Freeman, Dworkin e Nussbaum — baseiam-se, contrariando Kant, numa história factual que consideram tão óbvia a ponto de não requerer defesa. Podemos ouvir versões dela todas as noites na MSNBC (também ouvimos outras narrativas indutoras de erro na Fox News; então, também não estou recomendando a última). Digo que a narrativa principal do alto liberal está equivocada, tanto do ponto de vista antropológico quanto do econômico e histórico.

A história do alto liberal é, em alguns poucos lemas, para manter uma tradição intelectual adotada desde os anos 1880: a vida moderna é complicada; então, precisamos do governo para regulá-la. Como os mercados falham frequentemente, o governo precisa intervir para ajustá-los. O governo pode regular bem, e não será periodicamente incompetente nem corrupto. Sem um governo inchado e interventor, não podemos fazer certas coisas nobres (rodovias interestaduais, Nasa, caridade). As medidas antitruste funcionam. O grande perigo não é um governo inchado e interventor, munido de armas, mas grandes empresas munidas de planos de negócios. Empresas são malignas, e vão envenenar consumidores e explorar trabalhadores se nem a regulação do governo nem os contratos sindicais intervirem. Foram os sindicatos que nos deram o direito de trabalhar apenas quarenta horas por semana. Os pobres estão em situação melhor graças principalmente a governos inchados e interventores, e aos sindicatos. O fato de sermos seres sociais implica sermos socialistas. O fato de sermos cristãos implica sermos socialistas. O fato de sermos qualquer coisa implica sermos socialistas. O liberalismo fracassou. Os Estados Unidos nunca foram laissez-faire. As melhorias internas foram uma boa ideia, e foram governamentais desde o início. O lucro não é um bom guia. Os consumidores são frequentemente enganados. A publicidade é ruim. A globalização prejudicou os pobres. A Grande Recessão foi a Última Crise do Capitalismo.

Daí, Anderson: "Fatores externos, informações assimétricas e outros problemas da ação coletiva são [...] predominantes na vida econômica. Inúmeras formas de conduzir negócios geram frutos para alguns enquanto impõem custos injustos a outros. Criação de cartéis. Encher linguiças com fezes de ratos." Ela não diz por que um restaurante iria querer encher linguiças com fezes de ratos e intoxicar seus fregueses. E para Freeman: "É um truísmo dizer que, para alcançar os benefícios de uma economia de mercado eficiente (aumento da produtividade, produção econômica maior, aumento do capital etc.), as *regras* básicas da propriedade, do contrato e do escambo devem ser estruturadas [pelo governo] para gerar relações de mercado eficientes." Ele não diz como um papel assim mínimo do governo acaba gastando entre um terço e metade do PIB.

Para tudo isso, nas palavras do menininho protestando à mesa no clássico cartum da *New Yorker*, "I say it's spinach, and I say to hell with it".* A narrativa principal do alto liberalismo está factualmente equivocada. Fatores externos não resultam no fato de que um governo pode se sair melhor. A publicidade, na verdade, se sai melhor do que os inspetores na contenção do suposto desejo dos empresários de intoxicar seus clientes com fezes de rato. A eficiência não é o principal mérito de uma economia de mercado — são as melhorias, uma questão de inovação ao longo do tempo. As regras surgiram nos antigos centros comerciais e a partir dos preços fixados pelos quacres muito antes de os governos começarem a impô-las. A propriedade alienável é um hábito dos humanos (e, aliás, de animais e plantas, até das borboletas em lugares iluminados pelo sol), e é tão antiga quanto a arqueologia é capaz de rastrear, não necessária e inevitavelmente governamental. O escambo também.

Sei que tais respostas serão recebidas com indignação, mas peço ao leitor que considere a possibilidade de estar enganado, e de o mero fato de uma premissa histórica e econômica estar incorporada em artigos de primeira página do *New York Times* não fazer dela ciência social.

* No cartum clássico da *New Yorker*, uma mãe tenta convencer a filha a comer legumes e verduras dizendo: "É brócolis, querida." Ao que a menina responde: "Pois eu digo que é espinafre, e que se dane." A palavra *spinach* (espinafre, em inglês) aqui é um trocadilho com "besteira", "baboseira". [*N. da T.*]

Acredito que filosofias políticas baseadas em contos de fadas sobre a natureza humana ou sobre o que aconteceu na história são mais do que inúteis. Elas são malignas.

Como sei que a minha narrativa é melhor do que a sua? Foi o que me disseram as experiências do século XX. Seria difícil conhecer a sabedoria de Friedrich Hayek, Milton Friedman, Matt Ridley, Deirdre McCloskey ou John Tomasi em agosto de 1914, antes de as experiências com governos inchados e interventores estarem bem avançadas. No entanto, qualquer um que, depois do século XX, ainda acredite que o socialismo, o nacionalismo, o imperialismo, a mobilização, o planejamento central, a racionalização, a regulação, os passaportes, a imigração, as restrições, a licença profissional, o zoneamento, os códigos de construção, salários mínimos, eugenia, lei seca, os controles de preços, o protecionismo, os subsídios, gastos com infraestrutura, gastos com o déficit, políticas industriais, a política tributária, as tarifas, sindicatos, cartéis empresariais oficiais, embargos, agências de crédito, gastos governamentais, políticas intervencionistas, experiências na política externa, aliar religião a política, e a maioria das outras propostas extremas do século XIX para a ação governamental são ideias interessantes e inofensivas para melhorar as nossas vidas não está prestando atenção.

Permitam-me listar algumas descobertas da investigação histórico-econômica de fato das últimas décadas. Não são apenas opiniões minhas (embora também tenham se tornado), mas descobertas de centenas de investigações científicas sérias sobre o passado, conduzidas por economistas e historiadores da economia. Admito que outros, talvez em maior número, argumentam o contrário em vários casos. Eu acredito que eles estejam errados, mas esse não é o foco aqui. O motivo para listar essas descobertas é fazer as pessoas considerarem que *podem* estar, e não que *estão*, equivocadas, ainda que apenas com o objetivo de melhorar a qualidade científica do próprio trabalho delas ao desafiar sua base factual sem comprovação. Apenas afirmações ou contra-argumentos indignados não nos ajudarão a esclarecer essas questões. Como disse Wittgenstein: "A certeza é *como se fosse* um tom de voz em que alguém declara como as coisas são, mas a partir desse tom de voz não deduzimos que esse alguém está certo."[3] Precisamos investigar sobriamente os fatos.

Nos séculos XIX e XVIII, europeus simples foram prejudicados, e não beneficiados, por seus impérios coloniais. O crescimento econômico na Rússia foi atrasado, e não acelerado, pelo planejamento central soviético. A regulação progressista norte-americana e suas antecipações europeias protegeram monopólios do transporte, como ferrovias, monopólios do varejo, como lojas do comércio de rua, e monopólios de serviços profissionais, como a medicina, e não os consumidores. A legislação "de proteção" nos Estados Unidos e a legislação de "renda familiar" na Europa sujeitaram as mulheres. Psiquiatras apoiados pelo governo no norte europeu e afins prenderam homossexuais, e na Rússia, democratas. Em grande parte, o New Deal impediu, e não ajudou, a recuperação dos Estados Unidos depois da Grande Depressão.

Os sindicatos promoveram o aumento dos salários de encanadores e trabalhadores do setor automotivo, mas reduziram os salários reais dos que não faziam parte deles. Os salários mínimos protegeram os empregos de setores sindicalizados, mas impediram o emprego dos pobres. Os códigos de construção em alguns casos impediram desabamentos e incêndios de construções, mas em todos os casos privilegiaram carpinteiros e eletricistas com bom contatos, ao passo que encareceram a habitação para os pobres. O zoneamento e a permissão do planejamento protegeram os proprietários em vez de ajudar os pobres. O controle dos preços dos aluguéis impediu pobres e deficientes mentais de conseguir habitações, pois ninguém está disposto a construir habitações baratas quando é forçado por lei a construir habitações caras. São os saudáveis e ricos que ficam com as elegantes casas geminadas e os apartamentos submetidos ao controle dos preços dos aluguéis em bairros outrora pobres.

A regulação da eletricidade prejudica chefes de família com o aumento dos custos da energia elétrica. A mesma coisa pode ser dita da restrição ao uso da energia nuclear, menos perigosa do que a energia do carbono. O enriquecimento beneficiou o meio ambiente. A Comissão de Valores Mobiliários não ajudou os pequenos investidores. A garantia federal de depósitos deixou os bancos descuidados em relação ao dinheiro dos depositantes. O controle federal do dinheiro em circulação resultou na grande inflação dos anos 1970 e 1980. O movimento conservacionista no Oeste dos Estados Unidos enriqueceu fazendeiros, que usaram as terras federais como pastos, e madeireiras, que as usaram para o corte raso. Tentativas tanto dos Estados Unidos quanto de outras partes de proibir a venda de drogas recreativas resultaram em mudanças tecnológicas na produção dessas drogas, no aumento do consumo, na destruição de subúrbios, e no encarceramento de milhões de jovens, principalmente negros. Os governos baniram campanhas contra o compartilhamento de agulhas e em prol do uso da camisinha, e negaram a existência da aids.

O *Lebensraum* econômico da Alemanha foi alcançado no fim das contas pelas artes particulares da paz, e não pelas artes públicas da guerra. A duradoura Esfera de Coprosperidade da Grande Ásia Oriental foi feita por japoneses de ternos, e não por bombardeiros de mergulho. O protecionismo no comércio internacional tem prejudicado regularmente muitas pessoas pobres, ao passo que ajuda um punhado de pessoas ricas. O protecionismo no comércio interno, como no caso do programa agrícola norte-americano e da economia agrícola na União Europeia, fez a mesma coisa. A Europa se recuperou depois de suas duas guerras civis no século XX principalmente graças ao esforço no trabalho e aos investimentos, e não à caridade entre governos, a exemplo da comissão de Herbert Hoover e do plano de George Marshall. A ajuda internacional entre governos concedida ao Terceiro Mundo enriqueceu tiranos, e não ajudou os pobres.

A importação do socialismo para o Terceiro Mundo, mesmo na forma relativamente pacífica do fabianismo-gandhismo partidário, atrasou o crescimento, enriqueceu grandes empresários, e manteve as pessoas na pobreza. As teorias malthusianas desenvolvidas no Ocidente e postas em prática pela Índia, e, principalmente, pela China, resultou em meninas desaparecidas e mulheres esterilizadas. As taxas de natalidade nos países pobres caíram, ou estão caindo, para taxas de desnatalidade não graças à coerção governamental, mas à autonomia feminina, aos métodos anticoncepcionais, à vacinação infantil, e ao enriquecimento. A Revolução Verde dos híbridos anões financiada pelo capitalismo recebeu a oposição de políticos ambientalistas no mundo inteiro, mas tornou lugares como a Índia autossuficientes em grãos. O poder governamental em muitas partes da África Subsaariana foi usado para taxar a maioria dos fazendeiros em benefício de primos de presidentes e uma minoria de burocratas urbanos. Já em muitas partes da América Latina, esse mesmo poder governamental impediu a reforma agrária e financiou desaparecimentos. Mais tarde, ele simplesmente empobreceu os países ao desviar os investimentos para projetos governamentais banais. A detenção do petróleo pelo governo na Nigéria, no México, no Iraque e na Venezuela foi usada para beneficiar os partidos no poder, e não as pessoas. Homens árabes foram mantidos na pobreza, e não beneficiados, pelo uso do poder governamental para negar educação e o direito de dirigir às mulheres árabes, e para matar jornalistas. A tomada de governos por líderes religiosos corrompeu religiões e arruinou economias. Já a tomada de governos pelas forças militares corrompeu exércitos e igualmente arruinou economias.

A política industrial salvou indústrias em dificuldades do Japão à França, como o varejo de pequena escala, em vez de escolher vencedores já destinados à vitória. A regulação das demissões levou a um desemprego elevado, no passado na Alemanha e na Dinamarca, e hoje na Espanha e na África do Sul. Nos anos 1960, os arranha-céus dos programas de habitação social no Ocidente inspirados por Le Corbusier condenaram os pobres de Roma, Paris e Chicago a currais. Nos anos 1970, o socialismo em grande escala do Oriente arruinou o meio ambiente. Nos anos 2000, os "coletivistas da geração Y", vermelhos, verdes e comunitaristas se opõem à globalização, que ajuda os pobres, mas ameaça líderes sindicalistas, capitalistas de compadrio, e as carreiras de pessoas das organizações não governamentais ocidentais.

Sim, eu sei que o leitor se sente inclinado a rejeitar todas essas conclusões factuais, pois elas são da "direita" ou "libertárias". Peço, apenas, que o leitor pare de imaginar fatos alternativos que condizem com a sua orientação política. Peço que ele preste atenção, de fato preste atenção, e reflita.

Notas

Prefácio

1. Smith, 1776 (1976), IV.ix.3, p. 664.
2. A noção de "liberalismo *moderno*" vem do brilhante jovem intelectual chileno Axel Kaiser. Leland Yeager (2011) fala com sabedoria da captura da palavra "liberal" pelos estatistas norte-americanos.
3. Ver, por exemplo, McCloskey, 2012a (resenha de um livro de Michael Sandel) e McCloskey, 2018a (sobre Patrick Deneen).
4. O que é crucial, escreveu Rorty, é a "nossa capacidade de manter um diálogo contínuo, testando-nos uns aos outros, descobrindo nossas pressuposições ocultas, mudando de opinião depois de ter ouvido as vozes dos nossos companheiros. Os lunáticos também mudam de opinião, mas suas opiniões mudam conforme as fases da Lua, e não porque ouviram, de fato, os questionamentos e objeções de seus amigos" (Rorty, 1983, p. 562). Levo esse lema na bolsa. E me desculpo por nem sempre estar à altura.
5. O grande Hans Rosling, já falecido, registra o erro em resposta ao seu questionário, mesmo entre supostos especialistas (Rosling, Rosling e Rönnlund, 2018).
6. Caplan, 2007, p. 133. Este é o primeiro caso de muitos em que roubei as novidades liberais do blog do meu amigo Donald Boudreaux, *Café Hayek*, dando, portanto, ao meu livro, uma falsa impressão de riqueza de referências.

1. Os liberais modernos recomendam as duas Regras de Ouro, ou seja, a igualdade de oportunidades de Adam Smith

1. A análise das virtudes aqui se encontra mais elaborada em McCloskey (2006a), e argumenta contra a pronunciada tendência do pensamento europeu desde o século XVII de considerar que a ética (do grego *ethos*, caráter) trata exclusivamente do nível médio, altruísta.

2. Kibbe, 2014.
3. Sobre a definição britânica/norte-americana contra a definição continental, ver Schlesinger, 1962.
4. Palmer, 2009, p. 13.
5. Klein, 2017a.
6. Kibbe, 2018.
7. Smith, 1776 (1976), IV.ix.3, p. 664.
8. A frase, é claro, vem do poeta lavrador Robert Burns, pouco depois da morte de Smith. No entanto, Smith demonstrara em todos os seus textos, décadas antes, que era igualmente igualitário.
9. Bernstein, 2017.
10. Klein, 2017c. David Boaz (2015, p. 145) usa uma expressão semelhante.
11. Peart e Levy, 2008a.
12. Hayek, 1960 (2011), p. 84-85, por exemplo.

2. O liberalismo não surgiu com facilidade

1. Rumbold, 1685 (1961). É irritante que Jefferson, alguns dias antes da sua morte — levando em conta que, ao contrário de Washington, ele *não* libertou seus escravos — tenha usado a metáfora da sela de Rumbold sem lhe dar o devido crédito.
2. Wilson, 1791 (1967), v. 1, p. 161, principalmente o artigo 1, seção 8, cláusula 10. Minha gratidão a Steven J. Schwartzberg pela citação.
3. Hughes, 1994, p. 191.
4. Glare (ed.), 1982, p. 1.023, 1.025.
5. Weber, 1922, p. 29.
6. Flaubert, 1867 (2014), p. 5.883.
7. Hale, 1990.
8. Apud Kaplan, 1974, p. 250.
9. Dicey, 1919, "Introduction to the Second ed.", parte C, p. liii.

3. Os liberais modernos não são conservadores nem estatistas

1. Hayek, 1960 (2011), p. 523.
2. Leoni, 2008.
3. Boudreaux, 2017a.
4. Hayek, 1960 (2011), p. 522.

5. Smith, 2002.
6. Boudreaux, 2018d.
7. Schmidtz, 2011, p. 784-785.
8. Melville, 1856.
9. Spencer, 1891 (1981), p. 14. O blog de Donald Boudreaux, *Café Hayek* (14 de novembro de 2017) me levou à passagem, assim como levou a mim e a outros a todos os tipos de ideias liberais ao longo dos anos.
10. Mencken, 1922, p. 292. Mais uma vez, de Boudreaux. Paro por aqui de evidenciar minha gratidão.
11. Epstein, 2009, pp. xii-xiii.
12. Boaz, 2015, p. 1.
13. Boudreaux, 2017a.
14. Brennan, 2016; Caplan, 2007.
15. Klein, 2017b.
16. Prestona e De Waal, 2002.
17. Smith, 1790 (1976), III.3.4, p. 137.
18. Brennan e Tomasi, 2012. Por "neoclássicos", eles não se referem à economia samuelsoniana do tipo ortodoxo, mas ao liberal clássico, isto é, Millian.

4. Os liberais são democratas e os mercados são democráticos

1. Follett, 1920; ver também 1942, esp. cap. 1.
2. Davies, 2018.
3. Lange e Taylor, 1938, p. 57-58.
4. Mises, 1951; Boettke, 2000.
5. Smith, 1762-1766 (1978), p. 352.
6. Tomasi, 2012.
7. Whitman, 1855 (1980), linhas 346-349 e 1.327.
8. Assim como Jack D. Sparks, amigo de infância da minha mãe em Joseph, Michigan.
9. Bob Kearns inventou o sistema intermitente de limpador de para-brisa para automóveis, e sua ideia foi prontamente roubada por Ford, a quem Kearns processou com sucesso; ver Seabrook, 1993.
10. Os food trucks se espalharam pelos Estados Unidos nos últimos anos, embora a minha Chicago lhes imponha pesadas restrições governamentais; ver Thiel, 2017.
11. McCloskey, 2018d.

5. Os liberais detestam a coerção

1. Higgs, 2012 (2015), p. 285.
2. Barzel, 2002, p. 3, 268ss.
3. Verbete "police" do *Oxford English Dictionary.*
4. McCloskey e Klamer, 1995.
5. *Number 16*, de Pollock, foi vendido por essa quantia num leilão da Christie's em 12 de novembro de 2013.
6. Bauer, 1957, p. 113-114.
7. De Rugy, 2018.
8. Hayek, 1960 (2011), p. 531.
9. Quintiliano, 1929, 95 d.C., 12.1.1 (*Vir bonus dicendi peritus*).
10. Aristóteles, *Retórica*, 1355b8, trad. Kennedy. Em Kennedy, 1963, p. 19.
11. Ver Booth, 1974.
12. Smith, 1762-1766 (1978), A.vi.56, p. 352.
13. Taylor, 2016, p. 1-2, 324.
14. Wood, 2009.
15. Steinfeld e Engerman, 1997.

6. O liberalismo teve bons resultados, de 1776 até o presente

1. Tucker, 2017. Ver também a brilhante entrevista de Tucker com Dave Rubin: www.youtube.com/watch?v=WZlSn5GSV2U.
2. Para as evidências factuais dessas observações e muito mais, consultar McCloskey, 2006a, 2010, 2016a.
3. Goldstone, 2002.
4. *Economist*, 2013. E, especialmente, Rosling, Rosling e Rönnlund, 2018, em geral.
5. Reinhart e Rogoff, 2011; sobre a recuperação mundial da Grande Recessão de 2008, ver McCloskey, 2016a, p. 53-54.
6. Maddison, 2010.
7. Boudreaux, 2016.
8. Mais uma vez, para uma argumentação detalhada e evidências sobre esses números, ver McCloskey, 2006a, 2010, 2016a.
9. Schumpeter, 1942 (1950), p. 68.

7. Mas, depois de 1848, o liberalismo foi enfraquecido

1. Daí, Skidelsky, 2018, p. 16, entre inúmeras afirmações sobre essa equivalência no mundo anglófono.
2. Hayden, 2013, p. 60.
3. Mill, 1859, p. 1.
4. Dicey, 1919, "Introduction to the Second ed.", parte C, p. liii.
5. Constant, 1819 (1872).
6. Leonard, 2016, p. 11ss.
7. Nelson, 1991.
8. Spencer, 1853 (1981), p. 267-268.
9. Roosevelt, 1941.
10. Long, 1934.
11. Boaz, 2015, p. 34; Schumpeter, 1954, p. 394.
12. Ver Castillo, 2013.
13. Ver Catanese, 2013.

8. O "novo liberalismo" era iliberal

1. Mazzucato, 2013; a ideia é antiga, até nos Estados Unidos. "Você precisa ceder e se juntar ao sindicato", como eu cantava na minha juventude socialista.
2. O'Siadhail, 2018, p. 129.
3. Schlesinger, 1945; Robert G. McCloskey, 1951.
4. Field, 2011.
5. Sen, 1985; Sen, 1999; Nussbaum e Sen, 1993.
6. Smith,1776, I.viii.36, p. 96.
7. Em 2018, descobri que Tom Palmer argumentara antes de 2009 do mesmo modo e que havia chegado à mesma conclusão (Palmer, 2009, p. 32, 35-36).
8. Citação em Lyons, 1937.
9. Rousseau, 1762.
10. Palmer, 2009, p. 30-31.
11. Citação em Palmer, 2009, p. 31.
12. O motorista venceu uma apelação na corte do distrito federal com base na Constituição. O estado de New Hampshire, em sua busca por *live free or die* [viva livre ou morra], apelou à Suprema Corte dos Estados Unidos, que aceitou o caso e votou por 6 votos a 3 a favor do motorista (*Wooley v. Maynard*, 430 U.S. 705 [1977]).

13. Yeager, 1976, p. 560.
14. Kant, 1781.
15. Para "apenas opacas", ver a descrição de P. J. O'Rourke sobre um clube de strip-tease na Polônia comunista, administrado, ele escreve, como se fosse pelo serviço postal dos Estados Unidos (O'Rourke, 1988).
16. Por exemplo, novamente Deneen (McCloskey, 2018a).

9. O resultado do novo iliberalismo foram governos muito inchados e interventores

1. Higgs, 2008; Tanzi e Schuknecht, 2000, p. 6.
2. McCloskey, 2018d.
3. Tirole, 2017, p. 155-156.
4. Brennan e Buchanan, 1980 (2000), p. 11
5. Carta de Tolstói a um amigo logo depois de ter testemunhado uma execução na guilhotina em Paris. Apud Wilson, 1988, p. 146. Wilson observa que tais sentimentos "seriam elementos cruciais na mobília mental [de Tolstói]". Tolstói tornou-se, lentamente, um anarquista cristão.
6. Rothbard, 1982 (1998), p. 174.
7. Spencer, 1853 (1981), p. 294-295.
8. Posner e Weyl, 2018.
9. Mill, 1859, p. 10-11.

10. Governos honestos e competentes são raros

1. Locke, 1689 (1983), p. 47.
2. Transparência Internacional, 2017.
3. *Economist*, 1992.
4. Warden, 2007; Meisner e Sweeney, 2017.
5. Brooks, 2018.
6. A ocasião foi o Fórum da Liberdade, evento anual organizado pelo Instituto de Estudos Empresariais, em que falou o juiz Antonio Di Pietro. O professor mencionado em seguida é Adriano Gianturco.
7. Sobre a mídia, por exemplo, ver Hazlett, 2017.
8. Madison, 1788.
9. Pearson, 2015.
10. Hirschman, 1970.

11. Buchanan, 1991 (2001), p. 254.
12. Bain, 2018.
13. Das, 2001.
14. Macaulay, 1830 (1881), p. 183. Na época, a palavra "capitalista" significava qualquer investidor.
15. Lenin, 1917 (1964).
16. Ver Shilts, 2007.
17. Ingersoll, 1897, p. 112.
18. Trilling, 1948b, p. 27.

11. Foi aos poucos que Deirdre virou uma liberal moderna

1. Um exemplo da adoção não crítica da teoria é Tirole, 2017.
2. Smith, 1790 (1976), VI.ii.2.17, p. 233-234.
3. McCloskey, 2018d, novamente.
4. Safi, 2017.
5. Reid, 2017.

12. Os argumentos contrários a se tornar um liberal são fracos

1. Hamburg, 2015.
2. Walker e Nardinelli, 2016.
3. Sobre a FDA, ver Briggeman, 2015, e Bhidé, 2017, p. 28; e sobre o desenvolvimento de medicamentos para o câncer em estágio 1, ver Budish, Roin e Williams, 2015. Sobre a irrelevância dos testes de significância estatística, ver Ziliak e McCloskey, 2008, e a declaração da American Statistical Association em Wasserstein e Lazar, 2016, p. 131-133. Sobre a corrupção dos procedimentos na FDA, ver Piller e You, 2018.
4. Locke, 1689 (1983), p. 37.
5. Trilling, 1948a, p. xlii. O falecido James Seaton (1996, p. 35) me alertou para a preocupação de Trilling.
6. Boaz, 2015, p. 258ss.
7. Paine, 1776 (1922), p. 1.
8. Thoreau, 1849 (1996), p. 1.
9. Apud Mingardi, 2017, p. 29.
10. Pettegree, 2014, p. 11, 368.
11. Boudreaux, 2017b.

12. Chapman, 2019.
13. Peart e Levy, 2008b; Persky, 1990.
14. Deneen, 2018, p. 30-32.

13. Podemos e devemos liberalizar

1. Posner, 2018.
2. Boudreaux, 2017c.
3. Smith, 1790 (1976), VI.ii.2.17, p. 234.
4. Leighton e López, 2011.
5. Tullock, 1975; sigo aqui a exposição em Leighton e López, 2011, p. 104-106.
6. Government Accountability Office dos Estados Unidos, 2005; citação em Leighton e López 2011.
7. North, Wallis e Weingast, 2009.
8. *Dilbert, Chicago Tribune*, 9 de agosto de 2018.
9. Leighton e López, 2011, p. 106, em referência a Winston, 1993.
10. North, Wallis e Weingast, 2009, p. 192-193.
11. Buchanan, 1990 (2001), p. 307.
12. North, Wallis e Weingast 2009, p. 190-194.
13. Higgs, 2001, p. 469.
14. Apud Schultz, 2015, p. 77.
15. Radford, 1945; Berndt e Berndt, 1964, p. 302-305.
16. Higgs, 1987.
17. Bell, 2018.

14. Suspendamos a "proteção", por exemplo

1. A única e rara exceção ocorre quando um país tem o poder de controlar os preços em seus mercados estrangeiros, como a Grã-Bretanha fazia nos anos 1840; ver McCloskey, 1980.
2. Dvorkin, 2017; ver também Caliendo, Dvorkin e Parro, 2015.
3. Apud Mingardi, 2017, p. 25.
4. Stossel, 2015.
5. Will, 2018.
6. Rahn, 2018a.
7. Diamond, 2019, das taxas anuais de demissões e dispensas do Bureau of Labor Statistics, que variaram entre 14,0% e 14,8% durante os anos de 2013 a 2017.

8. Lebergott, 1966, tabela 2.
9. Malkin, 2017.
10. De acordo com Crandall, 1984, p. 16, em 1983, "o custo por emprego salvo [...] era de quase 160 mil dólares ao ano", isso considerando o valor da moeda em 1983.
11. Irwin, 2017, p. 591.
12. Daí o capítulo 48 deste livro.
13. Organização para a Cooperação e Desenvolvimento Econômico (OCDE), 2018.

15. E paremos de afundar no estatismo

1. Rogge, 1962 (2010), p. 9.
2. Boudreaux, 2019.
3. McCloskey, 2018d.
4. Schultze, 1983, p. 3.
5. Lavoie, 1985, p. 4.
6. Gotakanal.se, [*s. d.*]
7. Larson, 2001.
8. Fogel, 1960.
9. Irwin, 2017, p. 158.
10. Swanson e Plumer, 2018.

16. O problema de fato não é a desigualdade "capitalista", mas a pobreza nascida da tirania

1. Perry, 2018.
2. Sowell, 2015, p. 114.
3. Nordhaus, 2004.
4. Warren, 2001, p. 129, 351.
5. Lintott, 1999; Beard, 2015.
6. Twain, 1897 (1968), p. 98.
7. Skinner, 1969, esp. p. 37, de Wittgenstein.
8. Mais uma vez, McCloskey, 2018d.
9. Mueller, 2006.
10. Lavoie, 1985, p. 8.

17. O liberalismo humano é ético

1. Chamlee-Wright e Storr, 2010; Storr, Haeffele-Balch, e Grube, 2015.
2. *New Orleans Times-Picayune*, 2006; Foster, 2006.
3. Stossel e Lott, 2018.
4. Scruton, 2014, p. 21; comparar p. 79, 109-111.
5. Tyldum, 2014.
6. Mencken, 1926, p. 153.
7. Apud Rimlinger, 1968, p. 414.
8. Lippmann, 1914 (2015), p. 141; comparar p. 138.
9. Mencken, 1916, p. 19.
10. Bastiat, 1848 (*L'État, c'est la grande fiction a travers laquelle tout le monde s'efforce de vivre aux dépens de tout le monde*).
11. Kantor, 1976.
12. McCloskey, 2018b.
13. Balcerowicz, 2017.
14. Smith e Wilson, 2018.

18. Liberdade e dignidade explicam o mundo moderno

1. Apud Le Roy Ladurie, 1978 (1980), p. 332.
2. Mokyr, 2010, p. 1.

19. A China mostra o que o liberalismo econômico pode fazer

1. Beckert, 2014; Mazzucato, 2013 (2014).
2. Dumcius, 2017.

20. Melhorias comercialmente testadas salvam os pobres

1. Flaubert, 1993, p. 318 (*J'appelle bourgeois quiconque pense bassement*).
2. Huizinga, 1935 (1968), p. 112.
3. Sombart, 1906 (1976), seção 2.
4. Cowen, 2018, pp. 33-34.
5. Hirschman, 1977, p. 56-63.
6. Walzer, 2008.

21. Produzir e consumir muito não é por si só antiético

1. Horowitz, 1985, p. 166.
2. Horowitz, 1985, p. 168.
3. Mingardi, 2017, p. 42.
4. Lipset, 1961.
5. Douglas e Isherwood, 1979, *apud* Staveren, 1999, p. 92.
6. Douglas, 1975.
7. Chalfen, 1987.
8. Sahlins, 2003, p. ix.
9. Klemm, 2004, p. 232.
10. Klemm, 1999, p. 147.

22. A economia não funciona por meio do gotejamento ou do *trickle up*

1. Charry, 2004, p. 30.
2. Sayers, 2004, p. 119.
3. Pope, 1731 (1966), linhas 169-172.
4. Robert Fogel apresenta algumas evidências sobre a ascensão e a queda do estagnacionismo em Fogel, 2005.
5. Smith, 1790 (1976), IV.1.6, p. 180.
6. Smith, 1790 (1976), IV.1.10, p. 183. MacIntyre, 1999, p. 2, critica Smith com argumentos semelhantes.
7. Rousseau, 1755 (2011), parte 2, p. 65.
8. Mandeville, 1705, 1714 (1988).
9. Blewhitt, 1725, p. 6-7.
10. Smith, 1790 (1976), VII.ii.4.13, p. 313.
11. Smith, 1776 (1976), IV.ii.12, vol. 1, p. 457.

23. Em suma, foi a ideia liberal que criou o mundo moderno

1. Apud Stewart, 1795 (1980), p. 322.
2. Rosling, Rosling e Rönnlund, 2018.
3. Collier, 2007; ou Rosling, Rosling e Rönnlund, 2018, sobre o inferior de seus quatro níveis.
4. Easterly, 2001.

5. Jacobs, 1984, p. 230.
6. Williamson, 2017, p. 181.
7. Bacon, 1625.
8. Macaulay, 1830 (1881), p. 186-187.

24. A igualdade de resultado forçada é injusta e desumana

1. Trollope, 1867-1868 (1982), vol. 1, p. 126, 128.
2. Apud Kirkland, 1986.
3. Wearden, 2014, fornece os dados para o cálculo.
4. Cline, 2004, p. 255.
5. Estado de Illinois, 1970.
6. Frankfurt, 1987, p. 21.
7. Rawls, 1985.
8. Iannaccone, 2018, correspondência pessoal com a autora.
9. Smith, 1776 (1976), livro 1, cap. 2.

26. A Europa deveria resistir a políticas igualitárias

1. Smith, 1776 (1976), IV.vii.c.63, v. 2, p. 613, grifo nosso.
2. Sumner, 1881, p. 256.

27. Piketty merece alguns elogios

1. Clapham, 1922, p. 313.
2. Ellenberg, 2014. Há algo de errado em seus cálculos, pois 26 equivalem a 3,8% das páginas, mesmo incluindo o sumário, e não 2,4%. Ellenberg deve estar usando um número menor do que 26, talvez alguma medida da tendência central.

28. Mas o pessimismo em relação às sociedades de mercado não tem base científica

1. Waterman, 2012, p. 425. Fiz pequenas alterações na pontuação.
2. Clapham, 1922, p. 311, 305, 312.
3. Baran e Sweezy, 1966.
4. Harberger, 1954; Tullock, 1967.
5. Hobsbawm, 2011, p. 416.

6. Boudreaux, 2018b.
7. Gordon e Ramsay, 2017. O almirante Ramsay, no comando do planejamento e da condução da armada de sete mil navios, era pai do coautor. Ele provavelmente conhecia os versos de Burns: "Os planos mais elaborados dos Ratos e dos Homens/Costumam fracassar."
8. McCloskey, 1990.
9. Mueller, 1999.
10. De *L'Opium des intellectuels* (1955), de Aron, traduzido e citado em James 2007, p. 32.

29. Numa sociedade liberal, os ricos não enriquecem à custa dos outros

1. Piketty, 2014, p. 558.
2. Aristóteles, 2015, Livro I.
3. Ridley, 2014.
4. Nordhaus, 2004.
5. Piketty, 2014, p. 440.
6. Brennan, Menzies e Munger, 2013.
7. Smith, 1776 (1976), I.i.10, p. 22; sobre a redução considerável da família, Rosling, Rosling e Rönnlund, 2018 em geral.
8. Butler, 2018, p. 29.

30. O livro de Piketty contém graves erros técnicos

1. Piketty, 2014.
2. Por outro lado, o economista francês Bernard Guerrien, que inspirou o movimento, tem seus próprios problemas com economia elementar. Ver McCloskey, 2006b.
3. Boettke, 1997, p. 12.
4. Boettke, 1997, p. 13.

31. A análise ética da desigualdade está errada

1. Clark, 1901, p. 1.651.
2. Boudreaux e Perry, 2013.
3. Fogel, 2004.
4. Horwitz, 2015, p. 82-83.

5. Horwitz, 2015, p. 71.
6. Horwitz. 2015, p. 84. A tabela 5 apresenta a porcentagem de famílias pobres com diversos eletrodomésticos; em 1971, 32% das famílias tinham ares-condicionados; em 2005, eram 86%.
7. Klinenberg, 2002. A onda de calor europeia de 2003 matou 14.800 pessoas sem ar-condicionado na França, e 70 mil em toda a Europa; ver Robine *et al.*, 2008.
8. Barreca *et al.* (2013) apresentam o imenso efeito do ar-condicionado nos Estados Unidos para a redução da mortalidade excessiva durante ondas de calor.
9. Reich, 2014.
10. Isaacs, 2007, *apud* Horwitz, 2015, p. 77.
11. Orwell, 1937.
12. Saunders, 2013, p. 214.
13. Frankfurt, 1987, p. 23-24.
14. Frankfurt, 1987, p. 34.
15. Piketty, 2014, p. 577, 480.
16. Margo, 1993, p. 68, 65, 69.
17. Boudreaux, 2004.

32. A desigualdade não é antiética se acontece numa sociedade livre

1. Gazeley e Newell, 2010, resumo, p. 19, e gráfico 2, na p. 17.
2. Carnegie, 1889 (1901), p. 19, 21.
3. Piketty, 2014.
4. Boudreaux, 2014.
5. Ibsen, 1878 (1965), p. 132.
6. Peart e Levy, 2008a. Kim Priemel, da Universidade Humboldt, de Berlim, sugere para mim que "equidade" seria uma palavra melhor para o conceito escocês. No entanto, não quero abrir mão tão facilmente de um conceito essencialmente contestado como a *égalité* francesa — que, aliás, no seu significado revolucionário original, era mais escocesa do que o que chamo de "francês".
7. Smith, 1776 (1976), IV. ix.
8. Butler, 2018, p. 15.
9. Baldwin, 1949 (1998), p. 15-16.
10. Whitford, 2005.

11. Mais uma vez, ver Rosling, Rosling e Rönnlund, 2018.
12. Boudreaux e Perry, 2013.
13. Deaton, 2013.
14. Sala-i-Martin e Pinkovskiy, 2010; Sala-i-Martin, 2006. "Segundo a PPC" significa considerar o poder de compra real dos preços locais em comparação, digamos, aos preços dos Estados Unidos. Tornou-se o padrão, um avanço em relação ao uso das taxas de câmbio (muito influenciadas pelos mercados financeiros).

33. A redistribuição não funciona

1. McCloskey, 2010.
2. Ogilvie, 2019.
3. Agradeço a Greg Mankiw pela identificação de um erro aritmético em um dos primeiros esboços, e a David Wiekliem pela identificação de outro em uma versão publicada do cálculo. Costumo dizer que o primeiro passo crucial de uma análise econômica é fazer as contas certo. Contador, corrija-se.
4. Colander, 2013, p. xi.
5. Sobre 1978, Coase e Wang, 2013, p. 37.
6. McCloskey, 2006c.
7. Friedman, 2005.
8. Lemert, 2012, p. 21.
9. Piketty, 2014, p. 752.
10. Skwire e Horwitz, 2014.

34. O *clerisy* teve três ideias marcantes, 1755-1848, uma boa e duas terríveis

1. Apud Taylor, 2016, p. 91.
2. Johnson, 1775, p. 89.
3. Apud Taylor, 2016, p. 437-438.
4. Smith, 1776 (1976), IV.ix.51, p. 687.

35. O céu econômico não está caindo

1. Pagano e Sbracia, 2014.
2. Gordon, 2012, 2016.
3. Mokyr, 2014.

4. Macaulay, 1830 (1881), p. 186-187.
5. Phelps, 2013.
6. Perkins e Rawski, 2008.
7. Perkins, 1995, p. 231.
8. Banco Mundial, [*s.d.*]

36. O Ocidente não está em declínio

1. Williams, 1896; Thwaite, 1902.
2. Williams, 1896, p. 10-11.
3. *Apud* McCloskey, 1980.

37. A retórica do fracasso é perigosa

1. Cannan, 1902, p. 470.
2. Landes, 1969, cap. 4 e 5; Landes, 1965, p. 553-584.
3. Landes, 1965, p. 553.
4. Landes, 1965, p. 563.
5. McCloskey, 2018d.
6. Kennedy, 2017, p. 299.
7. McCloskey (ed.), 1972; McCloskey, 1973.

38. A palavra "capitalismo" é um erro científico

1. Wallerstein, 1983 (1995), p. 13.
2. De Soto, 1989, 2000.
3. Mises, 1956 (2006), p. 24.

39. O marxismo não é o caminho

1. Mas nenhuma mulher, meus queridos — nenhuma Mary, Simone, Hannah ou suas seguidoras —, é examinada no nosso livro (Strain e Veuger, orgs., 2016). Uma vergonha.
2. Trevor-Roper, 1940 (1962), p. 3.
3. Hand 1944 (1952), p. 190.
4. Recomendo, por exemplo, DeMartino, 2011; Amariglio e McCloskey, 2008; e Cullenberg, Amariglio e Ruccio (ed.), 2001.
5. Rorty, 1983.

6. *National Review*, 19 de maio de 2014, uma reprodução da que meu aluno brilhante Graham Peterson me deu certa vez como presente de Natal.
7. Agostinho, *De doctrina christiana*, livro 2, cap. 6.
8. Hobsbawm, 2002. Conheci um pouco Hobsbawm quando era membro visitante do seu Departamento de História na Birkbeck College, Londres, em 1975-1976.
9. Williams, 1972 (1993), p. 6.
10. Budziszewski, 2010, p. xiv.
11. Hobsbawm, 1994.
12. Acemoglu e Robinson, 2012, p. 471.
13. Toynbee, 1884 (1887), p. 87.
14. Goldstone, 2002, resumo.

40. Alguns da esquerda ouvem

1. Harvey, 2005, p. 2.
2. Brown, 2015, p. 10.
3. McCloskey, 2012a.

41. Mas não identificaram os verdadeiros resultados do liberalismo

1. Brecht, 1960, p. 293.
2. Venezuelanalysis.com, 2007.
3. Paine, 1776 (1922), p. 57.
4. *Kelo* versus *Cidade de New London*, 2005.

42. E não estão dispostos a imaginar alternativas liberais

1. Smith, 1776 (1976), IV.vii.c.63, v. 2, p. 613.
2. Gerschenkron, 1971, p. 655.
3. Schlesinger, 1945; Hofstadter, 1948; R. McCloskey, 1951.
4. McCloskey, 2002.
5. McCloskey, 2003.
6. McCloskey, 1993.
7. Apud Boswell, 1791 (1833), v. 2, p. 55.
8. Apud Boswell, 1791 (1833), v. 1, p. 509.

43. Um feminismo liberal pós-moderno é possível e desejável

1. Apud Clark, 1978.
2. McCloskey, 1994.
3. Becker, 2008, p. 375.
4. Postrel, 1998.
5. McCloskey, 2012b.
6. Spivak, 1990, p. 118-119.
7. Feinstein, 1972, séries 21.1 e 21.2 divididas por 25,3.
8. Maddison, 1989, p. 19; os números, levando-se em consideração a média ponderada em função da população, levam ao mesmo resultado.
9. Lebergott, 1993, p. 51, a partir de uma pesquisa de Charlotte Perkins Gilman.
10. Barber, 1994, p. 29, citando a antropóloga Judith Brown.
11. Kolko, 1965.
12. Spivak, 1990, p. 119.

44. Não foi o imperialismo que enriqueceu o Ocidente

1. Acton, 1906, p. 24.
2. Maddison, 1989, p. 96.
3. Spivak, 1990, p. 9.
4. Maddison, 1989, p. 75-76.

45. O liberalismo é bom para a comunidade LGBTQIAPN+

1. Bellow, 1994, p. 308.
2. Bailey, 2003, p. xi.
3. Bailey, 2003, p. 164.
4. Derbyshire, 2003, p. 52.
5. Carey, 2007.

46. O salário mínimo foi instituído para prejudicar os pobres e as mulheres

1. Sowell, 2009, p. 26-27.
2. Sellar e Yeatman, 1931, p. 92-93.
3. Leonard, 2016, p. 159.
4. Leonard, 2016, p. 161.

5. Webb, 1912, p. 992.
6. Seager, 1913, p. 10.
7. Leonard, 2016, p. 85.
8. Leonard, 2016, p. 189, 88.
9. Kocka, 2014, correspondência pessoal com a autora.
10. Williams, 1910, p. 840.
11. Leonard, 2016, p. 191.
12. Sowell, 2016.

47. O desemprego tecnológico não é assustador

1. McCloskey, 2018c; contraste em Krugman, 2002, que faz uma tempestade em copo d'água com relação à mesma coisa.
2. Cowen, 2013, p. 39.
3. Reich, 2014.
4. UAW-CIO, 1955, p. 6.
5. Reich, 2014.
6. Como em McCloskey, 1985, p. 213, fig. 10.33.
7. Boudreaux, 2018a.
8. Landsburg, 2008.
9. Mill, 1859 (2001), p. 86-87.
10. Boudreaux, 2018c.
11. Harsanyi, 1955; Buchanan e Tullock, 1962; Rawls, 1958, 1971.

48. Já o desemprego juvenil *é* uma ameaça, e vem da regulação

1. Hoffer, 1951.
2. Organização Internacional do Trabalho (OIT), 2016, p. 5, vii.
3. Organização Internacional do Trabalho (OIT), 2016, p. viii, 5, 18.
4. Organização para a Cooperação e Desenvolvimento Econômico (OCDE), 2018.

50. O iliberalismo, em suma, não se baseia em fatos, e é essencialmente antiético

1. Wilkinson, 2012.
2. Anderson, 2012; Freeman, 2012; Arneson, 2012.
3. Wittgenstein, 1969, p. 6.

Bibliografia

ACEMOGLU, Daron; ROBINSON, James A. *Why Nations Fail*: The Origins of Power, Prosperity, and Poverty. Nova York: Crown Business, 2012. [Edição brasileira: *Por que as nações fracassam:* as origens do poder, da prosperidade e da pobreza. Rio de Janeiro: Elsevier-Campus, 2012.]

ACTON, John Edward Emerich, Primeiro Barão Acton. *Lectures on Modern History*. Londres: Macmillan, 1906.

AGEE, James; EVANS, Walker. *Let Us Now Praise Famous Men*. Boston: Houghton Mifflin, 1941.

AMARIGLIO, Jack; MCCLOSKEY, Deirdre N. Fleeing Capitalism: A Slightly Disputatious Conversation/Interview Among Friends. *In*: AMARIGLIO, Jack; CHILDERS, Joseph; CULLENBERG, Stephen (orgs.). *Sublime Economy*: On the Intersection of Art and Economics. Londres: Routledge, 2008. p. 276-319.

ANDERSON, Elizabeth. Recharting the Map of Social and Political Theory: Where Is Government? Where Is Conservatism? *Bleeding Heart Libertarians*, 12 jun. 2012. Disponível em: http://bleedingheartlibertarians.com/2012/06/recharting-the-map-of-social-and-political-theory-where-is-government-where-is-conservatism/.

ARISTÓTELES. *Ética a Nicômaco*. Tradução de H. Rackham. Cambridge, MA: Harvard University Press, 1934.

ARISTÓTELES. *Da retórica*. Tradução de George A. Kennedy. Nova York: Oxford University Press, 1991.

ARISTÓTELES. *Política*. Tradução de Benjamin Jowett. Adelaide: eBooks@Adelaide, 2015. *E-book*. Disponível em: https://ebooks.adelaide.edu.au/a/aristotle/a8po/book1.html.

ARNESON, Richard. Free Market Fairness: John Rawls or J. S. Mill? *Bleeding Heart Libertarians*, 14 jun. 2012. Disponível em: http://bleedingheartlibertarians.com/2012/06/free-market-fairness-john-rawls-or-j-s-mill/.

ARON, Raymond. *L'Opium des Intellectuels*. Paris: Calmann-Lévy, 1955.

BACON, Francis. Of Studies. 1625. *Psychology & Neuroscience*, Departamento de Psicologia, Universidade de Glasgow. Acesso em: 17 fev. 2019. Disponível em: www.psy.gla.ac.uk/~steve/best/BaconJohnson.pdf.

BAILEY, J. Michael. *The Man Who Would Be Queen*: The Science of Gender-Bending and Transsexualism. Washington, DC: Joseph Henry Press, 2003.

BAILEY, Steve. Of *Gomi* and *Gaijin*. *In*: GEORGE, D. W.; CARLSON, Amy G. (orgs.). *Japan*: True Stories of Life on the Road. São Francisco: Travelers' Tales, 1999. p. 147-149.

BAIN, Ben. Jim Beam Faces SEC Hangover After Bribery Allegations in India. *BloombergQuint*, 2 jul. 2018. Disponível em: www.bloombergquint.com/business/2018/07/02/jim-beam-faces-sec-hangover-after-bribery-allegations--in-india.

BALCEROWICZ, Leszek. *Recent Attacks Against Freedom*. Cato Institute, Washington, DC, 25 abr. 2017. Disponível em: www.cato.org/publications/cato-online--forum/recent-attacks-against-freedom.

BALDWIN, James. Everybody's Protest Novel. *Partisan Review*, 16 jun. 1949. Reimpresso em *Notes of a Native Son*. Boston: Beacon Press, 1955. Reimpresso em *Collected Essays*. Nova York: Library of America, 1998.

BANCO MUNDIAL. *Remarkable Decline in Global Poverty, but Major Challenges Remain*. 17 abr. 2013. Disponível em: www.worldbank.org/en/news/press-release/2013/04/17/remarkable-declines-in-global-poverty-but-major-challenges-remain.

BANCO MUNDIAL. *GDP per Capita, PPP (Constant 2011 International $)*. [*s. d.*]. Acesso em: 19 fev. 2019. Disponível em: https://data.worldbank.org/indicator/NY.GDP.PCAP.PP.KD.

BARAN, Paul A.; SWEEZY, Paul M. *Monopoly Capital*: An Essay on the American Economic and Social Order. Nova York: Monthly Review Press, 1966. [Edição brasileira: *Capitalismo monopolista*. Rio de Janeiro: Zahar, 1966.]

BARBER, Elizabeth Wayland. *Women's Work, the First 20,000 Years*: Women, Cloth, and Society in Early Times. Nova York e Londres: Norton, 1994.

BARNHURST, Kevin G. (org.). *Media/Queered*: Visibility and Its Discontents. Nova York: Peter Lang, 2007.

BARRECA, Alan; CLAY, Karen; DESCHENES, Olivier; GREENSTONE, Michael; SHAPIRO, Joseph S. *Adapting to Climate Change: The Remarkable Decline in the U.S. Temperature-Mortality Relationship over the 20th Century*. NBER Working Paper n. 18692, National Bureau of Economic Research, Cambridge, MA, jan. 2013. Disponível em: https://www.nber.org/papers/w18692.

BARRY, Brian. *Political Argument*. Londres: Routledge and Kegan Paul, 1965.

BARZEL, Yoram. *A Theory of the State*: Economic Rights, Legal Rights, and the Scope of the State. Cambridge: Cambridge University Press, 2002.

BASTIAT, Frédéric. L'État. *Journal des Débats*, 25 set. 1848, p. 1, col. 5. Disponível em: https://gallica.bnf.fr/ark:/12148/bpt6k448145j.item.

BASTIAT, Frédéric. *Economic Sophisms*. Edição e tradução de: Arthur Goddard. Princeton, NJ: Van Nostrand, 1964. Reimpresso em Irvington-on-Hudson, NY: Foundation for Economic Education, 1996.

BAUER, Peter T. *Economic Analysis and Policy in Underdeveloped Countries*. Durham, NC: Commonwealth-Studies Center da Universidade de Duke, 1957.

BEARD, Charles. *An Economic Interpretation of the Constitution of the United States*. Nova York: Macmillan, 1913.

BEARD, Mary. *SPQR: A History of Ancient Rome*. Nova York: Norton, 2015. [Edição brasileira: *SPQR*: uma história da Roma Antiga. Campinas: Crítica, 2017.]

BECKER, Howard S. *Art Worlds*. 25th Anniversary Edition. Berkeley: University of California Press, 2008.

BECKERT, Sven. *Empire of Cotton*: A Global History. Nova York: Alfred A. Knopf, 2014.

BEER, Francis A.; HARIMAN, Robert (orgs.). *Post-Realism*: The Rhetorical Turn in International Relations. East Lansing, MI: Michigan State University Press, 1996.

BELL, Tom W. *Your Next Government?* From the Nation State to the Stateless Nation. Nova York: Cambridge University Press, 2018.

BELLAH, Robert. *Imagining Japan*: The Japanese Tradition and Its Modern Interpretation. Berkeley e Los Angeles: University of California Press, 2003.

BELLOW, Saul. *It All Adds Up*: From the Dim Past to an Uncertain Future. Nova York e Londres: Penguin, 1994.

BENEDICT, Ruth. *The Chrysanthemum and the Sword*: Patterns of Japanese Culture. Boston: Houghton Mifflin, 1989. [Edição brasileira: *O crisântemo e a espada*. São Paulo: Perspectiva, 2002.]

BERLIN, Isaiah. Two Concepts of Liberty. *In*: BERLIN, Isaiah. *Four Essays on Liberty*. Nova York: Oxford University Press, 1969. p. 118-172.

BERLIN, Isaiah. *Freedom and Betrayal*: Six Enemies of Human Liberty. Princeton, NJ: Princeton University Press, 2003.

BERNDT, Ronald M.; BERNDT, Catherine H. *The World of the First Australians*. Sydney: Ure Smith, 1964.

BERNSTEIN, Maxine. Red Light Camera Critic Says State Board Quashing His Free Speech. *Oregonian*, 25 abr. 2017. Disponível em: https://www.oregonlive.com/portland/index.ssf/2017/04/beavertonmanclaimsoregonst.html.

BHIDÉ, Amar. Constraining Knowledge: Traditions and Rules That Limit Medical Innovation. *Critical Review*, v. 29, n. 1, p. 1-33, 2017.

BLEWHITT, George. *An Enquiry Whether a General Practice of Virtue Tends to the Wealth or Poverty, Benefit or Disadvantage of a People*. Londres: R. Wilkin, 1725.

BLYTH, Mark. The Great Transformation in Understanding Polanyi: Reply to Hejeebu and McCloskey. *Critical Review*, v. 16, p. 117-133, 2004.

BOAZ, David. *Libertarianism*: A Primer. Nova York: Free Press, 1997. [Edição brasileira: *O manifesto libertário*. São Paulo: Peixoto Neto, 2010.]

BOAZ, David. *The Libertarian Mind*. Nova York: Simon and Schuster, 2015.

BOETTKE, Peter. Where Did Economics Go Wrong? Modern Economics as a Flight from Reality. *Critical Review*, v. 11, n. 1, p. 11-64, 1997.

BOETTKE, Peter. *Socialism and the Market*: The Socialist Calculation Debate Revisited. Londres: Routledge, 2000.

BOOTH, Wayne C. *Modern Dogma and the Rhetoric of Assent*. Chicago: University of Chicago Press, 1974.

BOSWELL, James. *The Life of Samuel Johnson, LL.D.* Nova York: George Dearborn, 1833. 2 v.

BOUDREAUX, Donald J. Can You Spot the Billionaire? *The Freeman*, v. 54, n. 1 (jan./fev. 2004), p. 13-14. Disponível em: https://fee.org/media/3086/200401.pdf.

BOUDREAUX, Donald J. *Correspondência*. Destinatário: Deirdre Nansen McCloskey. 4 jun. 2014.

BOUDREAUX, Donald J. Most Ordinary Americans in 2016 Are Richer than Was John D. Rockefeller in 1916. *Café Hayek*, 20 fev. 2016. Disponível em: https://cafehayek.com/2016/02/40405.html.

BOUDREAUX, Donald J. Bonus Quotation of the Day… *Café Hayek*, 25 nov. 2017a. Disponível em: https://cafehayek.com/2017/11/bonus-quotation-day-86.html.

BOUDREAUX, Donald J. Quotation of the Day… *Café Hayek*, 5 mar. 2017b. Disponível em: https://cafehayek.com/2017/03/quotation-of-the-day-2005.html.

BOUDREAUX, Donald J. Quotation of the Day… *Café Hayek*, 10 abr. 2017c. Disponível em: https://cafehayek.com/2017/04/42587.html.

BOUDREAUX, Donald J. A Losing Perspective. *Café Hayek*, 20 jun. 2018a. Disponível em: https://cafehayek.com/2018/06/a-losing-perspective.html.

BOUDREAUX, Donald J. Quotation of the Day... *Café Hayek*, 3 jul. 2018b. Disponível em: https://cafehayek.com/2018/07/quotation-of-the-day-2483.html.

BOUDREAUX, Donald J. And What About Those of Us Who Embrace Freedom? *Café Hayek*, 23 ago. 2018c. Disponível em: https://cafehayek.com/2018/08/us-embrace-freedom.html.

BOUDREAUX, Donald J. Quotation of the Day... *Café Hayek*, 13 out. 2018d. Disponível em: https://cafehayek.com/2018/10/quotation-of-the-day-2582.html.

BOUDREAUX, Donald J. Bonus Quotation of the Day... *Café Hayek*, 28 fev. 2019. Disponível em: https://cafehayek.com/2019/02/bonus-quotation-of-the-day-269.html.

BOUDREAUX, Donald J.; PERRY, Mark J. The Myth of a Stagnant Middle Class. *Wall Street Journal*, 23 jan. 2013.

BOURDIEU, Pierre. *Distinction*: A Social Critique of the Judgment of Taste. Tradução de Richard Nice. Londres: Routledge and Kegan Paul, 1984. [Edição brasileira: *A distinção:* crítica social do julgamento. Porto Alegre: Zouk, 2017.]

BOWER, Gordon H. How Emotions Affect Learning. *In*: CHRISTIANSON, Sven-Ake (org.). *The Handbook of Emotion and Memory*: Research and Theory. Hillsdale, NJ: Erlbaum, 1992. p. 3-31.

BRECHT, Bertolt. *The Life of Galileo*. Tradução de D. I. Vesey. *In*: *Plays*. Londres: Methuen, 1960, v. 1. [Edição brasileira: *A vida de Galileu*. São Paulo: Abril, 1977.]

BRENNAN, Geoffrey; BUCHANAN, James M. *The Power to Tax*. Cambridge: Cambridge University Press, 1980. Reimpresso como v. 9 de *The Collected Works of James M. Buchanan*. Indianápolis: Liberty Fund, 2000.

BRENNAN, Geoffrey; MENZIES, Gordon; Munger, MICHAEL. A Brief History of Inequality. Universidade Nacional da Austrália, Camberra, e Universidade de Tecnologia de Sydney, 2013. Não publicado.

BRENNAN, Jason. *Against Democracy*. Princeton: Princeton University Press, 2016.

BRENNAN, Jason; TOMASI, John. Classical Liberalism. *In*: ESTLUND, David (org.). *The Oxford Handbook of Political Philosophy*. Oxford: Oxford University Press, 2012. p. 115-132.

BRIGGEMAN, Jason. *Searching for Justification of the Policy of Pre-Market Approval of Pharmaceuticals*. 2015. Dissertação (PhD em Economia), Universidade George Mason. Fairfax, Virgínia. 2015. Disponível em: http://mars.gmu.edu/handle/1920/9656.

BROOKS, David. The Rise of the Amnesty Thugs. *New York Times*, 18 jun. 2018.

BROWN, Gordon S. *Toussaint's Clause*: The Founding Fathers and the Haitian Revolution. Jackson, MS: University Press of Mississippi, 2005.

BROWN, Wendy. *Undoing the Demos*: Neoliberalism's Stealth Revolution. Nova York: Zone Books, 2015.

BUCHANAN, James M. The Potential for Politics after Socialism. *In*: MOLDEN, Otto (org.). *Geschichte end Gesetz, Europäisches Forum Alpbach, 1989*. Viena: Österreichisches College, 1990. p. 240-256. Reimpresso em *Ideas, Persons, and Events*. v. 19 de *The Collected Works of James M. Buchanan*. Indianápolis: Liberty Fund, 2001.

BUCHANAN, James M. 1991. The Minimal Politics of Market Order. *Cato Journal*, v. 11, n. 2, p. 215-232, set.-nov. 1991. Reimpresso em *Choice, Contract, and Constitutions*. v. 16 de *The Collected Works of James M. Buchanan*. Indianápolis: Liberty Fund, 2001.

BUCHANAN, James M.; Tullock, GORDON. *The Calculus of Consent*: Logical Foundations of Constitutional Democracy. Ann Arbor: University of Michigan Press, 1962.

BUDISH, Eric; ROIN, Benjamin N.; WILLIAMS, Heidi. Do Firms Underinvest in Long-Term Research? Evidence from Cancer Clinical Trials. *American Economic Review*, v. 105, n. 7, p. 2.044-2.085, 2015.

BUDZISZEWSKI, J. *The Revenge of Conscience*: Politics and the Fall of Man. Eugene: Wipf and Stock, 2010.

BURCZAK, Theodore A. *Socialism After Hayek*. Ann Arbor: University of Michigan Press, 2006.

BURCZAK, Theodore A. Catallactic Marxism: Hayek, Marx, and the Market. *In*: BURCZAK, Theodore A.; GARNETT, Robert F.; MCINTYRE, Richard P. (orgs.). *Knowledge, Class, and Economics*: Marxism Without Guarantees. Londres: Routledge. 2018.

BUTLER, Eamonn. *Classical Liberalism*. A Primer. Londres: Institute of Economic Affairs, 2015.

BUTLER, Eamonn. *An Introduction to Capitalism*. Londres: Institute of Economic Affairs, 2018.

BUTLER, Joseph. *Fifteen Sermons*. [*s. l.*]: [*s. d.*], 1736. Reimpresso em *The Analogy of Religion and Fifteen Sermons*, p. 335-528. Londres: The Religious Tract Society, [*s. d*].

CALIENDO, Lorenzo; DVORKIN, Maximiliano; PARRO, Fernando. *Trade and Labor Market Dynamics*. Working Paper 2015-009C, Banco da Reserva Federal de St. Louis, ago. 2015.

CANNAN, Edwin. The Practical Utility of Economic Science. *Economic Journal*, v. 12, n. 48, p. 459-471, 1902.

CAPLAN, Bryan. *The Myth of the Rational Voter*: Why Democracies Choose Bad Policies. Princeton: Princeton University Press, 2007. [Edição brasileira: *O mito do eleitor racional:* por que as democracias elegem maus governos. São Paulo: LVM, 2020.]

CAREY, Benedict. Criticism of a Gender Theory, and a Scientist Under Siege. *New York Times*, 21 ago. 2007.

CARNEGIE, Andrew. The Gospel of Wealth. [*s. l.*]: [*s. d.*], 1889. *In*: CARNEGIE, Andrew. *The Gospel of Wealth and Other Timely Essays*, p. 1-46. Nova York: Century, 1901.

CASTILLO, Michelle. Bloomberg: Medical Marijuana One of "Great Hoaxes of All Time". *CBS News*, 3 jun. 2013. Disponível em: www.cbsnews.com/news/bloomberg-medical-marijuana-one-of-great-hoaxes-of-all-time/.

CATANESE, David. Graham's Hawkish Posture Confronts War-Weary Voters in South Carolina. *U.S. News and World Report*, 5 set. 2013. Disponível em: www.usnews.com/news/articles/2013/09/05/grahams-hawkish-posture-confronts--war-weary-voters-in-south-carolina.

CATHER, Willa. *O Pioneers!* Boston: Houghton Mifflin. 1913.

CATHER, Willa. *My Ántonia*. Boston: Houghton Mifflin, 1918.

CHALFEN, Richard. *Snapshot*: Versions of a Life. Bowling Green, OH: Bowling Green University Press, 1987.

CHAMLEE-WRIGHT, Emily; STORR, Virgil. The Role of Social Entrepreneurship in Post-Katrina Recovery. *International Journal of Innovation and Regional Development*, v. 2, n. 1/2, 2010.

CHAPMAN, Steve. Paul's Weak Case Against Mandatory Vaccines Hurts Measles Outbreak Effort. *Chicago Tribune*, 7 mar. 2019.

CHARRY, Ellen T. On Happiness. *Anglican Theological Review*, v. 86, p. 19-33, dez. 2004.

CHAUDHURI, Nirad C. *A Passage to England*. Londres: Macmillan, 1959.

CÍCERO, Marco Túlio. *De Amicitia* [Concerning friendship]. Tradução de W. A. Falconer. Cambridge, MA: Harvard University Press, 1938. Loeb edition. [Edição brasileira: *Sobre a amizade:* de amicitia. São Paulo: Nova Alexandria, 2006.]

CLAPHAM, J. H. Of Empty Economic Boxes. *Economic Journal*, v. 32, p. 305-314, 1922.

CLARK, John Bates. The Society of the Future. *The Independent*, v. 53, n. 2.746, p. 1.649-1.651, 18 jul. 1901.

CLARK JR, Lindley H. U.S. Monetary Troubles. *Wall Street Journal*, 13 out. 1978.

CLINE, William R. *Trade Policy and Global Poverty*. Washington, DC: Peterson Institute for International Economics, 2004.

COASE, Ronald; WANG, Ning. *How China Became Capitalist*. Basingstoke: Palgrave Macmillan, 2013.

COHEN, Edward. *Athenian Economy and Society*: A Losing Perspective. Princeton: Princeton University Press, 1992.

COLANDER, David. Introdução. *In*: BARBIERI, Gino. *Decline and Economic Ideals in Italy in the Early Modern Era*. Florença: Leo R. Olschki Editore, 2013.

COLLIER, Paul. *The Bottom Billion*: Why the Poorest Countries Are Failing and What Can Be Done About It. Oxford: Oxford University Press, 2007.

CONSTANT, Benjamin. De la liberté des Anciens comparée a celle des Modernes. *In*: CONSTANT, Benjamin. *Cours de politique constitutionnelle*, 2. ed., p. 539-560. v. 2. Paris: Guillaumin, 1872.

COSGEL, Metin M. Religious Culture and Economic Performance: Agricultural Productivity of the Amish, 1850-80. *Journal of Economic History*, v. 53, p. 319-331, jun. 1993.

COWEN, Tyler. *In Praise of Commercial Culture*. Cambridge e Londres: Harvard University Press, 1998.

COWEN, Tyler. *Average Is Over*. Nova York: Dutton, 2013.

COWEN, Tyler. *Stubborn Attachments*: A Vision for a Society of Free, Prosperous, and Responsible Individuals. São Francisco: Stripe Press, 2018.

COX, Harvey. *The Market as God*. Cambridge, MA: Harvard University Press, 2016.

CRANDALL, Robert W. Import Quotas and the Automobile Industry: The Costs of Protectionism. *Brookings Review*, v. 2, n. 4, p. 8-16, 1984.

CULLENBERG, Stephen; AMARIGLIO, Jack; RUCCIO, David F. (orgs.). *Postmodernism, Economics and Knowledge*. Nova York e Londres: Routledge, 2001.

DAMASIO, Antonio. *Descartes' Error*: Emotion, Reason and the Human Brain. Nova York: Grosset/Putnam, 1994. [Edição brasileira: *O erro de Descartes:* emoção, razão e o cérebro humano. São Paulo: Companhia das Letras, 1996.]

DAS, Gurcharan. *India Unbound*: The Social and Economic Revolution from Independence to the Global Information Age. Nova York: Random House, 2001.

DAVIES, Stephen. *You Don't Really Want Smart People Running the World*. American Institute for Economic Research, Great Barrington, MA, 23 out. 2018. Disponível em: www.aier.org/article/you-dont-really-want-smart-people-running-world.

DEATON, Angus. *The Great Escape*: Health, Wealth, and the Origins of Inequality. Princeton, NJ: Princeton University Press, 2013. [Edição brasileira: *A grande saída*: saúde, riqueza e as origens da desigualdade. Rio de Janeiro: Intrínseca, 2017.]

DEMARTINO, George. *The Economist's Oath*: On the Need for and Content of Professional Economic Ethics. Nova York: Oxford University Press, 2011.

DENEEN, Patrick J. *Why Liberalism Failed*. New Haven: Yale University Press, 2018.

DERBYSHIRE, John. Lost in the Male. *National Review*, p. 51-52, 30 jun. 2003.

DE RUGY, Veronique. The Tyranny of the Administrative State. *Reason*, 10 maio 2018. Disponível em: https://reason.com/archives/2018/05/10/the-tyranny-of--the-administrative-state.

DE SOTO, Hernando. *The Other Path*: The Invisible Revolution in the Third World. Nova York: HarperCollins, 1989.

DE SOTO, Hernando. *The Mystery of Capital*: Why Capitalism Triumphs in the West and Fails Everywhere Else. Nova York: Basic Books, 2000. [Edição brasileira: *O mistério do capital*: por que o capitalismo dá certo nos países desenvolvidos e fracassa no resto do mundo. Rio de Janeiro: Record, 2001.]

DIAMOND JR., Arthur M. *Openness to Creative Destruction*: Sustaining Innovative Dynamism. Nova York: Oxford University Press, 2019.

DICEY, A. V. *Lectures on the Relation Between Law and Public Opinion During the 19th Century*. 2. ed. Londres: Macmillan, 1919. Disponível em: http://oll.libertyfund.org/titles/1683#lf1315.

DOUGLAS, Mary. Deciphering a Meal. *In*: DOUGLAS, Mary. *Implicit Meanings*. Londres: Routledge and Kegan Paul, 1975. p. 249-275.

DOUGLAS, Mary; ISHERWOOD, Baron. *The World of Goods*. Nova York: Basic Books, 1996. [Edição brasileira: *O mundo dos bens*: Para uma antropologia do consumo. Rio de janeiro: UFRJ, 2004.]

DOYLE, Vincent. Insiders-Outsiders: Dr. Laura and the Contest for Cultural Authority in LGBT Media Activism. *In*: BARNHURST, Kevin G. (org.) *Media/Queered*: Visibility and Its Discontents. Nova York: Peter Lang, 2007. p. 107-124.

DUMCIUS, Gintautas. Sen. Elizabeth Warren Backs High-Speed Rail Connecting Springfield, Worcester and Boston. *MassLive*, 16 mar. 2017. Disponível em: www.masslive.com/news/index.ssf/2017/03/senelizabethwarrenbacks_hig.html.

DVORKIN, Maximiliano. What Is the Impact of Chinese Imports on U.S. Jobs? *The Regional Economist*, Banco da Reserva Federal de St. Louis, 15 maio 2017.

DWORKIN, Ronald. Is Wealth a Value? *Journal of Legal Issues*, v. 9, p. 191-226, 1980.

EASTERLIN, Richard A. Industrial Revolution and Mortality Revolution: Two of a Kind? *Journal of Evolutionary Economics*, v. 5, p. 393-408, 1995. Reimpresso em Easterlin, *The Reluctant Economist*, p. 84-100.

EASTERLIN, Richard A. (org.). *Happiness in Economics*. Cheltenham e Northampton: Edward Elgar, 2002.

EASTERLIN, Richard A. Living Standards. *In*: MOKYR, Joel (org.). *The Oxford Encyclopedia of Economic History*. Nova York: Oxford University Press, 2003. v. 3.

EASTERLIN, Richard A. *The Reluctant Economist*: Perspectives on Economics, Economic History, and Demography. Cambridge: Cambridge University Press, 2004.

EASTERLY, William. *The Elusive Quest for Growth*: Economists' Adventures and Misadventures in the Tropics. Cambridge, MA: MIT Press, 2001.

ECONOMIST. High-Speed Spending. 25 abr. 1992.

ECONOMIST. Towards the End of Poverty. 1º jun. 2013. Disponível em: www.economist.com/leaders/2013/06/01/towards-the-end-of-poverty.

EHRENREICH, Barbara. *Nickel and Dimed*: On (Not) Getting By in America. Nova York: Henry Holt, 2001. [Edição brasileira: *Miséria à americana*: vivendo de subempregos nos Estados Unidos. Rio de Janeiro: Record, 2004.]

EHRLICH, Paul R. *The Population Bomb*. Nova York: Ballantine Books, 1968. Reimpresso em Jackson Heights: Rivercity Press, 1975.

EKSTROM, Karin; GLANS, Kay (org.). *Changing Consumer Roles*. Londres: Routledge, 2010.

ELLENBERG, Jordan. And the Summer's Most Unread Book is... *Wall Street Journal*, 3 jul. 2014.

ELLSBERG, Robert. Introdução. *In*: DAY, Dorothy (org.). *Selected Writings*. Maryknoll, NY: Orbis, 1983.

EMERSON, Ralph Waldo. Napoleon; Or, the Man of the World. 1850. *In*: ZIFF, L. *Selected Essays*. Nova York: Viking Penguin, 1982. p. 337-359.

ENGELS, Friedrich. *Die Lage der arbeitenden Klasse in England*. Leipzig: O. Wigand, 1845.

EPSTEIN, Richard A. Prefácio. *In*: LEONI, Bruno. *Law, Liberty and the Competitive Market*. New Brunswick: Transaction, 2009.

ERASMUS, Desiderius. *The Adages of Erasmus*. Seleção de William Barker. Toronto: University of Toronto Press, 2001.

ESTADO DE ILLINOIS. 1970. Constituição do Estado de Illinois. Disponível em: www.ilga.gov/commission/lrb/conent.htm. Acesso em: 17 fev. 2019.

FARRELL, James T. *Studs Lonigan*. Nova York: Library of America, 2004.

FEINSTEIN, C. H. *National Income, Expenditure and Output of the United Kingdom, 1855-1965*. Cambridge: Cambridge University Press, 1972.

FIELD, Alexander J. *A Great Leap Forward*: 1930s Depression and U.S. Economic Growth. New Haven: Yale University Press, 2011.

FISH, Stanley. *There's No Such Thing as Free Speech… and It's a Good Thing, Too*. Nova York: Oxford University Press, 1994.

FLAUBERT, Gustave. *Oeuvres complètes et Annexes*: Correspondance. Saint Julien-en-Genevois: Arvensa Éditions, 2014.

FLAUBERT, Gustave. *Gustave Flaubert: Guy de Maupassant Correspondance*. Paris: Flammarion, 1993.

FLEISCHACKER, Samuel. *A Short History of Distributive Justice*. Cambridge, MA: Harvard University Press, 2004. [Edição brasileira: *Uma breve história da justiça distributiva*. Rio de Janeiro: Martins Fontes, 2006.]

FODOR, Jerry. Resenha. The Trouble with Psychological Darwinism. *London Review of Books*, v. 20, n. 2, p. 11-13, 22 jan. 1998.

FOGEL, Robert William. *The Union Pacific Railroad*: A Case in Premature Enterprise. Baltimore, MD: Johns Hopkins Press, 1960.

FOGEL, Robert William. *The Fourth Great Awakening and the Future of Egalitarianism*. Chicago: University of Chicago Press, 1999.

FOGEL, Robert William. *The Escape from Hunger and Premature Death 1700-2100*. Cambridge, RU: Cambridge University Press, 2004.

FOGEL, Robert William. *Reconsidering Expectations of Economic Growth After World War II from the Perspective of 2004*. NBER Working Paper n. 11.125, National Bureau of Economic Research, Cambridge, MA, fev. 2005. https://www.nber.org/papers/w11125.

FOLLETT, Mary Parker. *The New State*: Popular Organization the Solution of Popular Government. Londres: Longmans, Green, 1920.

FOLLETT, Mary Parker. *Dynamic Administration*: The Collected Papers of Mary Parker Follett. Nova York: Harper and Brothers, 1942.

FOSTER, Mary. *New Orleans Police Honor Those Who Stayed*. Associated Press, 22 fev. 2006.

FOUCAULT, Michel. *The Birth of Biopolitics*: Lectures at the Collège de France, 1978-1979. Tradução de Graham Burchell. Nova York: Palgrave Macmillan, 2008.

FRANK, Robert H. *Choosing the Right Pond*: Human Behavior and the Quest for Status. Nova York: Oxford University Press, 1985.

FRANK, Robert H. *Passions Within Reason*: The Strategic Role of the Emotions. Nova York: W. W. Norton, 1988.

FRANK, Robert H. *Luxury Fever.* Nova York: Free Press, 1999.

FRANK, Robert H. *What Price the Moral High Ground?* Ethical Dilemmas in Competitive Environments. Princeton: Princeton University Press, 2004.

FRANK, Robert H. Motives and Self-Interest. *In*: WERHANE, Patricia; FREEMAN, R. E. (org.). *Business Ethics. The Blackwell Encyclopedia of Management.* Oxford, RU; Malden, MA: Blackwell, 2005. 369f. v. 2.

FRANK, Robert H; Philip J. Cook. *The Winner-Take-All Society*: Why the Few at the Top Get So Much More than the Rest of Us. Nova York: Penguin Books, 1995.

FRANKFURT, Harry. Equality as a Moral Ideal. *Ethics*, v. 98, n. 1, p. 21-43, 1987.

FRANKFURT, Harry. *The Reasons of Love.* Princeton: Princeton University Press, 2004.

FREEMAN, Samuel. Can Economic Liberties Be Basic Liberties? *Bleeding Heart Libertarians*, 13 jun. 2012. Disponível em: http://bleedingheartlibertarians.com/2012/06/can-economic-liberties-be-basic-liberties/.

FRIEDMAN, Benjamin M. *The Moral Consequences of Economic Growth.* Nova York: Knopf, 2005.

FRIEDMAN, Milton. The Relation Between Economic Freedom and Political Freedom. *In*: FRIEDMAN, Milton. *Capitalism and Freedom*. Chicago: University of Chicago Press, 1962. p. 7-21.

FRIJDA, Nico H. Emotions Require Cognitions, Even If Simple Ones. *In*: EKMAN, Paul; DAVIDSON, Richard J. (org.). *The Nature of Emotion*: Fundamental Questions. Nova York: Oxford University Press, 1994.

FUSSELL, Paul. *Wartime*: Understanding and Behavior in the Second World War. Nova York: Oxford University Press, 1989.

GAZELEY, Ian; NEWELL, Andrew. The End of Destitution: Evidence from British Working Households 1904-1937, *Economics Department Working Paper Series*, n. 2, 2010, Universidade de Sussex. Disponível em: www.sussex.ac.uk/economics/documents/wps-2-2010.pdf.

GERSCHENKRON, Alexander. *Europe in the Russian Mirror*: Four Lectures in Economic History. Cambridge: Cambridge University Press, 1970.

GERSCHENKRON, Alexander. Mercator Gloriosus. *Economic History Review*, v. 24, n. 4, p. 653-666, 1971.

GLARE, P. G. W. (org.). *Oxford Latin Dictionary.* Oxford: Oxford University Press, 1982.

GOLDBERG, Jonah. *Suicide of the West*: How the Rebirth of Nationalism, Populism, and Identity Politics Is Destroying American Democracy. Nova York: Crown, 2018. [Edição brasileira: *O suicídio do Ocidente*: como o tribalismo, o populismo, o nacionalismo e a política identitária estão destruindo a democracia. Rio de Janeiro: Record, 2020.]

GOLDSTONE, Jack A. Efflorescences and Economic Growth in World History: Rethinking the "Rise of the West" and the Industrial Revolution. *Journal of World History*, v. 13, p. 323-389, 2002.

GORDON, Edward E.; RAMSAY, David. *Divided on D-Day*: How Conflicts and Rivalries Jeopardized the Allied Victory at Normandy. Amherst: Prometheus Books, 2017.

GORDON, Robert J. *Is US Economic Growth Over? Faltering Innovation Confronts the Six Headwinds*. NBER Working Paper n. 18.315, National Bureau of Economic Research, Cambridge, MA, ago. 2012. Disponível em: https://www.nber.org/papers/w18315.

GORDON, Robert J. *The Rise and Fall of American Growth*: The US Standard of Living Since the Civil War. Princeton: Princeton University Press, 2016.

GOTAKANAL. *Göta Canal*: A Beautiful History. Disponível em: www.gotakanal.se/en/the-gota-canal-history/. Acesso em: 13 fev. 2019.

GRACE, Francie. Salvation Army Shoots Down Donation. *CBS News*, 2 jan. 2003. Disponível em: www.cbsnews.com/news/salvation-army-shoots-down-donation/.

GRAY, John. *Isaiah Berlin*. Princeton: Princeton University Press, 1996.

GREENBLATT, Stephen J. *Will in the World*: How Shakespeare Became Shakespeare. Nova York: W. W. Norton, 2004. [Edição brasileira: *Como Shakespeare se tornou Shakespeare*. São Paulo: Companhia das Letras, 2011.]

GUTHRIE, W. K. C. *The Sophists*. Cambridge: Cambridge University Press, 1971. [Edição brasileira: *Os sofistas*. Rio de Janeiro: Paulus, 2003.]

HALE, Charles A. *The Transformation of Liberalism in Late 19th-Century Mexico*. Princeton: Princeton University Press, 1990.

HAMBURG, Margaret. Margaret Hamburg Ends Six-Year Run as FDA Commissioner. Entrevista cedida a Robert Siegel. *All Things Considered*, National Public Radio, 1 abr. 2015. Disponível em: www.npr.org/2015/04/01/396871346/margaret-hamburg-ends-six-year-run-as-fda-commissioner.

HAMMETT, Dashiell. *The Maltese Falcon*. Nova York: Knopf, 1984. Loeb edition. [Edição brasileira: *O falcão maltês*. São Paulo: Abril Cultural, 1984.]

HAND, Learned. *The Spirit of Liberty*. Nova York: Alfred A. Knopf, 1952.

HANSEN, Alvin H. Economic Progress and Declining Population Growth. *American Economic Review*, v. 29, p. 1-7, mar. 1939.

HANSEN, Alvin H. *Fiscal Policy and Business Cycles*. Nova York: W. W. Norton, 1941.

HARBERGER, Arnold C. Monopoly and Resource Allocation. *American Economic Review*, v. 44, p. 77-87, 1954.

HARSANYI, John C. Cardinal Welfare, Individualistic Ethics, and Interpersonal Comparisons of Utility. *Journal of Political Economy*, v. 63, p. 309-321, 1955.

HART, David Bentley. *Atheist Delusions*: The Christian Revolution and Its Fashionable Enemies. New Haven: Yale University Press, 2009.

HARVEY, David. *A Brief History of Neoliberalism*. Oxford: Oxford University Press, 2005. [Edição brasileira: *O neoliberalismo*: história e implicações. São Paulo: Loyola, 2008.]

HARVEY, David. *Seventeen Contradictions and the End of Capitalism*. Londres: Profile Books, 2014.

HAWKING, Stephen. *A Brief History of Time*. Nova York: Bantam Books, 1988. [Edição brasileira: *Uma breve história do tempo*. Rio de Janeiro: Intrínseca, 2015.]

HAWLEY, Ellis W. *The New Deal and the Problem of Monopoly*. Princeton: Princeton University Press, 2015.

HAYDEN, Robert. Runagate. *In*: GLAYSHER, Frederick (org.). *Collected Poems*, p. 59-61. Nova York: W. W. Norton, 2013.

HAYEK, Friedrich A. The Constitution of Liberty. *In*: HAMOWY, Ronald (org.). *The Collected Works of F. A. Hayek*. Chicago: University of Chicago Press, 2011. v. 17. [Edição brasileira: *Os fundamentos da liberdade*. Goiânia: Visão, 1983.]

HAYEK, Friedrich A. *Law, Legislation, and Liberty*. Chicago: University of Chicago Press, 1973. v. 1. [Edição brasileira: *Direito, legislação e liberdade*. Goiânia: Visão, 1985.]

HAYEK, Friedrich A. *Law, Legislation, and Liberty*. Chicago: University of Chicago Press, 1979. v. 3.

HAZLETT, Thomas Winslow. *The Political Spectrum*: The Tumultuous Liberation of Wireless Technology, from Herbert Hoover to the Smartphone. New Haven: Yale University Press, 2017.

HEILBRONER, Robert. *The Worldly Philosophers*: The Lives, Times, and Ideas of the Great Economic Thinkers. 7. ed. Nova York: Simon and Schuster, 1999.

HICKS, John R. *The Theory of Wages*. Londres: Macmillan, 1932.

HIGGS, Robert. *Crisis and Leviathan*: Critical Episodes in the Growth of American Government. Nova York: Oxford University Press, 1987.

HIGGS, Robert. Unmitigated Mercantilism. *Independent Review*, v. 5, p. 469-472, 2001.

HIGGS, Robert. *Government Growth*. Concise Encyclopedia of Economics, Liberty Fund, 2008. Disponível: www.econlib.org/library/Enc/GovernmentGrowth.html.

HIGGS, Robert. Freedom: Because It Works or Because It Is Right? *The Beacon*, Independent Institute, 27 dez. 2012. Disponível em: http://blog.independent.org/2012/12/27/freedom-because-it-works-or-because-its-right/. Reimpresso em *Taking a Stand*. Oakland, CA: Independent Institute, 2015.

HIGGS, Robert. [Sem título]. 28 out. 2018. Facebook: Robert Higg. Disponível em: www.facebook.com/robert.higgs.568/posts/10156800522539400.

HILL, Christopher. *The English Revolution 1640*: Three Essays. Londres: Lawrence and Wishart, 1940.

HINZE, Christine Firer. What Is Enough? Catholic Social Thought, Consumption, and Material Sufficiency. *In*: SCHWEIKER, William; MATHEWES, Charles (org.). *Having*: Property and Possession in Religious and Social Life. Grand Rapids: Eerdmans, 2004. p. 162-188.

HIRSCH, Fred. *Social Limits to Growth*. Cambridge, MA: Harvard University Press, 1976.

HIRSCHMAN, Albert O. *Exit, Voice and Loyalty*: Responses to Decline in Firms, Organizations, and States. Cambridge, MA: Harvard University Press, 1970.

HIRSCHMAN, Albert O. *The Passions and the Interests*: Political Arguments for Capitalism Before Its Triumph. Princeton: Princeton University Press, 1977. [Edição brasileira: *As paixões e os interesses*: argumentos políticos a favor do capitalismo antes de seu triunfo. Rio de Janeiro: Record, 2002.]

HOBSBAWM, Eric. 1994. Entrevista cedida a Michael Ignatieff. *The Late Show*, BBC, 24 out. 1994.

HOBSBAWM, Eric. *Interesting Times*: A Twentieth-Century Life. Londres: Allen Lane, 2002.

HOBSBAWM, Eric. *How to Change the World*: Tales of Marx and Marxism. New Haven: Yale University Press, 2011. [Edição brasileira: *Como mudar o mundo*: Marx e o Marxismo, 1840-2011. São Paulo: Companhia das Letras, 2011.]

HOBSON, John A. *Imperialism*: A Study. Nova York: James Pott and Co., 1902.

HOFFER, Eric. *The True Believer*: Thoughts on the Nature of Mass Movements. Nova York: Harper and Brothers, 1951. [Edição brasileira: *Fanatismo e movimentos de massa*. Rio de Janeiro: Lidador, 1968.]

HOFFMAN, Elizabeth; SPITZER, Matthew. Entitlements, Rights and Fairness: An Experimental Examination of Subjects' Concepts of Distributive Justice. *Journal of Legal Issues*, v. 14, p. 259-298, 1985.

HOFSTADTER, Douglas. *Gödel, Escher, Bach*: An Eternal Golden Braid. Nova York: Basic Books, 1979. [Edição brasileira: *Gödel, Escher, Bach*: um entrelaçamento de gênios brilhantes. São Paulo: Imprensa Oficial SP, 2001.]

HOFSTADTER, Douglas. *The American Political Tradition and the Men Who Made It*. Nova York: Knopf, 1948.

HORNBY, Nick. *How to Be Good*. Nova York: Penguin Putnam, 2001. [Edição brasileira: *Como ser legal*. Rio de Janeiro: Rocco, 2002.]

HOROWITZ, Daniel. *The Morality of Spending*: Attitudes Toward the Consumer Society in America, 1875-1940. Baltimore: Johns Hopkins University Press, 1985.

HORWITZ, Steven. Inequality, Mobility, and Being Poor in America. *Social Philosophy and Policy*, v. 31, n. 2, p. 70-91, mar./jun. 2015.

HUGHES, Langston. Let America Be America Again. *In*: RAMPERSAD, Arnold (org.). *The Collected Poems of Langston Hughes*. Nova York: Alfred A. Knopf, 1994. p. 189-191.

HUIZINGA, Johan H. The Spirit of the Netherlands. *In*: GEYL, Pieter; HUGENHOLTZ, F. W. N. (org.). *Dutch Civilization in the Seventeenth Century and Other Essays*. Pomerans. Londres: Collins, 1968. p. 105-137.

HUME, David. *Essays, Moral, Political and Literary*. Indianápolis: Liberty Fund, 1987.

HUME, David. *An Enquiry Concerning the Principles of Morals*. Londres: A. Millar, 1751. [Edição brasileira: *Uma investigação sobre os princípios da moral*. Campinas: Unicamp, 1995.]

HUNNICUTT, Benjamin Kline. *Kellogg's Six-Hour Day*. Filadélfia: Temple University Press, 1996.

IANNACCONE, Laurence. *Correspondência*. Destinatário: Deirdre Nansen McCloskey. Set. 2018.

IBSEN, Henrik. 1878. *A Doll House*. *In*: FJELDE, R. *Ibsen*: The Complete Major Prose and Plays. Nova York: Penguin, 1965. p. 123-196. [Edição brasileira: *Casa de bonecas*. São Paulo: Nova Cultural, 2003.]

INGERSOLL, Robert G. *Great Speeches of Col. R.G. Ingersoll*: Complete. Chicago: Rhodes and McClure, 1897.

ORGANIZAÇÃO INTERNACIONAL DO TRABALHO (OIT). *World Employment Social Outlook*: Trends for Youth 2016. Genebra: Escritório da Organização

Internacional do Trabalho, 2016. Disponível em: www.ilo.org/wcmsp5/groups/public/dgreports/dcomm/publ/documents/publication/wcms513739.pdf.

IRWIN, Douglas. *Clashing over Commerce*: A History of U.S. Trade Policy. Chicago: University of Chicago Press, 2017.

ISAACS, Julia B. *Economic Mobility of Families Across Generations*. Brookings Institution, Washington, DC, 13 nov. 2007. Disponível em: www.brookings.edu/research/economic-mobility-of-families-across-generations/.

JACOBS, Jane. *Cities and the Wealth of Nations*: Principles of Economic Life. Nova York: Random House, 1984.

JAEGER, Werner. *Paideia*: The Ideals of Greek Culture. Nova York: Oxford University Press, 1965. v. 1. [Edição brasileira: *Paideia*: A formação do homem grego. Rio de Janeiro: Martins Fontes, 2003.]

JAMES, Clive. *Cultural Amnesia*: Necessary Memories from History and the Arts. Nova York: Norton, 2007.

JAMESON, Frederic. *Representing "Capital"*: A Reading of Volume One. Londres e Nova York: Verso, 2011.

JANICKE, Kiraz. Joseph Stiglitz, in Caracas, Praises Venezuela's Economic Policies. *Venezuelanalysis*, 12 out. 2007. Disponível em: https://venezuelanalysis.com/news/2719.

JOHNSON, Paul. *Napoleon*. Nova York e Londres: Lipper/Viking/Penguin, 2002. [Edição brasileira: *Napoleão*. Rio de Janeiro: Objetiva, 2003.]

JOHNSON, Samuel. *Taxation No Tyranny*: An Answer to the Resolutions and Address of the American Congress. 4. ed. Londres: T. Cadell, 1775.

JONES, G. T. *Increasing Returns*. Cambridge: Cambridge University Press, 1933.

JUDT, Tony. *Ill Fares the Land*. Londres: Penguin, 2010.

KAMA, Amit. Israeli Gay Men's Consumption of Lesbigay Media: "I'm Not Alone… in This Business". *In*: BARNHURST, Kevin G. (org.). *Media/Queered*: Visibility and Its Discontents. Nova York: Peter Lang, 2007. p. 125-142.

KANT, Immanuel. *Kritik der reinen Vernunft*. 2. ed. Riga: Hartknoch, 1781.

KANTOR, Arlene Finger. Upton Sinclair and the Pure Food and Drugs Act of 1906. *American Journal of Public Health*, v. 66, n. 12, p. 1.202-1.205, 1976.

KAPLAN, Justin. *Lincoln Steffens*: A Biography. Nova York: Simon and Schuster, 1974.

KASHDAN, Andrew; KLEIN, Daniel B. Assume the Positional: Comment on Robert Frank. *Econ Journal Watch*, v. 3, n. 3, p. 412-434, set. 2006.

KELO V. CITY OF NEW LONDON. 2005. 545 U.S. 469.

KENNEDY, George. *The Art of Persuasion in Greece*. Princeton: Princeton University Press, 1963.

KENNEDY, James C. *A Concise History of the Netherlands*. Cambridge: Cambridge University Press, 2017.

KENNEDY, Paul. *The Rise and Fall of the Great Powers*. Nova York: Random House, 1987. [Edição brasileira: *Ascensão e queda das grandes potências*. Rio de Janeiro: Campus/Elsevier, 1989.]

KERFERD, G. B. *The Sophistic Movement*. Cambridge: Cambridge University Press, 1981.

KEYNES, John Maynard. Some Economic Consequences of a Declining Population. *Eugenics Review*, v. 29, n. 1, p. 13-17, abr. 1937.

KIBBE, Matt. *Don't Hurt People and Don't Take Their Stuff*: A Libertarian Manifesto. Nova York: William Murrow (HarperCollins), 2014.

KING JR., Martin Luther. The Dimensions of a Complete Life. *In*: KING JR., Martin Luther. *The Measure of a Man*. Filadélfia: Christian Education Press, 1959.

KIRKLAND JR.; JUNIOR, Richard I. Should You Leave It All to the Children? *Fortune*, 29 set. 1986.

KIRZNER, Israel. *Perception, Opportunity and Profit*. Chicago: University of Chicago Press, 1979.

KLEIN, Daniel B. *Liberalism 1.0*: The Genealogy of Adam Smith's Liberalism. Palestra na Universidade Francisco Marroquín, 25 out. 2017a. Disponível em: https://newmedia.ufm.edu/video/liberalism-1-0-the-genealogy-of-adam-smiths-liberalism/.

KLEIN, Daniel B. *Sentiment, Passive and Active, and Liberalism*. Foundation for Economic Education, Atlanta, GA, 25 out. 2017b. Disponível em: https://fee.org/articles/sentiment-passive-and-active-and-liberalism/.

KLEIN, Daniel B. *Beyond Commutative but Not 'Social' Justice*. Foundation for Economic Education, Atlanta, GA, 19 jun. 2017c. Disponível em: https://fee.org/articles/my-reservations-about-the-concept-of-social-justice/.

KLEMM, David. Material Grace: The Paradox of Property and Possession. *In*: SCHWEIKER, William; MATHEWES, Charles (org.). *Having*: Property and Possession in Religious and Social Life. Grand Rapids, MI: Eerdmans, 2004. p. 222-245.

KLINENBERG, Eric. *Heat Wave*: A Social Autopsy of Disaster in Chicago. Chicago: University of Chicago Press, 2002.

KLING, Arnold. The Confusion of the Libertarians. 15 out. 2018. Disponível em: https://medium.com/@arnoldkling /the-confusion-of-the-libertarians-7f-060d4ba844.

KNIGHT, Frank H. The Ethics of Competition. *Quarterly Journal of Economics*, v. 37, n. 4, p. 579-624, ago. 1923. Reimpresso em *The Ethics of Competition*, p. 33-67. Nova York: Harper and Brothers, 1935.

KNIGHT, Frank H. Freedom as Fact and Criterion. *In*: KNIGHT, Frank H. *Freedom and Reform*: Essays in Economics and Social Philosophy. Nova York: Harper and Row, 1947. p. 1-18. Reimpresso em Port Washington: Kennikat Press, 1969.

KNIGHT, Frank H. Economic Theory and Nationalism. *In*: KNIGHT, Frank H. *The Ethics of Competition*. Nova York: Harper and Brothers, 1935. p. 268-351. Reimpresso em New Brunswick: Transaction Publishers, 1997.

KNIGHT, Frank H. Pragmatism and Social Action. *In*: KNIGHT, Frank H. *Freedom and Reform*: Essays in Economics and Social Philosophy, p. 35-44. Nova York: Harper and Row, 1947.

KNIGHT, Frank H. The Rights of Man and Natural Law. *In*: KNIGHT, Frank H. *Freedom and Reform*: Essays in Economics and Social Philosophy. Nova York: Harper and Row, 1947. p. 262-300.

KNIGHT, Frank H.; MERRIAM, T. W. *The Economic Order and Religion*. Nova York: Harper and Brothers, 1945.

KNOTT, Kim. *Hinduism*. Oxford: Oxford University Press, 1998.

KOCKA, Jürgen. *Correspondência*. Destinatário: Deirdre Nansen McCloskey. Nov. 2014.

KOŁAKOWSKI, Leszek. *My Correct Views on Everything*. South Bend: St. Augustine's Press, 2004.

KOLKO, Gabriel. *Railroads and Regulation*, 1877-1916. Princeton: Princeton University Press, 1965.

KROPOTKIN, Príncipe Pyotr A. *Mutual Aid*: A Factor of Evolution. Londres: Heinemann, 1902. [Edição brasileira: *Apoio mútuo*: um fator de evolução. São Paulo: Terra Livre, 2021.]

KRUGMAN, Paul R. Ricardo's Difficult Idea: Why Intellectuals Don't Understand Comparative Advantage. *In*: COOK, Gary (org.). *The Economics and Politics of International Trade*. Londres: Routledge, 2002. p. 22-36. v. 2.

LANDES, David S. Technological Change and Development in Western Europe, 1750-1914. *In*: HABAKKUK, H. J.; POSTAN, M. (org.). *The Cambridge Economic History of Europe*, v. 6, cap. 5. Cambridge: Cambridge University Press, 1965.

LANDES, David S. *The Unbound Prometheus*: Technological Change and Industrial Development in Western Europe, 1750 to the Present. Cambridge: Cambridge University Press, 1969. [Edição brasileira: *Prometeu desacorrentado*: transformação tecnológica e desenvolvimento industrial na Europa Ocidental, de 1750 até os dias de hoje. Rio de Janeiro: Campus/Elsevier, 2005.]

LANDSBURG, Steven E. What to Expect When You're Free Trading. *New York Times*, 16 jan. 2008.

LANGE, Oskar; TAYLOR, Fred M. *On the Economic Theory of Socialism*. Mineápolis: University of Minnesota Press, 1938.

LANGLAND, Connie. Merit Pay Plan Irked Teachers. *Philadelphia Inquirer*, 6 set. 2001.

LAPORE, Jill. The Creed: What Poor Richard Cost Benjamin Franklin. *New Yorker*, p. 78-82, 28 jan. 2008.

LARSON, John Lauritz. *Internal Improvement*: National Public Works and the Promise of Popular Government in the Early United States. Chapel Hill: University of North Carolina Press, 2001.

LAVOIE, Donald Charles. *Rivalry and Central Planning*: A Re-examination of the Debate over Economic Calculation Under Socialism. Cambridge: Cambridge University Press, 1985.

LAWRENCE, D. H. *Studies in Classic American Literature*. Nova York: Thomas Seltzer, 1923. [Edição brasileira: *Estudos sobre a literatura clássica americana*. Rio de Janeiro: Zahar, 2012.]

LEBERGOTT, Stanley. Labor Force and Employment, 1800-1960. *In*: BRADY, Dorothy S. (org.). *Output, Employment, and Productivity in the United States After 1800*. Nova York: National Bureau of Economic Research, 1966. p. 117-204.

LEBERGOTT, Stanley. *Pursuing Happiness*: American Consumers in the Twentieth Century. Princeton: Princeton University Press, 1993.

LEFEBVRE, Georges. *Quatre-vingt-neuf*. Paris: Maison du Livre Français, 1939. [Edição Brasileira: *1789*: O surgimento da Revolução Francesa. São Paulo: Paz e Terra, 2019.]

LEIGHTON, Wayne A.; LÓPEZ, Edward J. *Madmen, Intellectuals, and Academic Scribblers*: The Economic Engine of Political Change. Stanford: Stanford University Press, 2011.

LEMERT, Charles. *Social Things*: An Introduction to the Sociological Life. 5. ed. Lanham, MD: Rowman and Littlefield, 2012.

LENIN, Vladimir. *Imperialism*: The Highest Stage of Capitalism [em russo]. Petrogrado: [*s. n.*], 1917. [Edição brasileira: *Imperialismo*, estágio superior do capitalismo. São Paulo: Expressão Popular, 2012.]

LENIN, Vladimir. The Higher Phase of Communist Society. 1917. *In*: APRESYAN, Stepan; RIORDAN, Jim (org.). *The State and Revolution*, cap. 5, seção. 4. Reimpresso em *Collected Works*, v. 25, p. 473-479. Moscou: Progress Publishers, 1964. Disponível em: www.marxists.org/archive/lenin/works/1917/staterev/ch05.htm#s4.

LEONARD, Thomas C. *Illiberal Reformers*: Race, Eugenics and American Economics in the Progressive Era. Princeton: Princeton University Press, 2016.

LEONI, Bruno. *Law, Liberty and the Competitive Market*. New Brunswick: Transaction, 2008.

LE ROY LADURIE, Emmanuel. *Montaillou*: Cathars and Catholics in a French Village, 1294-1324. Tradução de Barbara Bray. Londres: Scolar. Londres: Penguin, 1980. [Edição brasileira: *Montaillou*: povoado occitânico. São Paulo: Companhia das Letras, 1997. p. 1.294-1.324.]

LEV, Michael A. The Great Migration of China. *Chicago Tribune*, 27-29 dez. 2004.

LEWIS, C. S. *Mere Christianity*. Nova York: Macmillan, 1952. [Edição brasileira: *Cristianismo puro e simples*. Rio de Janeiro: WMF Martins Fontes, 2009.]

LINTOTT, Andrew. *The Constitution of the Roman Republic*. Oxford: Oxford University Press, 1999.

LIPPMANN, Walter. *Drift and Mastery*: An Attempt to Diagnose the Current Unrest. Nova York: M. Kennerley, 1914. Reimpresso em Madison: University of Wisconsin Press, 2015.

LIPSET, Seymour Martin. The Conservatism of Vance Packard. *Commentary Magazine*, p. 80-83, jan. 1961.

LITTLE, Lester K. *Religious Poverty and the Profit Economy in Medieval Europe*. Ithaca: Cornell University Press, 1978.

LOCKE, John. *A Letter Concerning Toleration*. Indianápolis: Hackett, 1983. [Edição brasileira: *Carta sobre a tolerância*. São Paulo: Hedra, 2007.]

LODGE, David. *Home Truths*: A Novella. Londres: Secker and Warburg, 1999. Reimpresso em Londres: Penguin, 2000.

LONDON, Jack. *The People of the Abyss*. Londres: Macmillan, 1903. [Edição brasileira: *O povo do abismo*. São Paulo: Fundação Perseu Abramo, 1903.]

LONG, Huey. *Share Our Wealth Speech*. 23 fev. 1934. Disponível em: https://www.hueylong.com/programs/share-our-wealth-speech.php.

LYONS, Leonard. The Post's New Yorker. *Washington Post*, 12 maio 1937.

MACAULAY, Thomas B. Southey's Colloquies. *Edinburgh Review*, v. 50, n. 100, p. 528-565, jan. 1830. Reimpresso em: *Critical, Historical, and Miscellaneous Essays*, *v.* 2, p. 132-187. Boston: Houghton, Mifflin and Co., 1881.

MACFARLANE, Alan. *The Culture of Capitalism*. Oxford: Basil Blackwell, 1987. [Edição brasileira: *A cultura do capitalismo*. Rio de Janeiro: Zahar, 1989.]

MACINTYRE, Alasdair. *After Virtue*: A Study in Moral Theory. Notre Dame: University of Notre Dame Press, 1981. [Edição brasileira: *Depois da virtude*. Caxias do Sul: Edusc, 2001.]

MACINTYRE, Alasdair. *Dependent Rational Animals*: Why Human Beings Need the Virtues. Londres: Duckworth and Co., 1999.

MADDISON, Angus. *The World Economy in the Twentieth Century*. Paris: Organização para a Cooperação e Desenvolvimento Econômico, 1989.

MADDISON, Angus. *The World Economy*. Paris: Organização para a Cooperação e Desenvolvimento Econômico, 2006. 2 v.

MADDISON, Angus. *Historical Statistics of the World Economy: 1-2008 AD*. Groningen Growth and Development Centre, Universidade de Groningen. 2010. Disponível em: www.ggdc.net/MADDISON/HistoricalStatistics/horizontal--file02-2010.xls. Acesso em: 25 fev. 2019.

MADISON, James. The Structure of the Government Must Furnish the Proper Checks and Balances Between the Different Departments. *Federalist Papers*, n. 51, 8 fev. 1788. Disponível em: www.congress.gov/resources/display/content/The+Federalist+Papers#TheFederalistPapers -51.

MALKIN, Elisabeth. Mexico Agrees to Sugar Trade Deal, but U.S. Refiners Remain Unhappy. *New York Times*, 6 jun. 2017.

MANDEVILLE, Bernard. *The Fable of the Bees*: or, Private Vices, Publick Benefits. Oxford: Clarendon Press, 1924. 2 v. Reimpresso em Indianápolis: Liberty Fund, 1988. [Edição brasileira: *A fábula das abelhas*: ou vícios privados, benefícios públicos. São Paulo: Unesp, 2017.]

MANZONI, Alessandro. *I Promessi Sposi*. Livorno: Pozzolini, 1827.

MARGO, Robert A. What Is the Key to Black Progress? *In*: MCCLOSKEY, Deirdre N. (org.). *Second Thoughts*: Myths and Morals of U.S. Economic History. Nova York e Oxford: Oxford University Press, 1993. p. 65-69.

MARX, Karl. *Capital*: A Critique of Political Economy. Nova York: Modern Library (Random House), 1906. [Edição brasileira: *O capital*: crítica da economia política. Rio de Janeiro: Civilização Brasileira, 2002.]

MARX, Karl. *Capital*: A Critique of Political Economy. Chicago: Kerr, 1907. Reimpresso em Moscou: Progress Publishers, 1956. Disponível em: https://www.marxists.org/archive/marx/works/download/pdf/Capital-Volume-II.pdf. [Edição brasileira: *O capital*: crítica da economia política: o processo de circulação do capital. São Paulo: Boitempo, 2014.]

MARX, Karl. *Capital*: A Critique of Political Economy. Chicago: Kerr, 1909. Reimpresso em Moscou: Instituto Marx-Engels-Lenin, 1959. Disponível em: www.marxists.org/archive/marx/works/download/pdf/Capital-Volume-III.pdf. [Edição brasileira: *O capital*: crítica da economia política: o processo global da produção capitalista. São Paulo: Boitempo, 2017.]

MAUSS, Marcel. *The Gift*. Tradução de W. D. Halls. Londres: Routledge, 1990. Reimpresso em Londres: Routledge Classics, 2002.

MAZZUCATO, Mariana. *The Entrepreneurial State*: Debunking Public vs. Private Sector Myths. Reimpresso em Londres: Anthem Press, 2014. [Edição brasileira: *O Estado empreendedor*: desmascarando o mito do setor público *vs*. setor privado. Recife: Portfolio, 2014.]

MCCLAY, Wilfred. The Strange Career of "The Lonely Crowd"; or, The Antinomies of Autonomy. *In*: HASKELL, T. L.; TEICHGRAEBER III; R. F. *The Culture of the Market*: Historical Essays. Cambridge: Cambridge University Press, 1993. p. 397-440.

MCCLOSKEY, Deirdre N. Did Victorian Britain Fail? *Economic History Review*, v. 23, p. 446-459, dez. 1970. Reimpresso em: *Twentieth-Century Economic History*: Critical Concepts in Economics. Londres: Routledge, 2010.

MCCLOSKEY, Deirdre N. (org.). *Essays on a Mature Economy*: Britain after 1840. Princeton: Princeton University Press, 1972.

MCCLOSKEY, Deirdre N. "New Perspectives on the Old Poor Law." *Explorations in Economic History*, n. 10, p. 419-436, jun./set. 1973.

MCCLOSKEY, Deirdre N. Magnanimous Albion: Free Trade and British National Income, 1841-1881. *Explorations in Economic History*, v. 17, p. 303-320, 1980.

MCCLOSKEY, Deirdre N. *The Applied Theory of Price*. Nova York: Macmillan, 1985.

MCCLOSKEY, Deirdre N. *If You're So* Smart: The Narrative of Economic Expertise. Chicago: University of Chicago Press, 1990.

MCCLOSKEY, Deirdre N. Voodoo Economics. *Poetics Today*, v. 12, n. 2, p. 287-300, jun./set. 1991.

MCCLOSKEY, Deirdre N. Resenha em *In Pursuit of the Ph.D.*, de William Bowen e Neil Rudenstine. *Economics of Education Review*, v. 4, p. 359-365, 1993.

MCCLOSKEY, Deirdre N. *Knowledge and Persuasion in Economics.* Cambridge: Cambridge University Press, 1994.

MCCLOSKEY, Deirdre N. Bourgeois Virtue and the History of *P* and *S*. *Journal of Economic History*, v. 58, n. 2, p. 297-317, jun. 1998.

MCCLOSKEY, Deirdre N. Post-Modern Free-Market Feminism: A Conversation with Gayatri Chakravorty Spivak. *Rethinking Marxism*, v. 12, n. 4, p. 23-37, dez. 2000.

MCCLOSKEY, Deirdre N. Getting It Right, and Left: Marxism and Competition. *Eastern Economic Journal*, v. 27, n. 4, p. 515-520, 2001.

MCCLOSKEY, Deirdre N. The Insanity of Letters of Recommendation. *Eastern Economic Journal*, v. 28, n. 1, p. 137-140, 2002.

MCCLOSKEY, Deirdre N. Notre Dame Loses. *Eastern Economic Journal*, v. 29, n. 2, p. 309-315, 2003.

MCCLOSKEY, Deirdre N. *The Bourgeois Virtues*: Ethics for an Age of Commerce. Chicago: University of Chicago Press, 2006a.

MCCLOSKEY, Deirdre N. A Solution to the Alleged Inconsistency in the Neoclassical Theory of Markets: Reply to Guerrien's Reply. *Post-Autistic Economics Review*, n. 39, out. 2006b. Disponível em: www.paecon.net/PAEReview/issue39/McCloskey39.htm.

MCCLOSKEY, Deirdre N. *Keukentafel* Economics and the History of British Imperialism. *South African Economic History Review*, v. 21, p. 171-176, 2006c.

MCCLOSKEY, Deirdre N. Adam Smith, the Last of the Former Virtue Ethicists. *History of Political Economy*, v. 40, n. 1, p. 43-71, 2008.

MCCLOSKEY, Deirdre N. *Bourgeois Dignity*: Why Economics Can't Explain the Modern World. Chicago: University of Chicago Press, 2010.

MCCLOSKEY, Deirdre N. What Michael Sandel Can't Buy: Review of Sandel's "What Money Can't Buy". *Claremont Review of Books*, v. 12, p. 57-59, out. 2012a. Revisado e reimpresso como "The Moral Limits of Communitarianism: What Michael Sandel Can't Buy". *ORDO*, v. 64, p. 538-543, mar./jun. 2013.

MCCLOSKEY, Deirdre N. Sliding Into PoMo-ism from Samuelsonianism: Comment on Ruccio and Amariglio, *Postmodern Moments in Modern Economics. Rethinking Marxism*, v. 24, n. 3, p. 355-359, 2012b.

MCCLOSKEY, Deirdre N. *Bourgeois Equality*: How Ideas, Not Capital or Institutions, Enriched the World. Chicago: University of Chicago Press, 2016a.

MCCLOSKEY, Deirdre N. Christian Libertarianism Is What Our Politics Needs. *In*: GILLESPIE, Nick (org.). Libertarianism, Yes! But *What Kind* of Libertarianism? *Reason*, 9 jun. 2016b. Disponível em: https://reason.com/2016/06/09/libertarianism-yes-but-what-kind-of-libe/.

MCCLOSKEY, Deirdre N. Why Liberalism's Critics Fail. Resenha de *Why Liberalism Failed*, de Patrick Deneen. *Modern Age*, v. 60, n. 3, 2018a. Disponível em: https://home.isi.org/why-liberalism%E2%80%99s -critics-fail.

MCCLOSKEY, Deirdre N. 2018b. The Applied Theory of Bossing People Around: Thaler's Nobel. *Reason*, p. 8-9, mar. 2018b.

MCCLOSKEY, Deirdre N. A True but Nonobvious Proposition? *Reason*, maio 2018c. Disponível em: https://reason.com/archives/2018/04/03/a-true-but-nonobvious-proposit.

MCCLOSKEY, Deirdre N. The Two Movements in Economic Thought, 1700-2000: Empty Economic Boxes Revisited. *History of Political Economy*, v. 26, n. 1, p. 63-95, 2018d.

MCCLOSKEY, Deirdre N. Manifesto for a New American Liberalism, or How to Be a Humane Libertarian. *In*: POWELL, Benjamin (org.). *Economic Freedom and Prosperity*: The Origins and Maintenance of Liberalization. Nova York: Routledge, 2019.

MCCLOSKEY, Deirdre N.; CARDEN, Art. *Leave Me Alone and I'll Make You Rich and Wise*: How the Bourgeois Deal Enriched the World. Manuscrito não publicado.

MCCLOSKEY, Deirdre N.; HEJEEBU, Santhi. The Reproving of Karl Polanyi. *Critical Review*, v. 13, p. 285-314, jun./nov.1999.

MCCLOSKEY, Deirdre N.; HEJEEBU, Santhi. Polanyi and the History of Capitalism: Rejoinder to Blyth. *Critical Review*, v. 16, n. 1, p. 135-142, 2004.

MCCLOSKEY, Deirdre N.; KLAMER, Arjo. The Rhetoric of Disagreement. *Rethinking Marxism*, v. 2, p. 140-161, set./nov. 1989. Reimpresso em *Why Economists Disagree*. Albany: SUNY Press, 1998.

MCCLOSKEY, Deirdre N.; KLAMER, Arjo. One Quarter of GDP is Persuasion. *American Economic Review Papers and Proceedings*, v. 85, n. 2, p. 191-195, 1995.

MCCLOSKEY, Robert Green. *American Conservatism in the Age of Enterprise*: A Study of William Graham Sumner, Stephen J. Field, and Andrew Carnegie. Cambridge: Harvard University Press, 1951.

MCNEILL, William H. *Venice, the Hinge of Europe 1081-1797*. Chicago: University of Chicago Press, 1974.

MEGILL, Allan. *Karl Marx*: The Burden of Reason. Lanham: Rowman and Littlefield, 2002.

MEISNER, Jason; SWEENEY, Annie. Landmark Investigation Says Chicago Police Conduct Harms Residents, Endangers Officers. *Chicago Tribune*, 14 jan. 2017.

MELVILLE, Herman. Bartleby. *In*: MELVILLE, Herman. *The Piazza Tales*. Nova York: Dix and Edwards, 1856, p. 31-108.

MENCKEN, H. L. *A Little Book in C Major*. Nova York: John Lane, 1916.

MENCKEN, H. L. *Prejudices*: Third Series. Nova York: A. A. Knopf, 1922.

MENCKEN, H. L. *Notes on Democracy*. Nova York: A. A. Knopf, 1926. Reimpresso em Nova York: Dissident Books, 2009.

MENDELSON, Cheryl. *Home Comforts*: The Art and Science of Keeping House. Nova York: Scribner, 1999.

MIDGLEY, Mary. *Wickedness*: A Philosophical Essay. Londres: Routledge and Kegan Paul, 1984.

MIELANTS, Eric H. *The Origins of Capitalism and the "Rise of the West"*. Filadélfia: Temple University Press, 2008.

MILANOVIC, Branko; LINDERT, Peter H.; WILLIAMSON, Jeffrey G. Pre-Industrial Inequality. *Economic Journal*, v. 121, p. 255-272, 2011.

MILL, John Stuart. On the Definition of Political Economy; and on the Method of Philosophical Investigation in That Science. *London and Westminster Review*, p. 1-16, out. 1836.

MILL, John Stuart. *On Liberty*. 2. ed. Londres: John W. Parker and Son, 1859. Reimpresso em Kitchener, Ontário: Batoche Books, 2001. [Edição brasileira: *Sobre a liberdade*. São Paulo: Escala, 2007.]

MILL, John Stuart. *Principles of Political Economy, with Some of Their Applications to Social Philosophy*. Londres: Longmans, Green, 1909. [Edição brasileira: *Princípios de economia política*. São Paulo: Abril Cultural, 1983.]

MINGARDI, Alberto. Classical Liberalism in Italian Economic Thought from the Time of Unification. *Econ Journal Watch*, v. 14, n. 1, p. 22-54, jan. 2017.

MISES, Ludwig von. *Human Action*: A Treatise on Economics. New Haven: Yale University Press, 1949. [Edição brasileira: *Ação humana*: um tratado de economia. Instituto Ludwig von Mises Brasil/Instituto Liberal, 2013.]

MISES, Ludwig von. *Socialism*: An Economic and Sociological Analysis. New Haven: Yale University Press, 1951.

MISES, Ludwig von. *The Anti-Capitalistic Mentality*. Princeton: Van Nostrand. Indianápolis: Liberty Fund, 2006. [Edição brasileira: *A mentalidade anticapitalista*. Campinas: Vide Editorial/Instituto Liberal, 2012.]

MOKYR, Joel. *The Enlightened Economy*: An Economic History of Britain 1700-1850. New Haven: Yale University Press, 2010.

MOKYR, Joel. What Today's Economic Gloomsayers Are Missing. *Wall Street Journal*, 8 ago. 2014.

MUELLER, John. *Capitalism, Democracy, and Ralph's Pretty Good Grocery*. Princeton: Princeton University Press, 1999.

MUELLER, John. *Overblown*: How Politicians and the Terrorism Industry Inflate National Security Threats, and Why We Believe Them. Nova York: The Free Press, 2006.

MURRAY, John E.; COSGEL, Metin M. Between God and Market: Influences of Economy and Spirit on Shaker Communal Dairying, 1830-1875. *Social Science History*, v. 23, p. 41-65, mar./jun. 1999.

NELSON, Robert H. *Reaching for Heaven on Earth*: The Theological Meaning of Economics. Lanham: Rowman and Littlefield, 1991.

NEW ORLEANS TIMES-PICAYUNE. Commend Center. 23 fev. 2006.

NORDHAUS, William D. *Schumpeterian in the American Economy: Theory and Measurement*. NBER Working Paper n. 10.433, National Bureau of Economic Research, Cambridge, MA, abr. 2004. Disponível em: www.nber.org/papers/w10433.

NORTH, Douglass C.; WALLIS, John Joseph; WEINGAST, Barry R. *Violence and Social Orders*: A Conceptual Framework for Interpreting Recorded Human History. Cambridge: Cambridge University Press, 2009.

NOZICK, Robert. *Anarchy, State, and Utopia*. Nova York: Basic Books, 1974. [Edição brasileira: *Anarquia, Estado e utopia*. Rio de Janeiro: Zahar, 1991.]

NOZICK, Robert. *Philosophical Explanations*. Cambridge, MA: Harvard University Press, 1981.

NOZICK, Robert. *The Examined Life*: Philosophical Meditations. Nova York: Simon and Schuster, 1989.

NOZICK, Robert. *Invariances*: The Structure of the Objective World. Cambridge, MA: Harvard University Press, 2001.

NUSSBAUM, Martha C.; SEN, AMARTYA (org.). *The Quality of Life*. Oxford: Clarendon Press, 1993.

NYE, John V. C. Thinking About the State: Property Rights, Trade, and Changing Contractual Arrangements in a World with Coercion. *In*: DROBAK, John; NYE, John V. C. (org.). *The Frontiers of the New Institutional Economics*. Nova York e Londres: Academic Press. 1997. p. 121-142.

O'ROURKE, P. J. What Do They Do for Fun in Warsaw? *In*: O'ROURKE, P. J. *Holidays in Hell*. Nova York: Vintage Books, 1988.

O'SIADHAIL, Michael. *The Five Quintets*. Waco: Baylor University Press, 2018.

OGILVIE, Sheilagh. *The European Guilds*: An Economic Analysis. Princeton: Princeton University Press, 2019.

ORGANIZAÇÃO PARA A COOPERAÇÃO E DESENVOLVIMENTO ECONÔMICO (OCDE). 2018. Youth Unemployment Rate (Indicator). Disponível em: https://data.oecd.org/unemp/youth-unemployment-rate.htm. Acesso em: 3 jan. 2018.

ORWELL, George. *The Road to Wigan Pier*. Londres: Gollancz, 1937. [Edição brasileira: *O caminho para Wigan Pier*. São Paulo: Companhia das Letras, 2010.]

PACKER, George. *The Unwinding*: An Inner History of the New America. Nova York: Farrar, Straus and Giroux, 2013. [Edição brasileira: *Desagregação*: Por dentro de uma nova América. São Paulo: Companhia das Letras, 2014.]

PAGANO, Patrizio; SBRACIA, Massimo. The Secular Stagnation Hypothesis: A Review of the Debate and Some Insights. *Questioni di Economia e Finanza* (Occasional Papers), n. 231, 2014.

PAINE, Thomas. *Common Sense*. Nova York: Peter Eckler, 1922. [Edição brasileira: *Senso comum*. São Paulo: Martin Claret, 2005.]

PAINE, Thomas. *The Age of Reason*. Indianápolis: Bobbs-Merrill, 1975.

PALMER, Tom G. *Realizing Freedom*: Libertarian Theory, History, and Practice. Edição ampliada. Washington, DC: Cato Institute, 2009.

PALMER, Tom G. (org.) *The Morality of Capitalism*. Ottawa, IL: Jameson Books, 2011. [Edição brasileira: *A moralidade do capitalismo*: o que os professores não contam. São Paulo: Peixoto Neto, 2012.]

PALMER, Tom G. (org.) *Why Liberty*: Your Life, Your Choices, Your Future. Ottawa, IL: Jameson Books, 2013.

PARTRIDGE, H. Freedom. *In*: EDWARDS, Paul (org.). *The Encyclopedia of Philosophy*. Nova York: Macmillan, 1967.

PEACOCK, Alan. Economic Freedom. *In*: EATWELL, John (org.). *The New Palgrave*: A Dictionary of Economics, Murray Milgate e Peter Newman. Londres: Macmillan, 1987. p. 88-93. v. 2.

PEARSON, James. North Korea's Black Market Becoming the New Normal. *Reuters*, 28 out. 2015. Disponível: www.reuters.com/article/us-northkorea-change-insight/north-koreas-black-market-becoming-the-new-normal-idUSKCN0SN00320151029.

PEART, Sandra J.; LEVY, David M. (org.). *The Street Porter and the Philosopher*: Conversations in Analytical Egalitarianism. Ann Arbor: University of Michigan Press, 2008a.

PEART, Sandra J.; LEVY, David M. Denying Human Homogeneity: Eugenics and the Making of Postclassical Economics. *In*: PEART, Sandra J.; LEVY, David M. *The Street Porter and the Philosopher*, p. 338-357, 2008b.

PERKINS, Dwight H. The Transition from Central Planning: East Asia's Experience. *In*: HO KOO, Bon; PERKINS, Dwight H. *Social Capability and Long-Term Economic Growth*. Basingstoke: Macmillan, 1995. p. 221-241.

PERKINS, Dwight H.; RAWSKI, Thomas G. Forecasting China's Economic Growth to 2025. *In*: BRANDT, Loren; RAWSKI, Thomas G. (org.). *China's Great Economic Transformation*. Cambridge: Cambridge University Press, 2008. p. 829-886

PERRY, Mark J. Census Data Released Today Show Continued Gains for Middle-Class Americans and Little Evidence of Rising Income Inequality. *AEIdeas*, 12 set. 2018. Disponível em: www.aei.org/publication/some-charts-from-the-census-data-released-this-week-on-us-incomes-in-2017-showing-impressive-gains-for-americans/.

PERSKY, Joseph. A Dismal Romantic. *Journal of Economic Perspectives*, v. 4, n. 4, p. 165-172, 1990.

PETERSON, Christopher; SELIGMAN, Martin E. P. *Character Strengths and Virtues*: A Handbook and Classification. Oxford: Oxford University Press, 2004.

PETTEGREE, Andrew. *The Invention of* News: How the World Came to Know About Itself. New Haven: Yale University Press, 2014.

PHELPS, Edmund S. *Mass Flourishing*: How Grassroots Innovation Created Jobs, Challenge, and Change. Princeton: Princeton University Press, 2013.

PIKETTY, Thomas. *Capital in the Twenty-First Century*. Tradução de Arthur Goldhammer. Cambridge, MA: Harvard University Press, 2014. Publicado originalmente como *Le Capital au XXIe siècle* (Paris: Éditions du Seuil, 2013).

PILLER, Charles; YOU, Jia. Hidden Conflicts? An Investigation Finds a Pattern of After-the-Fact Compensation by Pharma to Those Advising the U.S. Government on Drug Approvals. *Science*, v. 361, p. 17-23, 6 jul. 2018.

PLATÃO. Phaedrus. *In*: *Plato I*: Euthyphro, Apology, Crito, Phaedo, Phaedrus. Tradução de H. N. Fowler. Cambridge, MA: Harvard University Press, 1914.

PLATÃO. Sophist. *In*: *Plato VII*: Theaetetus, Sophist. Tradução de H. N. Fowler. Cambridge, MA: Harvard University Press, 1921. [Edição brasileira: *O sofista*. [*s. l.*]: Golden Books, 2005.]

PLATÃO. Gorgias. *In*: *Plato III*: Lysis, Symposium, Gorgias. Tradução de W. R. M. Lamb. Cambridge, MA: Harvard University Press, 1925. [Edição brasileira: *Górgias*. São Paulo: Perspectiva, 2011.]

POLANYI, Michael. *The Logic of Liberty*. Chicago: University of Chicago Press, 1951. [Edição brasileira: *A lógica da liberdade*. Rio de Janeiro: Topbooks, 2003.]

POMERANZ, Kenneth; TOPIK, Steven. *The World That Trade Created*. 3. ed. Armonk, NY: M. E. Sharpe, 2012.

POPE, Alexander. Epistle IV to Richard Boyle, Earl of Burlington. *In*: DAVIS, H. (org.). *Pope*: Poetical Works. Oxford: Oxford University Press, 1966. p. 314-321.

POSNER, Eric A. The Far-Reaching Threats of a Conservative Court. *New York Times*, 23 out. 2018.

POSNER, Eric A.; WEYL, E. Glen. *Radical Markets*: Uprooting Capitalism and Democracy for a Just Society. Princeton: Princeton University Press, 2018. [Edição brasileira: *Mercados radicais*: reinventando o capitalismo e a democracia para uma sociedade justa. Recife: Portfolio, 2019.]

POSNER, Richard A. Utilitarianism, Economics, and Legal Theory. *Journal of Legal Studies*, v. 8, p. 103-140, 1979.

POSNER, Richard A. Wealth Maximization Revisited. *Notre Dame Journal of Law, Ethics, and Public Policy*, v. 2, p. 85-105, 1985.

POSTREL, Virginia. *The Future and Its Enemies*: The Growing Conflict over Creativity, Enterprise, and Progress. Nova York: Free Press, 1998.

POWERS, Kirsten. *The Silencing*: How the Left Is Killing Free Speech. Washington, DC: Regnery, 2015.

PRESTONA, Stephanie D.; DE WAAL, Frans B. M. Empathy: Its Ultimate and Proximate Bases. *Behavioral and Brain Sciences*, v. 25, p. 1-72, 2002.

QUINTILIANO. *Institutio Oratia*. Tradução de H. E. Butler. Cambridge, MA: Harvard University Press, 1929. Loeb Classical Library. [Edição brasileira: *Instituição oratória*. Campinas: Unicamp, 2015.]

RADFORD, R. A. The Economics of a POW Camp. *Economica*, v. 12, p. 189-201, 1945.

RAHN, Richard W. The Unthinking and the Unobservant. *Washington Times*, 2 jul. 2018a. Disponível em: www.washingtontimes.com/news/2018/jul/2/history-shows-that-socialism-brings-misery-to-nati/.

RAHN, Richard W. Why Some Problems Seem Never to Be Solved. *Washington Times*, 9 jul. 2018b. Disponível em: www.washingtontimes.com/news/2018/jul/9/why-some-problems-seem-never-to-be-solved/.

RAWLS, John. Justice as Fairness. *Philosophical Review* 67, n. 2, p. 164-194, 1958.

RAWLS, John. *A Theory of Justice*. Cambridge, MA: Harvard University Press, 1971. [Edição brasileira: *Uma teoria da justiça*. Rio de Janeiro: Martins Fontes, 2008.]

RAWLS, John. 1985. Justice as Fairness: Political Not Metaphysical. *Philosophy and Public Affairs*, v. 14, p. 223-251, jun./set. 1985.

REDDY, William M. *The Navigation of Feeling*: A Framework for the History of Emotions. Cambridge: Cambridge University Press, 2001.

REICH, Robert B. *The Work of Nations*: Preparing Ourselves for 21st-Century Capitalism. Londres: Simon and Schuster, 1991.

REICH, Robert B. How to Shrink Inequality. *The Nation*, 6 maio 2014.

REID, Michael. *Forgotten Continent*: The Battle for Latin America's Soul. Ed. rev. New Haven: Yale University Press, 2017. [Edição brasileira: *O continente esquecido*: a batalha pela alma latino-americana. Rio de Janeiro: Campus/Elsevier, 2008.]

REINHART, Carmen M.; ROGOFF, Kenneth S. *Growth in a Time of Debt*. NBER Working Paper n. 15.639, National Bureau of Economic Research, Cambridge, MA, dez. 2011. Disponível em: www.nber.org/papers/w15639.

RIDLEY, Matt. Start Spreading the Good News on Inequality. *The Times* (Londres), 2 jun. 2014. Disponível em: www.thetimes.co.uk/article/start-spreading-the--good-news-on-inequality-nx03pwjtv6d.

RIIS, Jacob. *How the Other Half Lives*: Studies Among the Tenements of New York. Nova York: Charles Scribner's Sons, 1890.

RIMLINGER, Gaston V. Social Change and Social Security in Germany. *Journal of Human Resources*, v. 3, n. 4, p. 409-421, 1968.

ROBERTSON, D. H. *The Control of Industry*. Londres: Nisbet and Co., 1923.

ROBINE, Jean-Marie *et al*. Plus de 70.000 déces en Europe au cours de l'été 2003. *Comptes Rendus Biologies*, v. 331, n. 2, p. 171-178, 2008.

ROGGE, Benjamin A. The Case for Economic Freedom. *In*: LEE, Dwight (org.). *A Maverick's Defense of Freedom*: Selected Writings and Speeches of Benjamin A. Rogge. Indianápolis: Liberty Fund, 2010. p. 3-9.

RÖNNBÄCK, Klas. Integration of Global Commodity Markets in the Early Modern Era. *European Review of Economic History*, v. 13, p. 95-129, 2009.

ROOSEVELT, Franklin Delano. *Discurso sobre o estado da União para o Congresso*, 6 jan. 1941.

RORTY, Amélie Oksenberg. Experiments in Philosophical Genre: Descartes' *Meditations*. *Critical Inquiry*, v. 9, p. 545-565, mar. 1983.

ROSLING, Hans, ROSLING, Ola; RÖNNLUND, Anna Rosling. *Factfulness*: Ten Reasons We're Wrong About the World — and Why Things Are Better than You Think. Londres: Hodder and Stoughton, 2018.

ROTHBARD, Murray N. *The Ethics of Liberty*. Atlantic Highlands: Humanities Press, 1982. Reimpresso em Nova York: New York University Press, 1998. [Edição brasileira: *A ética da liberdade*. São Paulo: Instituto Ludwig von Mises Brasil, 2013.]

ROUSSEAU, Jean-Jacques. Discourse on the Origin of Inequality. *In*: CRESS, Donald A. (org.). *Rousseau*: The Basic Political Writings. Indianápolis: Hackett, 2011. p. 25-109. [Edição brasileira: *Discurso sobre a origem e os fundamentos da desigualdade entre os homens*. Rio de Janeiro: Martin Claret, 2007.]

ROUSSEAU, Jean-Jacques. *Du contrat social*. Amsterdã: Marc-Michel Rey, 1762. [Edição brasileira: *O contrato social*. Porto Alegre: L&PM, 2007.]

ROWLEY, Charles; PEACOCK, Alan. *Welfare Economics*: A Liberal ReInterpretation. Londres: Martin Robertson, 1975.

RUGER, William; SORENS, Jason. The Case for "Virtue Libertarianism" Over Libertinism. *In*: GILLESPIE, Nick (org.). Libertarianism, Yes! But *What Kind* of Libertarianism? *Reason*, 9 jun. 2016. Disponível em: http://reason.com/archives/2016/06/09/libertarianism-yes-but-what-kind-of-libe/.

RUMBOLD, Richard. Speech from the Scaffold. *In*: BRAILSFORD, Henry Noel. *The Levellers and the English Revolution*, Stanford: Stanford University Press, 1961.

RYAN, Alan. Liberty. *In*: EATWELL, John; MILGATE, Murray; NEWMAN, Peter (org.). *The New Palgrave*: A Dictionary of Economics. Londres: Macmillan, 1987.

SAFI, Michael. India Weighs Up the Return on Cash Handouts for the Poorest. *Guardian*, 6 fev. 2017. Disponível em: www.theguardian.com/global-development/2017/feb/06/india-weighs-return-cash-handouts-poorest-universal-basic-income-arvind-subramanian.

SAHLINS, Marshall. *Culture and Practical Reason*. Chicago: University of Chicago Press, 1976. [Edição brasileira: *Cultura e razão prática*. Rio de Janeiro: Zahar, 2003.]

SAHLINS, Marshall. *Stone Age Economics*. 2. ed. Londres: Routledge, 2003.

SALA-I-MARTIN, Xavier. The World's Distribution of Income: Falling Poverty and Convergence. *Quarterly Journal of Economics*, v. 121, n. 2, p. 351-397, 2006.

SALA-I-MARTIN, Xavier; PINKOVSKIY, Maxim. *Parametric Estimations of the World Distribution of Income*. VoxEU.org, Centre for Economic Policy Research, Londres, 22 jan. 2010. Disponível em: www.voxeu.org/article/parametric-estimations-world-distribution-income.

SANDEL, Michael. *What Money Can't Buy*: The Moral Limits of Markets. Nova York: Farrar, Straus and Giroux, 2012. [Edição brasileira: *O que o dinheiro não compra*: os limites morais do mercado. Rio de Janeiro: Civilização Brasileira, 2012.]

SAUNDERS, Peter. Researching Poverty: Methods, Results, and Impact. *Economic and Labour Relations Review*, v. 24, n. 2, p. 205-218, 2013.

SAYERS, Dorothy L. Why Work? *In*: SAYERS, Dorothy L. *Letters to a Diminished Church*. Nashville: Thomas Nelson, 2004. p. 118-139.

SCHJELDAHL, Peter. Dealership: How Marian Goodman Quietly Changed the Contemporary-Art Market. *New Yorker*, p. 36-41, 2 fev. 2004.

SCHLESINGER JR., Arthur M. *The Age of Jackson*. Boston: Little, Brown and Company, 1945.

SCHLESINGER JR., Arthur M. *The Politics of Hope*. Boston: Riverside Press, 1962.

SCHMIDTZ, David. Reasons for Altruism. *In*: PAUL, Ellen Frankel; MILLER, Fred D.; PAUL, Jeffrey (org.). *Altruism*, Cambridge: Cambridge University Press, 1993. p. 52-68. Reimpresso em *The Gift*: An Interdisciplinary Perspective, editado por Aafke E. Komter, p. 164-175. Amsterdã: University of Amsterdam Press, 1996.

SCHMIDTZ, David. Nonideal Theory: What It Is and What It Needs to Be. *Ethics*, v. 121, n. 4, p. 772-796, 2011.

SCHOR, Juliet B. *The Overworked American*: The Unexpected Decline of Leisure. Nova York: Basic Books, 1993.

SCHOR, Juliet B. *The Overspent American*: Upscaling, Downshifting, and the New Consumer. Nova York: Basic Books, 1998.

SCHOR, Juliet B. *Born to Buy*: The Commercialized Child and the New Consumer Culture. Nova York: Scribner, 2004. [Edição brasileira: *Nascidos para comprar*. São Paulo: Gente, 2009.]

SCHULTZ, Kevin M. *Buckley and Mailer*: The Difficult Friendship That Shaped the Sixties. Nova York: W. W. Norton, 2015.

SCHULTZE, Charles L. Industrial Policy: A Dissent. *Brookings Review* 2, p. 3-12, set./dez. 1983.

SCHUMPETER, Joseph A. *Capitalism, Socialism, and Democracy*. 3. ed. Nova York: Harper and Row, 1950. [Edição brasileira: *Capitalismo, socialismo e democracia*. Rio de Janeiro: Editora Fundo de Cultura, 2017.]

SCHUMPETER, Joseph A. *History of Economic Analysis*. Londres: Routledge, 1954. [Edição brasileira: *Teoria do desenvolvimento econômico*: uma investigação sobre lucros, capital, crédito, juro e o ciclo econômico. São Paulo: Nova Cultural, 1997.]

SCHUTTNER, Scott. *Basic Stairbuilding*. Newtown: Taunton Press, 1998.

SCITOVSKY, Tibor. *The Joyless Economy*: An Inquiry into Human Satisfaction and Consumer Dissatisfaction. Nova York: Oxford University Press, 1976.

SCRUTON, Roger. *How to Be a Conservative*. Londres e Nova York: Bloomsbury, 2014. [Edição brasileira: *Como ser um conservador*. Rio de Janeiro: Record, 2015.]

SEABROOK, John. The Flash of Genius. *New Yorker*, 11 jan. 1993.

SEAGER, Henry R. The Minimum Wage as Part of a Program for Social Reform. *Annals of the American Academy of Political and Social Science*, v. 48, p. 3-12, jul. 1913.

SEATON, James. *Cultural Conservatism, Political Liberalism*: From Criticism to Cultural Studies. Ann Arbor: University of Michigan Press, 1996.

SELLAR, Walter Carruthers; YEATMAN, Robert Julian. *1066 and All That*: A Memorable History of England. Nova York: Dutton, 1931.

SEN, Amartya. *Commodities and Capabilities*. Amsterdã: Elsevier Science, 1985.

SEN, Amartya. *On Ethics and Economics*. Oxford: Blackwell, 1987. [Edição brasileira: *Sobre ética e economia*. São Paulo: Companhia das Letras, 1999.]

SEN, Amartya. *Development as Freedom*. Oxford: Oxford University Press, 1999. [Edição brasileira: *Desenvolvimento como liberdade*. Companhia das Letras, 2000.]

SENDER, Katherine. Professional Homosexuals: The Politics of Sexual Identification in Gay and Lesbian Media and Marketing. *In*: BARNHURST, Kevin G. (org.). *Media/Queered*: Visibility and Its Discontents, Nova York: Peter Lang, 2007. p. 89-106.

SHILTS, Wade. Making McCloskey's Rhetoric Empirical: Company Law and Tragedies of the Commons in Victorian Britain. *In*: CLIFT, Edward (org.). *Transdisciplinary Readings*: Essays in Rhetoric and Economics. Lewiston, NY: Mellen Press, 2007.

SHLAES, Amity. *The Forgotten Man*: A New History of the Great Depression. Nova York: HarperCollins, 2007.

SILVER, Allan. Friendship and Trust as Moral Ideals: An Historical Approach. *European Journal of Sociology*, v. 30, n. 2, p. 274-297, 1989.

SKIDELSKY, Robert. *Money and Government*: The Past and Future of Economics. New Haven: Yale University Press, 2018.

SKINNER, Quentin. Meaning and Understanding in the History of Ideas. *History and Theory*, v. 8, p. 3-53, 1969.

SKWIRE, Sarah; HORWITZ, Steven. Thomas Piketty's Literary Offenses. *The Freeman*, v. 64, p. 25, out. 2014.

SMITH, Adam. 1762-1766. *Lectures on Jurisprudence*. Oxford: Oxford University Press, 1978.

SMITH, Adam. *An Inquiry into the Nature and Causes of the Wealth of Nations*. Oxford: Oxford University Press, 1976. 2 v. [Edição brasileira: *A riqueza das nações*. Curitiba: Juruá, 2006.]

SMITH, Adam. *The Theory of Moral Sentiments*. 6. ed. Oxford: Oxford University Press, 1976. [Edição brasileira: *Teoria dos sentimentos morais*. Rio de Janeiro: Martins Fontes, 2002.]

SMITH, Vernon L. Constructivist and Ecological Rationality in Economics. Palestra Prêmio Nobel, 8 dez. 2002. *In*: FRÄNGSMYR, Tore (org.). *Les Prix Nobel: The Nobel Prizes 2002*. Estocolmo: Fundação Nobel, 2003. Disponível: www.nobelprize.org/uploads/2018/06/smith-lecture-2.pdf.

SMITH, Vernon L.; WILSON, Bart J. "Sentiments", Conduct, and Trust in the Laboratory. *Social Philosophy and Policy*, v. 34, n. 1, p. 25-55, 2017.

SMITH, Vernon L.; WILSON, Bart J. *Humanomics*: Moral Sentiments and the Wealth of Nations for the Twenty-First Century. Cambridge e Nova York: Cambridge University Press, 2018.

SNYDER, Don J. Winter Work. *In*: RHETT, Kathryn (org.). *Survival Stories*: Memoirs of Crisis, p. 67-89. Nova York: Anchor, 1997.

SOMBART, Werner. *Why Is There No Socialism in the United States?* Tradução de Patricia M. Hocking e C. T. Husbands. White Plains: Sharpe, 1976. Publicado originalmente como *Warum gibt es in den Vereinigten Staaten keinen Sozialismus?* (Tübingen: J. C. B. Mohr).

SOWELL, Thomas. *Applied Economics*: Thinking Beyond Stage One. Ed. rev. Nova York: Basic Books, 2009.

SOWELL, Thomas. *Basic Economics*. 5. ed. Nova York: Basic Books, 2015. [Edição brasileira: *Economia básica*. Rio de Janeiro: Alta Books, 2018.]

SOWELL, Thomas. Socialism for the Uninformed. *Creators*, 31 maio 2016. Disponível em: www.creators.com/read/thomas-sowell/05/16/socialism-for-the-uninformed.

SPENCER, Herbert. Over-Legislation. *Westminster Review*, jul. 1853. Reimpresso em *The Man Versus the State, with Six Essays on Government, Society, and Freedom*. Indianápolis: Liberty Fund, 1981.

SPENCER, Herbert. Introdução. *In*: MACKAY, Thomas (org.). *A Plea for Liberty*. 2. ed. Londres: Murray, 1891. Reimpresso em Indianápolis: Liberty Fund, 1981.

SPIVAK, Gayatri Chakravorty. *The Post-Colonial Critic*: Interviews, Strategies, Dialogues. Nova York: Routledge, 1990.

STARK, Rodney. *One True God*: Historical Consequences of Monotheism. Princeton: Princeton University Press, 2001.

STAVEREN, Irene van. *Caring for Economics: An Aristotelian Perspective*. 1999. Dissertação (PhD), Erasmus Universiteit Rotterdam. Delft, Eburon. Republicado como *The Values of Economics*: An Aristotelian Perspective. Londres, Routledge, 2001.

STEINBECK, John. *The Grapes of Wrath*. Nova York: Viking Press, 1939. [Edição brasileira: *As vinhas da ira*. Rio de Janeiro: Record, 2009.]

STEINFELD, Robert J.; ENGERMAN, Stanley L. Labor-Free or Coerced? An Historical Reassessment of Differences and Similarities. *In*: BRASS, T.; LINDEN, M. van der (org.). *Free and Unfree Labour*: The Debate Continues. Nova York: Peter Lang, 1997.

STEWART, Dugald. Account of the Life and Writings of Adam Smith, LL.D. *In*: ROSS, Ian Simpson (org.). *Essays on Philosophical Subjects by Adam Smith*. Nova York: Oxford University Press, 1980. p. 269-351.

STIGLITZ, Joseph E. *Making Globalization Work*. Nova York: W. W. Norton, 2006. [Edição brasileira: *Globalização:* como dar certo. São Paulo: Companhia das Letras, 2007.]

STIGLITZ, Joseph E. Is the Euro to Blame for Europe's Problems? Entrevista cedida a David Brancaccio. *Marketplace*, National Public Radio, 18 ago. 2016. Disponível em: www.marketplace.org/2016/08/17/economy/stiglitz-euro-globalization-trade.

STORR, Virgil; HAEFFELE-BALCH, Stefanie; GRUBE, Laura E. *Community Revival in the Wake of Disaster*: Lessons in Local Entrepreneurship. Nova York e Londres: Palgrave Macmillan, 2015.

STOSSEL, John. Moving Companies: Who Chooses Who Moves Our Stuff? 1 vídeo (5min34s). Filadélfia: Center for Independent Thought, 2015. Disponível em: http://stosselintheclassroom.org/videos/moving_companies/.

STOSSEL, John; LOTT, Maxim. Seattle's "Amazon Tax". *Reason.com*. 15 maio 2018.

STRAIN, Michael R.; VEUGER, Stan A. (orgs.). *Economic Freedom and Human Flourishing*: Perspectives from Political Philosophy. Washington, DC: Rowman and Littlefield, 2016.

SUMNER, William Graham. The Argument Against Protective Taxes. *Princeton Review*, p. 241-259, mar. 1881.

SWANSON, Ana; PLUMER, Brad. Trump Slaps Steep Tariffs on Foreign Washing Machines and Solar Products. *New York Times*, 22 jan. 2018.

TÁCITO. *Dialogus*. Cambridge, MA: Harvard University Press, 1914. v. 1. [Edição brasileira: *Diálogo dos oradores:* Dialogus de oratoribus. São Paulo: Autêntica, 2014.]

TANZI, Vito; SCHUKNECHT, Ludger. *Public Spending in the 20th Century*: A Global Perspective. Nova York: Cambridge University Press, 2000.

TAYLOR, Alan. *American Revolutions*: A Continental History, 1750-1804. Nova York: W. W. Norton, 2016.

TAYLOR, Charles. What's Wrong with Negative Liberty. *In*: RYAN, Alan (org.). *The Idea of Freedom*: Essays in Honor of Isaiah Berlin. Oxford: Oxford University Press, 1979. p. 175-193.

TAYLOR, Michael. *Community, Anarchy and Liberty*. Cambridge: Cambridge University Press, 1982.

THE IMITATION GAME. Direção: Morten Tyldum. Nova York: Weinstein Company, 2014. 114 min. [Lançado no Brasil como *O jogo da imitação*.]

THIEL, Julia. Why Chicago's Once-Promising Food Truck Scene Stalled Out. *Chicago Reader*, 29 mar. 2017.

THOREAU, Henry David. Resistance to Civil Government. *In*: ROSENBLUM, Nancy L. (org.). *Political Writings*. Cambridge: Cambridge University Press, 1996. p. 1-21.

THUROW, Lester. *The Zero-Sum Solution*: Building a World-Class American Economy. Nova York: Simon and Schuster, 1985.

THWAITE, B. H. *The American Invasion*. Londres: Swan Sonnenschein, 1902.

TILLICH, Paul; WEGENER, Carl Richard. Answer to an Inquiry of the Protestant Consistory of Brandenburg. *Metanoia*, v. 3, n. 3, set. 1971.

TIROLE, Jean. *Economics for the Common Good*. Princeton: Princeton University Press, 2017. [Edição brasileira: *Economia do bem comum*. Rio de Janeiro: Zahar, 2020.]

TOCQUEVILLE, Alexis de. *Democracy in America*. Nova York: Vintage Books, 1954. [Edição brasileira: *A democracia na América*: sentimentos e opiniões. Rio de Janeiro: Martins Fontes, 2014.]

TODOROV, Tzvetan. *Hope and Memory*: Lessons from the Twentieth Century. Tradução de David Bellos. Princeton: Princeton University Press, 2003.

TOMASI, John. *Free Market Fairness*. Princeton: Princeton University Press, 2012.

TOYNBEE, Arnold. *Lectures on the Industrial Revolution in England*. 2. ed. Londres: Rivington's, 1887.

TRANSPARÊNCIA INTERNACIONAL. 2017. *Índice de Percepção da Corrupção 2016*. Berlim: Transparência Internacional. Disponível em: www.transparency.org/whatwedo/publication/corruption_perceptions_index_2016.

TREVOR-ROPER, Hugh. *Archbishop Laud*: 1573-1645. 2. ed. Londres: Macmillan, 1962.

TRILLING, Lionel. The Princess Casamassima. Introdução a *The Princess Casamassima,* de Henry James. Nova York: Macmillan, 1948a.

TRILLING, Lionel. Manners, Morals, and the Novel. *Kenyon Review*, v. 10, n. 1, p. 11-27, 1948b.

TROLLOPE, Anthony. Phineas Finn: The Irish Member. *In*: BERTOUD, Jacques (org.). *The Palliser Novels*. Oxford: Oxford University Press, 1982. 6 v.

TRONTO, Joan. *Moral Boundaries*: A Political Argument for an Ethic of Care. Nova York e Londres: Routledge, 1993.

TUCKER, Jeffrey A. *Right-Wing Collectivism*: The Other Threat to Liberty. Atlanta: Foundation for Economic Education, 2017. [Edição brasileira: *Coletivismo de direita*: A outra ameaça à liberdade. São Paulo: Instituto Ludwig von Mises Brasil, 2019.]

TULLOCK, Gordon. The Welfare Costs of Tariffs, Monopolies, and Theft. *Western Economic Journal*, v. 5, p. 224-232, 1967.

TULLOCK, Gordon. The Transitional Gains Trap. *Bell Journal of Economics*, v. 6, n. 2, p. 671-678, set./dez. 1975.

TWAIN, Mark. *Following the Equator*. v. 1. *In*: TWAIN, Mark. *The Writings of Mark Twain*. [*s. l.*]: [*s. n.*]: Reimpressão, 1968. v. 5.

TWAIN, Mark. *Selected Writings of an American Skeptic*. Amherst: Prometheus Books, 1995.

UAW-CIO. *Automation*: A Report to the UAW-CIO Economic and Collective Bargaining Conference Held in Detroit, Michigan, the 12th and 13th of November 1954. Detroit: UAW-CIO Education Department, 1955.

ULRICH, Laurel Thatcher. *A Midwife's Tale*: The Life of Martha Ballard, Based on Her Diary, 1785-1812. Nova York: Vintage/Random House, 1990.

U.S. GOVERNMENT ACCOUNTABILITY OFFICE. *Understanding the Tax Reform Debate*: Background Criteria and Questions. GAO-05-1009SP. Washington, DC:

Government Accountability Office, 2005. Disponível em: www.gao.gov/products/GAO-05-1009SP.

VAN DOREN, Carl. *Benjamin Franklin*. Nova York: Viking Press. Nova York: Crown Publishers, 1987.

VEBLEN, Thorstein. *The Theory of the Leisure Class*. Nova York: Macmillan, 1899. [Edição brasileira: *A teoria da classe ociosa*: um estudo econômico das instituições. São Paulo: Nova Cultural, 1988.]

VELTHUIS, Olav. *Talking Prices*: Symbolic Meanings of Prices on the Market for Contemporary Art. Princeton: Princeton University Press, 2007.

VICKERS, Brian. *Classical Rhetoric in English Poetry*. Londres: Macmillan. Carbondale: Southern Illinois University Press, 1989.

WALKER, Sheri; NARDINELLI, Clark. Consumer Expenditure on FDA Regulated Products: 20 Cents of Every Dollar. *FDA Voice*, Food and Drug Administration, Silver Spring, MD, 1 nov. 2016. Disponível em: https://blogs.fda.gov/fdavoice/index.php/2016/11/consumer-expenditure-on-fda-regulated-products-20-cents-of-every-dollar/.

WALLERSTEIN, Immanuel. The Modern World-System. *In*: WALLERSTEIN, Immanuel. *Capitalist Agriculture and the Origins of the European World-Economy in the Sixteenth Century*. Nova York/Londres: Academic Press, 1974. v. 1.

WALLERSTEIN, Immanuel. *Historical Capitalism*; with, Capitalist Civilization. Londres: Verso, 1983. [Edição brasileira: *Capitalismo histórico e civilização capitalista*. Rio de Janeiro: Contraponto, 2001.]

WALZER, Michael. Does the Free Market Corrode Moral Character? Of Course It Does. *Templeton.org*, John Templeton Foundation, 2008. Disponível em: https://web.archive.org/web/20091211111449/http://www.templeton.org:80/market/PDF/Walzer.pdf. Acesso em: 25 fev. 2019.

WARDEN, Rob. Ignoring an Injustice. *Chicago Tribune*, 29 abr. 2007.

WARREN, Kenneth. *Big Steel*: The First Century of the United States Steel Corporation 1901-2001. Pittsburgh: University of Pittsburgh Press, 2001.

WASSERSTEIN, Ronald L.; LAZAR, Nicole A. The ASA's Statement on *p*-Values: Context, Process, and Purpose. *American Statistician*, v. 70, n. 2, p. 129-133, 2016.

WATERMAN, Anthony M. C. *Revolution, Economics and Religion*: Christian Political Economy, 1798-1833. Cambridge: Cambridge University Press, 1991.

WATERMAN, Anthony M. C. Adam Smith and Malthus on High Wages. *European Journal of the History of Economic Thought*, v. 19, p. 409-429, 2012.

WEARDEN, Graeme. Oxfam: 85 Richest People as Wealthy as Poorest Half of the World. *The Guardian*, 20 jan. 2014. Disponível em: www.theguardian.com/business/2014/jan/20/oxfam-85-richest-people-half-of-the-world.

WEBB, Sidney. The Economic Theory of a Legal Minimum Wage. *Journal of Political Economy*, v. 20, n. 10, p. 973-998, 1912.

WEBER, Max. *Wirtschaft und Gesellschaft*. Tübingen: Mohr, 1922.

WEBER, Max. *General Economic History*. Tradução de Frank H. Knight. Nova York: Greenberg, 1927. Reimpresso em New Brunswick, Nova Jersey: Transaction Books, 1981. Publicado originalmente como *Wirtschaftsgeschichte* (Munique e Leipzig: Duncker and Humblot, 1923).

WEBER, Max. *The Protestant Ethic and the Spirit of Capitalism*. Tradução de Talcott Parsons, da edição alemã de 1920. Londres: Allen and Unwin, 1930. Reimpresso em Nova York: Scribner's, 1958. Publicado originalmente como *Die protestantische Ethik und der Geist des Kapitalismus* (Tübingen: Mohr, 1904). [Edição brasileira: *A ética protestante e o espírito do capitalismo*. São Paulo: Martin Claret, 2002.]

WHITE, James Boyd. *When Words Lose Their Meaning*. Chicago: University of Chicago Press, 1984.

WHITE, James Boyd. *Justice as Translation*: An Essay in Cultural and Legal Criticism. Chicago: University of Chicago Press, 1990.

WHITE, Mark D. *Accepting the Invisible Hand*. Nova York e Londres: Palgrave Macmillan, 2010.

WHITFORD, David. The Most Famous Story We Never Told. *Fortune*, 19 set. 2005.

WHITMAN, Walt. Song of Myself. *In*: BRADLEY, Sculley; BLODGETT, Harold W.; GOLDEN, Arthur; WHITE, William (orgs.). *Leaves of Grass*: A Textual Variorum of the Printed Poems, 1855-1856. Nova York: New York University Press, 1980. v. 1.

WILKINSON, Will. Market Democracy and Dirty Ideal Theory. *Bleeding Heart Libertarians*, 15 jun. 2012. Disponível em: http://bleedingheartlibertarians.com/2012/06/market-democracy-and-dirty-ideal-theory/.

WILL, George F. The Sprawling, Intrusive Administrative State Is Keeping You Unwell. *Washington Post*, 15 ago. 2018.

WILLIAMS, Bernard. *Morality*: An Introduction to Ethics. Cambridge: Cambridge University Press, 1993. [Edição brasileira: *Moral*: uma introdução à ética. Rio de Janeiro: Martins Fontes, 2005.]

WILLIAMS, Ernest Edwin. *Made in Germany*. Londres: William Heinemann, 1896.

WILLIAMS, Henry Herbert. Ethics. *The Encyclopædia Britannica*, Nova York, v. 9, p. 808-845, 1910.

WILLIAMSON, Jeffrey G. e Peter H. Lindert. 1980. *American Inequality*: A Macroeconomic History. Nova York: Academic Press.

WILLIAMSON, Oliver E. *Contract, Governance and Transaction Cost Economics*. Singapura: World Scientific, 2017.

WILSON, A. N. *Tolstoy*. Nova York e Londres: Norton, 1988.

WILSON, Edmund. *To the Finland Station*: A Study in the Writing and Acting of History. Nova York: Farrar, Straus and Giroux, 1940. [Edição brasileira: *Rumo à estação Finlândia*: escritores e atores da história. São Paulo: Companhia das Letras, 1987.]

WILSON, James. Of the Law of Nations. *In*: MCCLOSKEY, Robert Green. *The Works of James Wilson*. Cambridge, MA: Belknap Press of Harvard University Press, 1967. Disponível em: http://press-pubs.uchicago.edu/founders/printdocuments/a1810s5.html.

WINSTON, Clifford M. Economic Deregulation: Days of Reckoning for Microeconomics. *Journal of Economic Literature*, v. 31, n. 2, p. 1.263-1.289, 1993.

WINSTON, Kenneth I. *The Principles of Social Order*: Selected Essays of Lon L. Fuller. Edição revisada. Oxford e Portland: Hart Publishing, 2001.

WITTGENSTEIN, Ludwig. *On Certainty*. Oxford: Basil Blackwell, 1969.

WOGAMAN, J. Philip. *The Great Economic Debate*: An Ethical Analysis. Filadélfia: Westminster Press, 1977.

WOOD, Gordon S. *Empire of Liberty*: A History of the Early Republic, 1789-1815. Nova York e Londres: Oxford University Press, 2009.

WOOLF, Virginia. *The Waves*. Ware: Wordsworth Editions, 2000. [Edição brasileira: *As ondas*. Rio de Janeiro: Nova Fronteira, 2004.]

WRIGHT, Richard. *Native Son*. Nova York: Harper, 1940. [Edição brasileira: *Filho nativo*. São Paulo: Companhia das Letras, 2024.]

YEAGER, Leland. Economics and Principles. *Southern Economic Journal*, v. 42, p. 559-571, 1976.

YEAGER, Leland B. Reclaiming the Word "Liberal". *Liberty*, 9 mar. 2011. Disponível em: http://www.libertyunbound.com/node/496.

YEATS, W. B. Among School Children. *In*: YEATS, W. B. *The Tower*, Londres: Macmillan, 1928. p. 55-60.

ZILIAK, Stephen; MCCLOSKEY, Deirdre N. *The Cult of Statistical Significance*: How the Standard Error Costs Us Jobs, Justice and Lives. Ann Arbor: University of Michigan Press, 2008.

ZOLA, Émile. *Germinal*. Paris: G. Charpentier, 1885. [Edição brasileira: *Germinal*. São Paulo: Martin Claret, 2006.]

Agradecimentos

Agradeço às publicações que deram luz aos seguintes ensaios pela primeira vez:

Capítulo 17: Christian Libertarianism Is What Our Politics Needs, da *Reason*, junho de 2016. Reimpresso com permissão.

Capítulo 18: Liberty and Dignity Explain the Modern World, de *The Morality of Capitalism*, edição de Tom G. Palmer, Jameson Books, 2011. Reimpresso com permissão da Atlas Network.

Capítulo 19: An Economist Goes to Shanghai, *Reason*, junho de 2017. Reimpresso com permissão.

Capítulo 20: The Great Enrichment Continues, *Current History*, v. 112 (novembro de 2013). Reimpresso com permissão da *Current History*. © 2019, Current History, Inc.

Capítulos 21, 22: Reimpresso com permissão de Deirdre Nansen McCloskey, *The Bourgeois Virtues*: Ethics for an Age of Commerce. (Chicago: University of Chicago Press, 2006), capítulo 43. © 2006 pela Universidade de Chicago.

Capítulo 23: Freedom and the Great Enrichment, *Global Perspectives*. v. 1: "The Indigo Era" (setembro de 2016). Reimpresso com permissão.

Capítulo 25: Interview on Piketty, *EA*, 2016. Originalmente publicado pelo Institute of Economic Affairs, Londres, 2016.

Capítulo 26: Interview on Piketty, *Wprost* [em polonês], agosto de 2015.

Capítulos 27 a 33: *Erasmus Journal for Philosophy and Economics*. Reimpresso com permissão.

Capítulo 34: Nationalism and Socialism Are Very Bad Ideas, *Reason*, fevereiro de 2017. Reimpresso com permissão.

Capítulo 35: Originalmente publicado pela revista *Prospect* em março de 2016. Reimpresso com permissão.

Capítulo 36: Originalmente publicado como Deirdre Nansen McCloskey, Competitiveness and the Antieconomics of Decline. *In*: *Second Thoughts*: Myths and Morals of U.S. Economic History, editado por Deirdre Nansen McCloskey, p. 167-173, 1993. Reproduzido com permissão da Oxford University Press e com permissão do Licenciador através do PLSclear. © 1993 pela Oxford University Press, Inc.

Capítulo 37: Originalmente publicado como Deirdre Nansen McCloskey, Competitiveness and the Antieconomics of Decline. *In*: *Second Thoughts*: Myths and Morals of U.S. Economic History, editado por Deirdre Nansen McCloskey, p. 167-173, 1993. Reproduzido com permissão da Oxford University Press e com permissão do Licenciador através do PLSclear. © 1993 pela Oxford University Press, Inc.

Capítulo 38: Against Capitalism, *Reason*, janeiro de 2017. Reimpresso com permissão.

Capítulo 39: Economic Liberty as Anti-Flourishing: Marx and Especially His Followers. *In*: *Economic Freedom and Human Flourishing*: Perspectives from Political Philosophy, editado por Michael R. Strain e Stan A. Veuger (Washington, DC: AEI Press, 2016). https://www.aei.org/publication/economic-freedom-and-human-flourishing-perspectives-from-political-philosophy/. Reproduzido com permissão da AEI Press. © 2016 pela AEI Press.

Capítulo 43: Postmodern Free-Market Feminism: A Conversation with Gayatri Chakravorty Spivak, *Rethinking Marxism*, v. 12, n. 4, dez. 2000. Disponível on-line em: https://www.tandfonline.com/doi/abs/10.1080/08935690009359022. Reimpresso com permissão. © 2016. Todos os direitos reservados.

Capítulo 44: Postmodern Free-Market Feminism: A Conversation with Gayatri Chakravorty Spivak. *Rethinking Marxism*, v. 12, n. 4, dez. 2000. Disponível on-line em: https://www.tandfonline.com/doi/abs/10.1080/08935690009359022. Reimpresso com permissão. © 2016. Todos os direitos reservados.

Capítulo 45: Republicação com a permissão de Peter Lang Inc., de Deirdre McCloskey, Introduction: Queer Markets. *In*: *Media/Queered: Visibility and Its Discontents*, editado por Kevin G. Barnhurst (Nova York: Peter Lang, 2007). © 2007 pela Peter Lang, Inc. Permissão concedida via Copyright Clearance Center, Inc.

Capítulo 46: The Secret History of the Minimum Wage. *Reason*, julho de 2016. Reimpresso com permissão.

Capítulo 47: The Myth of Technological Unemployment. *Reason*, agosto/setembro de 2017. Reimpresso com permissão.

Índice

Este livro foi composto na tipografia Minion Pro, em corpo 11,5/16, e impresso em papel off-white no Sistema Cameron da Divisão Gráfica da Distribuidora Record.